U0636694

中国低碳电力
法律制度研究

ZHONGGUO DITAN DIANLI FALÜ ZHIDU YANJIU

杨春桃 著

首都经济贸易大学出版社
Capital University of Economics and Business Press
·北 京·

图书在版编目（CIP）数据

中国低碳电力法律制度研究/杨春桃著 . -- 北京：首都经济贸易大学出版社，2019. 1
ISBN 978 - 7 - 5638 - 2895 - 1

Ⅰ. ①中…　Ⅱ. ①杨…　Ⅲ. ①电力工业—节能—电力法—研究—中国　Ⅳ. ①D922. 181. 4

中国版本图书馆 CIP 数据核字（2018）第 282731 号

中国低碳电力法律制度研究

杨春桃　著

责任编辑　刘元春
封面设计　风得信·阿东
　　　　　FondesyDesign
出版发行　首都经济贸易大学出版社
地　　址　北京市朝阳区红庙（邮编 100026）
电　　话　（010）65976483　65065761　65071505（传真）
网　　址　http：//www. sjmcb. com
E - mail　publish@ cueb. edu. cn
经　　销　全国新华书店
照　　排　北京砚祥志远激光照排技术有限公司
印　　刷　北京建宏印刷有限公司
开　　本　710 毫米×1000 毫米　1/16
字　　数　338 千字
印　　张　19. 25
版　　次　2019 年 1 月第 1 版　2020 年 1 月第 2 次印刷
书　　号　ISBN 978 - 7 - 5638 - 2895 - 1/D · 195
定　　价　55. 00 元

序

　　环境污染等环境问题和能源危机问题是人与环境对立统一关系的产物，是 20 世纪以来人类社会面临的最严峻问题之一。能源是人类生存、社会发展的基本条件，能源可持续发展是关系到经济、社会和环境的重大战略问题，低碳发展是世界能源可持续发展的必由之路。发展低碳能源和低碳电力的关键是技术与制度的协同创新，通过技术创新，使低碳可再生能源逐步并最终替代化石能源等高碳能源，是实现能源可持续发展的主要途径。通过法律制度规制高碳能源、激励低碳能源，是发展低碳电力的治本之策。

　　中国低碳电力法律制度研究是一项富有挑战性的工作，研究者不仅要掌握扎实的法学、经济学、公共管理学等学科专业知识，还要在数据采集、资料收集、信息甄别、法条整理、制度解读等方面有所作为。中国学界虽然对"低碳能源"和"低碳电力"的研究较多，但多集中在技术层面，对国内低碳能源法律制度建构的研究尚待深入，专门针对低碳电力的制度研究更是凤毛麟角。杨春桃博士面对上述各种困难，以其科学严谨的态度、勤奋努力的工作，勇于攀登，迎难而上，经过几年的艰苦努力，终于在 2018 年 6 月圆满完成研究任务。作为其博士生导师，我感到由衷的欣慰与骄傲。2018 年初夏，杨春桃博士将书稿发给我，邀请我为其作序，我欣然应允。

　　杨春桃博士在该专著中充分考虑了低碳电力的自身特点，立足国内法，借鉴国外法，对中国低碳电力法律制度进行了专门性研究。选题具体实证，能够结合中国第一碳排放大国和高碳电力亟待转型的现实展开研究，不仅有助于丰富和完善电力制度理论，对于中国进行低碳电力法律制度的设计也具有较大的借鉴意义。

　　在我看来，该专著在以下方面进行了有益的创新性研究与探讨。

　　首先，该专著有两条理论路线，其一，按照"低碳电力制度的概念界定—建构原因—建构方式"逻辑，从法律体系上对低碳电力实现与发展的困境与出路进行分析和研究；其二，按照"发达国家或地区的低碳电力发展模式—在中国本土化环境下的借鉴和适用"逻辑，对中国低碳电力制度立法进行研究分析，探寻低碳电力法律制度建构的可行之策。

　　其次，从环境经济学、财政学、公共管理学等角度深入分析了建构低碳电力制度的必要性、可行性、现实困境、理论依据及应然内容，使低碳电力制度的理论和体系框架得到较为完整的展现，最终探索出一条低碳能源逐步替补化石能源的环保之路和解决电力行业环境问题的治本之策。

最后，立足国内法，参考借鉴英国、美国、德国、日本、澳大利亚和欧盟等发达国家或地区低碳电力立法经验，对中国低碳电力法律制度缺陷以及完善进行了思考，结合中国电力体制改革实践，提出了解决策略：在立法模式上，提出中国低碳电力适宜采取分散立法的立法模式；在立法体系上，提出采用"立""改""废"相结合的方式，形成以能源基本法——"能源法"为统领，以能源单行法——《电力法》为核心，以综合性低碳能源法——《可再生能源法》为支撑，其他配套法规为补充的低碳电力法律制度体系；在制度构建上，提出建构和完善"能源法"、《电力法》和《可再生能源法》等基本法律制度以及电力系统发输配用等环节的具体法律制度。

当然，金无足赤，人无完人，任何创新成果都难免有缺失和不足，该专著也不例外。在研究方法上，该专著尚待进一步加强实证研究的广度和深度；在研究对象上，对财政激励、金融激励等制度的研究还可更加深入地展开。但整体而言，瑕不掩瑜，作为国内不多见的研究低碳电力法律制度的法学专著，能够取得当前的成果，已经实属难能可贵。我非常愿意将该专著推荐给各位同仁与读者。

杨春桃博士在研究北京市社会科学基金项目"低碳电力法律制度研究"期间，对低碳电力法律制度进行了孜孜不倦的研究，公开发表了《制度创新、结构调整和电力低碳发展》（CSSCI，《经济与管理研究》）、《"美丽中国"背景下能源低碳转型的法律分析》（CSSCI 扩展版，《环境保护》）和《绿色低碳电力发展的困境与制度建议》（CSSCI 扩展版，《环境保护》）等论文，其中，论文《绿色低碳电力发展的困境与制度建议》还荣获《环境保护》杂志社"绿色发展"主题征文活动三等奖。她一向热爱学术研究与教育事业，理论功底扎实，科研精神令人钦佩。

吾生也有涯，而知也无涯。真诚祝愿该专著的出版，既是杨春桃博士在低碳电力法律制度这一颇有学术意义与实践意义的研究领域里一个阶段性的总结，更是一个崭新的起点。

2018 年 6 月

前　言

　　低碳经济是 21 世纪的经济发展模式，低碳电力作为低碳经济的重要组成部分，在控制气候变化和稳定温室气体排放方面发挥着重要作用。中国二氧化碳排放量已居世界首位，电力行业尤其是发电企业是二氧化碳的排放大户，也是产生温室效应和大气污染等环境问题的根源之一。中国要实现低碳经济的发展目标，电力行业低碳转型势在必行，而要实现低碳转型，制度创新是核心。

　　本书立足于低碳电力制度，系统性地回答了什么是低碳电力制度，为何要构建低碳电力制度和如何构建低碳电力制度三个相互衔接的问题，以求为中国电力产业实现由高碳向低碳转型提供制度支撑。具体而言，本书在分析国内外最新研究成果的基础上，通过厘清低碳电力制度的内涵并明确其理论基础，绘就低碳电力制度概念的理论图景；分析了当前低碳电力制度建构的必要性、可行性、现实困境和立法不足，表明完善的低碳电力制度尚未真正建立起来，因而有建构低碳电力制度的需要。

　　本书从实体法角度阐述了中国低碳电力立法沿革和现状以及国外低碳电力立法经验与启示，通过比较分析，从发电侧、输配侧和需求侧三个层面，系统研究了中国低碳电力制度的缺陷和不足，提出了相关对策和建议，最后从程序法角度阐述了低碳电力诉讼法律制度，合理设计出中国低碳电力完整法律制度体系。全书内容共分为九章。

　　第一章，导论。本章探讨了低碳电力制度的内涵，回答了什么是低碳电力制度的问题，并全面阐述了研究背景及意义、国内外研究现状、研究目标和研究思路以及研究方法。本章指出：低碳电力制度，是以实现低碳电力的使用与普及为目的，促使电力的生产、供应与使用从目前的高碳化向低碳化转型的规则的总称。本章为研究中国低碳电力法律制度奠定了基础。

　　第二章，低碳电力制度的理论基础。本章探讨了可持续发展理论、外部性理论和能源安全理论等低碳电力制度的理论基础。低碳电力制度的产生，以可持续发展理论、外部性理论和能源安全理论为基础，这些理论为低碳电力制度的规则设计提供了理论指引。

　　基于可持续发展理论，"高能耗、高排放、高污染"的传统能源和电力发展方式已难以为继，应在深化可持续发展的电力体制改革基础上，加强监管，促进低碳电力系统建立与高效运作，高度重视制度创新。基于外部性理论，火力发电的排放是典型的负外部性行为，须建立火电高碳排放规制制度；可再生能源和新能源发电是典型的正外部性行为，须建立扶持和政策激励制度。基于能源安全理论，能源安全保障离不开低碳电力的发展。

第三章，建构低碳电力制度的原因。本章回答了在中国为什么要建构低碳电力法律制度的问题。具体而言，在中国建构低碳电力制度是节能减排、应对气候变化与能源结构转型、保障能源安全的双重需要，具有必要性；同时，从中国低碳能源的自然禀赋、利用技术、政策法规体系等角度考虑，建构低碳电力制度又具有可行性。

然而，从实践状况看，目前中国建构低碳电力制度面临着诸多现实困境，包括技术瓶颈制约、立法修法滞后、政府职能转变不到位、市场机制不完善等，这些问题亟待解决。针对中国低碳电力制度建构的必要性、可行性及现实困境，本章提出了中国应建构的低碳电力制度的主要内容，包括中国低碳电力法律体系基本框架和中国低碳电力法律制度具体内容。

第四章，中国低碳电力立法研究。本章系统梳理了中国低碳电力立法历史沿革、现状和立法不足，重点对中国低碳电力进行了立法评析。本章指出：自20世纪80年代以来，中国低碳环保理念开始萌芽，低碳立法略显雏形；1995年《电力法》的制定，拉开了中国电力法制建设的帷幕，低碳立法开始蓬勃发展。

历经20多年的发展，虽然有关低碳电力的政策法规数量庞大，但存在的问题和不足比较突出，主要表现在：能源法律体系框架不完整、电力法律法规立法修法滞后、《可再生能源法》存在不足等。

总体来看，政策规模庞大、法律层级不高、法律效力冲突明显、体系结构不健全、制度构建粗糙等立法上存在的这些问题不利于低碳能源和低碳电力的市场化与可持续发展。

第五章，国外低碳电力立法经验与启示。本章从实体法立法层面探讨了国外低碳电力立法经验与启示，深入剖析了英国、美国、德国、日本、澳大利亚和欧盟等发达国家或地区低碳电力立法经验，对中国低碳电力法律制度建构可资借鉴。

本章指出：英国、美国、德国、日本、澳大利亚和欧盟等发达国家或地区在低碳电力能源的立法定位、立法目的上明确清晰；在立法模式上，大多采用低碳电力能源政策与法律并行的模式；在立法体系上，大多采用"立"

"改""废"相结合的方式，基本形成了以基本法为统领，综合法和专项法为骨架，其他配套法规为补充的低碳电力能源法律制度体系。

借鉴国外低碳电力立法经验，在立法模式上，中国低碳电力适宜采取分散立法的模式；在制度构建上，须从实施国家能源战略全局出发，坚持立法与修法并重，完善能源等各领域立法，并在相关立法中引入低碳和可持续发展理念，完整建构中国低碳电力法律制度，包括建构和完善"能源法"、《电力法》和《可再生能源法》等基本法律制度；建立和健全电力系统发输配用等环节的具体法律制度，即发电侧具体低碳法律制度、输配侧具体低碳法律制度和需求侧具体低碳法律制度等。

第六章，发电侧低碳电力法律制度。电力发电侧是控制二氧化碳等温室气体排放的核心和关键环节。本章从发电侧高碳规制法律制度与低碳激励法律制度的理论依据及必要性出发，探讨了发电侧高碳规制法律制度及低碳激励法律制度的应然内容，对发电侧制度缺陷进行了系统全面的梳理，提出了健全发电侧高碳规制和低碳激励法律制度的思路和对策。

其一，发电侧高碳规制法律制度健全重点在于：完善发电市场准入和退出制度，对于增量火力发电项目实行严格的准入标准，对于增量低碳能源发电项目实行较宽松的准入标准，按照《产业结构指导目录（2015 年本）》和国家发改委相关政策法规规定，适时淘汰、关停小火电，使其退出发电市场；完善电量交易制度，以市场交易电量制度逐步取代计划电量分配制度；建立和健全全国统一碳排放权交易市场制度，侧重于碳排放权的配额管理和碳排放权定价，最终实现统一市场碳价，构建科学的全国碳排放交易体系；引入碳税制度，时机成熟时对中小型火电企业开征；完善低碳标准制度，低碳标准可以与碳税对同一排放源重叠适用，以加强减排效果。

其二，发电侧低碳激励法律制度健全重点在于：完善税收激励制度，包括拓展税种范围和税收优惠覆盖的纳税义务人，基于目前税种范围狭窄的现状，建议完善能源税，包括修订补充资源税、所得税、增值税、消费税和关税中欠缺或不完善的内容，征收环境税，适时开征碳税，同时拓展纳税义务人范围至小型低碳电力生产者及高新技术企业等；完善财政补贴，规范补贴的适用范围和退出时限，应将风电、太阳能发电、海洋能发电和地热能发电等各种低碳电力纳入补贴范围，并明确具体补贴期限，期限届满，及时退出，补贴自动取消；完善金融激励制度，应建立健全碳排放权交易制度和碳基金制度，在信贷、融资担保、债券或股权融资等方面给予低碳电力企业优惠支持。

第七章，输配侧低碳电力法律制度。电网是连接发电侧和需求侧的枢纽，低碳电力的及时消纳是保障低碳电力并网的关键环节，而低碳电力能否及时消纳离不开输配侧科技创新和低碳激励法律制度的建设。

本章探讨了输配侧低碳电力科技创新法律制度和低碳激励法律制度的必要性和应然内容，从"上位法修订不及时、部分法律缺位、法律制度过于原则"等角度全面分析了输配侧低碳电力法律制度的缺陷，提出了输配侧低碳电力法律制度健全思路。

其一，完善输配侧低碳电力科技创新法律制度，包括建立健全智能电网法律制度、建立健全低碳电网法律制度、完善可再生能源并网技术创新法律制度等。

其二，完善输配侧低碳激励法律制度，包括实行低碳电力固定电价与补贴制度以及高碳电力上网电价规制制度、输配电价监管制度；落实可再生能源发电全额保障性收购，明确可再生能源发电的入网优先权，健全可再生能源优先发电制度等。

第八章，需求侧低碳电力法律制度。最低碳的能源是节约下来的能源。需求侧管理的目标就是将有限的电力资源最有效地加以利用，使其经济效益、社会效益和环境效益最大化，从而实现节约能源的目的。

本章以商品供求理论和凯恩斯主义需求治理理论为依据，论述了电力需求侧管理和低碳激励法律制度的必要性和应然内容，全面分析了中国需求侧低碳电力法律制度的缺陷，提出了中国需求侧低碳电力法律制度的健全思路。

其一，中国应从实施主体、管理制度和激励制度等角度完善电力需求侧低碳电力法律制度，应明确电力需求侧管理的实施主体；健全电力规划制度、政府监管制度、需求侧电价响应制度、有序用电制度、节约用电制度和节能标准标识与认证制度等电力需求侧管理制度。

其二，完善税收激励制度、金融激励制度、财政补贴制度、差别电价制度和合同能源管理制度等低碳激励法律制度。

第九章，低碳电力诉讼法律制度。"无救济则无权利"，司法救济是现代社会最重要、最正式的权利救济方式。

本章从程序法的角度论述了低碳电力诉讼法律制度，通过借鉴美国环境公益诉讼相关立法经验，阐述了中国低碳电力诉讼法律制度的理论依据，分析了中国立法现状和司法实践以及制度缺陷，提出了中国低碳电力诉讼法律制度的完善思路。

本章指出：应从扩大原告诉讼主体资格、拓展诉讼受案范围、转移诉讼举证责任分配以及放宽诉讼时效等方面来完善低碳电力诉讼法律制度。

目　　录

第一章 导 论

概念界定是理论研究的起点。只有对研究对象的概念有清晰的界定，后续研究才能做到有的放矢，从而避免因概念理解不一致产生各说各话的无谓的学术争议。从语言学的角度看，本书的研究对象"低碳电力法律制度"，是由"电力"与"低碳"两个概念构成的合成名词。因此，本章从"电力"与"低碳"的释义入手，分析低碳电力与低碳电力制度的内涵，并全面阐述了研究背景及意义、国内外研究现状、研究目标和研究思路以及研究方法，为研究中国低碳电力法律制度奠定基础。

第一节　低碳电力与低碳电力制度的内涵

一、电力与低碳的含义

（一）电力的含义

电力是以电能作为动力的能源，它是利用特定技术从一次能源转化而来的二次能源[①]。电力产生的方式主要有：火力发电（典型的如煤电）、太阳能发电、风力发电、水力发电、核能发电、氢能发电以及生物质能发电等。所谓电力系统，就是由发电、输电、变电、配电和用电组成的电力生产与消费系统，它是一个连续运行系统，"发、输、配、用"四个环节天然具有整体性，"发、输、配、用"四部分具有瞬间平衡的物理特性。

（二）低碳的含义

1. 低碳的内涵

"低碳"（low carbon）是进入 21 世纪后，针对地球气候变化问题出现的一个新概念[②]。由于传统常规能源的大量使用，对环境特别是对大气造成了严

[①] 肖勇，肖刚. 从电业权法律制度看我国的电力体制改革 [J]. 华北电力大学学报：社会科学版，2004（2）.

[②] The United Nations Framework Convention on Climate Change, Article Ⅱ.

重的污染（主要是由于温室气体排放）①，导致地球气候发生了巨大变化，正在威胁着人类和地球的生存。人类社会实践证明，传统的粗放式的经济发展模式以牺牲生态环境为代价，对人类社会的生存和发展造成了破坏和威胁。因此，人类必须采取减少排放温室气体的行动和措施来阻止气候进一步恶化，由此"低碳"发展理念应运而生。

所谓低碳，意指较低（更低）的温室气体（以二氧化碳为主）排放。温室气体主要指二氧化碳等六种气体物质，② 它们因引起全球气候变暖，导致温室效应而得名。1997 年在日本京都签署的《京都议定书》明确规定此六种温室气体的排放，确定了各缔约国的减排承诺③。由于在温室气体导致的全球气候变暖效应中，二氧化碳的作用高达 77%，所以减少二氧化碳的排放，对于控制温室效应、减缓全球变暖至关重要。因此，理论界和实务界通常称"低温室气体排放"为"低碳"。在本书中，低碳是低温室气体排放的同义语，并非仅指低二氧化碳排放。

2. 低碳经济的内涵

低碳经济是为应对全球环境变化和气候变暖所提出的一种经济模式。围绕低碳经济的具体内容，国内外学者研究著述颇丰，但尚未形成一个公认的概念。

（1）国外关于"低碳经济"的观点。

低碳经济的思维和发展理念源于英国。英国环境经济学家大卫·皮尔斯和克里·特纳于 1990 年提出了"循环经济"的概念④，2003 年，英国政府发布能源白皮书——《我们的能源未来：创建低碳经济》，第一次以政府文件形式提出低碳经济概念，并把实现低碳经济作为国家能源战略的首要任务和应对气候变化的策略。

美国政府提出"低碳路径"，还提出通过发展新能源技术和建立碳交易市场，实现二氧化碳减排。为了实现 2050 年美国温室气体排放比 2000 年减少80% 的长期目标，奥巴马政府通过"绿色经济复兴计划"，计划通过再生性可替代能源项目的研发和推广，减少美国对石油和天然气等化石能源的依赖。⑤

---

① *The future starts here: the route to a low-carbon economy.*

② 这六种气体分别为：二氧化碳（CO_2）、甲烷（CH_4）、一氧化二氮（N_2O）、氢氟碳化物（HFCs）、六氟化硫（SF_6）和全氟化碳（PFCs）。

③ 见《京都议定书》。

④ 中国人民大学气候变化与低碳经济研究所. 低碳经济：中国用行动告诉哥本哈根 [M]. 北京：石油工业出版社，2010.

⑤ 梁慧刚，汪华方. 全球绿色经济发展现状和启示 [J]. 新材料产业，2010（12）：27-31.

美国寄希望于通过新能源技术的研发和示范，抢占低碳技术的制高点。

日本政府提出"低碳社会"。"低碳社会"的内涵与外延比低碳经济更为广泛，涵盖生产领域的经济发展、运行模式和生活领域的低碳模式转型。鉴于能源短缺的现实和国家安全的需要，日本一直重点发展节能技术和新能源开发产业。2008 年，日本提出"低碳社会"的战略构想及相配套的政府规划，阐述了建设目标、具体内容及推进的措施。随之，世界各地争相发展低碳城市。

德国大力发展"低碳产业"。德国具有较为先进的低碳发展技术和较为完备的低碳法律框架体系。德国的低碳战略更着重于能源领域，德国注重风能、太阳能等新能源技术开发，大力发展低碳产业，关注相关能源政策和能源法律制度的颁布和制定，特别是在可再生能源、能源的使用效率以及气候保护等方面的建设。[1]

（2）国内关于"低碳经济"的观点。

进入 21 世纪以来，国内学者对低碳经济展开了激烈的讨论，不同学者对低碳经济的概念有不同的观点，就低碳经济定义、内涵来说，主要观点包括"方法论""形态论""模式论""复合论"等。

① "方法论"者认为，低碳经济是一种经济发展方法，在全球气候变暖和环境恶化的背景下，应降低温室气体及其他污染物的排放，并将其控制在人类生态系统能够承受的范围。持此种观点的学者不具有广泛代表性。

② "形态论"者将低碳经济视为一种特殊的经济形态，具有"低能耗、低污染、低排放"以及环境友好性特征，符合人类社会与自然环境和谐发展的趋势。中国环境与发展国际合作委员会将低碳经济视为"一种后工业化的经济形态，旨在通过降低整体经济生产与发展运行中的温室气体排放，来保障人类环境的可持续发展"[2]。庄贵阳认为，"低碳经济是人文发展水平和碳生产力（单位碳排放的经济产出）同时达到一定水平下的经济形态"[3]，"低碳经济的终极目标是可持续发展"[4]。

③ "模式论"者将低碳经济视为一种发展模式[5]，基于低能耗、低污染、

① Federal Ministry of the Environment, Nature Conservation and Nuclear Safety, Climate Protection and Growth: Germany's Path into the Renewable Energy Age, 2011: 8.

② 中国环境与发展国际合作委员会. 低碳经济的国际经济和中国实践 [M]. 北京：中国金融出版社，2008.

③ 庄贵阳. 中国发展低碳经济的困难与障碍分析 [J]. 江西社会科学，2009 (7)：21.

④ 庄贵阳. 中国低碳经济发展的途径与潜力分析 [J]. 太平洋学报，2005 (11)：79-87.

⑤ 张坤民，潘家华，崔大鹏. 低碳发展论（上）[M]. 北京：中国环境科学出版社，2008.

低排放（即"三低"）的发展理念，旨在应对气候变化，形成可持续发展的模式。英国环境专家鲁宾德斯、原环境保护部部长周生贤等是该学派观点的主要代表人物。鲁宾德斯指出，作为一种新兴的经济模式，低碳经济旨在实现低能耗、高效能和低碳排放。周生贤认为，低碳经济是以"三低"为基础的经济模式，其核心是技术创新和制度创新，实质是创建清洁的能源结构和形成高效的能源利用机制。付允等人认为，"低碳经济是一种以节能减排为核心的绿色经济发展模式"[①]。

④ "复合论"者认为，低碳经济是一种发展新理念、新模式及新规则的复合体。[②] 袁男优将其界定为"一种全新的发展理念、生态的发展模式和规制世界格局的一套规则"。[③] 李俊峰、马玲娟则认为，低碳经济的背景和意义远不止是一个经济发展模式的问题，低碳经济规则也许是规制世界经济发展的新规则。[④]

本书认为，低碳经济是一种以低能耗、低污染、低排放为基础，以减缓气候变化、保障能源供给、促进可持续发展为目标，以建立和完善低碳法律制度为保障，并以能源技术创新和制度革新为核心的可持续的新经济发展模式。

二、低碳电力的含义

作为低碳经济的重要组成部分，低碳电力（low carbon electricity）的本质属性与低碳经济一脉相承。目前，学术界对低碳电力含义的界定不一。

有学者认为，低碳电力通过综合资源战略规划，鼓励使用清洁能源发电，采用新技术、新工艺降低污染物排放；通过市场机制调控、政府政策引导、行政手段管理等，推广节能电器产品、高效电动设备、节能变压器材、变频调速设施、高效家电用品、冰蓄冷空调以及可中断负荷等方式，实现节能减排效果[⑤]。还有学者认为，所谓低碳电力，就是主要以可再生资源为原料进行发电生产。电力生产过程中，如果不消耗煤、石油等常规化石燃料，不会或很少会产生对环境不利的温室气体或污染气体。目前，低碳电力生产较为常见的形式有水力发电、风力发电、太阳能发电、核能发电以及生物质能发电

① 付永等. 低碳经济的发展模式研究 [J]. 中国人口·资源与环境, 2008 (18): 14-19.
② 朱有志. 低碳经济："两型社会"建设的切入点 [J]. 新湘评论, 2010 (3): 35.
③ 袁男优. 低碳经济的概念内涵 [J]. 城市环境与城市生态, 2010 (2): 19.
④ 李俊峰, 马玲娟. 低碳经济是规制世界发展格局的新规则 [J]. 世界环境, 2008 (2): 17-20.
⑤ 胡兆光. 中国特色的低碳经济、能源、电力之路初探 [J]. 中国能源, 2009 (11): 16-19.

等。相关研究数据表明，与使用煤炭发电相比，每1千瓦时风能和水能发电可减少排放二氧化碳1千克，效果十分明显。

本书认为，低碳电力是相对于高碳电力而言的，是一种以低能耗、低污染、低排放为特征的可持续电力发展模式，朝着节能、减排、低碳、环保的目标发展，其实质就是利用技术进步和制度创新转变电力利用方式，提高电力效率，优化电力结构，以达到促进电力发展的同时，降低二氧化碳排放的目标。

(一) 低碳电力的主要特征

1. 低碳电力的"三低"性投入和"三高"性产出

实施低碳电力旨在通过优化能源结构，提高能效，减少能耗，降低温室及其他有害气体排放，减轻对自然环境的污染，达到基于可持续发展理念的"三低"性投入和"三高"性产出，真正实现低碳电力的低能耗、低污染、低排放和高效能、高效率、高效益。当前中国正在建设有助于生态环境发展的能源节约型社会，低碳电力采用的是依赖于低碳能源的发展模式，摆脱了传统电力生产对高碳能源的依赖，与中国的社会、经济和环境保护的要求相一致。[1]

2. 低碳电力的生态环境性

传统的电力生产和发展系统具有高消耗、低效益和高污染等特征，以对煤炭、石油等常规自然能源的过度开发和使用为基础，以牺牲环境利益为代价，采用粗放式生产方式获得财富，以增加和促进经济增长。人类发展的历史表明，经济发展与环境保护应该是相辅相成的，以人类赖以生存的生态环境为代价来换取短期的经济利益，最终将导致灾难的发生。

低碳电力正是在充分认识到这一现实的基础之上，以降低传统电力生产所产生的高消耗、低效益和高污染等负面效应为目标，尽量减少对煤炭、石油等不可再生自然资源的依赖，增加对风能、水能、核能等低碳能源利用的比例，减少二氧化碳等温室气体的排放，提高电力生产和使用的效率，取得经济与环境和谐发展的双效益，达到开发和利用新能源、降低自然环境污染和维护生态平衡的目的，实现人类社会的可持续发展。[2]

3. 低碳电力的科技创新性

低碳电力是科技创新的产物。相对于传统电力的生产和发展，低碳电力在技术上具有更高的要求。低碳电力的核心内容是对新能源和可再生能源的

---

① 杨志，郭兆晖. 低碳经济的由来、现状与运行机制 [J]. 学习与探索，2010 (2)：124-127.
② 徐南. 低碳经济内涵、特征及其宏观背景 [J]. 地方财政研究，2010 (8)：28.

开发和利用,但新能源和可再生能源具有不稳定性和不可控性,较传统能源需要更复杂的程序、更精湛的技术和更先进的设备。低碳电力需要科技创新作为保障,但反过来,低碳电力也能够促进和推动科技的发展。

4. 低碳电力的广泛参与性

低碳电力的实施是一项系统工程,需要全社会的广泛参与,包括政府政策与决策的制定、相关企业的具体实施以及用户的配合与反馈,其中政府和企业是两个核心性关键要素,它们决定了低碳电力生产和发展的基本模式。当然,电力用户应该具有节约和环保意识,从用电主体的角度出发,不断提出完善低碳电力的发展建议。

5. 低碳电力的协同发展性

低碳电力既能够实现经济发展,又有助于保护环境;既能够实现科技创新,又有助于改善人们的生活质量。低碳电力可以实现多方面发展的协同效应。

(二) 低碳电力的种类

低碳电力,顾名思义,即依赖于二氧化碳等温室气体或其他有害物质含量较低或低排放的低碳能源,摆脱了传统电力生产赖以存在的煤炭等化石能源为主的高碳能源,减少了电力生产和发展过程中对环境造成的污染。低碳电力主要包括以下种类。

1. 水力发电

水能是将水的势能、动能通过特殊设备转换成机械能或电能等形式,进而能够被人们利用的可再生能源资源。水能的作用之一便是用来进行水力发电。水力发电具有很多优点,如生产成本低、具有再生性、污染低,但同时也具有受环境分布、气候温度、地形地貌等自然条件限制而使可利用性较低等缺点。

2. 风能发电

风能是风所产生的能量,其大小主要取决于风的速度和形成风的空气本身的密度。人类对风能的利用由来已久,如农耕时代利用风的动力提水和粉碎谷物,现在主要利用风能进行发电。中国风能丰富,如张家口坝上设有许多风力发电厂。

3. 太阳能发电

太阳能是指太阳辐射到地球表面所生成的能量。太阳能是一种清洁的可再生能源,目前主要具有以下几种利用方式:直接将太阳能转换为电能;利用太阳能进行热发电,包括太阳热水系统、太阳房、太阳灶等低温太阳能热利用形式，以及太阳能采暖和空调等形式的中温太阳能热利用形式。

4. 生物质能发电

所谓生物质，指构成各种生物体的各种有机成分。生物质具有多种功能，如用于能源目的，便成为生物质能。生物质能可以用来发电，也可用于生成一些化学制品。

5. 地热能发电

地热能是地球内部的热量爆发出来所生成的能量。地热是一种高效的能源，可以用来发电、供暖或者制冷。

6. 海洋能发电

海洋能是蕴藏于海洋内部的各种能源的总称，包括潮汐能、波浪能、温差能、盐差能以及海流能。地球表面水域广阔，海洋能非常丰富。海洋能发电是海洋能开发利用的主要形式之一。

7. 核能发电

核能发电是指通过利用核反应堆在裂变过程中所释放出的热能来发电。与火力发电相比，核反应所释放出的热量巨大，是一般化石燃料燃烧时所释放能量的近百万倍。核能发电不需要传统的不可再生能源资源，以核裂变能代替传统模式下矿物燃料的化学能，不排放二氧化碳等污染性气体，是目前利用较为广泛的一种能源资源。

8. 其他低碳能源发电

随着科学技术的发展，可开发的低碳能源将会逐步增多，比如氢能、原子能等。

(三) 低碳电力的性质

"低碳电力"是一个与环境、气候、能源相关联的概念范畴，涉及经济、科技和法律制度等多方面内容。

1. 低碳电力具有经济属性

低碳电力本质上具有经济形态，是一种与国家经济发展的低碳产业、科技发展的低碳技术以及人们日常的低碳生活密切相关的经济发展模式。低碳电力背后隐含的是电力产业结构的调整和改革，是一种新兴产业的发展。由此来看，低碳电力在某种程度上具有经济属性。

2. 低碳电力具有科技创新属性

一种新兴产业的发展离不开科技的进步和发展。低碳电力发展以风能、水能、太阳能、核能、生物质能等新型能源开发技术和减少污染物排放技术为核心的科技创新为支撑，实现新型能源的有效利用及电力生产的高效运作。

科技创新是低碳电力的根本保障。

3. 低碳电力具有法律属性

环境问题是一个全球性问题。针对日趋严重的气候变暖、温室效应等问题，世界各国都在以维护环境为核心转变经济发展方式，发展低碳经济。低碳电力正是在这种背景下应运而生的。对于这一新生事物，作为上层建筑的法律发挥着规范和保障作用。低碳电力的发展不仅取决于相关的具体企业，还有赖于相关法律法规的制定与实施。低碳电力法律有助于控制能源消耗，减少温室气体排放，鼓励新型能源的开发和利用，促进低碳经济和低碳电力的发展。因此，低碳电力也具有法律属性。

三、低碳电力制度的含义

制度是体系性的行为规则。低碳电力制度，就是以实现低碳电力的使用与普及为目的，促使电力的生产、供应与使用从目前的高碳化向低碳化转型的规则的总称。法律制度通过确立符合立法者价值判断的行为模式，表明立法者允许什么、鼓励什么、禁止什么，并以法律责任作为制度实施的保障，从而指引、调整社会公众的行为，实现立法目的。低碳电力制度亦是如此，这一制度设计通过采用多种方式对高碳电力进行规制，对低碳电力进行激励，引导电力的生产、供应与使用从高碳向低碳转变。

依据不同的标准，低碳电力制度有不同的分类。例如，依据低碳电力能源类型的不同，可分为水能发电制度、风能发电制度、太阳能发电制度等；依据电力系统的性质不同，将低碳电力制度分为发电侧低碳电力制度、输配侧低碳电力制度、售电侧低碳电力制度①和需求侧低碳电力制度。在后面的论述中，本书将采用后一种分类方法作为逻辑线索。

第二节 研究背景及意义

一、研究背景

（一）经济背景

能源是人类生存、社会发展的基本条件，是世界经济增长的推动力，也是影响国家安全的重要因素。中国是世界第一人口大国、第二大经济体，能

---

① 因售电侧牵涉高碳排放较少，故本书不做重点研究。

源生产和消费位居世界第一。当今中国已从煤炭和石油的出口国，转变为对这些能源的需求急剧增长的进口国。然而，中国能源的使用效率低，浪费严重。由于经济发展快、规模大，能源短缺、结构不合理、环境污染等问题日益突出。

电力行业是能源消耗大户，也是产生温室效应、环境污染的根源之一。中国作为全球最大的能源需求增量市场，为更好满足自身可持续发展的能源需求，将面临严重的问题和挑战。因此，探索一条适合中国国情的低碳经济[①]—低碳能源[②]—低碳电力的发展路径意义重大。

据中电联数据显示，截至 2017 年年底，全国发电装机总容量达到 17.8 亿千瓦；2017 年发电量达到 6.42 万亿千瓦时；2017 年全社会用电量达到 6.31 万亿千瓦时。[③] 截至 2017 年年底，电网 220 千伏及以上输电线路回路总长度达到 68.55 万千米，220 千伏及以上变电设备总容量达到 38.52 亿千伏安，电网规模和发电能力位列世界第一。[④]

在火电领域，国家推进大型煤电基地建设，鼓励发展坑口电站，重点发展大型高效环保机组和热电联产机组，淘汰落后小火电机组。截至 2017 年年底，全国火电装机 11.1 亿千瓦。[⑤]到 2020 年，煤电装机规模力争控制在 11 亿千瓦以内。[⑥]

在水电领域，在确保妥善安置移民和不破坏生态环境的前提下，大力发展水电产业。截至 2017 年年底，全国水电装机 3.4 亿千瓦。[⑦] 到 2020 年，常

---

① 低碳经济，是指在可持续发展理念指导下，通过技术创新、制度创新、产业转型、新能源开发等多种手段，尽可能地减少煤炭、石油等高碳能源消耗，减少温室气体排放，达到经济社会发展与生态环境保护双赢的一种经济发展形态。

② 低碳能源，是指替代高碳能源的一种能源类型，它是使二氧化碳等温室气体排放量低或者零排放的能源产品，主要包括核能和一部分可再生能源等。实行低碳能源是指通过发展风能、太阳能、核能、地热能和生物质能等清洁能源替代煤炭、石油等化石能源以减少二氧化碳排放。

③ 中电联发布《2017—2018 年度全国电力供需形势分析预测报告》[EB/OL].[2018-02-01].http://www.in-en.com/article/html/energy-2265338.shtml.

④ 2017 年全国电力工业统计数据 [EB/OL].[2018-01-22].http://www.nea.gov.cn/2018-01/22/c_ 136914154.htm.

⑤ 2017 年全国电力版图 [EB/OL].[2018-01-29].http://news.bjx.com.cn/html/20180129/877503.shtml.

⑥ 国家发展改革委国家能源局关于印发能源发展"十三五"规划的通知（发改能源〔2016〕2744 号）[EB/OL].[2016-12-26].http://www.ndrc.gov.cn/zcfb/zcfbtz/201701/t20170117_ 835278.html.

⑦ 同⑤。

规水电规模达到 3.4 亿千瓦,"十三五"期间新开工规模 6 000 万千瓦以上。[1]

在核电领域,在采用国际最高安全标准、确保安全的基础上,稳步推进核电建设。截至 2017 年年底,全国核电装机 3 582 万千瓦。[2] 到 2020 年,争取核电运行装机容量达到 5 800 万千瓦,在建核电装机达到 3 000 万千瓦以上。[3]

中国也积极鼓励可再生能源(renewable energy,RE)[4] 或新能源(new energy,NE)[5] 发电。可再生能源开发利用潜力巨大,有可能成为继煤炭、石油、天然气之后的重要替代能源。截至 2017 年,全国风电装机 16 367 万千瓦,成为继火电、水电之后的第三大能源;全国太阳能发电装机 13 025 万千瓦。[6] 到 2020 年,风电装机规模达到 2.1 亿千瓦以上,太阳能发电规模达到 1.1 亿千瓦以上,生物质能发电装机达到 1 500 万千瓦,地热能利用规模达到 7 000 万吨标准煤以上。[7] 2007 年 6 月 7 日,国务院审议通过的《可再生能源中长期发展规划》中提出,到 2020 年,中国生物质发电的装机容量要达到 3 000 万千瓦,达到 2020 年全国装机容量的 3%。

为了推进可再生能源的规范化发展,中国已经实施《可再生能源法》,确保可再生能源发电可以享受价格优惠、优先上网、全额收购及社会公摊的鼓励性政策。此外,还发布了《可再生能源中长期发展规划》,建立发展专项资金,支持可再生能源产业进行资源调查、设备购置、技术研发以及试点示范工程建设。《可再生能源"十三五"规划》明确规定:"加快建立清洁低碳、安全高效的现代能源体系,要求进一步促进可再生能源开发利用,加快对化石能源的替代进程,改善可再生能源经济性,促进可再生能源产业健康发展。"

(二) 政治背景

党和国家对于低碳电力发展高度重视,很早就提出中国"经济要发展,

---

[1] 国家发展改革委国家能源局关于印发能源发展"十三五"规划的通知(发改能源〔2016〕2744 号)[EB/OL]. [2016-12-26]. http://www.ndrc.gov.cn/zcfb/zcfbtz/201701/t20170117_835278.html.

[2] 2017 年全国电力版图 [EB/OL]. [2018-01-29]. http://news.bjx.com.cn/html/20180129/877503.shtml.

[3] 同[1]。

[4] 可再生能源:一次能源可以进一步分为再生能源和非再生能源两大类型。再生能源包括太阳能、水能、风能、生物质能、地热能等,它们在自然界可以循环再生,是取之不尽、用之不竭的能源,不需要人力参与便会自动再生,是相对于会穷尽的非再生能源的一种能源。

[5] 新能源:又称非常规能源,是指刚开始开发利用或正在积极研究、有待推广的除传统能源之外的能源,如太阳能、地热能、风能、海洋能、生物质能和核能等。

[6] 同[2]。

[7] 同[1]。

电力要先行"的发展战略。党的十八大明确提出了到 2020 年全面建成小康社会、建设美丽中国的宏伟目标，并强调"着力推进绿色发展、循环发展、低碳发展"，要求电力工业实施电煤并轨。党的十九大明确提出，从 2020 年到 2035 年，"基本实现社会主义现代化"，强调"生态环境根本好转，美丽中国目标基本实现"；从 2035 年到 21 世纪中叶，"把我国建成富强民主文明和谐美丽的社会主义现代化强国"，要求"推进能源生产和消费革命，构建清洁低碳、安全高效的能源体系"。

《能源发展"十二五"规划》提出"双控"要求，控制能源消费强度和总量，降低能源消费对环境造成的污染。中国政府在低碳清洁能源发展上提出了明确目标：到 2020 年，单位国内生产总值二氧化碳排放比 2005 年下降 40%~45%。[①]

习近平主席在 2015 年 11 月 30 日举行的气候变化巴黎大会上明确了中国开发新能源和建设低碳能源产业的发展目标。低碳能源产业既符合世界发展趋势，也符合中国的政治、经济和外交利益。

《能源发展"十三五"规划》提出，"十三五"时期是中国实现非化石能源消费比重达到 15% 目标的决胜期，也是为 2030 年前后碳排放达到峰值奠定基础的关键期，强调"更加注重结构调整，加快双重更替，推进能源绿色低碳发展"。一方面，着力降低煤炭消费比重，加快淘汰落后产能，力争关停机组 2 000 万千瓦，促进煤电清洁高效发展；另一方面，适度加大水电、核电发展规模，稳步推进风电、太阳能等可再生能源发展，为实现 2030 年非化石能源发展目标奠定基础。[②]

传统电力工业能源耗能高、污染物排放量大，如何响应国家政策，发展低碳电力，促进环境改善，已经成为电力行业改革的核心问题。

（三）社会背景

中国现实的资源条件决定了以煤为主的高碳能源结构，导致低碳能源资源有限。从能源结构来看，虽然近年来发电装机结构继续优化，但是，中国目前的电源仍以火电为主。2017 年，火电装机占比 64%，发电量占比 70%，"高碳"占统治地位。[③] 而单位煤炭燃烧所释放的二氧化碳气体，比单位石油

---

① 国务院关于印发能源发展"十二五"规划的通知（国发〔2013〕2 号）〔EB/OL〕.〔2013-01-01〕. http://www.gov.cn/zwgk/2013-01/23/content_ 2318554. htm.

② 国家发展改革委国家能源局关于印发能源发展"十三五"规划的通知（发改能源〔2016〕2744 号）〔EB/OL〕.〔2016-12-26〕. http://www.ndrc.gov.cn/zcfb/zcfbtz/201701/t20170117_ 835278. html.

③ 2017 年中国电力行业现状及未来发展趋势分析〔EB/OL〕.〔2017-04-24〕. http://www.chyxx.com/industry/201704/516644. html.

和天然气燃烧所释放的二氧化碳气体分别多出 30% 和 70%。火电高碳排放造成环境污染已成为全球普遍关注的重大社会问题。

火力发电用的煤炭，是不可再生资源。煤炭的开采对地质环境带来危害，造成土地塌陷等；火力发电燃煤，排放二氧化硫、二氧化碳，造成大气污染，以煤为主的能源结构导致大气污染物排放总量居高不下；火力发电需要大量的水，使本来十分宝贵的水资源更加短缺；煤炭需要靠汽车、火车长途运输，运输过程中消耗能源，排放废气，对环境造成间接污染。

二、研究意义

现代社会的主流经济模式是低碳经济。低碳经济主要由低碳能源和低碳电力构成。2006 年以来，中国在碳排放、碳减排等方面面临巨大压力。中国的二氧化碳排放总量比美国高一倍，居世界之首。大气污染问题的关键在于碳排放，也就是二氧化碳的排放量。解决大气污染问题，需要减少二氧化碳的排放量，降低经济活动中的碳密度。在经济活动中，能源生产及使用导致大量二氧化碳排放，而电力系统尤为突出。因此，深入研究相关的政策与法律法规制度，对于促进电力行业低碳转型具有重要的实际意义。

（一）对节能减排、应对气候变化、保护环境的意义

常规电力能源消耗高，污染物排放量大；低碳电力能源消耗低，污染物排放量小甚至零污染物排放，因此，实施低碳发展意义重大。中国日益重视低碳电力的发展，大力推动低碳电力技术革新，不断优化整体电力能源结构，逐步探索电力体制改革和创新机制，有效推动电力产业的可持续发展。但中国的自然资源禀赋和所处的发展阶段决定了中国电力低碳发展的任务非常艰巨。

从技术创新来看，低碳电力系统、智能电网建设技术上虽然存在一些问题，但不是主要问题，面对严峻现实，需要研究的主要问题是"游戏规则"。解决这一问题的关键在于体制机制能否支撑电力产业的发展，能否营造有利于技术创新的制度环境。只有完善了相关的制度，才能确保低碳电力成为现实。

面对全球环境的持续恶化，传统的能源和电力发展方式已难以为继，要实现电力可持续和低碳发展，必须推动制度创新，修改和完善以《电力法》为核心的电力法律法规，健全低碳电力立法保障体系；实行电力低碳发展政策，加强资源综合规划，统筹考虑电力供应侧、需求侧多种选择，资源能源节约优先，多行业、多领域协调采取措施，为低碳电力发展提供强有力的制

度保障；继续深化电力体制改革，加快电力市场化进程，转变传统电力发展方式，调整能源结构，促进竞争，加强监管，实现更大范围的资源优化配置。

（二）对能源结构转型、电力产业结构调整的意义

"十三五"时期中国应对全球气候变化的二氧化碳减排，面临着严峻挑战，但也存在机遇。中国应抓住机遇，实现产业的低碳发展和升级换代，其中电力产业的结构调整和能源结构转型无疑是重中之重。

能源行业是温室气体产生和排放的主要源头。根据国际能源署（International Energy Agency，IEA）（2009）的统计数据可知，当前，占总量65%左右的温室气体来自能源的生产和使用，到2050年，将达到85%。从世界范围内的行业二氧化碳排放分布来看，电力行业的排放比例颇高，占全球二氧化碳排放总量的41.3%，而中国这一比例更高，达到50.3%。

在中国电力行业结构的构成中，火电占有较大比重。在社会主义市场经济发展的初期，火电的发展对提升中国GDP、促进经济发展确实起到了重要的作用，但是也付出了污染加重、环境恶化的沉重代价。

目前，中国整体上已经进入工业化中期的后半阶段，正处于城镇化快速发展时期，能源及电力需求呈刚性快速增长。为了确保社会经济的良性可持续发展，传统的电力行业必须进行低碳化转型。低碳转型的重点是能源结构转型、电力产业结构调整。

转型的基本方向定位：一是节能优先，调整和优化电力结构，开展电力节能降耗，淘汰高耗低效电厂；二是加快转变煤炭工业发展方式，促进煤炭的洁净高效利用，采用高效煤炭利用技术；三是加快天然气开发利用，合理开发水电，适度推进核电建设，促进风电规模化发展，积极开发利用太阳能、地热能、生物质能等可再生清洁能源，以期实现非化石能源占比15%的既定目标。

为了实现电力行业的低碳转型，必须建立健全低碳电力法律制度，严格规范火力发电的碳排放约束机制、新能源和可再生能源电力的激励机制，从制度层面对高碳排放的火电发展规模和发展方式进行引导和规制，对零碳和低碳排放的新能源和可再生能源电力进行扶持和激励，同时国家进行适度干预，从政策上引导电力行业健康可持续发展。

（三）对保障能源安全、促进能源可持续发展的意义

能源是人类赖以生存的基础，是国民经济发展和人民生活所必需的重要物质基础。能源安全就是指满足国家生存和发展正常需要的能源供应保障的连续性与稳定性。能源安全不仅是经济问题，也是政治和军事问题，是国家

安全体系的重要组成部分。作为一个能源大国，中国的生产和消费方式对全球能源安全体系影响重大。

近年来，随着中国经济的高速增长，能源呈现出以下特征：能源储量大，但可用度不高；人均能源消费量较少；单位产值能耗高；生产和消费地区不平衡等。中国的能源问题比较严重，能源安全问题越来越成为中国经济发展中必须面对和无法回避的问题，用法律保障国家能源安全具有重要的意义。

国际经验表明，健全的法律法规是能源安全和可持续发展战略的基石。但中国能源领域的法律建设却相当滞后，能源安全保障法律制度存在着严重缺陷，这已经影响到中国能源的改革和发展，能源已经成为制约中国经济和社会发展的瓶颈，因此迫切需要运用法律调控机制来解决能源问题。《电力法》《煤炭法》《石油法》《原子能法》《可再生能源法》作为能源法的重要组成部分，其建立健全对于保障能源安全、促进能源可持续发展具有重要意义。因此，亟待修改、完善以《电力法》为主要内容的电力法律体系，制定、实施以促进可再生能源发展和节能减排为主要目标的相关法律，建立健全低碳电力法律制度。

（四）对完善低碳经济法律制度的意义

目前，中国学术界关于低碳电力的理论研究主要集中在能源领域、技术领域和经济领域，法律领域的学者对此关注较少，其中对低碳电力法律制度进行系统研究的学者更少，现有研究成果非常稀缺，本书的研究有助于丰富该领域的学术成果。

本书的研究还对完善低碳经济法律制度具有重要的理论意义。低碳经济是一种体现可持续发展理念的经济模式，它是人类应对全球气候变暖，迈向美好未来的理智选择。低碳经济不仅是一种技术型经济，也是一种制度型经济。低碳经济法律制度体系的建构是推进社会向低碳转型的必要保障，是世界各国迈向低碳经济、实现温室气体排放控制目标、抑制全球气候变暖的战略需求。

低碳经济法律制度体系主要涵盖碳排放控制法律制度、节能减排法律制度和传统能源替代法律制度等。前两项制度的目的是一致的，都是为了实现传统化石能源利用的清洁化、低碳化；第三项制度通过低碳能源替代传统高碳能源的方式，促进清洁、低碳型能源的开发利用，从而从根源上治理高碳排放问题，实现全球气候稳定。

当前，中国在法律领域已经制定了与低碳经济相关的《电力法》《煤炭法》《可再生能源法》《节约能源法》以及《清洁生产促进法》等法律法规。

但与发达国家相比，中国在低碳经济发展立法及法律制度建设方面还存在较大差距。最突出的差距就是：中国相关方面立法体系不完善，特别是在一些重要环节和关键领域，目前还存在着许多法律空白。例如，不仅能源基本法——"能源法"缺位，而且天然气、石油、原子能等主要领域的能源单行法律也缺位，将这些一次能源作为来源发电的相关法律规制与保障也无从谈起。

发展低碳经济，是我们转变发展观念、创新发展模式、破解发展难题、提高发展质量的重要途径，是建设资源节约型、环境友好型社会的重要保障，具有重要的战略意义。要实现低碳经济的发展模式，首先需要节能减排，而电力行业应该成为减排的关键领域。[1] 此外，在应对气候变化的行动中，电力行业需要承担重大减排责任，研究低碳电力法律制度是实现电力行业可持续发展的有力保障。

第三节 国内外研究现状综述

一、国内研究现状

低碳电力产业是新兴产业，发展时间不长。美国、德国、日本等发达国家的低碳电力发展也只不过三四十年的时间。中国起步较晚，20世纪90年代初，风力发电、太阳能发电和生物质能发电才逐步成为产业政策的关注对象。目前，国内外低碳电力发展的理论研究主要集中在技术领域、能源领域和经济领域，法律领域的研究比较匮乏，尤其是从低碳电力法律制度建构视角进行系统研究的更是凤毛麟角。综合当前的国内文献，本书认为当前低碳电力的国内研究现状可以概括为以下几个层面。

（一）从技术角度研究低碳电力

这些研究为建立健全低碳电力法律制度提供创新思路和路径。比较有代表性的论著如下。

（1）《基于多阶段不同政策机制的低碳电力调度模型》（朱泽磊、周京阳、韩忠旭，等，2013）分析了碳捕集电厂具备的优良运行特性及其为风电等间歇性电源并网提供备用资源的能力，提出碳捕集技术是现阶段电力行业实现低碳目标最重要的手段之一。但目前制约碳捕集技术在电厂应用的主要

---

① 魏一鸣，刘兰翠，范英等. 中国能源报告（2008）：碳排放研究 [M]. 北京：科学出版社，2008.

原因是建设成本和运行成本过高。通过分析电厂碳捕集系统的成本构成对火电厂能耗和发电成本的影响，提出制定与碳捕集技术发展相配套的激励措施和机制已经成为实现低碳电力发展的关键。

（2）《区域分布式能源改变中国电力低碳发展格局》（华贲，2011）从"低碳时代"中国可持续发展的能源战略大局和终端利用技术进展的角度，指出2010—2020年期间中国电力低碳发展的战略途径并非只有可再生能源一条，在非常规天然气和智能电网快速发展的前提下，终端用能需求侧的冷、热、电、汽负荷可以集成供应，并与电网调峰相结合，在系统技术和运作机制两方面集成创新。

（3）《低碳电力调度方式及其决策模型》（陈启鑫、康重庆、夏清，等，2010）深入剖析了低碳电力调度的内涵，定义了科学、高效的低碳电力调度方式，描述了三种类别能源的低碳电力调度特性，将二氧化碳排放作为一类可调度资源，在综合考虑低碳电力技术、碳成本和碳约束等要素的基础上，建立了初步的低碳电力调度决策模型，以协调电力调度中的"电平衡"和"碳平衡"。

（二）从能源角度研究低碳电力

（1）崔民选编著的《能源蓝皮书：中国能源发展报告（2012）》对煤炭、石油、天然气、电力、新能源等能源重点行业的发展历程和运行现状进行了分析，深入剖析了如何加快推进中国能源结构的战略性调整，并提出了对未来走势的预测和切实可行的对策建议。

（2）杨泽伟著的《中国能源安全法律保障研究》（2009）论述了可再生能源与能源安全的关系。肖国兴、叶荣泗主编的《中国能源法报告》（2008、2009）研究了太阳能发电、可再生能源法的立法完善。黄进主编的《中国能源安全问题研究——法律与政策分析》（2008）为能源安全的法律机制研究提供了法律分析方法。

（三）从经济角度研究低碳电力

从经济角度研究主要集中于建构低碳经济模型、运用经济手段调节清洁能源和可再生能源的电力成本，以促成其环保效益的实现。典型的论著如下。

（1）《基于三角模糊数的清洁能源电价补偿机制》（谭忠富，2013）基于清洁能源电力的外部性特征，运用电价形成机制、三角模糊数及目标约束等理论，立足于中国清洁能源电力发展实践，构建出一套量化度高、操作性较强的电价补偿机制，确定了合理的清洁能源电价补偿区间。

（2）《大力推行能效电厂，支持实现国家节能减排目标》（郁聪、胡兆光，

2007）从电力需求侧进行研究，指出"能效电厂"可有效提高终端用电效率，提出了从电价中回收成本、系统效益收费等四种财务上可行的能效电厂实施模式，并就国家层面如何支持能效电厂实施，从立法、资金来源、市场参与等方面提出了建议。

（3）《中国特色的低碳经济、能源、电力之路初探》（胡兆光，2009）结合中国国情，在低碳经济（低碳能源与低碳电力）的模型基础上，对模型中的参数作了假定，并展望了未来20年中国经济发展前景、能源的需求、二氧化碳排放强度，以及经济发展对电力的需求、电源结构、清洁能源的发电比重、能效电厂及其发电量等。

（4）《节能和碳排放约束下的中国能源结构战略调整》（林伯强，2010）认为推动节能减排和应对气候变化，中国能源战略必须进行相应调整，应从供给侧和需求侧两个方面考虑能源需求满足问题，要将二氧化碳等污染物的排放作为一个约束性因素，调整能源结构，并在此基础上建立节能减排的最优能源结构模型。

（四）从管理角度研究低碳电力

《节能减排须走中国特色低碳电力之路》（曾鸣，2010）论述了短期低碳机制和长期低碳机制，提出了中国的低碳电力发展模式。《我国可再生能源管理体制研究》（李艳芳，2008）指出中国目前可再生能源管理模式存在"资源管理与能源管理相分离""重审批、轻管理""重经济性管理、轻社会性管理""农村管理与城市管理相分离"等问题，因此，必须对中国可再生能源管理体制进行研究并对其加以健全。

（五）从法律角度研究低碳电力

该研究视角主要有以下几个维度：一是从中国电力体制改革视角进行研究；二是从法制保障和法律体系完善视角进行研究；三是从低碳电力发展的政策激励机制视角进行研究；四是从比较法视角进行研究。以下分述之。

1. 从中国电力体制改革视角进行研究

《我国新电力体制改革酝酿过程的回顾》（朱成章，2013）回顾了中国进行的两轮电力体制改革，指出中国电力体制改革的方向应该是政企分开，商业化和公司化，建立和健全法律法规。

《深化电力体制改革的几个问题》（綦树利，2012）分别阐述了电力产业市场结构改革、电力产业投资体制改革、电力价格体制改革等现状和问题，提出了下一步的改革方向。

《对我国电力法体系的构想——以构建和维护竞争性电力市场为价值目

标》（刘宇晖，2008）指出中国电力体制改革的目标是由竞争性电力市场模式替代垂直一体化的电力行业模式，修改《电力法》时应以构建和维护竞争性电力市场为价值目标。

2. 从法制保障和法律体系完善视角进行研究

《我国电力行业低碳发展的政策与法制保障》（周凤翱、曹治国，2013）针对现行政策与法制保障体系存在的问题，提出积极推进"能源法"制定和《电力法》修订，抓紧完善《可再生能源法》配套法规，加快构建智能电网、低碳能源电价及低碳电力科技创新等法律制度的对策建议。

《国外智能电网立法与我国〈电力法〉修订》（周凤翱、陈子楠，2012）以中国加速推进统一坚强智能电网建设为背景，提出修改并完善中国《电力法》相关内容的立法建议。张剑波著的《低碳经济法律制度研究》（2013）分析了中国目前低碳经济法律制度建设的情况和存在的不足，指出发展低碳经济，制度保障是关键，并就中国低碳经济法律制度的建立和完善提出了建议。

《气候变化背景下的中国可再生能源法制》（李艳芳，2010）从气候变化的视角，对现行中国可再生能源法制内容和体系的完善进行了研究。《中国参与国际气候治理的法律立场和策略：以气候正义为视角》（曹明德，2016）提出了中国在参与国际气候治理的过程中，应加大温室气体减排力度，制定应对气候变化法、碳排放交易法规等法律，运用碳排放交易和碳税等市场工具，从法律、市场和政策等方面确保气候正义的实现。

孙佑海、张蕾等编著的《中国循环经济法论》（2008）构建了循环经济法律体系。李挚萍著的《环境法的新发展——管制与民主之互动》（2006）提出了完善环境法律执行机制。《探索具有中国特色的低碳电力之路》（谢进等，2010）提出了通过培育鼓励低碳的法律和政策环境，建立低碳能源系统的路径。《我国能源法实施中的问题及解决方案——以〈节约能源法〉和〈可再生能源法〉为例》（王明远，2007）指出能源法的实施是涉及政府、市场与社会的复杂系统工程，其关键点和突破口是政府监督管理职责的落实，提出由市场、政府和社会分工协作，"三只手"共同作用的能源发展新模式。

《中国环境法律体系的架构与完善》（黄锡生、史玉成，2014）提出了中国环境法律体系是以《环境保护法》为基本法，包含"能源与节能减排法"在内的七大亚法律部门，由法律、行政法规规章以及地方性法规等多层次法律规范构成的体系。

3. 从低碳电力发展的政策激励机制视角进行研究

这方面的研究较多，尤其是可再生能源政策激励机制成为理论界的研究热点，研究内容主要包括政府财政资助的低碳补贴、税收激励、电价规制、金融激励等方面。

（1）在低碳电力财政补贴激励机制的研究上，代表性的论著如下。

①《中国低碳补贴的法学理论与制度建设》（王淼，2013）借鉴国外先进经验尤其是丹麦政府一条龙的补贴制度经验，提出了从技术到产品的补贴、从高碳到低碳的补贴以及建立实效机制的对策建议。

②温慧卿著的《中国可再生能源补贴制度研究》（2012）立足国内法，结合实践，对可再生能源补贴进行了分类，并以"电价补贴"和"非电价补贴"为基础，深入探讨了中国可再生能源补贴机制。

③《能源补贴政策及其改革——为减排提供经济激励》（庄贵阳，2006）通过对中国能源补贴制度及其实施现状的分析，指出中国目前减缓气候变化的可再生能源发展政策所面临的问题和挑战，提出需要发挥补贴政策在减缓气候变化中的积极作用，减少负面影响。

④《可再生能源政府补贴政策之法治化思路》（姚佳，2009）从政府补贴入手，介绍了国外的实践情况，提出了以必要、适度和适当为原则完善现行法律体系，构建立法化的经济激励措施体系。

（2）在低碳电力税收激励机制的研究上，代表性的论著如下。

①《促进经济增长低碳化的碳税改革建议》（杜洪林，2010）、《资源税"量"改"价"分析》（孙萌，2010）等对低碳电力财税激励机制进行了研究。

②《促进低碳经济发展的我国绿色税收制度完善研究》（刘艳杰，2012）通过对中国目前绿色税收制度存在的问题进行评析，提出了完善中国绿色税收制度、促进低碳经济发展的对策。

③《基于能源结构调整的能源税收制度研究》（黄锡生、张真源，2018）指出能源税收为保障中国环境安全提供了制度性契机，能源税收制度目标实现的关键在于扩大能源税收的征税范围、完善中国清洁能源产业优惠措施以及开征碳税等。

（3）在低碳电力电价规制的研究上，代表性的论著如下。

①中国资源综合利用协会等组织机构共同发布的《中国风力发电价格政策分析研究报告》，对可再生能源电力价格形成机制进行了深入的研究。

②《可再生能源电力定价机制和价格政策研究》（时璟丽，2008）介绍了中国已经初步建立的支持可再生能源电力发展的价格政策体系，分析了价格政策对可再生能源电力结构的影响，提出了可再生能源电价制度建设的思路及政策建议。

③《可再生能源电力费用分摊政策研究》（时璟丽，2010）通过对国内外可再生能源电力费用分摊政策及实施进行对比分析，提出了通过基金管理方式实现可再生能源电力费用分摊，利用可再生能源电价附加、国家财政资金支持等具体建议。

④《可再生能源电价体系和费用分摊机制研究报告》（李俊峰，2005）、《风电项目投资及等效满负荷小时与上网电价的关系》（朱光华，2010）等对可再生能源电力价格机制进行了研究。

（4）在低碳电力金融激励的研究上，代表性的论著如下。

①《我国新能源融资分析》（李彬，2010）主要分析了中国新能源融资的整体状况，认为风险投资和新能源基金是新能源融资的主要途径。

②《我国未来能源融资环境展望与融资模式设计》（马晓微，2010）从政策制度的法规保障、吸引外资等方面对未来的融资环境进行了展望，认为针对中国不同能源行业未来要采用不同的融资模式。其中，电力行业中的发电和售电环节应采取市场调节下的多元融资模式；电网环节应坚持市场导向，采取国家控股的多元融资模式。

4. 从比较法视角进行研究

《美国新能源和可再生能源立法模式》（罗涛，2009）、《低碳经济下电力行业发展研究》（路石俊，2010）、《德国的可再生能源法及其借鉴意义》（陈海君，2006）、《日本的能源对外直接投资及对我国的启示》（郝洁，2009）等主要是外国发展低碳电力的经验介绍或者是在借鉴外国先进经验的基础上对中国低碳电力发展提出对策和建议。

此外，近年来可再生能源电力逐渐成为学术界的研究热点，有的学者注重整体研究，有的学者则关注具体类型的可再生能源发电研究，其中，风力发电、太阳能发电和生物质能发电研究较多，其他类型可再生能源发电则研究较少。例如，《我国大型风力发电产业发展现状》（祁和生，2010）、《太阳能光伏发电的发展》（孟懿，2010）、《中国地热能发展趋势》（孔令珍，2006）等专门研究某一种特殊类型的能源电力。

综观目前国内有关低碳电力法律制度的研究现状，还存在以下几个方面的问题。

第一，对低碳电力研究较多，但对低碳电力制度进行全面完整的研究还几乎是空白。国内对低碳电力的研究取得了一定成果，但多聚焦于经济、管理、能源、技术等领域和角度，从法律角度进行研究的成果不多，而且主要关注低碳电力的体制、机制、政策、法规的某一个侧面，其研究过于笼统，没有形成完整而系统的低碳电力制度体系。

第二，低碳电力制度研究的范围有待拓展。目前，中国学者关注较多的问题主要是低碳电力的法制保障和法律体系完善、低碳电力发展的政策激励机制，尤其是从可再生能源发电的政策保障机制等角度进行研究。但是，低碳电力制度是一个完整的体系，包括低碳电力法律制度和低碳电力管理制度等，中国学者对这些制度的研究较少。

第三，低碳电力制度的研究缺乏系统性。目前，中国学者仅从某一项低碳电力制度进行研究，较少考虑从系统角度进行研究。低碳电力制度的研究肩负着实现低碳能源、低碳电力乃至低碳经济的转型，推动中国能源立法进程的历史使命。低碳电力制度是由多种制度组成的统一体，同时兼跨环境资源法、能源法、经济法、行政法、民法、刑法和诉讼法等多个法律部门，因此，低碳电力制度的研究应有系统性，以保证低碳电力制度的内部统一以及同其他法律制度的协调。

二、国外研究现状

发达国家已经完成了工业化，为了应对气候变化和履行本国的减排义务，发达国家目前正在全面进行低碳经济转型。在电力行业，低碳电力技术发展迅速、前景良好，无论是在清洁煤技术、智能电网技术、新能源和可再生能源开发利用技术（典型的如太阳能光伏光热发电技术、风力发电技术）以及常规火力发电的碳捕捉与封存技术等领域均取得了长足的进展。

基于发达国家低碳经济与低碳电力立法起步较早的事实，本书认为对于国外研究的关注应该集中在以下两个方面。

第一，发达国家发展低碳电力的基本法律规则。本部分的研究更多地体现为我们对于发达国家成熟经验的研究，甚至表述为"研究国外的现状"更为确切。在众多发达国家中，当前的研究最为密集的要数英国、德国和日本。但据相关文献显示，更多的资料停留在对于能源和电力立法状况、基本规则的宏观介绍，仅仅做一个法条的对比，没有从比较法的角度进行对比研究，研究理论深度不够。因此，进一步深入研究发达国家具体的低碳电力制度极为必要。

第二，国外研究动态。煤炭、石油、天然气、铀矿等能源是电能的重要能源来源，各国均在能源法和电力法中规范了能源资源的低碳利用、技术开发行为。同时，自2009年哥本哈根世界气候大会以来，由于气候变化引发的环境问题越来越受到重视，为限制温室气体排放，发达的市场经济国家通过立法和修改法律的方法，加强了对能源开发的规范和管理，加大了对清洁和可再生能源发电科技的投入，以提高能源利用效率，节约能源和减少浪费。

其实国外低碳电力立法的研究动态，主要集中在能源法领域，主要涉及能源安全和环境保护。通过整体规制能源开发，制定相关能源政策和法规，引导能源利用朝着低碳、可持续的方向发展。

（一）英国

英国是世界上最早提出低碳经济概念的国家。在低碳立法上，以《气候变化法》基本立法为统领，英国目前已经形成了法律层级丰富、内容详细、易于实施的低碳能源法律体系。1989 年，颁布《1989 年电力法》。2002 年，英国实施了《新可再生能源公约》，至此废止了实行多年的化石燃料公约。2006 年，颁布《气候变化与可持续能源法案》。2008 年，颁布《气候变化法》，该法案是英国经济低碳发展的纲领性和战略性立法。2008 年生效的《2008 电力与燃气（碳减排）法令》确定了英国的碳减排总量及相关制度和措施。2008 年实施的《2008 能源法案》明确规定了小型低碳电力生产企业的税收返还制度。2009 年发布的《英国低碳转型计划——气候与能源国家战略》及配套计划《英国低碳工业战略》《低碳交通计划》和《可再生能源战略》制定了 2020 年英国低碳发展要达到的目标。2009 年实施的《2009 可再生能源法令》赋予电力供应企业一种强制性义务，称为"可再生能源供给义务"。2010 年新修订的《2010 电力与燃气（碳减排）法令》进一步明确了碳减排责任目标。2010 年实施的《2010 能源法案》就落实国家低碳经济发展战略制定了具体措施。2012 年，英国发布《能源改革法》（草案），这个被称作英国能源行业"20 年来最大变革"的改革计划围绕"电力市场改革"，大力倡导低碳电力，投入大量资金扶持和推动核电、可再生能源、碳捕获与封存技术的发展。2013 年，英国正式出台《能源改革法案（2013）》。

（二）美国

美国是低碳能源立法最为丰富的国家之一。美国一直十分注重通过立法和建设法律法规体系来引导、推进清洁能源、可再生能源等新型能源的发展。美国颁布并实施《清洁空气法》（1990）、《能源政策法》（2005）等，为清洁低碳新能源的开发应用提供法律支持，该法规定将以减税方式促进可再生能源的开发利用。2007 年，布什总统签署《2007 能源独立与安全法案》，规定了低碳能源的生产和消费的一些具体内容。美国参议院于 2007 年 7 月推出了《低碳经济法案》，确定了控制碳排放总量、高效利用常规化石能源、实施碳排放许可、构建碳交易制度等内容。2009 年 1 月，美国实施了"美国复兴和再投资计划"，重点投资新能源发展。2009年2月，美国出台了《美国复苏与再投资法案》，加大了对新能源的开发和利用的投资力度。2009年6月，美国颁布了《清洁能源安全法案》，首次对温室气体排放进行法律性约束和限制。该法案的核心是限制碳排放量，对美国能源密集型企业设定减排目标，进行碳排放量交易。此后，美国又先后颁布了《美国能源安全信托基金法》《工资增长与减碳法案》《碳储存管理信托基金法》《燃煤责任使用法案》等相关法律。以上法律法规的制定和实施为美国低碳经济的形成和发展提供了坚强的保障和有力的支撑。

　　美国除了从联邦层面颁布有关低碳经济法律外，各州也进行了相应立法，二十九个州出台了相关法制措施鼓励可再生能源开发利用，十几个州以立法的形式建立了可再生能源发电配额制。

　　（三）德国

　　德国在清洁低碳新能源开发利用方面走在世界前列，在新能源和可再生能源立法方面也制定了相应的法律法规。1990年，德国议会批准《电力供应法案》，规定了投资直接补贴、低息贷款等政策。1990年，德国颁布《可再生能源发电向电网供电法》，该法于1991年1月生效，侧重于促进风能的发展。2000年，德国颁布了《可再生能源法》，该法确立了清洁低碳能源的开发利用国家战略，是具有里程碑意义的清洁低碳能源促进法，被视为世界上最进步的关于清洁能源和可再生能源的立法。在该法的基础上，德国又制定了《可再生能源发电并网法》和《热电联产法》，规定了可再生能源发电的并网、价格和热电联产技术生产的电能补贴等方面的内容。新修订的《可再生能源法》于2004年8月生效，对可再生能源发电量，特别是光伏发电上网提出了新的目标。2005年，德国颁布《能源节约条例》。此外，在可再生能源领域，德国还颁布了《促进可再生能源生产令》《生物质发电条例》《太阳能电池政府补贴规则》《能源供应电网接入法》等法律法规。

　　（四）日本

　　日本较早对低碳能源进行立法引导和保护。自20世纪70年代起，日本便十分重视生态环境保护，出台了一系列保护环境与资源的法律法规。在确立"低碳社会"建设目标后，其低碳能源立法采用修法为主、立法为辅的制度建设模式。在低碳能源和低碳电力立法方面，日本实行的法律法规和政策措施如下。

　　（1）在法律层面，自20世纪60年代以来，日本先后颁布了一系列法律。这些法律主要包括：1962年，日本颁布了《煤烟控制法》，这是日本历史上第一部大气污染防治法；1979年，日本颁布实施《节约能源法》，并进行了多次修订（包括 2008 年"福田蓝图"确立后进行了一次大修，增添了许多新内容）；1991 年，日本制定《日本促进再生资源利用法》；1997 年，日本制定《促进新能源利用特别措施法》；1998 年制定《家电再生利用法》（2001 年开始实施）；1998 年，日本制定了世界首部应对气候变化的法律——《全球气候变暖对策推进法》；2000 年，日本颁布《绿色采购法》；2002 年，日本颁布实施《能源政策基本法》；2009 年，日本颁布《推进低碳社会建设基本法案》，保证了日本"低碳社会"建设的法制化。

（2）在政策层面，日本实施了一系列政策计划措施。1974 年，日本实施"阳光计划"。1981 年，日本启动"月光计划"。1993 年，日本又把阳光计划、月光计划进行整合，启动了"新阳光计划"。2008 年 6 月，福田康夫内阁发布《低碳社会与日本》战略宣言，被称为"福田蓝图"；同年 7 月，下发了《建设低碳社会行动计划》，提出了构建低碳社会的规划和目标，以及利用可再生能源发电的目标等具体内容。2010 年，日本将低碳战略目标进行细化，提出了新经济成长计划，实施了"低碳型创造就业产业补助金"制度。2011 年，日本国会审议并通过了"电力公司购买可再生能源电力行动"。

（五）澳大利亚

澳大利亚的低碳经济和低碳电力起步较晚，但澳大利亚注重技术革新，努力发展碳捕获与封存技术，建立一个全球性碳捕获与封存中心，形成了"碳捕获与封存"法律制度体系，这是目前世界上最完备的碳排放控制法律制度体系。2000 年，澳大利亚出台《2000 年可再生能源（电力）法》，规定了实施强制性可再生能源发展的目标。该法律于 2006 年、2007 年历经多次修订。2007 年，澳大利亚出台《2007 国家温室气体和能源申报法》，在重点领域确立起具有基本立法特点的"碳捕获与封存"基本法。2007 年，对《强制性可再生能源目标》进行了修订。2008 年颁布实施的《2008 年可再生能源（电力）修正议案》建议实行可再生能源电力强制上网电价制度。2008 年，陆克文政府通过的《减少碳污染计划绿皮书》，被认为是新政府倡导经济低碳发展的宣言书，该计划从 2010 年开始实施。2009 年，政府重新修订了《强制性可再生能源目标》，提高了可再生能源在电力行业中的利用份额。

澳大利亚各州也积极进行"碳捕获与封存"立法。2008 年，维多利亚州颁布《2008 温室气体地质封存法案》。2009 年，昆士兰州颁布《2009 温室气体封存法案（昆士兰州）》。

此外，在本书收集到的国外学者的著作与论文中，从法律角度研究低碳电力发展的不多，研究的热点集中在可再生能源发电领域。《火与冰：世界可再生能源与碳控制机制面临宪法障碍》（*Fire and Ice*：*World Renewable Energy and Carbon Control Mechanisms Confront Constitutional Barries*）（Steven Ferrey，Chad Laurent，Cameron Ferrey，2010）分析了控制污染气体排放、促进可再生能源发展和消除法律制度限制等因素之间的协调问题；《支持国家能源目标的和谐联邦制——增加风能可再生能源》（*Harmonious Federalism In Support of National Energy Goals*：*Increased Wind Renewable Energy*）（Ronald H. Rosenberg）提出统一国内风力发电的法律政策对于产业发展具有重要意义；《全球克能：太阳能工业的国际和地方发展及其经验教训分析》（*The Global Light*：*An Analysis of International and Local Developments in the Solar Electric Industry and Their Lesson*）（Mark Detsky，2003）分析了传统发电产业存在的问题，提出了建设利用太阳能发电产业的解决办法。此外，《2009 年世界主要能源统计数据》（*Key World Energy Statistics* 2009）和《2010 年可持续能源投资的全球趋势》（*Global Rerds in Sustainable Energy Investment* 2010）等国际能源权威机构发布的年度数据报告和发展动态，对本书也具有一定的参考价值。在可再生能源电力价格方面，国外亦有学者就可再生能源补贴与电力价格进行了探讨，通过数据分析，认为对不同可再生能源的补贴与其所形成的电力价格之间的关系存在变动。[1]

综观目前国外有关低碳电力法律制度的研究现状，本书认为，对于发达国家或地区发展低碳能源和低碳电力法律基本规则的深入研究应该是当前的重点。对于发达国家或地区经验的学习，不能仅仅停留在介绍基本情况这一层面，还要重点地系统研究几个发达国家或地区的低碳电力法律规则，积极把握当前发达国家或地区低碳电力研究的最新方向和动态，利用好中国低碳电力立法的后发优势，迎头赶上。

第四节　研究目标和研究思路

一、研究目标

本书从中国当前低碳电力法律实践出发，剖析现行电力法律规范，体系化地梳理当前实践的重点与难点。通过与发达国家或地区相关低碳能源和低碳电力制度措施进行比较，发现中国低碳能源电力立法建设方面存在的问题

---

[1]　Mapping of Subsidy Systems and Future Consumption of Biomass.

和不足，并提出相应的对策建议。在明晰中国低碳电力的理念与理论基础上，建立和完善以"能源法"为统领，以《电力法》为核心，以《可再生能源法》为支撑，以各层次低碳电力相关法律法规为补充的低碳电力法律制度体系框架。在这一体系的具体制度设计上，须从发电侧健全高碳规制法律制度和低碳激励法律制度，从输配侧完善输配侧低碳电力科技创新法律制度和低碳激励法律制度，从需求侧健全需求侧管理法律制度和低碳激励法律制度，为确保完成国家的节能减排和电力行业的可持续发展提供法律保障。

二、研究思路

本书按照什么是低碳电力制度→为何要构建低碳电力制度→如何构建低碳电力制度的思路展开。试图从法律制度体系构建上对低碳电力实现与发展的困境、出路进行分析和研究；同时以发达国家或地区低碳电力立法理论和法律制度建设实践为基础，深入探讨发达国家或地区低碳电力制度建构经验及其在中国本土化环境下的借鉴和适用，结合中国低碳电力制度立法及法律制度现状，探索中国低碳电力法律制度体系建设的路径。

（一）低碳电力制度的概念内涵

对于促进社会经济发展、应对气候变化、保护环境、维护能源安全，低碳电力制度建设至关重要。低碳电力制度是促使电力的生产、供应与使用，从目前的高碳化向低碳化转型的规则的总称。

（二）建构低碳电力制度的原因

通过考察电力体制改革和电力企业现状，分析中国发展低碳电力产业的现实困境及制度原因，评估低碳电力发展的必要性和可行性，形成低碳电力法律制度体系建设和完善的现实基础。

（三）低碳电力制度结构框架的完善

立足前期研究，在对中国低碳电力立法历史发展和现状分析的基础上，提出中国低碳电力制度体系总体框架的意见及建议。

（四）低碳电力制度具体路径的框架完善

依据电力系统的性质之不同，将电力系统划分为发电侧、输配侧、售电侧、需求侧等。研究中国发电侧现行制度的缺陷，借鉴国外先进经验完善高碳电力规制制度与低碳电力激励制度；梳理中国输配侧现行制度的问题，吸收国外可供参考与借鉴的政策及措施，从可再生能源并网保障的角度提出中国输配侧完善思路和制度举措；剖析中国需求侧现行制度的不足，比较国外较好做法，从节约能源的角度提出完善思路和对策。

一言以蔽之，本书的研究思路是：理论研究→现状考察→比较分析→结论与对策。

第五节 研究方法

"工欲善其事，必先利其器。"低碳电力制度的研究需要方法论的指导。本书综合运用了法经济学研究方法、历史考察研究方法、比较研究方法、实证研究方法和理论联系实际等研究方法。

一、法经济学研究方法

低碳电力制度建设与法经济学具有很大的相关性。低碳电力的零污染物和温室气体排放，决定了它不会产生负外部性效应。而传统的火力发电具有明显的负外部性特征，在价格形成机制上，由于缺乏将稀缺性资源耗费、环境污染治理成本等负外部性因素内化为电力成本的考虑，使得传统火力发电成本小，价格偏低；相对而言，低碳电力在技术和设备上要求较高，导致生产成本高昂，在价格上处于劣势地位。这种状况使得难以形成公平竞争的电力市场机制，不利于低碳电力的发展。

利用法经济学的外部性理论、市场失灵理论等构建低碳电力法律制度意义重大，特别是在对低碳电力采取激励型法律制度、对高碳电力采取规制型法律制度的正当性和必要性方面。

二、历史考察研究方法

历史考察研究方法是法学研究中经常采用的一种重要的研究方法。本书旨在构建保障低碳电力发展的一套完整而体系化的法律制度。由于中国目前该方面的立法机制尚未形成，法律制度体系还不完善，考察和分析低碳电力立法发展的历史沿革、产业政策的建设与变革，以及激励措施出台的背景和实施成效，便成了完善中国低碳电力法律制度体系的理论基础和实践依据。

三、比较研究方法

相对于发达国家或地区，中国的法律制度建设还处于相对落后的局面。特别是在气候与能源等全球性问题上，中国的立法理论研究和实践体系建设还有待完善。为应对全球环境和气候变化，国际社会鼓励减少常规化石能源的消耗，支持利用可再生能源，实现环境与经济的协调可持续发展。

具体到电力产业，积极扶持和促进低碳电力发展已成为共识。美、英、德以及欧盟等发达国家或地区，已经形成了相对较为完善的法律制度体系，以保障和激励低碳电力产业发展。通过比较和分析中国与发达国家或地区在激励低碳电力发展方面的法律体系理论和法制建设实践，发现了中国相关法律制度建设的问题与不足，还需进一步完善低碳电力法律制度体系。

本章小结

本章探讨了低碳电力制度的内涵，回答了什么是低碳电力制度，完成了对低碳电力制度概念的界定，并全面阐述了研究背景及意义、国内外研究现状、研究目标和研究思路以及研究方法。本章指出：低碳电力制度，是以实现低碳电力的使用与普及为目的，促使电力的生产、供应与使用从目前的高碳化向低碳化转型的规则的总称。本章为研究中国低碳电力法律制度奠定了基础。

第二章 低碳电力制度的理论基础

理论积淀是制度研究与制度设计的基本依托。只有对低碳电力制度的基础理论进行深入梳理与分析，才能对低碳电力制度进行深度洞察，进而寻找到低碳电力制度相关问题的症结所在并提出行之有效的问题解决建议。因此，本章对低碳电力制度的理论基础进行阐释，形成关于低碳电力制度的清晰理论图景，为进一步开展研究奠定理论支撑。

第一节　可持续发展理论

一、可持续发展理论的形成历程

环境问题是伴随着人类社会的发展而产生的，是人与环境对立统一关系的产物。20世纪50年代，随着科技的突飞猛进和经济开发的扩大化、区域化和集中化，工业废弃物的排放与日俱增，酿成了许多震惊世界的环境公害事件，引发环境问题的第一次高潮。但此时人们主要关心人体健康问题，生态破坏尚未引起重视。

20世纪70年代，温室效应引起的全球气候变暖、臭氧层损耗、酸雨区的扩展、自然资源的耗竭、大面积生态破坏等引发了环境问题的第二次高潮。此时的环境问题已不仅仅是对人体健康的影响，而是已极大地削弱了整个地球生命支持系统的支持能力，环境问题的实质已演变为生存问题。在这样的历史背景下，西方科学家开始思考经济发展、人口增长和环境维护之间的相互关系，可持续发展理论应运而生。

美国生物学家蕾切尔·卡逊（Rachel Carson）于1962年出版了著作《寂静的春天》（*Silent Spring*），该书详细调查、系统分析了杀虫剂的使用问题，将杀虫剂喻为"死神的特效药"，成功地揭示了当时并未引起人类重视的环境污染问题，引发了人们对传统发展理念和模式的质疑。

作为对日益严峻的生态环境危机的思考与回应，1972年，联合国人类环境会议召开，会议达成了"只有一个地球"的共识，发布了《人类环境宣言》，该宣言中有多项内容体现了可持续发展的思想。[①]

1980 年，联合国环境规划署（UNEP）、联合国教科文组织（UNESCO）、联合国粮农组织（FAO）联合制定了《世界自然保护策略：为了可持续发展的生存资源保护》（*World conservation strategy: living resource conservation for sustainable development*），首次明确地提出了可持续发展的理念和思想，并且强调 "可持续发展的先决条件是生存环境的保护，满足人类现在和未来发展需求"[②]。

1983 年，第 38 届联合国大会通过了 38/161 号决议，世界环境与发展委员会（WCED）成立。1987 年，以挪威前首相布伦特兰夫人（Gro Harlem Brundt Land）为主席的世界环境与发展委员会发表了一份报告《我们共同的未来》（*Our Common Future*），同时发表了 "东京宣言"，阐述了可持续发展的内涵："满足当代社会发展的同时，不对未来社会的发展需要构成威胁。"[③]

1992 年，联合国环境与发展大会（UNCED）在里约热内卢举行，会议通过了 "里约宣言"，制定并签署了《21 世纪议程》决议，这是第一份可持续发展全球行动计划，与会国普遍接受了可持续发展的理念与行动指南。至此，可持续发展完成了从理论到行动的转化。

2002 年，联合国可持续发展约翰内斯堡会议通过了《可持续发展问题世界首脑会议执行计划》，该计划在导言中明确指出，"可持续发展的三个既各自独立又彼此强化的支柱组成部分：经济发展、社会发展和环境保护融为一体，消除贫困和改变不可持续的生产和消费模式以及保护和管理经济及社会发展所需的自然资源基础，是可持续发展的首要目标，也是根本要求。"[④] 该计划进一步推动了可持续发展战略的实施，使得可持续发展理论更具有行动力。

2012 年 6 月，联合国可持续发展大会在里约热内卢举行，与会各国领导人达成了新的可持续发展政治承诺，对现有承诺的进展情况和实施方面的差距进行了评估，并讨论了绿色经济在可持续发展和消除贫困方面的作用及可持发展的体制框架。

二、能源领域的可持续发展

人类社会从原始文明到农业文明，再发展到工业文明，在取得经济高速

[①] 参见《人类环境宣言》中宣言的第 6 项，原则的第 1 条、第 11 条等部分内容。

[②] World conservation strategy: living resource conservation for sustainable development.

[③] World Commission on Environment and Development. Our Common Future ［M］. Oxford: Oxford University Press, 1987.

[④] 《可持续发展问题世界首脑会议实施计划》，详见联合国教科文组织中国可持续发展教育（ESD）项目全国工作委员会网站，网址：http://www.esdinchina.org/_ d270971433.htm, 2015-06-18.

发展的同时，环境污染、资源破坏、生态危机相伴而生，人类正生活在一个充满生态危机的时代。人类呼唤生态文明时代的到来。在人类社会的不同发展阶段，人类的环境价值观也在不断进步，经历了"自然拜物主义的宗教自然观""人类中心价值观""生态中心主义价值观"和"人与自然和谐相处的可持续发展观"等几种不同的观念形态。[①]可持续发展观是人类环境价值观的一次具有历史意义的转变。

可持续发展具有丰富的内涵。从发展观的角度来看，可持续发展是一种发展模式，它摒弃了传统的不可持续的粗放式的发展模式，强调人口、环境、资源与生态的协调发展，强调人与自然的和谐共生，人类对资源、能源等自然环境的开发利用，应控制在生态系统的承载范围之内。作为一种发展伦理，可持续发展抛弃了只关注当代人发展需求的传统伦理，同时强调关注后代的发展需求，甚至倡导关注其他物种的生存发展需求，强调当代人的发展不能牺牲后代人生存和发展的权利，不能"吃祖宗饭，断子孙路"，除了维系代内公平，还需要维系代际公平。

能源（energy）是经济增长和社会发展的重要物质基础。纵观人类社会发展历史，能源提供了人们的基本生活要素，还为工业、农业和商业的发展提供了生产要素，推动着人类文明的发展。但人类对能源的过度开发和利用却污染了环境、改变了气候、用尽了资源、破坏了生态平衡，使人类生存受到挑战和威胁。能源的有效利用关系到人类社会和环境的可持续发展。

依据目前世界能源结构，占主导地位的仍然是石油、煤炭、天然气等常规化石能源。英国是欧盟最大的石油和天然气生产国，目前天然气已取代煤炭成为英国的主要能源；石油消费占美、欧等发达国家能源消费总量的五成；煤炭消费占中国能源消费总量的七成。根据国际能源署（IEA）《2012 世界能源展望》预测，2020 年中国对于煤炭的需求将达到顶峰，并将维持到2035 年。[②]

电力工业是转化能源工业。自第二次世界大战后，电力工业发展迅速，发电量持续上升，电力工业成为能源消耗的主力。

鉴于各国能源资源储备与社会经济发展状况，存在以下类型的电力能源消费模式：①以煤炭资源为主的火电模式，如波兰（占 97.3%）；②以水力资源为主的水电模式，如巴西（96.6%）；③以进口燃料资源（如石油）为主的火电模式，如日本（61.8%）。

---

① 史玉成，郭武. 环境法的理念更新与制度重构［M］. 北京：高等教育出版社，2010.

② 王丽丽. 国际能源署预测 2020 年中国煤炭需求将达顶峰［N］. 中国煤炭报，2012-11-26.

中国是富煤、贫油、少气的国家，能源资源禀赋的特点决定了中国电力生产以火力发电为主，电力消费以火电为主。据国家统计局数据显示，截至2017年年底，全国全口径发电装机总容量为17.8亿千瓦，火电装机容量11.06亿千瓦，占总容量的62%;① 2017年全国总发电量6.5万亿千瓦时，其中，火力发电量4.66万亿千瓦时，火力发电占全国发电总量的71.7%，而火力发电中又以燃煤发电为主，燃煤发电量占全国发电总量的64.5%。②③ 但以常规化石能源为主导的高碳电力能源消费模式，已经不能适应人类社会可持续发展的理念，需要尽快加以改变。

能源可持续发展是关系到经济、社会和环境的重大战略问题。能源可持续发展指能源的持续供应，可以满足和支持社会经济和环境的长远发展，并能有效增进人类福祉和生态平衡，保持相互间的协调。④ 低碳发展将是世界能源可持续发展的必由之路。解决能源问题，须具有大能源视野，逐步推行经济发展方式和能源发展方式转变，顺应国际竞争局势，走低碳发展之路。

能源发展方式转变包含多个维度，其中能源结构转变至关重要，能源结构应由高碳型转向低碳型。与化石能源等高碳能源相比，低碳能源具有可再生、蕴藏量大以及极少排放温室气体和污染物等特点，大力发展低碳能源，用低碳可再生能源逐步并最终替代化石能源等高碳能源，是调整优化能源结构、实现能源可持续发展的主要途径。

电力产业应合理配置发电资源，提升电力能源的利用率，最大限度地节约能源资源，保护生态环境。电源结构优化调整的主要途径是：优化碳基火电结构，充分发展利用水电资源，积极合理发展核电资源，通过经济政策激励新能源和可再生能源发电，逐步将中国以煤电为主的电源结构转变为以低碳能源为主的电源结构。总之，低碳电力的发展同时也是低碳能源的发展，是电力产业可持续发展的重要推动力量。

---

① 中电联发布《2017—2018年度全国电力供需形势分析预测报告》[EB/OL].[2018-02-01]. http://www.in-en.com/article/html/energy-2265338.shtml.

② 国家统计局.2017年全国发电量6.5万亿千瓦时[N].中国电力报，2018-03-22.

③ "2017年全国总发电量6.5万亿千瓦时"为国家统计局统计数据，与中电联统计数据"2017年全国总发电量6.42万亿千瓦时"略有不同。

④ World Energy Assessment：Energy and the Challenge of Sustainability.

第二节　外部性理论

一、外部性理论的内涵

外部性（externalities）是一个经济学术语，又被称为"外部效应"（external effects）或"外部经济"（external economies）。19 世纪末 20 世纪初，外部性问题进入经济学研究领域。一个世纪以来，关于外部性的内涵，许多学者从不同角度进行了探讨。比较有代表性的学者观点和思想见解如下。

（一）马歇尔的"外部经济"

"剑桥学派"创始人阿尔弗雷德·马歇尔（Alfred Marshall）在 1890 年出版的经典著作《经济学原理》中首次提出了外部性概念。马歇尔在讨论作为第四种生产要素的"工业组织"时提出了"内部经济"（internal economies）和"外部经济"（external economies）的概念。产品生产规模扩大将会产生两类经济效应：一类是该产业的一般发展所形成的经济效应，即"外部经济"；[①] 另一类是有赖于某产业的具体企业自身资源、组织和经营效率的经济，即"内部经济"。所谓"外部经济"实质上是个别厂商成本的下降，是产业增长的结果。

（二）福利经济学代表庇古的外部性理论

1920 年，亚瑟·赛斯尔·庇古（A. C. Pigou）在《福利经济学》著作中首次系统阐述了外部性问题。庇古对外部性概念的理解与马歇尔存在一些差异，他提出了"内部不经济"和"外部不经济"的概念，全面分析了外部性的形成机理，从社会资源最优配置和福利经济学角度，通过边际分析，提出了边际社会净产品与边际私人净产品的概念，指出边际私人成本（收益）与边际社会成本（收益）之间的差异导致了外部成本，社会福利最大化不能完全依靠市场竞争机制，因为市场并非万能的，政府应当干预经济以克服市场的失灵，最终形成了外部性理论。

为解决外部性问题，庇古主张借助政府通过税收或补贴进行干预，以此来解决经济活动中的外部性问题。[②]"庇古税"，就是为了实现资源合理配置，达到效益最大化的外部性问题解决策略。"庇古税"长期成为解决外部性问题的传

[①] MARSHALL A. Principles of economics [M]. London: Macmillan, 1920.

[②] 亚瑟·赛斯尔·庇古. 福利经济学 [M]. 何玉长，丁晓钦，译. 上海：上海财经大学出版社，2009.

统做法，如"污染者付费原则"就是"庇古税"将外部性内在化的典型应用。

（三）新制度经济学代表科斯的产权定理

1960年，新制度经济学家罗纳德·科斯（Ronald Coase）提出了明晰产权的思路。科斯利用成本收益分析法、均衡分析法和边际分析法，对外部性现象进行了系统分析，提出了运用产权理论来解决生态环境领域中的市场失灵问题，进一步发展了庇古的外部性理论。

科斯认为，对于解决经济外部性问题，政府干预未必优于市场交易，在交易成本较低的情况下，市场交易也可以解决外部性问题，政府干预甚至没有必要，主张按照成本最小化的原则在两种外部性解决方式中自由选择，此即著名的科斯定理。

在交易成本为零的情况下，无论初始产权分配给谁，在双方自愿协商的基础上，通过产权交易，都能实现资源配置的帕累托最优，实现和"庇古税"一样的效果。该理论被称为科斯第一定理。在解决外部性问题上，任何一种方案都会产生成本，应通过对各种政策手段的成本—收益的比较来确定采取何种方案。"庇古税"可能是有效的制度安排，也可能是低效的制度安排，此即科斯第二定理。科斯最重大的贡献就是：奠定了排放权交易制度的理论基础。

马歇尔、庇古和科斯等学者的思想在外部性理论发展进程中具有里程碑的意义，继他们之后，还有很多学者对外部性理论进行了研究。综合学者们对外部性理论的探讨，本书采纳以下思想观点：所谓外部性，是指"那些生产或消费对其他团体强征了不可补偿的成本或给予了无需补偿的收益的情形"。[①]

社会成本与私人成本之间的偏离导致资源配置失当是外部性问题根源所在。外部性通常表现为正外部性（外部经济）和负外部性（外部不经济）。所谓正外部性，即经济活动的边际社会成本小于边际私人成本；所谓负外部性，即经济活动的边际社会成本大于边际私人成本。

无论是政府还是市场，都存在外部性。政府行为也存在正外部性和负外部性，政府行为外部性是政府失灵的主要原因；几乎每一个市场都存在着不同程度的资源配置失当现象，外部性现象普遍存在，当边际私人成本（或收益）与边际社会成本（或收益）发生偏离，无法实现社会资源最优化配置时，即为市场失灵。

---

① 萨缪尔森，诺德豪斯. 经济学［M］. 北京：华夏出版社，1999.

二、电力产业的外部性问题

电力产业因其高能耗和高排放造成的环境污染和温室效应，成为环境问题的主要根源之一。下面分别分析高碳能源发电企业和低碳能源发电企业的外部性。

（一）高碳能源发电企业的外部性分析

中国电力结构受到能源结构的影响，煤炭是电力生产的主要能源，2017年，中国64.5%的电量源于燃煤发电。[①] 下面就以燃煤电厂为例来分析火电企业的外部性。

1. 燃煤发电上游领域的外部性

中国年煤炭产量的一半用于电力生产[②]。燃煤电力生产的上游环节主要包括煤炭的开采、运输与储存。在煤炭的开采、运输与储存过程中，其外部性主要表现为负外部性。

煤炭开采主要包括煤矿建设和原煤开采两个过程。煤矿建设和原煤开采具有极高的外部性成本。

煤矿建设会损害大量的土地资源，容易引起地表塌陷，占用、破坏土地，破坏地下水系统，导致地质灾害频发等，严重破坏了土地生态系统与周边生态环境。

在原煤开采中，对矿区、大气和人体健康的损害非常严重。固体废物（包括煤矸石、煤灰和煤泥等）和矿区废水（包括矿井水、洗煤废水、煤矸石淋溶水、矿区生活污水等）的排放对矿区环境造成严重污染；煤矿废气（主要包括甲烷、二氧化碳以及粉尘等）的排放加剧温室效应，污染了环境；采矿噪声影响居民和矿工的健康；煤炭开采引发职业病（典型的如尘肺病）和矿难伤亡，严重威胁着矿工的健康和生命。

中国煤炭资源富集于中西部的分布格局以及工业聚集于东南沿海的产业布局决定了煤炭的大规模运输及流动性。目前中国煤炭运输主要集中于传统的铁路、公路、水路以及管道等运输方式，这些运输方式污染高、效率低，在运输过程中存在严重的资源浪费和环境污染现象，不仅给相关企业带来内部成本，也给社会和自然资源以及周边环境带来外部成本。此外，无论是铁

① 中电联发布《2017—2018年度全国电力供需形势分析预测报告》[EB/OL]. [2018-02-01]. http://www.in-en.com/article/html/energy-2265338.shtml.
② 王研，李京文. 我国煤炭消费现状与未来煤炭需求预测[J]. 中国人口·资源与环境，2008（3）：152-155.

路运输还是公路运输亦或水路运输，均会排放温室气体和烟尘、粉尘等有害物质，污染环境。

煤炭储存是燃煤发电的另一重要环节。煤炭储存方式主要有露天堆放、仓库储存和储仓储存。目前中国煤炭储存的方式主要采用露天堆放，而露天堆放更容易产生煤尘，污染环境和大气，带来外部成本。

2. 燃煤发电下游领域的外部性

燃煤电厂的电力生产是燃煤发电下游的主要环节。电力生产主要通过煤炭燃烧来实现，而煤炭燃烧必将产生大量污染物，进而导致环境严重污染，表现为负外部性。

燃煤发电下游领域外部性主要源于大气污染物、废料、废水和煤炭燃烧副产品所产生的外部成本。电力工业向大气中排放的污染物有百余种，典型的如二氧化碳、甲烷、一氧化碳、二氧化硫、氮氧化物和烟尘等，是中国最主要的大气污染源。

燃煤电厂排放的大气污染物主要包括煤炭燃烧过程中排出的烟尘（即PM，对人体危害性较强的如 $PM_{2.5}$、PM_{10}）、二氧化硫（引致酸雨）、氮氧化物（典型的如二氧化氮、一氧化氮）、二氧化碳（大量排放引起"温室效应"）；燃煤电力生产过程中还会排放大量的废水，这些废水属于热污染，废水中还含有有机污染物、有毒污染物、酸碱污染物等[①]；燃煤发电过程中因煤炭燃烧还会产生大量的含有放射性元素和有毒物质的副产品。

（二）低碳能源发电企业外部性分析

低碳能源主要指风能、水能和太阳能等可再生能源，它们具有低排放、低污染、低能耗以及对环境友好等特征。低碳能源发电企业是以新能源和可再生能源进行发电的企业，属于低碳甚至零碳排放企业。由于水力资源丰富，水电发展历史较长，技术较为成熟，所生产的电力容易被电网接收，相对于其他可再生能源发电，具有更强的竞争力，而风能发电、太阳能发电（光伏发电）具有随机性、间歇性和波动性，不易被电网接纳，下面就以风能、太阳能发电企业为例来分析低碳能源发电企业的外部性。

1. 风能、太阳能发电的负外部性

风能、太阳能发电并网后，会产生技术外部性和经济外部性，对常规发电企业（火电厂）、电网企业以及电力用户产生较大的外部性影响，主要体现为负外部性。技术外部性主要指技术创新成本，通过技术创新来解决目前电

①　魏楠. 论火电厂废水的主要污染因子及处理措施 [J]. 北方环境, 2011 (1)：53.

力系统存在的不同能源属性和发电技术对电网系统带来的谐波污染、电能质量波动、闪变等影响电网安全运行的问题；经济外部性主要指电力运行成本，在低碳能源发电并网时，会产生火电企业运行、电网企业维护以及居民用电成本升高等影响部门或个人的经济利益的问题，需通过有效的经济导向和制度安排进行解决。

第一，对常规发电企业的外部性影响。低碳能源发电并网对常规发电企业存在以下影响：改变发电计划、减少常规发电量，影响机组运行方式、提升运行成本，增加机组检修的事故概率、影响机组寿命。

由于低碳能源具有独特的发电方式，在进行电力并网之后，需要调整或改变常规电力生产的运行方式，机组要通过压负荷调峰、启停机调峰或者压负荷调峰和启停机调峰相结合的方式进行调峰，以满足电网的安全运行要求。低碳能源发电上网时需要配备常规火电作为调峰机组，这样必将增加机组压负荷调峰能耗、机组闲置和启停机调峰等机组运行成本，导致了负外部性。此外，火电机组在风电、太阳能发电并网后，无论是利用压负荷调峰还是通过启停机调峰，均会影响到机组检修的事故概率和机组寿命。

第二，对电网企业的外部性影响。电网企业对低碳能源电力上网最为敏感，反应最为强烈。国家要求电网企业必须做到满足风电、太阳能发电达到全额电量上网。这一要求产生了许多负面的效应，如增加了电网维护、电网购电、电网系统建设的成本以及相关的辅助性服务成本。

风电、太阳能等低碳能源电力接入电网后，受其能源固有特性的影响，对电网稳定运行产生负面影响，有可能降低电能质量。为了保证电能质量，需要投入更多的人、财、物进行电网维护，必将提高电网运行成本。此外，低碳能源电场因受地理位置和发电原理的束缚，电网建设也相对较为薄弱，如光伏电场需要日照充足的广阔地带，风电场需要在草原、沿海等风力充足的地区建设。为了保证低碳电力上网的质量，需要进行配套设施建设及管理维护，这就给电网企业带来了巨大的额外支出。

第三，对电力用户的外部性影响。风电、太阳能发电并网对电力用户的主要影响是：增加用电成本、降低用户用电可靠性。由于风能、太阳能具有间歇性、随机性等特性，变化的风速等原因会导致电压的闪变和波动，带来频繁的电网电压不稳等现象，使电网企业和电力用户遭受严重的损失。由于风能发电、太阳能发电尚处于发展初期，尚未形成规模效益，其发电成本高于常规电力。当风电、太阳能电力输送到用户端时，通过成本传导机制，用户购电价格也会上涨，从而增加了用电成本。

2. 风能、太阳能发电的正外部性

风力发电、太阳能发电产生的正外部性，主要体现在社会效益、经济效益和环境效益三个方面。

第一，社会效益显著。风力发电、太阳能发电产业作为高新技术产业，带来新的社会经济增长点，能够带动相关产业（如设备制造业、服务业等）的繁荣发展，促进技术进步，同时提供大量的就业机会，增加就业，提高风电、太阳能发电项目区的生活质量和收入水平，在推动经济繁荣和社会可持续发展方面具有重要的意义。

第二，经济效益显著。中国近年来积极鼓励风电、太阳能发电产业的大规模发展。风电和太阳能发电工程项目的实施能够改善国民经济结构和生产力布局，降低能源价格风险，减少能源战略储备成本，提高能源安全，增加项目区经济生产总值，促进电力、能源和国家经济的可持续发展。

第三，环境效益显著。风能、太阳能是取之不竭、用之不尽的能源，具有可再生性，相对于火电而言，它们发电时能够显著降低二氧化碳等气体的排放。风力发电、太阳能发电既不会排放如二氧化硫、二氧化碳、氮氧化物等污染气体，也不会排放有害或有毒物质，不污染水源，对公众安全毫无威胁，因此具有较高的环境效益。此外，风能、太阳能发电外部性还具有代内和代际外部性的双重特点，其影响范围包括地区之间、国家之间甚至一代人之间。风能、太阳能发电不仅能产生当下的环境效益，使当代人获益，还会在时间维度上产生长远的累计效应，造福于后代。

比较风能、太阳能发电的正外部性和负外部性，其正外部性大于负外部性。在常规发电企业、电网企业、电力用户、社会这四类利益主体中，各主体收益大小的关系依次为：社会收益最大，其次是电网企业，再次为常规发电企业，最后为用户。采用低碳能源的终极目标是促进社会发展，增加社会福祉，改善自然环境，因此，社会主体的利益最大也就不难理解了。

第三节 能源安全理论

一、能源安全理论的内涵

能源安全（energy security）概念诞生于 20 世纪 70 年代的两次石油危机。1973 年 12 月，石油输出国组织（OPEC）的阿拉伯成员国宣布利用"石油武器"收回原油标价权，实施石油禁运，导致石油价格暴涨，国际社会才开始意识到能源安全对一国的国民经济、政治稳定和社会生活的重要性。此后，历经 40 多年的演进，能源安全概念在广度和深度上均进行了拓展，不同的国际组织和专家学者对能源安全这一概念存在不同的理解和阐述。

（一）能源供应安全、能源使用安全和综合能源安全

（1）能源供应安全，亦即能源供应的稳定性和恒定性，该学说认为能源安全主要是指持续、稳定满足国家正常生存和发展需要的能源供应保障程度，也就是单纯的"保供给"。

（2）能源使用安全，即人类社会生态环境安全性，该学说认为应基于人类自身生存和发展安全的环境背景下进行能源的消费和使用。1997 年签订的《京都议定书》对能源的使用提出了要求，指出人类对能源的开发和利用不应威胁或破坏自身生存与发展的生态环境。

（3）综合能源安全，认为能源安全包括能源的供应安全（经济安全）和使用安全（生态环境安全），前者满足人类生存和发展的基本需求，后者是能源安全追求的更高层次，两者共同构成了有机统一的能源安全体系。

（二）传统意义的能源安全观与综合意义的能源安全观

传统意义的能源安全观指以可支付得起的价格获得充足的能源供应，强调能源供应安全。国际能源安全问题权威专家丹尼尔·耶金认为：能源安全是以合理的价格获得充足、可靠的能源供应。[1] 美国能源部前部长塞缪尔·博德曼强调多元化的能源供应的重要性。[2] 国际能源署（IEA）从能源供应安全出发，提出了基于原油供应和价格的国家能源安全概念，实现了能源安全的边界数据化。[3]

传统意义的能源安全观仅关注保障供应，随着能源消费需求的过快增长，粗放供给带来了效率低下、资源浪费和环境污染等"并发症"，传统的能源供应和消费模式已难以为继，需要实现传统意义的能源安全观向综合意义的能源安全观的全方位转变。

综合意义的能源安全不仅包括能源供给和能源需求，还包括经济社会发展和环境保护等内容。亚太能源研究中心（APERC）基于地质、地缘政治、经济和环境、社会四个因素，提出了能源安全的"4A"概念，即：可利用性（availability）、可获得性（accessibility）、可负担能力（affordability）和可接

① 刘练军. 我国能源安全法律保障研究［D］. 长沙：湖南大学，2009.
② 许恒. 我国能源安全法律体系构建研究［D］. 兰州：西北民族大学，2009.
③ 魏一鸣. 中国能源报告战略与政策研究［M］. 北京：科学出版社，2006.

受能力（acceptability）。这四个方面存在着复杂的相互作用关系。①

综观不同国际组织和学者对能源安全概念的界定，发现能源安全概念具有较大的异质性，其原因在于不同国家或经济体的发展阶段、能源对外依存性、能源资源禀赋以及产业结构不同，导致保障能源安全的侧重点也存在较大的个体差异性。本书认为，能源安全的内涵至少应该包括以下内容。

第一，能源供应多元化。能源供应多元化意味着能源要能够在种类、数量、质量、结构和功能上以经济合理的价格满足社会经济发展的需要。在能源种类上，能源供应不仅包括传统的石油供应，还应延伸至煤炭、天然气和电力等的供应；在能源结构上，能源供应不仅包括石油、煤炭、天然气等化石能源的供应，还应包括风能、水能等可再生能源的供应，实现能源结构的多元化。

第二，能源需求合理化。能源需求合理化意味着人类应该节约高效利用能源，禁止浪费资源，限制低效率使用资源。化石能源的不可再生性决定了节约能源、提升能源使用效率的必要性。社会经济的快速发展和人民生活的极大改善需要更多资源，未来能源需求仍将持续增长，资源短缺矛盾将日益加大，资源保障面临更大压力。

第三，能源供需平衡性。供需平衡是能源安全的衡量标尺。长期以来，保障供给成为能源安全的优先选择，保障供给的能源安全思维习惯导致能源供给粗放、需求过快增长。新的能源安全观注重供给侧和需求侧的协同发展，通过科学供给满足合理需求。

第四，能源经济效率公平性。能源经济效率意味着以可持续发展理念对待经济发展和能源利用，在注重节约、提高能效的基础上发展经济。创新驱动是能源安全的长远保障，通过技术进步、优化结构和加强管理，来占领新能源科技和产业的战略制高点。能效提升形成的节能量是最低碳的能源。

一个科学的能源体系不但是高能效的，而且是公平的。它不但应该改善气候和环境，而且应该对改善民生有利。能源的公平正义意味着能源在分配和使用上能够保证穷人的能源供应。② 罗尔斯认为考察公平正义问题，应当从如何划分社会利益和负担入手，也就是权利和义务如何配置的问题。③

---

① 刘立涛，沈镭，刘晓洁. 能源安全研究的理论与方法及其主要进展 [J]. 地理科学进展，2012（4）：404.

② 菲尔·奥基夫，杰夫·奥布赖恩，妮古拉·皮尔索尔. 能源的未来：低碳转型路线图 [M]. 阎志敏，王建军，译. 北京：石油工业出版社，2012.

③ 罗尔斯. 正义论 [M]. 北京：中国社会科学出版社，2001.

第五，能源环境可持续发展。能源环境可持续发展意味着一个国家或地区无论是当代人还是后代人都可以稳定地获取资源（即代内公平和代际公平），同时保护能源基础和维护生态环境的状态。[①] 通过开发和利用低碳、清洁、环保的可再生能源，维护生态安全，推动可持续发展，是能源安全的题中应有之义。

二、能源安全与低碳电力发展

2000 年到 2001 年，美国加州发生的能源与电力危机，影响力极大，迫使政府采取轮流停电措施来缓解危机。能源安全问题引起各国的高度重视。《世界能源统计 2014》的统计数据显示[②]，世界能源消费总量由 1973 年的 4 672 Mtoe（百万吨油当量）增长到 2012 年的 8 979 Mtoe，其中，电力在世界能源消费总量的比重由 1973 年的 9.4% 提高到 2012 年的 18.1%，40 年的时间里电力占能源消费总量的比重将近翻了一番。

分地区来看，中国能源消费比重由 1973 年的 7.9% 提高到 2012 年的 19.1%；中国二氧化碳的排放比重由 1973 年的 5.8% 提高到 2012 年的 26.0%。可见，中国能源利用还是一种粗放的、低效率的、高排放的增长方式，而中国的电力消费与经济增长具有内生性，且互相联系。因此，旨在提高经济效率的经济改革、产业结构调整以及新能源和可再生能源等低碳能源的开发既可以节能降耗、提高能源利用效率，也有利于促进未来经济社会的可持续增长。

能源安全保障离不开低碳电力的发展。两者之间关系如下。

（一）保障能源安全依赖于低碳能源的发展

能源安全概念中供应安全和使用安全存在着一定的联系。前者是"量"的概念，涉及能源安全目标，并受制于经济技术水平；后者是"质"的概念，是能源安全体系的更高层次要求，涉及社会和经济的可持续发展。[③] 从能源供给来看，长期占据主导地位的化石能源可供开采的储量有限，即使是在出口导向型的产油区国家，如俄罗斯、中东地区等，由于石油储量日趋枯竭，其能源供给紧张；此外，由于新兴国家经济的高速发展，能源的需求和消耗的增加也加重了能源供给压力。

而与化石能源难以逃脱被耗竭的特点正相反，风能、太阳能、水能、生

---

① 肖依虎. 经济全球化下的中国能源安全战略研究 [D]. 武汉：武汉大学，2010.

② *Key World Energy Statistics* 2014.

③ Deese, Nye. Energy and security [M]. Cambridge：Ballinger Pub Co.，1981.

物质能、地热能等低碳能源具有取之不尽、用之不竭的特点，随着技术的进步和开发成本的降低，低碳能源开发利用潜力和经济可行性已被证实。因此，大力发展低碳能源，使之成为能源供应系统中的主力能源并逐步替代化石能源是保障能源安全的根本出路。

（二）低碳电力生产是低碳能源的主要利用途径

面对能源安全风险和能源危机，人们逐渐认识到环境保护迫切需要人类逐步摆脱化石能源，能源技术应该涵盖所有能源生产利用方式，可再生能源和新能源等低碳能源越来越受到重视，其开发利用被提上日程。

低碳能源应用领域广泛，如利用太阳能或生物质能取暖和制冷，利用可再生能源获取氢燃料，利用生物质能获取燃料等，但低碳能源主要利用途径是发电和制热。

在众多的低碳能源中，风力发电、光伏发电、太阳能热发电和生物质能发电的发展态势显著。风能的主要利用途径是风力发电，风力发电是低碳能源开发中技术最成熟、最具规模化和商业化发展前景的发电方式；太阳能的主要利用途径包括太阳能光伏发电（太阳能直接转化为电能）、太阳能热发电（利用太阳的热能产生电能）以及太阳能热水器、太阳房和太阳灶等；生物质能的主要用途之一是生物质发电，包括农林废弃物气化发电、垃圾焚烧和垃圾填埋气发电、沼气发电等。因此，低碳电力生产是低碳能源的主要利用方式。

（三）低碳电力的发展减少了对高碳电力的消费需求

人类对化石能源的过度开采导致环境恶化，迫使各国必须关注能源安全与环境保护的问题。20 世纪 70 年代以来，各国不同程度地采取各种经济措施限制化石能源的过度使用，如通过开征能源税，以期降低化石能源废弃物对环境的污染；此外，国际社会也开始发起了渐有影响的环保运动。[①]

人们转而把目光投向环境友好型的低碳能源和低碳电力，低碳电力开启产业化发展之旅。随着产业化和商业化进程的加快，低碳电力的生产成本和利用成本不断降低，从而在价格上具备了与高碳火电竞争的可能性。低碳电力产业的发展推动了供给市场的繁荣，加上消费者对环保产品的偏好，拉动了低碳电力的需求市场，因而低碳电力的消费比重逐步提高，高碳电力的消费需求逐步减少。

（四）低碳电力的推广降低了对高碳能源的依赖

能源消费包括一次能源消费和终端能源消费。一次能源消费是初级能源

---

① 肖依虎. 经济全球化下的中国能源安全战略研究 [D]. 武汉：武汉大学，2010.

的直接消费，如煤炭直接燃烧制热取暖。终端能源消费是对初级能源的转换能源消费，如煤炭热能转化为电能后消费电力。

从供应来看，低碳电力生产技术的提高带动了低碳能源的产业化和商业化应用，提高了低碳能源占能源供应系统的比率，能源供应结构中煤炭等高碳能源的比率相应下降。

从需求来看，低碳电力的发展和产业化抑制了高碳火电的消费需求，从而降低了高碳能源发电的比重。因此，低碳电力的推广应用，从供应和需求两个层面降低了能源安全对高碳能源的依赖程度。低碳电力的发展对于维护国家的能源安全具有重要的意义和作用。

从发展潜力来看，随着生产技术的日益成熟，能效改进措施的充分运用，应用领域的不断拓展，人类所有的能源需求都可依靠低碳能源来满足，低碳能源必将成为继煤炭、石油之后重要的替代能源。

本章小结

本章分析了可持续发展理论、外部性理论和能源安全理论等低碳电力制度的理论基础，为下文进一步分析低碳电力制度的现存问题与完善建议提供了理论积淀，也为低碳电力制度的规则设计提供了理论指引。

基于可持续发展理论，"高能耗、高排放、高污染"的传统能源和电力发展方式已难以为继，应在深化可持续发展的电力体制改革基础上，加强监管，促进低碳电力系统建立与高效运作，高度重视制度创新。

基于外部性理论，火力发电的排放是典型的负外部性行为，须建立火电高碳排放规制制度；可再生能源和新能源发电是典型的正外部性行为，须建立扶持和政策激励制度。

基于能源安全理论，能源安全保障离不开低碳电力的发展。

第三章　建构低碳电力制度的原因

在本书第一、二章通过概念分析回答什么是低碳电力制度及其理论基础的问题后，接着要回答为什么要研究与建立低碳电力制度。总体来看，在中国建构低碳电力制度，既有必要性亦有可行性。但是，通过分析实践状况和梳理立法沿革可以发现，目前在中国发展低碳电力产业还面临众多困境与问题，低碳电力制度还有众多疏漏与不足，立法尚未完成构建低碳电力制度，低碳电力制度仍有完善的空间。这也是目前还要研究建构低碳电力制度这一议题的原因。

第一节　中国建构低碳电力制度的必要性

一、节能减排与应对全球气候变化的需要

面对影响人类生存和发展的全球气候变化这一挑战，《联合国气候变化框架公约》（以下简称《公约》）和《京都议定书》（以下简称《议定书》）下的谈判进程已经成为国际社会合作的主渠道。

2009年，《公约》第十五次缔约方会议和《议定书》第五次缔约方会议在丹麦首都哥本哈根落下帷幕，会议达成了不具法律约束力的《哥本哈根协议》（以下简称《协议》），再次明确了成员国在节能减排过程中需要承担"共同但有区别的责任"原则，并就发达国家和发展中国家分别实行强制减排和采取自主减缓行动做出了相应的安排。

2012年，《公约》第十八次缔约方会议即多哈会议，达成将《议定书》的有效期限延长至2020年的决定。

2015年，面对气候变化新形势，《公约》近200个缔约方在巴黎气候变化大会上达成新的全球气候协议——《巴黎协定》。《巴黎协定》是继《公约》和《议定书》之后，人类应对气候变化的第三个里程碑式的国际法律文本，它对2020年后全球应对气候变化行动做出了安排。

中国作为发展中国家，根据国际环境法"共同但有区别的责任"原则，

在《议定书》下不承担强制性减排义务。但作为一个负责任的大国和世界第一大碳排放国，中国政府在哥本哈根国际气候大会上就中国的节能减排问题向世界作出了承诺：降低二氧化碳排放和化石能源在能源消费结构中的占比，截至 2020 年，实现单位 GDP 二氧化碳排放比 2005 年下降 40%～45%，化石能源在能源消费结构中的比重达到 85%。这意味着从作出承诺开始到 2020 年，中国企业要在节能减排和经济增长中承担责任。作为典型的发展中国家，中国面临着和发达国家不同的挑战，既要节能减排又要发展经济，即节能减排和经济增长需要平衡推进。为了实现承诺的目标，国家发改委将其作为约束性指标逐步分解到国民经济和社会发展的长期规划中，主要体现在"十二五"规划中既有单位 GDP 能耗下降指标，也有单位 GDP 二氧化碳排放下降指标，节能减排的长效机制正在逐步形成。[①]

2016 年 4 月，中国签署《巴黎协定》，2016 年 9 月，全国人大常委会批准中国加入《巴黎气候变化协定》。早在 2015 年 6 月，中国即向《公约》秘书处提交了《强化应对气候变化行动——中国国家自主贡献》，确定了到 2030 年的自主行动目标："二氧化碳排放 2030 年左右达到峰值并争取尽早达峰；单位国内生产总值二氧化碳排放比 2005 年下降 60%～65%，非化石能源占一次能源消费比重达到 20% 左右。"[②] 为了实现到 2030 年的应对气候变化自主行动目标，中国制定了强化应对气候变化行动政策和措施，《能源发展"十三五"规划》中也对"十三五"时期中国能源发展目标、重点任务和政策措施作出了规划，提出"优化能源系统""推动能源消费革命""推动能源供给革命""推动能源技术革命""推动能源体制革命"等主要任务。[③]

就能源行业来说，目前中国能源供需总量和结构性矛盾凸显。

从能源供给来看，煤炭仍然是中国的主要能源来源，对化石能源依赖程度大，并且大量的煤炭被直接燃烧利用或利用在控制水平低的行业，电煤比重不高，煤炭的高效清洁利用率不高。如果继续延续这种粗放的用能方式，在人口和经济总量不断增长的情况下，中国的可持续性能源供应将面临重大问题。

从能源消费来看，改革开放以来，中国经济快速发展，能源消费量随之

---

① 中国节能环保集团公司，中国工业节能与清洁生产协会.2010 年中国节能减排产业发展报告：探索低碳经济之路［M］.中国水利水电出版社，2011.

② 强化应对气候变化行动：中国国家自主贡献［EB/OL］.［2015－11－18］.http：//www.scio.gov.cn/xwfbh/xwbfbh/wqfbh/2015/20151119/xgbd33811/Document/1455864/1455864.htm.

③ 国家发展改革委 国家能源局关于印发能源发展"十三五"规划的通知（发改能源〔2016〕2744号）［EB/OL］.［2016－12－26］.http：//www.ndrc.gov.cn/zcfb/zcfbtz/201701/t20170117_835278.html.

不断攀升，2010 年中国成为世界上最大的能源消费国。"十二五"期间，中国政府出台了一系列节能减排、保护环境的政策，能源消费量得到有效控制并持续下降，但化石能源在能源消费结构中的比重依然最高。

据报道，2013 年，中国非化石能源消费占比仅为 9.8%，距离中国政府在哥本哈根会议所承诺的"2020 年非化石能源占比达到 15%"的目标还有很大差距；2016 年底，中国非化石能源占一次能源消费比重达到 13.3%，单位 GDP 能耗和二氧化碳排放分别下降 5% 和 6.6%，均超额完成年度目标任务。①② 数据对比充分说明，中国为了应对气候变化作出了持续不懈的努力，但这并不意味着中国未来能放松努力，2016 年的"13.3%"距离中国政府在巴黎气候变化大会所承诺的"2030 年非化石能源占一次能源消费比重达到 20%"的自主行动目标仍然有一定的差距。

传统电力行业的发展依赖于煤炭等高碳能源的资源特性和禀赋，导致二氧化碳等温室气体和大气污染物大量排放，火力发电占全国电力生产总量的 71.7%，③ 中国以煤炭为主的一次能源结构决定了火力发电在今后相当长的一段时期内仍将是中国电力生产的主要方式。

同时，由于长期受到电力生产技术的限制和粗放式能源增长方式的影响，中国电力行业存在能耗高、电力能源浪费等现象。因此，一方面，加强煤炭高效清洁利用，提高电煤比重，提高碳捕捉和封存技术，是解决煤炭污染的关键。另一方面，节约化石能源的消耗，减少对矿物燃料的依赖，以发电过程几乎零碳排放的风能、太阳能、生物质能等非化石能源代替煤炭等化石能源作为电力能源的主要来源，是调整电力产业结构、降低二氧化碳等温室气体和其他污染物排放的重要举措，也是应对国际压力、确保完成国家二氧化碳减排宏观目标的重要途径。

二、能源结构转型与保障能源安全的需要

能源安全，是指能够以可承受的价格持续稳定获得满足经济社会发展需要并且符合生态环境要求的能源供应。由于能源供应安全的极端重要性和全球能源安全面临的巨大挑战，能源安全问题正受到国际社会的普遍关注。④

---

① 鑫华. 我国非化石能源占一次能源消费 13.3% [N]. 中国石化报，2017-09-11 (1).

② 国家能源局. 吴新雄在全国"十三五"能源规划工作会议上的讲话 [EB/OL]. [2014-10-10]. http：//www. nea. gov. cn/2014-08/21/c_ 133571995. htm.

③ 国家统计局. 2017 年全国发电量 6.5 万亿千瓦时 [N]. 中国电力报，2018-03-22.

④ 习近平在沙特吉达举行的国际能源会议上的讲话 [EB/OL]. [2008－06－23]. http：//politics. people. com. cn/GB/1024/7411044. html.

从中国能源结构、能源生产供应和能源消费需求来看，中国的能源问题主要表现在以下几个方面。[①]

第一，持续较快增长的能源需求对能源供应形成巨大压力。改革开放40年来，中国经济实现了持续快速增长，经济总量仅次于美国，成为世界第二大经济体。

2012年，党的十八大报告提出"中国梦"建设目标：到建党一百年，中国将全面建成小康社会；到中华人民共和国成立一百年，中国将建成一个富强、民主、文明、和谐的社会主义现代化国家。

2017年，党的十九大报告更进一步提出从2020年到本世纪中叶的战略安排：第一个阶段（从2020年到2035年），在全面建成小康社会的基础上，再奋斗15年，基本实现社会主义现代化；第二个阶段（从2035年到本世纪中叶），在基本实现现代化的基础上，再奋斗15年，中国将建成一个富强、民主、文明、和谐、美丽的社会主义现代化强国。

按照党的十八大开启、十九大描绘的中国特色社会主义新时代宏伟蓝图，未来一段时期，中国经济进入"新常态"，仍然具有保持平稳增长的潜力。因此，能源需求在未来较长时期内将保持较快增长。但由于受生态环境容量、资源条件、开发水平、技术能力和成本约束等诸多因素的限制，未来中国国内能源供应提升潜力较为有限，保障能源供应的压力巨大。

第二，资源分布不均和输送短缺影响能源资源优化配置。

从分布区域来看，中国自然能源资源集中于中西部地区，但由于该地区经济发展较为落后，能源需求较小；中国东部、南部地区自然能源资源相对贫乏，但高速的经济发展导致能源需求量大。这种能源供给与能源需求逆向分布的特点，决定了未来中国能源总体流向将呈现出"北煤南运、北油南运、西气东输、西电东送"的格局，对能源资源配置能力提出了更高要求。

从能源运输格局来看，由于中国能源投资长期以来偏重于生产环节，对运输环节投入不足，电力投资偏重电源投资，忽视电网投资，使得电网建设长期滞后，电网跨区配置资源能力不强，加上铁路运力不足，导致能源资源优化配置能力没有得到充分发挥。

第三，以煤炭为主的能源结构和禀赋带来了环境污染等问题。中国传统化石能源以煤炭为主，石油、天然气等优质化石能源相对不足。能源资源禀赋特点和立足国内满足需求的能源方针，决定了中国长期保持以煤炭

---

① 刘振亚. 中国电力与能源 [M]. 北京：中国电力出版社，2012.

为主的一次能源消费结构。与发达国家相比，中国煤炭消费比重偏高，而油气及清洁能源消费比重偏低。在电力生产上中国以火电为主。中国电力生产结构与发达国家存在较大差异。在发达国家发电量结构中，气电、核电占有较大比重；而中国以煤电为主，煤电占全部发电量的比重比世界平均水平高出近 40 个百分点。煤炭的过度消耗和粗放式使用，引起严重的环境污染等问题。

第四，能源资源相对短缺制约了能源产业发展。虽然中国能源资源总量不小，但人均占有量和优质能源相对较少。由于人口众多，中国人均化石能源资源占有量低于世界平均水平。中国人均一次能源消费量也低于世界平均水平，不到美国的四分之一。虽然中国煤炭资源剩余储量居世界第三位，但由于开采量巨大，储产比较低，仅为 35 年，资源的可持续供应能力严重不足。

第五，能源发展质量偏低影响能源供给能力的提高。相对于发达国家，中国工业化进程起步晚、起点低。很长一段时期以来，中国经济增长方式是粗放式的，特点是高投入、高能耗、高污染和低效率。

粗放式的经济增长方式决定了现阶段中国能源开发利用效率较低，表现在：中国能源行业能耗指标与国际先进水平相比偏高；中国主要耗能产品能耗水平普遍高于国际先进水平；中国单位能源的经济产出效益与世界发达国家相比存在差距。能源发展质量的低效率制约了能源供给能力的提高。

第六，国际能源市场对中国能源供应安全影响较大。经济社会的发展使得国内能源需求保持在一个较高的水平，在资源环境约束趋紧的形势下，能源对外依赖程度不断提高，中国由能源净出口国逐渐变为能源净进口国，保障能源稳定供应的压力日益增大。中国能源供应能力特别是油气供应能力远低于未来需求，因此，必须依靠国际、国内两个市场来保障中国未来经济社会发展所需能源尤其是油气资源。

中国能源对外依存度特别是原油对外依存度的不断走高，将对中国能源安全供应构成巨大威胁。主要能源产地的社会动荡政局不稳、海外能源运输通道的通行风险、国际能源价格高位震荡，都将严重地影响到中国能源安全供应。

据国家统计局数据显示，2017 年，中国电力生产总量为 6.5 万亿千瓦时，其中，火力（煤炭、石油、天然气等化石燃料）发电量为 46 627 亿千瓦时，占总发电量的 71.7%；水力发电量为 11 898 亿千瓦时，占总发电量的 18.3%；风力发电量为 2 950 亿千瓦时，占总发电量的 4.5%；核能发电量为 2 481 亿千瓦时，占总发电量的 3.8%；太阳能发电量为 967 亿千瓦时，占总发电量的 1.5%。[1][2]

可见，除了常规水力发电量较高外，其他非化石能源发电量所占比例偏低，以传统的化石能源为主导的不可持续的高碳火力发电量比例偏高。而煤炭、石油、天然气等化石能源因其不可再生性，终究逃脱不掉被耗竭的命运。因此，要实现"美丽中国"的"中国梦"目标，必须调整和优化电力能源结构，降低煤炭等化石能源发电比重，提高核能、风能、太阳能等低碳和无碳的非化石能源发电比重，实现电力能源结构的多元化、清洁化和低碳化，降低能源对外依存度，保障中国能源安全供应。

第二节　中国建构低碳电力制度的可行性

一、中国具备低碳电力的资源储备和潜力

（一）中国水能资源储备丰富，水电生产潜力巨大

中国水能资源储备总量居世界首位。根据水能资源全国普查结果，中国大陆水力资源理论蕴藏量在 10 000 千瓦及以上的河流共 3 886 条，水力资源理论蕴藏量年发电量为 60 829 亿千瓦时，其中单站装机容量 500 千瓦及以上水电站的技术可开发装机容量为 54 164 万千瓦，年发电量为 24 740 亿千瓦时；经济可开发水电站装机容量 40 179 万千瓦，年发电量为 17 534 亿千瓦时。[3]

据中电联数据显示，截至 2017 年底，全国水电发电装机容量达到 34 119 万千瓦，占全国发电装机容量的 19%，增长 2.7%。2017 年全年新增水电装机容量 1 287 万千瓦；水力发电量 11 898 亿千瓦时，占全国发电量的 18.3%；2017 年全年水电设备利用小时 3 579 小时。[4]

（二）中国核能资源潜力巨大，前景广阔

核裂变能的主要原料是铀，它在地壳中储量总计达几十亿吨。铀的储量虽然很大，但分布却非常分散。中国是铀矿资源丰富的国家，至今已探明大

---

① 国家统计局. 2017 年全国发电量 6.5 万亿千瓦时［N］. 中国电力报，2018-03-22.

② 此处为国家统计局统计数据，与中电联统计数据略有不同。

③ 2013 年我国水能资源储量及分布特点［EB/OL］.［2015-08-20］. http://www.chinairr.org/view/V02/201310/31-143355.html.

④ 中电联发布《2017—2018 年度全国电力供需形势分析预测报告》［EB/OL］.［2018-02-01］. http://www.in-en.com/article/html/energy-2265338.shtml.

小铀矿 200 多个，铀矿储量丰富；但中国铀矿已探明储量不多，仅为 17 万吨，目前大部分核电所需铀仍然依赖进口。但在先进的技术设备保障下，中国可开发铀矿资源潜力巨大，预计潜在铀资源超过数百万吨。另外，中国核电企业也积极走出国门，与铀矿储量丰富的国家和地区广泛合作，除了从海外进口天然铀和核燃料组件外，还在铀资源开发、天然铀贸易及核燃料芯块加工领域进行良好合作。目前，中国最大的核电企业——中国广东核电集团有限公司（简称中广核）已经在多国布局，控制铀资源数量可观。①

（三）中国风能资源储量丰富

据全国 900 多个气象站估算，中国离地 10 米高度风能资源总储量约为 32.26 亿千瓦，近海可开发和利用的风能储量为 7.5 亿千瓦，陆上可开发和利用的风能储量为 2.53 亿千瓦，合计约 10 亿千瓦。假如近海和陆上风电年上网电量按等效满负荷 2 000 小时计算，每年可提供共计 2.3 万亿千瓦时电量。②

就区域分布来看，中国最大风能资源区为东南沿海及其岛屿；次大风能资源区为内蒙古和甘肃北部；风能较大资源区为青藏高原、黑龙江、吉林东部、辽东半岛沿海以及三北地区的北部和沿海。这些地区除青藏高原外，无论是风能密度、风速，还是可利用的风能年累积小时数都比较高，发电潜力巨大。此外，还有一些地区为风能季节利用区。可见，中国风能资源储量丰富，必将成为未来能源结构中一个重要的组成部分。③

（四）中国全部地区都是太阳能资源可利用区

据全国 700 多个气象台站长期观测，中国属于太阳能资源丰富的大国，全国有三分之二以上地区年辐射量在 5 000 兆焦/平方米以上。

就区域分布来看，中国太阳能一类地区（资源丰富带）④ 全年日照时数为 3 200~3 300 小时，辐射量在 6 700~8 370 兆焦/平方米。其中，西藏是中国太阳总辐射最丰富的地区，全区年总辐射多在 5 000~8 000 兆焦/平方米；青海年总辐射量可达 5 800~7 400 兆焦/平方米，仅次于西藏，位居全国第二，位于青海柴达木盆地的格尔木市是中国光伏发电应用的重点城市；新疆年总

---

① 中国最大核电企业已布局控制多国 30.77 万吨铀资源 [EB/OL]. [2015 - 12 - 15]. http：//military.china.com/news/568/20151215/20940525.html.

② 我国风能资源储量及分布区域 [EB/OL]. [2014 - 08 - 13]. http：//news.bjx.com.cn/html/20140813/536516.shtml.

③ 同②。

④ 太阳能一类地区包括青藏高原、甘肃北部、宁夏、新疆南部、西藏东南部、内蒙古南部、河北西北部、山西北部、青海东部等地。

辐射量达 5 000~6 400 兆焦/平方米，居全国前列，哈密属于新疆的重点风能、太阳能开发地区。

二类地区（资源较富带）① 全年日照时数为 2 200~3 200 小时，辐射量在 5 400~6 700 兆焦/平方米。

三类地区（资源一般带）② 全年日照时数为 1 400~2 200 小时，辐射量在 4 200~5 400 兆焦/平方米。

四类地区（资源较差带）③ 全年日照时数为 1 000~1 400 小时，辐射量在 4 200 兆焦/平方米以下。

可见，中国太阳能资源储量丰富，合理开发太阳能资源必将成为中国解决能源危机、缓解气候变化的重要途径。④

（五）中国可开发生物质能资源总量可观

在世界能源转型的过程中，因低碳、清洁、可再生和对化石能源的多途径替代，生物质能扮演着重要的角色。中国是一个农业大国，生物质能资源丰富、种类多、分布广且产量大，可供开发利用的生物质能资源主要包括农作物秸秆、农产品加工剩余物、林业木质剩余物、畜禽粪便、城市生活垃圾、有机废水、有机废渣等。中国工程院《中国可再生能源发展战略研究报告》的数据显示，中国不含太阳能的本土清洁能源开采资源量为 21.48 亿吨标准煤，其中，各类清洁能源的资源量及占比排序分别为：生物质（11.71 亿吨标准煤，占比 54.5%）、水电（5.84 亿吨标准煤，占比 27.2%）、风电（3.35亿吨标准煤，占比 15.5%）和核电（0.58 亿吨标准煤，占比 2.7%）。可见，生物质资源量是水电的 2 倍、风电的 3.5 倍。⑤

中国每年各种农作物产生秸秆 7 亿吨以上（折合标准煤约 3.5 亿吨），可供利用的农作物秸秆和农产品加工剩余物约 3.4 亿吨、畜禽粪便 8.4 亿吨、城市生活垃圾近 7 500 万吨，每年可以能源化利用的生物质资源总量折合约 4.6 亿吨标准煤，目前已利用量约 2 200 万吨标准煤，还有约 4.4 亿吨可作为

---

① 太阳能二类地区包括新疆北部、甘肃东南部、陕西北部、山西南部、吉林、辽宁、河北东南部、河南、山东、江苏中北部、安徽北部、福建南部、广东南部以及云南等地。

② 太阳能三类地区主要包括长江中下游地区、福建、浙江和广东的一部分地区。

③ 太阳能四类地区主要包括四川、贵州两省。

④ 我国太阳能辐照资源分布概况 [EB/OL].[2014-04-13]. http://www.escn.com.cn/news/show-124350.html.

⑤ 中国能源革命不能没有"一片"[N].中国科学报，2014-09-10.

能源利用。①

(六) 中国地热能资源丰富

地热资源是一种可再生的低碳甚至零碳能源。数据显示，在能源消费结构中，地热利用每提高 1 个百分比，相当于替代标准煤 3 750 万吨，减排二氧化碳约 9 400 万吨、二氧化硫约 90 万吨、氮氧化物约 26 万吨。②

据地热勘查资料统计显示，中国地热资源储量大、分布广、类型多、资源丰富，以中低温地热资源为主，地热储量约占全球资源量的六分之一。中国浅层地热能资源量折合标准煤 95 亿吨，每年可利用量约 3.5 亿吨标准煤，每年可减排 5 亿吨二氧化碳；中深层地热能资源量折合标准煤 8 530 亿吨，可开采资源量折合标准煤 2 560 亿吨，每年可利用量约 6.4 亿吨标准煤，每年可减排 13 亿吨二氧化碳；干热岩资源量折合标准煤 860 万亿吨，目前正处于研发阶段。③

中国地处地中海喜马拉雅地热带东段，地热资源主要分布在东部和西南部地区。西南部地区的藏南、滇西和川西蕴藏着丰富的高温地热资源，发电装机潜力 580 万千瓦，其中，西藏是中国地热活动最强烈的地区，地热蕴藏量居中国首位，地热资源发电潜力超过 100 万千瓦，西藏最著名的羊八井地热田是中国最大的高温湿蒸汽热田，羊八井 1 000 千瓦新型地热项目于 2010 年投产发电；东部地区的松辽平原、黄淮海平原、江汉平原、山东半岛和东南沿海广泛分布着中低温地热资源，其中，地处环渤海经济区的北京、天津、河北和山东等省市地热储层多、储量大、分布广，是中国最大的地热资源开发区；此外，中国东南沿海、滇西、藏南以及琼北地区也有干热岩资源储备。④

虽然中国地热资源丰富，地热能直接利用量高居世界第一，但中国地热资源的开发利用尚处于研发阶段，地热发电容量一直没有大幅增长，仍只有西藏羊八井和广东丰顺等为数不多的几家。目前，中科院广州能源所正在积极开展低温地热发电研究，使得地热发电大范围推广成为可能。⑤

---

① 2020 年生物质固化成型燃料产量约达 5 000 万吨 [EB/OL]. [2013-08-01]. http://www.cpnn. com.cn/zdyw/201308/t20130801_ 597862.html.

② 我国地热能利用量 2030 年将达亿吨标准煤 [N]. 经济参考报，2014-11-26.

③ 中国地热能资源 [N]. 中国能源报，2013-02-15.

④ 我国地热资源丰富地热能开发利用潜力巨大 [EB/OL]. [2014-04-22]. http://www.mlr.gov.cn/ xwdt/mtsy/difang/201404/t20140422_ 1313558.htm.

⑤ 赵汀，杨章锁. 我国地热资源分布及开发现状探析 [N]. 中国电力报，2014-04-02.

（七）中国海洋能可开发利用量较高

海洋能，是指蕴藏于海洋中的一种能源，海洋中的潮汐、波浪、海流、温差和盐差均能生成海洋能，它具有可再生性。中国岛屿众多，大陆海岸线长，海洋能蕴藏丰富，理论储量超过 15.8 亿千瓦，技术可开发量达 6.5 亿千瓦。在先进技术和设备保障下，进行有效开发，将生成大量电能，缓解中国能源供给压力。

中国的潮汐能相当可观，理论估算值为 10^8 千瓦量级，蕴藏量为 1.1 亿千瓦，可开发利用量约为 2 100 万千瓦，其中浙江和福建沿海为潮汐能较丰富地区。

中国近海域波浪能的蕴藏量约为 1.5 亿千瓦，沿海理论波浪年平均功率约为 $1.3×10^7$ 千瓦，可开发利用的波浪能为 7 000 万千瓦，其中浙江、福建、广东和台湾沿海为波浪能丰富的地区。

中国沿海海流能的年平均功率理论值约为 $1.4×10^7$ 千瓦，可开发利用的海流能为 2 000 万千瓦，其中北部、东部和南部沿海的海流能较为丰富，具有巨大的开发价值。

中国海域可开发利用的温差能为 1.5 亿千瓦，中国南海属于温差能丰富区域。

中国的盐差能源来自江河的出海处和青海等内地省份内陆盐湖，估计储藏量为 $1.1×10^8$ 千瓦，可开发利用的盐差能约为 1 亿千瓦。[1][2]

二、中国已初步具备低碳电力的技术基础

（一）水电产业开发已达到国际水平

中国的水电技术已具国际水平，"十二五"时期，大型水电筑坝和 80 万千瓦水轮机组设计制造世界领先。目前，全国已修建了 5 万多座水电站，其中大中型水电站 230 多座，建成发电的百万千瓦级以上的水电站有近 20 座。

以长江干流第一坝——271.5 万千瓦总装机容量的葛洲坝水电站、240 米高双曲拱坝——330 万千瓦总装机容量的二滩水电站、在世界在建和已建电站中居第三位（仅次于三峡和巴西伊泰普水电站）——总装机容量 1 386 万千瓦的溪洛渡水电站、以"西电东送"骨干电源点著称的中国第三大水电

① 海洋能资源［EB/OL］．［2013-03-15］．http：//www. zhoushan. gov. cn/web/dhmh/qdws/hykp/201303/t20130311_ 450303. shtml.

② 深入解读：现代海洋能发电技术［EB/OL］．［2012-08-29］．http：//gongkong. ofweek. com/2012-08/ART-310045-11001-28637953. html.

站——装机容量775万千瓦的向家坝水电站、"西电东送"的标志性工程和西部大开发的重点工程——装机容量630万千瓦的龙滩水电站，以及全世界最大的水利枢纽和清洁能源生产基地——2 240万千瓦总装机容量的三峡水电站等为代表的大型水电项目的建设，标志着中国的水电技术已迈入世界先进行列。

作为中国水电的标志性工程，三峡水电站2014年全年发电量达到988亿千瓦时，创下单座水电站年发电量世界最高纪录，累计发电量突破8 000亿千瓦时，相当于为社会累计节约原煤4亿吨，减少二氧化碳排放8亿吨，减少二氧化硫排放800多万吨。[①]

据报道，2014年中国水电产业获得重大突破，水电装机容量历史性突破3亿千瓦，水力发电量更是历史性地突破1万亿千瓦时，稳居世界第一。[②] 到2017年底，全国水电发电装机容量达到34 119万千瓦，水力发电量达到11 898亿千瓦时。[③]

（二）核电产业开发平台较高

虽然中国核电产业发展起步晚于一些西方发达国家，但目前已经成为世界上少数几个拥有较为完整核工业体系的国家之一。自20世纪70年代国家确定发展核电产业以来，中国核电发展经历了从无到有、从基础到先进的历程，开创了引进、消化、吸收、再创新的发展模式。中国引进了国际上最先进的第三代核电AP1000技术，在此平台基础上形成具有自主知识产权的CAP1400核电技术，取得CAP系列化。[④]

此外，中国拥有自主知识产权的"华龙一号"、CAP1400三代核电技术及具有四代安全性能的高温气冷堆核电技术已经研发成功，在第四代先进核电系统铅基快堆研发上取得了关键成果。中国核电技术水平的提高，有助于实现核电的规模化发展。[⑤] 2012年底，中国自主研发的世界首座具有第四代核电特征的高温气冷堆核电站在华能石岛湾核电厂重新开工建设，于2017年底

---

① 王轶辰. 盘点"十二五"清洁能源成绩单：我国风电装机占全球四分之一 [N]. 经济日报, 2016-02-24.

② 2014年水电装机容量历史性突破3亿千瓦 [N]. 中国电力报, 2015-02-13.

③ 中电联发布《2017—2018年度全国电力供需形势分析预测报告》[EB/OL]. [2018-02-01]. http://www.in-en.com/article/html/energy-2265338.shtml.

④ 从技术路线看核电行业 [EB/OL]. [2015-11-10]. http://news.bjx.com.cn/html/20151110/679827.shtml.

⑤ 当前我国核电行业发展基本情况分析 [EB/OL]. [2015-06-03]. http://www.china-nea.cn/html/2014-06/29724.html.

投产发电。① 2017 年 11 月，中国"华龙一号"首台发电机自主研制成功。2018 年 1 月，"华龙一号"全球首堆、中核集团福清核电 5 号机组反应堆压力容器顺利吊装入堆。②

目前，中国核电取得安全高效发展，已形成浙江秦山、广东大亚湾、江苏田湾、福建宁德、辽宁红沿河、广东阳江六个核电基地，已有 12 座核电站 37 台核电机组投入使用。包括：目前国内核电机组数量最多、堆型最丰富、装机最大的核电基地——总装机容量 656.4 万千瓦的秦山核电站，中国首座引进国外先进技术设备和资金建设的大型商用核电站——总装机容量 612 万千瓦的大亚湾核电站，中国单机容量最大的核电站——总装机容量发展前景可达 800 万~1 000 万千瓦的田湾核电站，岭澳核电站（一期、二期），红沿河核电站（一期），阳江核电站等。

除了沿海地区，内陆地区如湖南、湖北、江西等地也正在加紧建设和规划核电项目。截至 2017 年底，中国核电在建规模居世界首位，全国在运核电机组 37 台，装机容量 3 581 万千瓦，在建核电机组 19 台，规模 2 200.4 万千瓦。③④

国家统计局的数据显示，2017 年中国核能总发电量为 2 481 亿千瓦时，占全国能源总发电量的比重为 3.8%。⑤

（三）风电产业开发比较成熟

中国开展风电技术研发已有 40 多年的历史。经过 40 多年的技术沉淀以及不断的技术创新，中国风电产业得到迅速的发展，风电市场规模迅速扩大，全国风电产业继续保持强劲增长势头，初步形成一个具有竞争力的较为完整的产业链体系。

"十二五"时期，风电设备制造能力持续增强，技术水平显著提升，且风电产业制造能力和集中度不断提高，风机单机功率显著提升，单机容量从 1.5 兆瓦发展到目前最大的 6 兆瓦，其中，2 兆瓦机型单机市场占有率显著提高，

① 石岛湾核电站已低调开工 [EB/OL]. [2013 - 04 - 01]. http：//news. bjx. com. cn/html/20130401/425932. shtml.

② "华龙一号"全球首堆压力容器成功吊入反应堆 [EB/OL]. [2018 - 01 - 28]. http：//news. cctv. com/2018/01/28/ARTItGQcDNSS5GkCwpiT1qAf180128. shtml.

③ 2018 年中国核电发展现状分析及未来发展预测 [EB/OL]. [2018 - 04 - 12]. http：//news. bjx. com. cn/html/20180412/891379-3. shtml.

④ "装机容量 3 581 万千瓦"为中国产业信息网统计数据，与国家统计局统计数据"装机容量 3 582 万千瓦"略有不同。

⑤ 国家统计局 . 2017 年全国发电量 6.5 万亿千瓦时 [N]. 中国电力报，2018-03-22.

3 兆瓦（及以上）风电机组等装备得到广泛应用，风电机组可靠性持续提高，风电机组平均可利用率达到 97% 以上。[1]

据统计，截至 2015 年，中国累计并网风电装机容量 1.29 亿千瓦时，占全球风电装机容量的四分之一，[2] 提前完成风电"十二五"规划目标，至此，风电成为继火电、水电之后第三个达到 1 亿千瓦的发电类型。

不同于主推规模化发展的"十二五"，"十三五"期间的风电除了迎来进一步调高的规划目标[3]，解决消纳瓶颈、提升能源效率的任务也变得更为紧迫。"十三五"期间要切实落实能源生产和消费革命的战略部署，并对能源生产、消费、体制、技术发展等领域开启根本性转变。[4]

国家统计局的数据显示，截至 2017 年，全国风电装机容量 16 367 万千瓦，同比增加 10.5%。2017 年，中国风电新增装机容量 1 503 万千瓦；中国风力发电量 2 950 亿千瓦时，占全部发电量的 4.5%，同比增长 24.4%；全国全年风电平均利用小时数 1 948 小时。[5] 2017 年，我国风电吊装容量达到 1 958 万千瓦；国内权威机构认证的风机机型达到 87 个，风机产品周期显著缩短，更新换代速度加快。[6]

（四）太阳能产业发展迅猛

太阳光线照射到地面产生的能量为 3.0×10^{24} 焦耳/年（而全球能源消耗大约为 3.0×10^{20} 焦耳/年），太阳能是一种重要的可再生自然能源。太阳能具有多种利用方式，其中太阳能光伏发电、太阳能热发电系统以及太阳能热利用是三种主要的利用方式。

太阳能光伏发电是目前世界上较为成熟、发展最快的可再生能源发电技术。中国太阳能光伏发电产业发展迅猛，是非化石能源中发展最快的行业，呈现出东中西部共同发展的格局。

截至 2017 年底，中国光伏发电装机容量 1.3 亿千瓦，成为全球光伏发电装机容量最大的国家。2017 年，中国光伏发电新增装机容量 5 306 万千瓦，占全球新增装机的四分之一以上，其中，光伏电站 3 362 万千瓦，分布式光伏

---

① 国家能源局发布 2014 年风电产业监测情况 [J]. 中国能源，2015（3）：4.
② 王轶辰. 盘点"十二五"清洁能源成绩单：我国风电装机占全球四分之一 [N]. 经济日报，2016-02-24.
③ "十三五"规划展望的 2020 年风电 2 亿千瓦目标将会上调至 2.5 亿~2.8 亿千瓦。
④ 上网电价调整吹响号角：风电消纳难题成时下难关 [EB/OL].[2015-11-02].http://www.hbzhan.com/news/detail/101521.html.
⑤ 国家统计局. 2017 年全国发电量 6.5 万亿千瓦时 [N]. 中国电力报，2018-03-22.
⑥ 张栋钧. 风电迎来新一轮调整期 [N]. 中国电力报，2018-02-03.

1 944万千瓦；2017年全国光伏发电量1 182亿千瓦时，同比增长78.6%；全国全年光伏发电平均利用小时数1 133小时。[①]

经过多年的发展，中国太阳能热发电产品制造产业链基本形成，已建成各类技术方式的试验回路、小型示范项目和商业电站等。截至2015年底，中国已建成实验示范性太阳能热发电站6座，装机容量1.39万千瓦；2016年，我国第一批光热发电示范项目开工建设。[②]

（五）海洋能发电技术基础较好

海洋能是低碳、零污染排放的可再生能源，其开发利用具有广阔的发展前景。经过多年的发展，中国海洋能开发与海洋发电技术取得了长足进步，潮汐发电技术达到世界先进水平，海流能发电技术处于工程示范阶段，波浪能技术处于装备研发阶段，温差能和盐差能也已经进入技术研发与尝试阶段。

从中国海洋能发电类型来看，潮汐能发电技术最为成熟，陆续有试验电站进入商业化运行。

中国自1968年开始研制潮汐能电站，目前已经在广东、山东和上海等地建立了几十座潮汐能发电站。1972年开建的浙江温岭江厦潮汐电站是中国的潮汐发电实验基地，装机容量最大，功率为3 200千瓦，它的规模迄今保持亚洲第一、世界第三，它的发展代表了中国海洋能技术开发的进步。

中国于1990年在大万山岛建成第一座20千瓦级的试验性波浪发电站，标志着中国海洋波浪发电的研究和建设正式开始。目前，中科院广州能源所、浙江海洋学院等波浪能装置海试效果较好。

中国海流能发电起步较晚，1994年建成第一座海流能发电站。目前，浙江大学研发建设的60千瓦海流能机组已经投入使用，累计发电量超过2万千瓦时；大连理工大学研发建设的15千瓦机组也已经基本完成了海试。

相对于其他海洋能发电形式，中国温差能发电还处于实验室研究初期阶段。为了提高中国海洋能开发利用水平，自2012年开始，中国加大了对海洋能海上试验场建设的投入力度，规划建设山东威海、浙江舟山、广东万山三个海洋能海上试验场，作为海洋能测试与产业孵化基地，预计到2020年完成基本建设工作。[③]

---

① 国家能源局新闻发布会介绍2017年度相关能源情况等 [EB/OL]. [2018-01-24]. http://www.nea. gov.cn/2018-01/24/c_136921015.htm.

② 马运涛. 太阳能热发电发展前景分析 [EB/OL]. [2016-11-24]. http://guangfu.bjx.com.cn/ news/20161124/791475.shtml.

③ 沈慧. 我国海洋能产业发展方兴未艾 [N]. 经济日报, 2015-06-15.

2014 年 11 月，中国首个国家级浅海海上综合试验场山东威海海洋能海上试验场已进入建设阶段，其他两个海洋能海上试验场也已完成选址和总体设计工作。预计到 2020 年，中国海洋能发电总装机规模将超过 5 万千瓦，建设 5 个以上海岛海洋能与其他可再生能源多能互补独立电力系统，海洋能开发利用水平步入国际先进行列。[①]

（六）生物质能开发技术基本掌握

中国生物质能研究开发工作起步较晚，20 世纪 80 年代将生物质能研究开发列入国家攻关计划，并投入大量的财力和人力，开始了生物质能的应用技术研究。目前，中国已基本掌握城市垃圾发电、填埋气发电以及农林生物质发电等生物质能发电技术。

中国生物质发电多数采用直燃发电技术。中国生物质能直接燃烧发电技术已比较成熟，单机容量达到 15 兆瓦，该技术最具产业化前景，已进入实际工程推广阶段。此外，中国南方利用甘蔗渣掺烧发电早有先例。

中国进行生物质气化发电技术的研究起步较早，自 1998 年国内成功建设首个 1 兆瓦生物质稻壳气化发电系统以来，全国已经建设了生物质气化发电系统 20 多座；160 千瓦和 200 千瓦的生物质气化发电设备在中国已得到小规模应用，产生了一定的经济效益。2000 年，6 兆瓦秸秆气化发电示范工程建成并投入运行；广州能源所开发了应用外循环流化床气化技术，制取木煤气发电，已建成发电能力达 180 千瓦的气化发电系统。自 2000 年以来，中国已签订和在建生物质气化发电项目约 30 个，总装机容量超过 40 兆瓦。

中国沼气发电技术的研发已有 20 多年的历史，国内运行正常的最大机组为 1 万千瓦时。中国垃圾焚烧发电总装机容量也有很大发展，截至 2015 年底，达到 480 万千瓦，发电量 250 亿千瓦时，年处理垃圾 8 000 万吨。[②]

据统计，截至 2017 年，中国生物质发电装机容量达到 1 488 万千瓦；2017 年，生物质发电新增装机容量 274 万千瓦；2017 年全年生物质发电量 794 亿千瓦时，同比增长 22.7%。[③]

虽然中国生物质发电呈现出良好的发展态势，但由于国产设备产业链不够完善，如收集、储存、运输、预处理和给料系统等都存在一定的问题，配

---

① 国家海洋局关于印发《海洋可再生能源发展"十三五"规划》的通知（国海发〔2016〕26 号）[EB/OL]. [2017-01-12]. http：//www.soa.gov.cn/zwgk/zcgh/kxcg/201701/t20170112_ 54473.html.

② "十三五"末我国垃圾焚烧发电装机容量约达 750 万千瓦 [N]. 上海证券报，2017-01-05.

③ 国家能源局新闻发布会介绍 2017 年度相关能源情况等 [EB/OL]. [2018-01-24]. http://www.nea.gov.cn/2018-01/24/c_ 136921015.htm.

套的机械制造业尚未形成，商业化程度较低，市场竞争力较弱，经济效益不容乐观。

为了鼓励可再生能源发展，国家对生物质能相关产业在政策上给予了一系列的优惠。国家的政策扶持，加上技术的不断发展完善将给生物质发电带来极佳的发展机遇期，必将大大加速生物质发电的产业化进程。

三、中国低碳电力政策法规体系初步建立

国际社会针对全球环境变化进行了相应立法，倡导低碳发展。1992 年，国际社会达成《联合国气候变化框架公约》（UNFCCC）；1997 年，多国政府首脑签订《京都议定书》，2005 年《京都议定书》生效；2015 年，《巴黎协定》出台。

在促进低碳电力能源立法方面，中国采取了与国际气候法案同步发展的政策。2002 年，中国通过《清洁生产促进法》；2005 年，中国通过《可再生能源法》；2008 年，中国通过《循环经济促进法》；2009 年，通过《可再生能源法》修正案；2012 年，修正《清洁生产促进法》；2014 年，修订《环境保护法》；2016 年，通过《环境保护税法》，并于 2018 年 1 月实施。截至目前，中国促进低碳电力发展的政策法规体系初步建立。

（一）中国低碳电力相关政策

低碳电力发展的目标主要是通过能源、电力规划、节能减排规划和应对气候变化规划来确定的。有三个方面内容：一是非化石能源发电目标；二是与低碳电力发展相关的节能减排目标；三是低碳发展的目标。

对电力低碳发展的"十三五"目标主要有：国务院《能源发展"十三五"规划》提出：非化石能源发电装机比重达到 35%。国务院《"十三五"节能减排综合工作方案》提出：到 2020 年，全国万元国内生产总值能耗比 2015 年下降 15%，煤炭占能源消费总量比重下降到 58% 以下，电煤占煤炭消费量比重提高到 55% 以上，非化石能源占能源消费总量比重达到 15%。《可再生能源发展"十三五"规划》提出：到 2020 年，全部可再生能源发电装机 6.8 亿千瓦，发电量 1.9 万亿千瓦时，占全部发电量的 27%。国家发改委《国家应对气候变化规划（2014—2020 年）》提出：到 2020 年，单位国内生产总值二氧化碳排放比 2005 年下降 40%~45%，非化石能源占一次能源消费的比重达到 15%，一次能源消费总量控制在 48 亿吨标准煤左右。

（二）中国低碳电力相关法律规范体系

1. 法律层面

《电力法》（1995 年制定，1996 年实施）是规范低碳电力的基本法，该法

对鼓励低碳电力做了原则性规定。①《可再生能源法》（2009 年修订，2010 年实施）是规范低碳能源的专门法，该法原则性地规定了鼓励可再生能源发电的基本法律制度，包括：可再生能源发电全额保障性收购制度、可再生能源税收优惠制度以及可再生能源优惠贷款制度等。②《节约能源法》（1998 年实施）对鼓励新能源和可再生能源开发利用做出了相应规定。③《企业所得税法》（2008 年实施）对可再生能源开发和低碳电力发展实施税收优惠。④

2. 规章层面

《可再生能源法》的相关配套措施，⑤ 对可再生能源发电价格、费用分摊、发电管理、专项资金管理、监管办法等进行了完善，提升了《可再生能源法》的可操作性。

除此之外，国家发改委、财政部、建设部等国务院有关部门还制定了一些有关鼓励和扶持低碳能源和低碳电力的规章。例如，《可再生能源电价附加收入调配暂行办法》详细规定了可再生能源电价附加的调配办法；⑥《太阳能光电建筑应用财政补助资金管理暂行办法》明确规定了对光电建筑集成和一体化项目的补贴标准；⑦《可再生能源建筑应用专项资金管理暂行办法》规定了可再生能源建筑应用专项资金的管理和使用，⑧ 以该办法为依据，《可再生

---

① 详见《中华人民共和国电力法》第 5 条：电力建设、生产、供应和使用应当依法保护环境，采用新技术，减少有害物质排放，防治污染和其他公害。国家鼓励和支持利用可再生能源和清洁能源发电。

② 详见《中华人民共和国可再生能源法》第 14 条第 1 款：国家实行可再生能源发电全额保障性收购制度。第 25 条：对列入国家可再生能源产业发展指导目录、符合信贷条件的可再生能源开发利用项目，金融机构可以提供有财政贴息的优惠贷款。第 26 条：国家对列入可再生能源产业发展指导目录的项目给予税收优惠。具体办法由国务院规定。

③ 详见《中华人民共和国节约能源法》第 7 条：国家实行有利于节能和环境保护的产业政策，限制发展高耗能、高污染行业，发展节能环保型产业。国务院和省、自治区、直辖市人民政府应当加强节能工作，合理调整产业结构、企业结构、产品结构和能源消费结构，推动企业降低单位产值能耗和单位产品能耗，淘汰落后的生产能力，改进能源的开发、加工、转换、输送、储存和供应，提高能源利用效率。国家鼓励、支持开发和利用新能源、可再生能源。

④ 详见《中华人民共和国企业所得税法》第 27 条、第 28 条、第 30 条、第 33 条。

⑤ 这些规章有：《可再生能源发电价格和费用分摊管理试行办法》（发改价格〔2006〕7 号）、《可再生能源发电有关管理规定》（发改能源〔2006〕13 号）、《可再生能源发展专项资金管理暂行办法》（财建〔2006〕237 号）、《电网企业全额收购可再生能源电量监管办法》（国家电力监管委员会令第 25 号）（2007 年）、《关于完善风力发电上网电价政策的通知》（发改价格〔2009〕1906 号）等。

⑥ 详见国家发改委颁布的《可再生能源电价附加收入调配暂行办法》（2007 年实施）。

⑦ 详见财政部、建设部联合发布的《太阳能光电建筑应用财政补助资金管理暂行办法》（2009 年）。该法明确规定：对于光电建筑集成和光电建筑一体化项目，每千瓦补助 20 元，对于在建筑上简单安装的附加光伏项目，每瓦补助 15 元。

⑧ 详见财政部和建设部联合发布的《可再生能源建筑应用专项资金管理暂行办法》（2006 年）。

能源建筑应用示范项目评审办法》对可再生能源建筑应用示范项目的评审工作也做出了规定;①《秸秆能源化利用补助资金管理暂行办法》明确规定了对从事秸秆成型燃料、气化、干馏等秸秆能源化生产的企业进行财政补助。②

3. 地方性法规和地方政府规章层面

中国大多数地方政府也都出台了有关低碳电力和低碳能源的地方性法规和地方政府规章。③

第三节 中国建构低碳电力制度的现实困境

一、技术瓶颈制约

目前,整个能源系统能否向低碳能源系统过渡的关键是电力系统能否向低碳电力系统过渡。要实现良好的碳减排效果,就要形成能够保障系统供电可靠性和不断提高市场效率的低碳电力系统。而合理规划设计低碳电力系统要考虑的关键因素就是电力系统的技术因素及制度因素,其中,技术瓶颈是中国低碳电力产业发展的首要障碍。

技术因素障碍主要指低碳电力生产设备低端、低碳电力生产技术落后、低碳电力技术应用不足等。随着中国经济持续快速增长,发电设备制造业进入快速发展期,中国发电设备国际竞争力大大增强,传统火电、水电领域国际竞争力十分突出,煤电和水电机组技术与国外先进水平相当,有些技术甚至还优于国外,但对于利用风力、核能、太阳能、潮汐能、生物质能发电以及具有碳捕捉与封存(CCS)技术的化石燃料发电等一系列的低碳发电技术还没有掌握成熟,对于智能电站、智能电网和智能用电支撑的平台技术了解不够。

以电力生产设备制造技术为例,目前,中国已成为发电设备制造大国,但不是制造强国,尤其是在高新技术产品方面,与国际先进水平相比还存在着一定差距。这些因素制约了中国低碳电力的发展。

---

① 详见财政部和建设部联合发布的《可再生能源建筑应用示范项目评审办法》(财建〔2006〕459号)。

② 详见财政部发布的《秸秆能源化利用补助资金管理暂行办法》(财建〔2008〕735号)。

③ 这些地方性法规和地方政府规章有:《湖北省农村能源管理办法》(湖北省人民政府令第160号)(1998年)、《甘肃省农村能源建设管理条例》(1998年)、《湖南省农村能源建设管理办法》(2001年)、《山东省农村可再生能源条例》(2007年)、《黑龙江省农村可再生能源开发利用条例》(2008年)等。

（一）低碳电力技术处于基础阶段，与国外存在一定差距

在具有 CCS 技术的化石燃料发电技术、新能源和可再生能源等非化石燃料发电技术方面，中国的研究基础还比较薄弱，部分高新技术发电产品的设计、制造技术一定程度上依赖国外，自主研发能力尚待提高。

在火电技术研发上，中国经过"十一五""十二五"时期的发展，取得了很大的成效，无论是在提高火电机组能源利用率技术还是在减少火电机组污染物排放技术上都有显著的提升，火电机组中以百万机组为代表的大型高效机组的比重不断增大，火电产业向大容量、高参数、超超临界燃煤发电技术的方向快速发展。但在与智能电网匹配的智能电站技术、具有碳捕捉与封存（CCS）技术的化石燃料发电技术等低碳技术上还有待提高，目前只有少数企业掌握和运用这些技术，如莱州华电建成全国首座智能化生态电厂，厂区实现"零排放"。[1] 未来中国火力发电应适应经济社会发展和环保需要，重点研究 CCS 发电技术、智能化生态电站和智能用电平台等技术。

在风力发电技术研发上，中国风电设备产业链已形成，风电设备制造业技术升级进程加快，但与成熟的欧美风电技术还存在差距，主要表现在以下几点。

第一，关键核心技术并非完全掌握。例如，除了少数企业，大部分企业的叶片研制技术还得依靠从国外直接购买的途径获取；大机组、大叶片、低风速、高海拔机组等系统化新技术的规模化应用尚待时日。

第二，并网性能等核心技术掌握不够，导致部分风电机组质量不稳定等。中国目前需要进一步加快风电核心技术的研发和风电设备的自主化。[2]

在太阳能发电技术研发上，中国尚待研发成本低、利用率高的太阳能发电技术，如 50 兆瓦级塔式风光热互补混合发电系统整体设计和关键部件制造技术等，重点研发超临界太阳能热发电、空气吸热器、固体粒子吸热器以及大型太阳能热电站仿真与系统集成等。[3]

目前，光热发电技术尚处于试验示范阶段，属于创新型的技术发展理念，缺少具体项目的技术经验。[4] 中国首批光热发电示范项目正在建设中，还没有大规模商业化电站投入运行，相关关键产品、设备和控制系统的可靠性与耐

---

① 莱州华电打造全国首座智能化生态电厂 [EB/OL]. [2013-06-20]. http://news.bjx.com.cn/html/20130620/440880.shtml.

② 姚兴佳, 刘颖明, 宋筱文. 回顾中国风电技术 40 年进展及趋势 [J]. 太阳能, 2018 (2).

③ 太阳能利用技术创新路线图出炉重点提及光热发电 [EB/OL]. [2016-06-02]. http://solar.ofweek.com/2016-06/ART-260009-8420-29103464.html.

④ 杨鲲鹏. 光热发展三大瓶颈待解 [N]. 中国电力报, 2018-03-03.

久性尚需检验，整个产业链发展不均衡，太阳能热发电高温运行下的测试仪表等部分核心产品生产能力较弱，部分依赖进口。[1]

（二）低碳电力技术应用不足，低碳技术发展整体层次偏低

为了应对全球气候变暖，减少电力企业生产中产生的二氧化碳，中国当前低碳电力技术研究工作热度很高，但主要是从宏观经济发展的层面和具体的技术层面进行研究，而从整个电力行业生产、并网以及需求角度对低碳电力技术进行深入研究的不多，对电力企业低碳技术的应用研究明显不足，因此，中国低碳电力技术发展整体层次偏低。[2]

在电网技术应用上，电网建设明显滞后于电源建设，尤其是可再生能源发电和并网之间存在矛盾，造成弃风弃光等问题。从长远来看，"西电东送"的电力流格局不会改变，但目前中国西部电网无法有效接纳大规模可再生能源，无法满足未来中国的用电需求。为了解决西部电网与可再生能源发电之间的矛盾，当前电网亟须进行转型升级，尤其需要前瞻性的关键技术，朝着以清洁化、电子化、智能化和市场化为特征的新一代电网迈进。[3]

在电力需求响应技术应用上，中国电力需求响应研究与实践刚刚起步，在需求响应机制和支撑平台技术等方面需要进行深入研究。电力需求响应（demand response，DR）是需求侧管理的重要技术手段，是缓解电力供需矛盾、促进节能减排的重要措施，是保障电力系统安全可靠运行的重要工具，是电力行业可持续发展的必由之路。

未来在设计和推动电力需求响应技术应用及产业发展时，应充分调动电力用户、电网、电厂和第三方等市场主体的积极性，实现电力能源利用率最大化的总体目标。[4]

二、立法修法滞后

虽然中国低碳电力方面的法律法规和政策在数量上已渐成规模，但法律体系结构不健全、法律适用时间跨度过长、法律规定过于原则、规模太过庞大，且效力冲突明显、制度构建粗糙、立法修法滞后，这些都影响了低碳电力市场化进程。

---

[1]　我国太阳能热发电产业链基本形成 [EB/OL]. [2018-04-12]. http：//ex. bjx. com. cn/html/20180412/26723. shtml.

[2]　吴明. 低碳电力技术的研究现状及展望 [J]. 电子测试，2017（1）：161.

[3]　黄夏楠，马世英，屈高强，等. 适应我国可再生能源发展的西部电网模式构想和关键技术 [J]. 电力建设，2018（2）：85-91.

[4]　庞鹏. 电力市场化改革背景下电力需求响应机制与支撑技术 [J]. 广东电力，2016（1）：70-75.

（一）能源法律体系结构不健全

从整个能源法律体系来看，中国能源法制建设滞后影响了能源可持续发展战略。完整的能源法律体系，是由不同层级、内容、功能组成的互相联系、互相配合的能源法律规范整体，它由统一的能源基本法和单独的能源部门法构成。但迄今为止中国尚未出台能源领域的基本法——"能源法"。目前已经颁布实施的能源部门法包括《矿产资源法》《可再生能源法》《电力法》《节约能源法》《煤炭法》等法律，以及大量的行政法规和地方性法规。但相关能源单行法还存在立法空白，"石油天然气法""原子能法""风能法""太阳能法"等法律，以及这些法律的相关配套实施细则等尚待出台。

（二）法律适用时间跨度过长

在中国的法律体系当中，《电力法》并不属于传统的骨干性质法律。由于电力工业在国民经济中占有十分重要的地位，中国电力立法起步较早。1953年8月29日，政务院颁发《全国供用电规则》，并于1983年进行了第4次修订。1987年9月15日，国务院发布《电力设施保护条例》。1995年制定了《电力法》，其中规定的主要法律制度有电力供给制度、电业设施和工程安全制度、电业权制度、电力市场主体制度。该法沿用至今。

（三）规范性文件规定繁杂，规模太过庞大

为了促进低碳电力的发展，中国已经制定并颁布了包括《可再生能源法》在内的一系列法律①，它们有助于提高自然资源使用能效、推动节能减排、促进新能源和可再生能源的开发利用。

此外，中国政府还制定了一系列规划与政策，以减缓社会经济发展对环境造成的影响，如《2000—2015年新能源与可再生能源产业发展规划要点》《能源发展战略行动计划（2014—2020年）》《节能中长期专项规划》《节能减排综合性工作方案》《中国应对气候变化的政策与行动》《中国应对气候变化科技专项行动》《节能减排全民行动实施方案》《能源发展"十二五"规划》《能源发展"十三五"规划》《可再生能源中长期发展规划》《可再生能源发展"十二五"规划》《可再生能源发展"十三五"规划》《核电中长期发展规划》等。但以上规范性文件和制度措施系统性不强，体系繁杂，内容过于宽泛宏观，操作性较差，需要进一步梳理、调整和完善。

（四）效力冲突明显，法律适用困难

以法律的效力等级为视角，当前的电力立法包含法律、行政法规、地方

---

① 这些法律主要包括《可再生能源法》《循环经济促进法》《电力法》《节约能源法》《清洁生产促进法》等。

性法规、部门规章、地方政府规章、司法解释以及规范性文件等几乎所有法律渊源。而从时间先后的顺序观察，颁布时间的先后与法律的效力等级高低成正比。这造成了作为"旧法"的法律效力高，而作为新法的"行政法规""部门规章"等效力较低，进而无法适用新法优于旧法的法律适用原则。

（五）《电力法》修订的历史契机

《电力法》制定于 1995 年，于 1996 年 4 月实施，至今已有 20 余年，2009年、2015 年和 2018 年进行过 3 次小范围的修订。可以说，《电力法》及其配套规定，对于中国电力工业的发展起到了重要的作用。但是，伴随着中国社会主义市场经济的发展，电力体制改革的不断深入，受制于当时法律背景的局限，《电力法》中所规定的管理体制和具体内容已经远远落后于时代的发展，不能维护当前电力市场的公平竞争、人与自然的和谐发展以及人类社会的公共利益。因此，《电力法》的全面修订正当其时。

（六）基本法律制度缺失

现行电力、能源立法虽然规定了一些有利于环境保护的能源开发利用制度，但是，现有制度还难以充分保证未来能源、社会和环境可持续低碳发展战略的贯彻实施，某些基本法律制度尚未建立和健全。

例如，现有立法未明确规定能源安全制度；《电力法》未明确规定可再生能源电力上网保障制度、低碳能源发电补贴制度、需求侧管理制度等；《节约能源法》未明确规定碳减排制度、节能公益基金激励制度等；《可再生能源法》针对低碳能源的基本制度缺乏可操作性的具体规定等。

三、政府职能转变不到位

中国的市场经济发展还不完善，市场发育程度不高，在经济发展中需要政府发挥调节作用，对于某些特殊产业和部门，甚至需要政府发挥主导作用。就低碳能源和低碳电力产业而言，如果没有政府的支持和推动，它们很难顺利发展。

在低碳能源和低碳电力发展过程中，会遇到传统观念、常规火电以及其他既得利益集团等各种阻力，政府依靠其绝对的权力和可调配的资源，是解除这些阻碍的最佳主体。政府在电力体制改革、电力发展模式转变方面的推动能力是其他任何社会主体无法比拟的。另外，从二氧化碳的特性来看，二氧化碳具有公共产品的属性特征，完全依靠市场机制难以进行合理配置，需要发挥政府的宏观调控职能，通过制定相应的政策和制度进行规范和引导。

中国由于长期以来受"官本位"思想的毒害，政府官员不作为、乱作为等现象还在一定范围内存在。在宏观经济调控中，政府既充当了"裁判员"，又充当了"运动员"，表现为政府不仅在宏观领域对电力工业进行宏观调控，而且在微观领域干预电力企业经营管理，导致政府的职能转变不到位，出现错位、越位和缺位，影响了政府职能的正确发挥。例如，长期以来政府不能放开对电价的行政垄断，过度干预输配以外的竞争性电价，扭曲了市场价格体系，既不利于发电侧各发电厂竞价上网，也不利于需求侧电力用户自主选择优质、低碳电力。

在当前经济低碳转型的攻坚阶段，政府在低碳电力发展中的角色定位应该是：政府是低碳电力发展战略规划的制定者；政府是低碳电力发展的引领者；政府是低碳电力发展的监管者。政府应进一步转变职能，重新界定职责，由"裁判员"变为监管者、服务者、协调者；引入现代企业制度，使企业真正成为自主经营、自负盈亏、自我发展和自我约束的市场主体。[1]

首先，政府应该加强宏观调控，着重制定相关的法律制度，从宏观上关注资源能源可持续发展、低碳能源电力发展以及环境与气候维护等方面的政策建设，平衡经济发展、能源维护与开发和环境保护之间的关系。

其次，制定电力行业发展的长期规划，加强电力规划中的全面统筹协调工作，包括电源建设、电网建设与低碳能源发电并网的协调，电力建设与环境保护的协调等。

最后，依照法律法规统一监管电力市场，维护电力市场的平稳运行和公平竞争。监管客体主要包括电力的发、输、配、售主体的所有市场竞争行为；加快包括电价改革在内的电力体制改革；审批、指导、监督电源、电网工程建设，尤其是要支持电力低碳发展和环保的重大项目建设，确保低碳能源占有一定份额；严格监管和控制生产过程中各个环节的质量标准；保证和监督合同的有效执行，及时处理有关电力市场的各种纠纷。

四、市场机制不完善

(一) 发电侧

电力市场是由各个市场主体有机组成的，主要包括电力的发、输、配、售等各环节主体和电力设备的生产企业以及电力用户等。电力市场必须具备竞争性。具备竞争力的电力市场，首先要满足系统安全、可靠供电、高效运行的要求，其次要确保清洁低碳能源发电公平进入市场。发电市场同样也必

---

① 霍杏芝. 论我国《电力法》的修改 [D]. 重庆：重庆大学，2012.

须具备竞争性，要确保不同发电主体公平进入市场，加强电源结构调整力度；明确电力市场准入资格对于保护环境、促进节能减排、电力低碳可持续发展至关重要。

从整个发电侧来看，目前尚未形成主体多元、竞争有序的低碳电力市场。主要表现在以下几方面。

1. 电源结构不合理，不同发电主体不能公平进入市场

长期以来，煤炭等常规化石能源发电出力占比过高，风能、太阳能、生物质能、地热能、潮汐能、核能等低碳能源发电出力占比过低，由此造成环境污染严重、生态压力巨大。目前，还不能充分利用环保机组和清洁能源，存在弃风、弃水和弃光现象，造成发电资源的极大浪费或供不应求。可见，要实现中国政府提出的"到 2020 年，非化石能源占一次能源消费的比重达到 15% 左右"的目标还存在着一定的差距。

2. 计划电量分配制度的长期存在，严重影响市场竞争机制的作用发挥

中国长期沿袭计划电量的制度模式。尽管中国电力体制改革已经经历了集资办电、公司制改革和市场化改革三个阶段，但政府这只"有形的手"一直管制与干预着电力产业，主要表现为对电量分配使用上，即"计划电量分配制度"。在此制度下，决定发电企业效益好坏的不是市场和电力产品的质量，而是政府分配给不同电力企业的电量。政府为了"平衡"各个发电企业的利益，在安排机组发电出力和机组启停顺序时，不管生产效率和发电企业的成本高低，不依照机组的能耗水平和大气污染物排放绩效进行调度，而是平均分配生产计划，从而严重影响市场竞争机制的作用发挥，影响发电企业主动减排的积极性。

因此，必须从发电侧源头出发，按照市场规律和市场经济的运行规则，建立有序的市场竞争机制，通过实施电力市场准入制度，激励市场经济主体发电投资，充分发挥市场配置资源的决定性作用，建成主体多元、竞争有序的低碳电力市场。在电力生产上，要破除计划电量分配制度，逐步实现市场交易电量制度模式。[1] 2015 年 3 月，新一轮电力体制改革方案公布。该方案明确提出"三放开、一独立、三加强"，要求有序放开公益性和调节性以外的发用电计划。此项改革举措必将给发电企业带来活力和新变化。

另外，还须调整电力（电源）结构，逐步提高新能源和可再生能源等低碳能源发电的比例。同时，通过设计和制定发电企业并网法律规则、并网配

---

① 史丹. 中国电力体制改革的目标选择 [J]. 中国能源，2014（8）：6-9.

套设施的投资成本分摊制度规定、低碳发电定价机制、低碳发电技术的发电容量（包括风电、太阳能发电以及负荷管理的容量）、技术标准等，解决低碳能源发电成本高和消纳难的现实问题①。唯有如此，才能促进结构调整、产业升级、节能减排，最终实现电力低碳可持续发展。

（二）输配侧

长期以来，电网垄断经营，缺乏竞争意识，阻断了电力生产者与消费者的直接互动；市场交易机制尚未健全，电价尚未理顺，影响了电力资源的优化配置。

电网作为连接发电企业和电力用户的枢纽，理应处于电力的输送者、服务者的产业地位，其主要职能是提供居间输送服务；但实际上电网长期统治着输电、配电、用电等多个可以分离的要素流程，聚合了整个电力中枢的调度管理、电力输送、电力投资、市场交易、价格的主导权力，它既是经济组织，又履行着政府职能，还主宰着电力市场交易。此种格局不仅体现了高度强制性的管制特征，也限制了分布式能源生态系统的发展，更造就了高排放、低活力、生产者盲目生产、消费者被动消费、非市场机制运行的生产方式在中国电力产业的统治地位②。

为了解决独立电厂电网不公平接入问题，国务院通过并实施了《电力体制改革方案》。该方案拆分了国家电力公司，推行"厂网分开"，对发电企业和电网企业进行重组，要求发电企业进行"竞价上网"，开展公平竞争。此次电力体制改革深入到电力体制深层的产权、经营体制层面，打破了电力行业垂直一体化的垄断格局。但是，此次电力体制改革的最大弊病就是，在电力平台的建设上选择了一种集权解决模式——以厂网为中枢，尤以做大电网为核心，由电网主导生产者和消费者，阻断了电力生产者与消费者的直接互动，扭曲了电力生产力和电力市场秩序；而不是选择实现电力生产者和消费者直接互动、电网提供居间输送服务的市场生态模式。③ 由此带来的流弊主要表现在以下几点。

1. 电网输配电缺乏统一规划，电网建设滞后于国民经济发展

电网拥网自重，整体规划和建设发展违背市场经济规律，没有完全形成市场竞争机制，电力系统网络缺乏统筹规划，电网基础设施建设滞后，电网

① 曾鸣，张徐东，田廓，等．低碳电力市场设计与政策分析［J］．电力系统自动化，2011（24）：7-11．
② 武建东．拆分国家电网：启动新一轮电力体制改革［N］．中国经营报，2013-01-14．
③ 同②．

建设与风电场、光伏电站建设缺乏统一协调，不利于低碳能源的并网消纳。电网往往为了一己私利盲目强推投资金额巨大的特高压项目，而不愿意把经费投在配电网智能化改造升级上，造成配电网发展落后，导致电荒和弃电并存，严重背离了电力低碳可持续发展的目标。

2. 转嫁经营风险，背离公共服务企业的社会属性

电网作为连接上游电厂、中游地方电网和下游电力用户的枢纽，欺上压下，严重背离其作为公共服务企业的社会属性。作为唯一买方，利用发电企业的无选择性，对上游电厂肆意压低上网电价，导致交易的不公平；利用电力调度权力，对中游地方电网进行压制，阻碍电量调剂消纳；利用社会公权，对下游电力用户缺乏服务意识，动辄采用行政手段拉闸限电。

3. 发电企业公平上网和低碳能源发电优先上网问题缺乏制度保障

在十多年的电力体制改革进程中，电网曾多次公然开倒车，与国家电改决策背道而驰。电网以电网安全为借口，消极应对配电侧智能化改造，将一己私利凌驾于国家战略之上，利用强制控制权，设置重重障碍，变相抵制《可再生能源法》等法律法规，排斥新能源和可再生能源等低碳能源并网，导致弃风、弃光现象层出不穷，制约了低碳能源的良性发展。以光伏发电为例，中国目前的电网在建设时基本上按照火力发电需求设计，要完全切换到百分之百吸纳光伏发电，就要对现存电网进行改造；再加上前几年的光伏电站投产主要集中在西部，西部本身用电量少，当地消纳能力低，对电网的冲击比较大，因此，电网抵制光伏发电并网，尤其是分布式光伏发电，此举掣肘了国内低碳能源的市场空间，使民众无法真正享受到光伏产业发展带来的环保益处。[1]

4. 输配侧尚未建立以节能发电调度为基础的电力交易市场

所谓节能发电调度，是指按照供电煤耗由小到大进行排序供电。高煤耗的火电企业随着供电量的增长，供电边际煤耗递增，效率递减，由此支付的脱硫和脱硝的成本增大，供电成本增大，电价增高。可见，对于高煤耗的火电企业，交易量越大，电价越高，有利于促进电力用户节约用电。低碳能源电力由于无煤耗而优先上网。效率高的企业由于具有优先发电权，比效率低的企业将会占有更多的市场份额。[2] 因此，节能发电调度有助于优化配置发电资源，基于此项制度的电力交易市场亟待构建。

---

① 网易实验室. 电力改革：网售分开 [EB/OL]. [2015-01-15]. http://money.163.com/special/electricityreform/.

② 史丹. 中国电力体制改革的目标选择 [J]. 中国能源，2014（8）：6-9.

5. 电价机制尚未理顺，不利于电力的优化配置

由于输配电侧电力交易市场尚未完全建立，市场交易机制缺失，尚未理顺适应市场要求的电价机制。市场价格体系不能反映价值规律和供求关系，不能体现外部成本内部化，不可再生的稀缺化石资源成本和环境成本无法反映在电价中，不利于低碳能源发电企业的可持续发展。理顺电价形成机制是中国转变粗放式电力生产的重要举措。建立和完善适应市场要求的电价机制，优化电力配置，需要进行以下方面的工作。

第一，建立基于市场价值规律和供求关系的电力市场价格体系。

第二，加强电价改革，除输配电价由政府监管、单独定价外，竞争性电价要有序放开。其中，上网电价要引入竞争，由市场定价，鼓励各发电厂电价实现竞争上网。

第三，确保低碳能源占有市场份额，低碳能源电厂近期可不参与市场竞争，继续沿用固定电价制度和补贴制度，但在条件成熟时，也应参与市场竞争，并逐步取消补贴。

第四，逐步实施绿色低碳电价政策，将火电等高碳能源发电稀缺化石资源成本和环境成本纳入电价。

（三）售电侧

市场有效竞争机制尚未健全，阻碍了市场配置资源的决定性作用的发挥。一直以来，中国没有放开售电侧。[①] 1996 年 4 月的《电力法》对供电企业的售电区域和数量进行了规定，[②] 即一个特定行政区划内只能有一家售电主体——供电公司，这也就意味着售电侧实行供电营业区的专营制度。这不符合市场经济下的竞争机制，导致电力用户无法享受优质廉价的电力产品。

基于以上情况，2004 年 4 月，原国家电监会联合其他相关单位下发了《电力用户向发电企业直接购电试点暂行办法》，进行售电模式改革。在条件成熟的地区，可以开展发电企业向较高电压等级或较大用电量的用户和配电网直接供电的试点工作。但是由于电网的人为阻挡等因素影响，直购电试点没有取得预期效果，未能在全国范围内展开。

如前所述，竞争性电价要有序放开。就售电侧的销售电价来说，销售电价属于竞争性电价，要由市场主导、政府监管。同时，推行居民用电阶梯电

---

① 因售电侧与低碳电力相关性不大，在本书中没有进行重点探讨。

② 参见《中华人民共和国电力法》第 25 条第 1 款：供电企业在批准的供电营业区内向用户供电。供电营业区的划分，应当考虑电网的结构和供电合理性等因素。一个供电营业区内只设立一个供电营业机构。

价；取消擅自出台的多种优惠电价；鼓励发电厂向电力大用户直接供电。

2015 年新一轮电力体制改革方案公布，该方案可以概括为：三放开、一独立、三加强。其中，"一独立"就是推进电力交易机构相对独立、规范运行。该方案的最大亮点是：向社会资本有序放开售电业务。中国一直没有放开售电侧，此次改革放开售电侧，意味着售电侧即将形成一个有效竞争的格局。

（四）需求侧

当前，能源消费理念亟待更新，需求侧能效管理制度、有序用电和节约用电制度尚待完善，电力浪费严重。

从需求侧来看，最清洁最低碳的电能是节约下来的电能。2013 年，中国单位 GDP 能耗是世界平均水平的 1.8 倍，远远超过欧美等一些发达国家甚至经济发展状况不如中国以外的发展中国家。[①] 可见，中国节能节电任务艰巨。

目前，中国低碳电力发展面临着严峻的形势，一方面，受能源稀缺、环境保护和低碳发展所带来的高能源成本等因素的制约；另一方面，经济快速增长又要求能源成本不能大幅增加。而目前的电力工业经济粗放式发展方式意味着中国的节能节电空间很大。需求侧存在的主要问题是需求侧管理、有序用电、能效管理以及节约用电等方面的制度体系尚未建立，电力用户（包括工业、农业、服务业用户和普通居民用户）的节能节电意识不强，造成资源利用率不高甚至严重浪费。

因此，首先，应从国家能源战略高度出发，强化能源领域科技创新，加快电力系统技术革新，提升低碳能源发电和分布式能源系统发电的比例，根据市场发育程度逐步放开用户侧分布式电源市场，促进能源结构优化、产业升级和节能减排。其次，提高立法的位阶，从行政法规甚至法律的层面建立和健全能效管理制度、有序用电和节约用电制度、低碳认证制度等有利于节能减排、低碳可持续发展的制度。最后，加强对电力用户的节能节电意识宣传教育，使电力用户转变能源消费理念，重视生产和生活节能，避免电力浪费。

第四节　中国低碳电力法律制度的主要内容

21 世纪是低碳经济时代。中国电力能源立法已经落后于时代大环境，低

---

① 原金. 能源局拟"十三五"规划 解决弃风限电难题 [EB/OL]. [2015-08-18]. http://news. bjx. com. cn/html/20140806/534304. shtml.

碳立法理念缺位，法律内容陈旧，相关法律之间内部协调机制不健全，严重制约了电力行业低碳转型和升级换代。中国电力行业在向低碳经济转型过程中，需要相关低碳制度予以保障。针对目前中国建构低碳电力法律制度的现实困境，充分考虑中国电力能源安全稳定、可持续发展的现实需要，建构中国低碳电力法律制度具有必要性和可行性。其主要内容涵盖中国低碳电力法律体系基本框架和中国低碳电力法律制度具体内容。

一、中国低碳电力法律体系基本框架

所谓法律体系，是指由一国现行的全部法律规范按照不同的法律部门分类组合而形成的一个体系化的有机联系的统一整体。低碳电力法律体系，即指由现行的全部低碳电力法律规范所组成的相互衔接、协调统一的体系化的有机整体。拟构建的中国低碳电力法律体系的主要内容为：以能源基本法——"能源法"为统领，以能源单行法——《电力法》为核心，以综合性低碳能源法——《可再生能源法》为支撑，由法律、行政法规、规章、地方性法规等各层次低碳电力相关法律规范组成的体系。

（一）能源基本法——"能源法"

"能源法"是能源领域的"宪法"。在立法目的和立法内容上，"能源法"不仅应规定能源行业的共性问题，还须对能源专门领域进行协调，应将节能减排、保护环境、应对气候变化、低碳可持续发展、能源战略规划、破除垄断、鼓励市场化等立法目的、立法理念以及相关基本法律制度和行业监管职责等内容予以明确规定。"能源法"和《电力法》是能源行业的"一般法"和"特别法"，"能源法"中确立的能源基本法律制度对指导和规范《电力法》的全面修订具有重要的意义。为了规制高碳能源、鼓励低碳能源，拟制定"能源法"的主要低碳制度内容如下。

1. 能源战略规划制度

根据国家应对气候变化的总体布局，要加快研究和制定面向2050年的"国家能源发展战略"，据此制定中国能源总体规划，从而对中国电力行业等专项规划提供长远指导。为了推动节能减排和应对气候变化，中国应进行能源战略调整，将二氧化碳排放纳入满足能源需求的约束，在此基础上制订能源结构战略规划和有针对性的政策法律。

2. 低碳能源激励制度

为了应对气候变化，减少碳排放，须对低碳能源采取鼓励和扶持的制度措施，包括进一步完善能源供给行业和低碳能源开发利用的激励性制度措施，进一步强化节能减排和调整能源结构的激励性制度措施，以提高投资者开发利用低碳能源的积极性。通过税收优惠和财政补贴等激励措施来鼓励相关主体开发、购买和使用低碳能源。[①]

3. 节能减排制度

在能源供给侧，应将碳排放规制作为一项基本制度确定下来，以减少化石能源的供给，优化能源结构；在能源需求侧，将节约能源制度、能效管理制度等作为能源基本制度进行规定。同时，强调节能减排的制度建设和技术创新，加快关键领域技术的研发，加大产业化示范效应，有效推广新技术的应用。

4. 能源安全保障制度

能源产业是关系到国计民生的基础产业，没有能源安全保障制度，低碳能源发展将面临困境。通过构建能源安全保障制度，规范能源市场的准入、价格和投资等基本市场行为，保障低碳能源供给体系的稳定运行，确保国家能源发展战略和总体规划的实施，实现能源和经济社会的可持续发展。

5. 能源监管制度

要在"能源法"中明确规定并落实行业监管职责。长期以来，能源领域管理体制实行分权模式，没有统一的管理体制，在监管上"九龙治水"，造成监管的漏洞和缺失。因此，构建能源监管制度，应从监管主体设置、监管职权配置、监管限度、监管程序、法律责任及权力救济等角度进行具体规定。

（二）能源单行法——《电力法》

《电力法》于1996年实施，至今已有20多年。2007年公布的《中国应对气候变化国家方案》明确要求修订《电力法》等法律法规，完善低碳能源开发利用的激励制度。按照2015年新一轮电力体制改革总体要求和进程，应做好电力相关法律法规的"立""改""废"工作。

现行《电力法》的修订跟不上时代发展的步伐。2009年、2015年和2018年所作的3次小幅修改都未涉及立法目标定位、价值理念等问题，对基本内容也未作实质性的修订。在《电力法》的修订内容上，对于低碳电力项目建设、电源结构调整、新能源和可再生能源发展、电价管理、智能电网建设、科技创新、环境保护等方面应进行规范和落实。拟修订《电力法》的主要低碳制度内容如下。

1. 电力综合规划制度

根据国家能源战略与总体规划，为了应对气候变化和电力行业节能减排，

---

① 吴明明. 我国能源消费结构调整的问题与对策 [J]. 当代经济，2011（9）：84-85.

须制定电力综合规划。电力规划制度，是指国家对全国电力结构进行统一规划，对电力行业提供指导性依据，维护电力协调、可持续发展的一项制度。电力规划制度是能源战略规划在电力领域的体现。

电力规划分为综合规划和具体规划。具体规划是综合规划的基础，综合规划是具体规划的提炼和升华，综合规划是目标性、总体性、框架性和原则性的规划，具体规划是细则性的规划。具体规划包括电源规划①、电网规划②、需求侧规划③等。在制定电源规划时，政府应将二氧化碳排放纳入满足能源和电力需求的约束，将节能和排放约束下可以接受的电源结构作为电源规划的基础，考虑使用什么样的政策法律支持电源结构的优化配置；电源规划还必须考虑各种电源的环境成本，在保证公平竞争的基础上，优先发展有利于环境保护的可再生能源发电，促进核电、水电以及天然气发电等相对清洁的电源建设发展。在制定电网规划时，须以电源规划和需求侧负荷预测为基础。在制定需求侧规划时，须将需求方各种资源作为整体进行统一规划。在以上这些具体规划的基础上，构建形成电力综合规划。制定电力综合规划，需注意以下几个方面的问题。

第一，电力综合规划的制定原则。电力综合规划应坚持的基本原则是：合理合法、系统完整、低碳环保、民主集中。在制定电力综合规划时，应将《电力法》置于能源单行法地位，秉持低碳可持续发展理念，将二氧化碳排放纳入满足电力需求的约束，不仅考虑发电供给侧资源，也考虑需求侧可以节约的资源，将供给侧和需求侧所有形式的资源综合成一个整体进行规划，按照供需两侧资源统筹发展的原则来制定电力综合规划。

第二，电力综合规划的制定主体。电力综合规划的制定主体包括政府、电力企业和各具体规划参与者等。其中，政府是制定电力综合规划的主导，电力企业和各具体规划参与者是主体。此外，规划参与者还应包括电力用户、环保部门、公益团体以及其他专家、社会公众等，尤其是应吸纳广大电力用户参与电力综合规划的建言献策，其对电力综合规划的科学性起着重要作用。

第三，电力综合规划的主要内容。电力综合规划体系由组织结构、规划

---

① 所谓电源规划，是指在电力发电侧，综合资源战略规划鼓励清洁能源发电，采取各种新技术、新工艺减少发电中污染物排放。

② 所谓电网规划，是指以需求侧负荷预测和电源规划为基础，确定在何时、何地投建何种类型的输电线路及其回路数，以达到规划周期内所需要的输电能力，在满足各项技术指标的前提下使输电系统的费用最小、效益最大。

③ 所谓需求侧规划，是指在电力需求侧，为减少电量消耗、电力需求和节约电力能源，将需求方各种形式的资源作为一个整体进行规划。

流程和相应措施构成。其中，相应措施主要包括规划执行措施、激励措施、保障措施和监督措施等。电力综合规划可以划分为前期阶段、过程阶段、规划形成阶段、规划实施与修订阶段等。

电力综合规划主要内容包括：①涉及电源结构、电源分布、电源市场准入、分布式电源、发电与储能技术等内容的电源规划；②涉及智能电网、电网建设、调度自动化、输配电技术等内容的电网规划；③涉及需求侧资源、电力负荷预测、电价机制、节能节电技术等内容的需求侧规划等。电力综合规划内容中还应涵盖电力低碳发展规划内容，构建整个电力行业减排体系。

构建电力综合规划制度具有极为重要的作用和意义。电力综合规划是解决能源供给结构矛盾、提高能源利用效率、保护环境和应对气候变化的有效方法。《电力法》全面修订时应将电力综合规划、电源规划、电网规划和需求侧规划等规划制度纳入中央和地方的国民经济以及社会发展规划，明确规定智能电网发展规划、统一的需求侧发展规划和促进供需两侧资源统筹发展的综合资源规划等。

2. 电力监管制度

电力监管①是一种行政干预。电力监管制度主要包括以下几个方面内容。

第一，电力监管的主体。《电力法》第6条规定了电力监管的主体。② 这些主体包括国家能源局、财政部、国资委、原环境保护部、各级工信委（各地称谓不一样，有的称为"经济和信息化委员会"或"工业和信息化厅"）等。其中，原国家电监会的监管职能整合到国家能源局，并隶属于国家发改委。国家能源局对发电企业并网中执行法律法规规章情况、电网企业公平无歧视开放电网情况等进行监管；原环保部具有监控电力企业的排污情况、评估电力项目的环境影响等监管职责。

第二，电力监管的客体。《电力法》第7条规定了电力监管的客体。③ 监管客体亦即监管对象，涉及发电、输配电和用电等各个环节，包括电力市场

---

① 所谓电力监管，是指电力监管机构依据法律、行政法规和规章的相关规定，对电力经济活动实施的直接或者间接的行政干预。其核心要义是电力监管机构依据相关法律法规，对电力企业及电力市场交易行为进行约束和规制的制度安排。

② 详见《中华人民共和国电力法》第6条：国务院电力管理部门负责全国电力事业的监督管理。国务院有关部门在各自的职责范围内负责电力事业的监督管理。县级以上地方人民政府经济综合主管部门是本行政区域内的电力管理部门，负责电力事业的监督管理。县级以上地方人民政府有关部门在各自的职责范围内负责电力事业的监督管理。

③ 详见《中华人民共和国电力法》第7条：电力建设企业、电力生产企业、电网经营企业依法实行自主经营、自负盈亏，并接受电力管理部门的监督。

参与者及其相互之间的关系。电力行业中的所有企业和电力企业的具体行为都是监管客体，需要满足一定的资质条件和准入资格，须遵守相应的规则。

第三，电力监管的主要内容。监管的主要内容包括投资、价格和质量监管等。

对竞争性领域，监管主体重点对价格形成的过程进行监管，以避免价格扭曲；对自然垄断领域，监管主体对价格直接进行监管，并控制价格和服务质量。在发电侧，监管电源投资，要求企业遵循电源规划标准。涉及低碳电力的，主要是监管电源投资结构、确保低碳投资比例、监管低碳电力上网价格、规制高碳电力上网价格等。

中国电力监管制度尚存在一些问题，主要表现在以下几点。

其一，从监管体制来看，监管制度设计存在缺陷。从中国电力体制改革的历史进程来看，中国电力监管早期采用"政监合一"的模式，即由政府电力主管部门负责监管；2003年国家电监会成立，意味着中国建立了独立的电力监管机构。电监会先后制定了一系列有关电力监管的办法。① 2013年，电监会被撤销，电监会的监管职能并入国家能源局。当前，中国承担电力监管职能的政府部门近十家，尤其是承担经济性监管职能的部门较多，这主要源于分散监管的体制。这种体制造成了监管效率的低下，割裂了监管工作的完整性。

其二，配套监管措施滞后。政府职能转变不到位、电力市场体制建设不跟进、电力法律法规修改不及时等配套改革滞后问题，严重制约了电力监管新体制作用的发挥。

《电力法》全面修订时，首先，须明确统一监管主体和具体监管主体。成立中央和地方分层级的监管机构，同时缩减监管主体的数量，明确监管主体的职责权限范围，合理划清边界，避免职责不清、权责不明。其次，坚持独立监管和高效监管的原则。实行政监分离，做到机构独立、人员独立和经费独立，同时设计好电力监管程序，为电力市场参与者提供高效服务。最后，及时跟进配套监管措施。在全面修订《电力法》的同时，及时修订和完善电力配套法规，改善电力市场环境。

除了电力综合规划制度、电力监管制度需要完善外，《电力法》还有很多有关扶持低碳电力和规制高碳电力的制度措施需要完善，包括发电侧、需求侧和输配侧的许多具体制度规范都有进一步提升的空间，这将在后面的章节

---

① 这些办法包括《电力市场监管办法》《电力监管信息公开办法》等。

进行分析和阐述，在此不一一赘述。

（三）综合性低碳能源法——《可再生能源法》

自《可再生能源法》实施以来，在该法的规范下，中国可再生能源产业获得了很大的发展，但近几年可再生能源领域出现了一些新情况和新问题，其中，最突出的问题就是可再生能源上网消纳难。因此，为了解决低碳经济时代出现的新问题和新矛盾，从制度上进一步完善《可再生能源法》极为必要，拟完善《可再生能源法》的主要低碳制度内容如下。

1. 低碳能源总量目标制度

2014年修订、2015年实施的新《环境保护法》新增了污染物总量控制目标，2009年修订的《可再生能源法》也制定了总量目标制度。该制度通过先制定全国总量目标，再制定地方总量目标，① 这一做法存在严重缺陷，是一种本末倒置的安排，因为全国总量目标的实现有赖于各个地方总量目标的实现。如此一来，经常导致全国总量目标无法实现。

因此，重构总量目标制度势在必行。重构的思路是：先根据地方可再生能源分布状况和经济发展情况制定地方总量发展目标，再制定全国总量目标。通过制度重构，强制地方政府积极开发推广新能源和可再生能源，从而减缓能源耗竭和二氧化碳等温室气体排放的压力。

2. 可再生能源监管制度

与能源监管制度和电力监管制度存在的问题类似，可再生能源监管制度也存在多头监管、职责不清、权责不明、管理低效等通病，完善的路径主要在于：合理设置监管主体、配置监管职权、明确监管限度、细划监管程序、厘清法律责任。

完善监管制度的关键是：推进政府体制改革，理顺政府与市场的关系，变政府"全面监管"为"有限监管"，政府只监管那些涉及垄断、投资、电价、服务质量等的领域。具体到可再生能源，主要是监管可再生能源发电比重、可再生能源上网电价及费用分摊、电网是否对可再生能源上网公平、优先开放等。

除了低碳能源总量目标制度、可再生能源监管制度需要完善外，《可再生能源法》还有一些制度需要进一步完善，同时还有不少重要的配套法规规章亟待细划或者补充，这些制度将在后面的章节具体阐述，以期共同保障低碳能源的可持续发展。

---

① 其做法是：全国总量目标根据全国的能源需要及发展状况制定，地方总量目标是在全国总量目标下结合地方能源状况制定。

以上重点分析了中国低碳电力法律体系中的"能源法"、《电力法》和《可再生能源法》三部重要法律的主要低碳制度内容和完善问题，其他法律及其配套法规规章等低碳制度内容及完善问题将在后面的章节涉及，在此不一一赘述。

二、中国低碳电力法律制度具体内容

现行能源、电力法律法规亟须理念革新和制度创新。中国低碳电力法律制度的主要内容除了包括低碳电力法律体系基本框架外，在低碳电力法律制度具体内容上，还应该涵盖发电侧、输配侧和需求侧等环节的各项制度，从发电侧、输配侧和需求侧等层面坚持节能减排、低碳发展。

因此，要积极推进高碳电力碳税、碳排放权交易、发电市场准入、低碳电力税收激励、低碳电力财政补贴等制度的建立，进一步完善优先发电、电力规划、政府监管、上网电价、输配电价、需求侧电价响应、有序用电、节约用电、低碳标准与认证、智能电网和低碳科技创新等制度。具体内容如下。

（一）发电侧低碳电力法律制度具体内容

发电侧是电力生产环节，是二氧化碳等温室气体排放的主要来源。因此，需要从低碳电力激励和高碳电力规制两个层面进行规制，主要的制度完善内容包括：①健全和完善发电市场准入制度，大幅提高低碳电源在电源结构中的比重；②建立高碳排放规制制度，对大型发电企业引入碳排放权交易制度，对中小型发电企业引入碳税制度；③引入低碳标准制度减排；④建立低碳或零碳排放激励机制，完善低碳能源发电税收激励、财政补贴和金融激励制度。

1. 发电侧高碳电力规制制度具体内容

中国须进一步建立健全高碳电力规制制度。这些制度包括：碳排放权交易制度、高碳能源碳税制度、低碳标准制度、发电市场准入和退出制度、电量市场交易制度等。

第一，对中小型火电企业应引入碳税制度。这主要是因为火电企业通过消耗煤炭等化石能源带来环境污染和温室效应，但环境变化的恶果却由全社会共同承担，火电生产的电力产品价格中并没有反映出环境污染、温室效应等外部性成本，没有体现资源的稀缺性，从而放纵了火电企业的高碳排放行为。

因此，对使用煤、石油、天然气等化石能源的中小型火电企业征收碳税，以此来弥补火电高碳排放带来的环境污染、温室效应等外部性成本，使中小型火电企业的私人成本和社会成本逐渐趋等。碳税是从义务角度对火电进行规制。

第二，对大型火电企业适宜引入碳排放权交易制度。从权利角度来看，可以赋予火电企业碳排放的权利，通过总量控制、碳价等一系列制度设计来进行规制。这也是美国、欧盟等发达国家和地区的通行做法。[①] 实行碳排放权交易制度后，大型火电企业进行碳排放必须使用碳排放配额冲抵碳排放量，如果超额排放，其必须从碳市场购买相应配额冲抵超排部分，否则将受重罚。由于高碳电力企业初始取得的碳排放配额有限，其需要购买的碳排放配额的数量较多，成本较高，从而对高碳电力生产方式形成有力制约。同时，为降低购买碳排放配额的经济成本，高碳企业有动力通过改进发电技术等方式减少碳排放，从而产生对高碳企业低碳化转型的有效激励。中国于 2011 年 10 月开展碳排放权试点，通过试点，取得了明显的成效。

第三，为了规制高碳排放行为，中国还建立了一系列低碳标准，包括国家标准、行业标准和地方标准等。作为强制性的行政管理措施，低碳标准对于约束高污染、高能耗、高排放行为起到了重要作用。低碳标准制度与碳税制度可以针对同一排放源重叠适用，但不能与碳排放权交易制度针对同一排放源重叠适用。

中国相关立法还需进一步完善有关低碳电力技术标准、电力节能标准、温室气体减排标准等，并提升立法位阶。

第四，完善发电市场准入和退出制度。明确发电市场准入资格对于保护环境、促进节能减排、电力低碳可持续发展极为必要。国家应对全国的电源结构做好统一规划，避免盲目电力投资和建设。对于增量火电电源项目实行严格的准入制度标准，对于高污染、高排放、高能耗的火力发电尤其是煤电机组要适时淘汰，而对于增量低碳能源发电项目实行较低的市场准入标准。

第五，完善电量市场交易制度，取消把人为安排的电力计划指标当作商品买卖，改由市场来决定发电量，不再赋予高碳火电公益性和调节性以外的发电计划。

2. 发电侧低碳电力激励制度具体内容

相比高碳电力规制制度，中国现阶段尚需对低碳电力实行激励制度。这些制度主要包括低碳电力税收优惠制度、低碳能源发电补贴制度和金融激励制度等。新能源和可再生能源等低碳能源发电起步晚、投入高、风险大，与

---

① 1979 年，美国率先将排污权交易制度运用于大气污染和河流污染的管理；2005 年，欧盟开始实施碳排放权交易制度。

常规火力发电相比，市场竞争力不足。因此，需要制定和完善更加科学、可行的法律法规来推动低碳能源产业的发展。

从税收激励制度来说，须采取税收优惠等扶持和鼓励的方法来促进低碳能源的发展。目前，需要进一步完善资源税、所得税、增值税、消费税、关税等能源税种，对环境污染征收相应的环境税，适时开征碳税，同时将税收优惠覆盖到高新技术企业和小型低碳电力生产者。

从财政补贴制度来说，须健全和完善相关法律法规，进一步规范补贴的适用范围，针对某类具体的新能源，科学论证其对应的补贴标准，同时明确规定不同低碳能源补贴的最终退出时限。

从金融激励制度来说，须建立健全碳排放权交易制度。低碳电力企业生产过程中碳排放量低，富余碳排放权数量多，可以将之在碳市场出售获利，从而形成"排放低、收益高"的电力行业格局，对低碳电力企业产生有效激励。此外，还需要完善适用于电力企业的绿色融资规则安排，为低碳企业提供信贷、融资担保、碳基金、债券、股票等多种类型的融资工具，为其筹措资金用于节能减排提供制度支持。

（二）输配侧低碳电力法律制度具体内容

电力商品从生产出来到为电力用户所消费，离不开电网的传输和配送，因此，输配侧对低碳电力的实现起着桥梁作用。输配侧的主要低碳制度内容包括低碳电力科技创新制度、低碳电力激励制度等。

其一，输配侧污染物排放的降低、可再生能源发电并网、智能电网建设等都涉及技术问题，科技创新势在必行，而科技创新迫切需要相关法律制度保驾护航；其二，输配电价、可再生能源优先发电等都涉及激励机制，需要建立健全相关低碳电力激励制度。

1. 输配侧低碳电力科技创新制度具体内容

输配侧低碳电力科技创新是电力工业实现低碳化的重要环节。其技术创新的重点在于：智能电网技术、低碳电网技术、可再生能源和新能源并网技术等，相关的科技创新制度建设须同步跟进。

从智能电网法律制度来看，智能电网是实现向低碳电力转型的关键。智能电网作为一项新兴的电力技术，其发展方向和前景包括特高压电网、微电网、智能计量、数字化电站和柔性输电等。[①] 智能电网将成为世界主流国家电力工业发展的趋势，为中国经济社会发展提供更加稳定可持续的电力保障。

---

① 胡天羽. 浅析智能电网现状及发展趋势 [J]. 集成电路应用，2018（4）：82-84.

当前，智能电网技术发展较快，但与之相配套的法律制度建设却没有跟进，须健全相关智能电网法律制度。

从低碳电网法律制度来看，中国低碳电网在法律制度建设上基本处于空白，未来应建立健全相关低碳电网法律制度。

从可再生能源并网技术法律制度来看，相关的法律规范较为原则，未来修订相关法律和配套法规时，应细化可再生能源并网技术标准制度和管理规范等。

2. 输配侧低碳电力激励制度具体内容

从可再生能源优先发电制度来看，为了解决可再生能源发电并网难问题，需进一步完善相关法律法规，同时从体制机制入手，理顺政府与市场的关系，切实保障可再生能源发电的优先权。变火电计划电量为市场电量，正视可再生能源电力对传统化石能源电力的"替代"，建立效率与公平兼备的市场，具体需要完善以下细节：划清政府部门和电网企业等主体的管理责任边界，明确电网企业和可再生能源投资经营者等主体的权利和义务。

从电价形成机制来看，针对输配电价，应完善输配电价监管制度，改变电网靠售电和购电的差价来获取收入的方式，变成电网企业按照政府核定的输配电价收取"过网费"，建立独立的输配电价体系。

（三）需求侧低碳电力法律制度具体内容

需求侧是从发电、输配电、售电到用电的终端侧。当前，需求侧须完善需求侧管理制度和低碳电力激励制度等。具体内容包括：①完善电力规划、政府监管、需求侧电价响应、有序用电、节约用电、节能标准标识与认证制度；②完善税收激励、金融激励、财政补贴、差别电价和合同能源管理等制度。

1. 需求侧管理法律制度具体内容

从需求侧具体制度完善来看，须完善电力需求侧规划制度。将电力需求侧管理纳入整个电力产业体系中统一部署，推进实施综合资源规划。

从需求侧政府监管来看，须完善政府监管制度。政府在电力需求侧管理中起主导作用，应切实履行监管职责。

从需求侧电价制度来看：①须完善需求侧电价响应制度，逐步推广以尖峰电价、可中断为代表的多种形式的需求响应措施，制定科学合理的需求侧响应电价结构体系；②须健全有序用电和节约用电制度，实践中，须加大对有序用电的经济和法律的引导，将市场化的经济手段引入到有序用电中；③须完善节能标准标识与认证制度，按照国际通行标准，进一步完善能效标准与标识，明确低碳标准与低碳产品标识，开展电力低碳产品认证，推行电力低碳产品认证制度，实施国家统一推行的节能产品认证制度。

2. 需求侧低碳电力激励制度具体内容

从需求侧来看，最清洁、最低碳的电能是节约下来的电能。目前，中国能源利用方式粗放，单位能耗较高，节能、节电任务艰巨。

对电力需求侧节能项目实行税收、金融激励和适度财政补贴的优惠制度；通过还贷优惠等金融激励制度鼓励企业投资节电设备和加速节能技术改造；通过差别电价制度淘汰和限制高污染、高排放和高能耗的落后产能；通过合同能源管理制度不断提高能源利用效率。

三、低碳电力法律制度内容体系的总体设想

前文从框架体系与具体内容两个层面梳理了低碳电力法律制度应当具有的体系与内容。归纳起来，健全中国低碳电力立法，应当主要关注框架体系与具体制度两个方面的问题。

从框架体系看，应当形成"能源法"→《电力法》→《可再生能源法》→其他各配套立法的框架体系。在这种立法框架体系下，相关立法从宏观到微观，从抽象到具体依次衔接，体系完备，充分体现促进低碳电力发展的价值追求。可再生能源发电是低碳电力的主要形式，低碳电力属于电力的一种形式，而电力又属于能源的一种形式。因此，完善低碳电力法律体系，仅从"能源法"、《电力法》或《可再生能源法》一个方面发力是远远不够的，必须从能源立法、电力立法的整体角度去考虑，形成完备的立法体系。

从具体内容看，应当建立健全三个方面的两类制度。三个方面，是指发电侧、输配侧、需求侧；两类制度，是指约束制度与激励制度。约束制度，是指对高碳行为予以有效制约的制度，如低碳标准制度。在发电侧无法达到强制性碳排放标准的发电设施，或者需求侧无法达到强制性低碳标准的耗能设备，强制予以淘汰，就是对高碳行为的有效约束。激励制度，是指对低碳行为予以有效支持的制度，如财政补贴制度。对发电侧改造高碳排放设备的行为、对输配侧改造电网以便接纳低碳电力的行为或者需求侧改造高能耗用电设施的行为予以财政补贴，无疑可以对相关主体的节能减排提供有效的经济诱因，促使其实施低碳行为。

综上所述，中国低碳电力法律制度内容体系如表3-1所示。

表 3-1　中国低碳电力法律制度内容体系

类别	法律性质	法律名称	状态	备注
中国低碳电力法律体系基本框架	能源基本法	"能源法"	制定过程中	未出台，2005 年开始起草
	能源单行法	《电力法》	须全面修订	1995 年制定，1996 年实施，2009 年、2015 年、2018 年三次修订
		《水电法》	待制定	
		《原子能法》	待制定	
		《核电法》	待制定	
		其他单行法		
	综合性低碳能源法	《可再生能源法》	须修订	2005 年通过，2006 年实施，2009 年修订，2010 年实施 建议更名为《低碳能源法》或《绿色能源法》
	其他各配套立法	其他法律、行政法规、规章、地方性法规等各层次低碳电力相关法律规范	须修订	《环境保护法》《循环经济促进法》《清洁生产促进法》《民事诉讼法》《行政诉讼法》《刑事诉讼法》《价格法》《税收征收管理法》《企业所得税法》《个人所得税法》《核安全法》《电力供应与使用条例》《电力监管条例》《电力设施保护条例》《企业所得税法实施条例》《增值税暂行条例》《资源税暂行条例》《消费税暂行条例》《进出口关税条例》《中共中央国务院关于进一步深化电力体制改革的若干意见》等
中国低碳电力法律体系具体内容	发电侧具体法	《碳税法》	待制定	
		《增值税法》	待制定	
		《资源税法》	待制定	
		《消费税法》	待制定	
		《碳捕获与封存法》	待制定	
		《全国碳排放权交易管理条例》	制定过程中	
		《清洁发展机制项目运行管理办法》		2011 年修订，2005 年版废止

类别	法律性质	法律名称	状态	备注
中国低碳电力法律体系具体内容	发电侧具体法	《温室气体自愿减排交易管理暂行办法》		2012 年发布
		《燃煤发电机组环保电价及环保设施运行监管办法》		2014 年发布
		《关于加强和改进发电运行调节管理的指导意见》		2014 年发布
		《工业企业温室气体排放核算和报告通则》		2016 年实施
		《环境保护税法》		2016 年制定，2018 年实施
		其他		
	输配侧具体法	《智能电网管理条例》	待制定	
		《电网调度管理条例》		1993 年发布实施，2011 年修正
		《电网调度管理条例实施办法》		1994 年实施
		《上网电价管理暂行办法》		2005 年发布
		《输配电价管理暂行办法》		2005 年发布
		《销售电价管理暂行办法》		2005 年发布

续表

类别	法律性质	法律名称	状态	备注
中国低碳电力法律体系具体内容	输配侧具体法	《电网运行规则》		2006 年通过，2007 年实施
		《可再生能源发电价格和费用分摊管理试行办法》		2006 年发布
		《可再生能源电价补贴和配额交易方案》		2007—2012 年发布近十批
		《电网企业全额收购可再生能源电量监管办法》		2007 年实施
		《可再生能源电价附加收入调配暂行办法》		2007 年发布
		《电网企业全额收购可再生能源电量监管办法》		2007 年发布
		《能源领域行业标准化管理办法（试行）》及实施细则		2009 年发布
		《国家级能源科技进步奖励管理办法（试行）》		2009 年发布
		《国家能源研发（实验）中心管理办法》		2010 年发布

续表

类别	法律性质	法律名称	状态	备注
中国低碳电力法律体系具体内容	输配侧具体法	《可再生能源发展基金征收使用管理暂行办法》		2011 年发布
		《发电机组并网安全性评价管理办法》		2014 年发布实施
		《可再生能源电价附加补助资金管理暂行办法》		2012 年发布
		《可再生能源发展专项资金管理暂行办法》		2015 年发布
		《可再生能源发电全额保障性收购管理办法》		2016 年发布
		《关于推进"互联网+"智慧能源发展的指导意见》		2016 年发布
		《可再生能源调峰机组优先发电试行办法》		2016 年发布
		《关于建立可再生能源开发利用目标引导制度的指导意见》		2016 年发布

类别	法律性质	法律名称	状态	备注
中国低碳电力法律体系具体内容	输配侧具体法	《省级电网输配电价定价办法（试行）》		2016 年发布
		《关于促进储能技术与产业发展的指导意见》		2017 年发布
		其他		
	需求侧具体法	《电力需求侧管理（暂行）条例》	待制定	
		《节约能源法》		1997 年制定，2007 年修订，2008 年实施，2016 年再次修订
		《节约用电管理办法》		2000 年发布
		《加强电力需求侧管理工作指导意见》		2004 年发布
		《电力需求侧管理实施办法》		2006 年发布
		《关于完善差别电价政策的意见》		2006 年发布
		《国务院关于节能工作的决定》		2006 年发布
		《公共机构节能条例》		2008 年通过，2017 年修订
		《关于加快推行合同能源管理促进节能服务产业发展的意见》		2010 年发布

类别	法律性质	法律名称	状态	备注
中国低碳电力法律体系具体内容	需求侧具体法	《合同能源管理项目财政奖励资金管理暂行办法》		2010 年发布
		《有序用电管理办法》		2011 年发布
		《电力需求侧管理城市综合试点工作中央财政奖励资金管理暂行办法》		2012 年发布
		《节能低碳产品认证管理办法》		2015 年发布
		《绿色电力证书核发及自愿认购规则（试行）》		2017 年发布
		《关于全面深化价格机制改革的意见》		2017 年发布
		《电力需求侧管理办法（修订版）》		2017 年修订，2010 年版废止
		其他		

本章小结

本章回答了在中国为什么要建构低碳电力法律制度的问题。具体而言，在中国建构低碳电力制度是节能减排、应对气候变化与能源结构转型、保障能源安全的双重需要,具有必要性;同时,从中国低碳能源的自然禀赋、利用技术、政策法规体系等角度考虑,建构低碳电力制度又具有可行性。

　　然而,从实践状况看,目前中国建构低碳电力制度面临着诸多现实困境,包括技术瓶颈制约、立法修法滞后、政府职能转变不到位、市场机制不完善等,这些问题亟待解决。针对中国低碳电力制度建构的必要性、可行性及现实困境,提出了中国应建构的低碳电力制度的主要内容,包括中国低碳电力法律体系基本框架和中国低碳电力法律制度具体内容。

第四章　中国低碳电力立法研究

在本书前三章分别回答了什么是低碳电力制度、为何要建构低碳电力制度和中国拟建构的低碳电力制度的应然内容之后，以下章节开始着手分析如何建构和完善中国的低碳电力制度。遵循大陆法系立法中"总则—分则"的逻辑思维，从实体法和程序法双重角度进行制度建构。

本章和第五章在分析中国低碳电力立法历史、现状和立法不足的基础上，借鉴英国、美国、德国、日本、澳大利亚和欧盟等发达国家或地区低碳电力立法经验，提出对中国低碳电力立法的启示。

在借鉴国外低碳电力立法经验的基础上，第六章至第八章从实体法角度进行论述，根据电力系统发输配用等各环节的不同性质，详述低碳电力具体制度；最后在第九章从程序法角度阐述完善低碳电力诉讼法律制度，从而搭建起一个全方位保障低碳电力的完整制度体系。

第一节　中国低碳电力立法历史流变

由于电力工业是国民经济的基础，中国电力立法起步较早。改革开放前，电力能源法制建设主要停留在政府部门规章上，国家层面的电力能源法制建设尚未被提上日程。改革开放以来，中国经济迅速发展，电力供需矛盾成为制约国民经济发展的瓶颈，优先发展电力、保障电力供给成为重中之重，电力产业开始蓬勃发展。为了保障电力产业的快速发展，国家制定了一系列有关电力的政策、行政法规和政府规章。

一、开始形成时期（20 世纪 80 年代初至 80 年代末）

20 世纪 80 年代，低碳发展理念尚未深入人心，仅略显雏形，主要体现在国务院及相关部委制定和颁发的关于节约能源、节约电力的政策法规上。20世纪 80 年代中期，中国提出并长期坚持"煤炭为基础，电力为中心"的电力发展思路。随着自然环境的变化和全球经济发展模式的转变，传统的电力发展思想需要改变，低碳能源（包括可再生能源和新能源）将逐步代替高碳化石能源，化碳能源成为电力生产的主要能源来源，以取得经济发展和环境保护的双重效益，实现人类社会的可持续发展[1]。但是，在由化石能源向电力转化的过程中，不可避免地产生了温室气体，而此阶段尚未全面形成电力转化过程中需要减排温室气体的观念，仅是认识到了节约能源、节约电力的重要性。

20 世纪 80 年代初，中国政府颁布了《对工矿企业和城市节约能源的若干具体要求》（共 58 条），涉及能源节约的多个环节和多项内容；1983 年 9 月 1 日，原水利电力部发布《全国供用电规则》；1986 年，国务院颁布实施《节约能源管理暂行条例》[2]；1987 年 9 月 15 日，国务院发布《电力设施保护条例》（1998 年第一次修订，2011 年第二次修订）；1989 年，原能源部颁发《〈节约能源管理暂行条例〉电力工业实施细则（试行）》的通知。

二、初步发展时期（20 世纪 90 年代初至 90 年代中期）

20 世纪 90 年代，低碳发展理念被提上议事日程，中国低碳电力产业和立法初步发展，这是国内外因素综合作用的结果。1992 年，联合国环境与发展大会通过了《联合国气候变化框架公约》和《二十一世纪议程》，公约要求成员国尽可能减少温室气体排放，这是中国低碳电力立法发展的外因；随着中国经济的快速发展，由煤炭等化石能源的过度消耗带来的大气污染、温室效应、生态危机等问题日趋显现，进行能源结构调整、低碳能源的开发利用等方面的建设需要相应的法律制度保驾护航，这是中国低碳电力立法发展的内因。

联合国人类环境会议要求国际社会针对可持续发展和环境保护问题做出承诺，中国提出了相应的对策，作出了大力开发和利用可再生清洁能源的决定。1994 年，中国政府率先发表了《中国 21 世纪议程——中国 21 世纪人口、环境与发展白皮书》，为中国未来的可持续发展确定了目标和具体安排。这一时期，体现低碳发展理念的电力能源立法增多，包括可再生能源立法、火电高碳排放规制立法、节电节能立法以及行业标准立法等。

在鼓励可再生能源发展立法上，中国于 1991 年颁布了《外商投资企业和外国企业所得税法》，对进行可再生能源产业投资的外商给予税收上的优惠；1994 年，下发了《风力发电场并网运行管理规定（试行）》的通知，这是中

---

[1] 康重庆，陈启鑫，夏清. 低碳电力技术的研究展望 [J]. 电网技术，2009（2）：1-7.

[2] 《节约能源管理暂行条例》于 1997 年失效，被 1997 年颁布的《节约能源法》代替，详见《国务院关于废止 2000 年底以前发布的部分行政法规的决定》附件 1 第 47 条。

国第一部专门针对低碳电力出台的部门规章，该规章对风电场的建设运营、风电上网调度、风电价格确定及差价分摊等方面做出了规定。

在规制火电高碳排放立法上，1993 年 12 月，原电力工业部印发《加强大型燃煤锅炉燃烧管理的若干规定》的通知[1]。

在节电节能立法上，1990 年 12 月，原能源部颁布《电力网电能损耗管理规定》[2]。

在行业标准立法上，原能源部或原电力工业部每年发布电力行业标准编号。例如，1991 年 12 月，原能源部颁布《关于电力行业标准编号及出版等有关事项的通知》[3]。

第二节　中国低碳电力立法现状

中国于 1995 年 12 月 28 日通过《电力法》，并于 1996 年 4 月 1 日实施，《电力法》中规定的主要法律制度有电力供给制度、电业设施和工程安全制度、电业权制度、电力市场主体制度，该法拉开了电力法制建设的帷幕。此后，与电力能源有关的政策、法律法规、条例、规章以及地方性法规与地方政府规章等，如雨后春笋般兴起。

一、政策层面

政策层面主要是国务院及各部委发布的有关电力能源发展规划、纲要、意见和通知等规范性文件。

（一）关于能源及低碳能源发展

20 世纪末至 21 世纪初，国家相关部委下发了一系列有关能源发展和低碳能源建设的文件，如《中国新能源和可再生能源发展纲要（1996—2010）》《关于进一步支持可再生能源发展有关问题的通知》《2000—2015 年新能源和可再生能源产业发展规划要点》《可再生能源产业发展指导目录》等。

在此基础上，2005 年，国务院发布了《关于加快发展循环经济的若干意见》，要求以节能减排、创新增效为目标，通过进行技术创新和制度创新，完

---

① 电力工业部关于印发《加强大型燃煤锅炉燃烧管理的若干规定》的通知（电安生〔1993〕540 号），发布日期 1993 年 12 月 24 日。

② 能源部关于颁发《电力网电能损耗管理规定》的通知（能源节能〔1990〕1149 号），发布日期 1990 年 12 月 22 日。

③ 《能源部关于电力行业标准编号及出版等有关事项的通知》（能源技〔1991〕1182 号），发布日期 1991 年 12 月 9 日。

成经济发展模式和增长方式的转变，并特别指出要在电力等行业尝试循环经济发展模式。

为了应对全球气候变化和温室效应，2008 年，国务院发布了《中国应对气候变化国家方案》和《中国应对气候变化的政策与行动》白皮书。2013 年，国务院发布《大气污染防治行动计划》（简称"国十条"），该计划表明：限制煤电发展已经成为政府改善环境质量的重要手段。2014 年，国家发改委印发《国家应对气候变化规划（2014—2020 年）》，明确提出了中国应对气候变化工作的目标要求、重点任务及保障措施等，加快构建中国特色的绿色低碳发展模式。

2007 年，国务院审议通过《可再生能源中长期发展规划》，提出了到 2020 年期间中国可再生能源发展的指导思想、发展目标和主要任务等。2012 年，国务院通过《能源发展"十二五"规划》，确定了加速发展可再生能源和推动能源的高效清洁转化的目标。2012 年，国家能源局发布《可再生能源发展"十二五"规划》以及水电、风电、太阳能、生物质能四个专题规划，提出了"十二五"期间中国可再生能源的发展目标。2014 年，国务院办公厅印发《能源发展战略行动计划（2014—2020 年）》，提出到 2020 年煤炭消费比重控制在 62% 以内。2016 年，国务院印发《"十三五"节能减排综合工作方案》，明确提出"到 2020 年，全国万元国内生产总值能耗比 2015 年下降 15%，能源消费总量控制在 50 亿吨标准煤以内"的目标。

2016 年，国家发改委和国家能源局发布《能源生产和消费革命战略（2016—2030）》，旨在推进能源生产和消费革命，保障国家能源安全，提出了 2016—2030 年期间能源革命战略目标：到 2020 年，能源消费总量控制在 50 亿吨标准煤以内，单位国内生产总值二氧化碳排放比 2015 年下降 18%；2021—2030 年，能源消费总量控制在 60 亿吨标准煤以内，单位国内生产总值二氧化碳排放比 2005 年下降 60%~65%[①]。

2016 年，工业和信息化部印发《工业绿色发展规划（2016—2020 年）》，目的在于加快推进生态文明建设，促进工业绿色发展。2016 年，国家发改委和国家能源局发布《能源发展"十三五"规划》，将"全面推进能源生产和消费革命，努力构建清洁低碳、安全高效的现代能源体系"作为指导思想，提出了 2020 年能源发展的主要目标和主要任务。

---

① 国家发改委 国家能源局.关于印发《能源生产和消费革命战略（2016—2030）》的通知（发改基础〔2016〕2795 号）[EB/OL].[2016-12-29].http：//www.ndrc.gov.cn/zcfb/zcfbtz/201704/t20170425_ 845284.html.

2016 年，国家发改委发布《可再生能源的发展"十三五"规划》，坚持清洁低碳、安全高效的发展方针，加快推动中国能源体系向清洁低碳模式转变，明确提出了"十三五"时期可再生能源的发展目标和主要任务。2016年，国家海洋局发布《海洋可再生能源发展"十三五"规划》，指导"十三五"时期中国海洋潮汐能、潮流能、波浪能、温差能、盐差能、生物质能和海岛可再生能源等海洋能发展。

（二）针对高碳电力能源规制

针对电力能源可持续发展问题，2002 年，国务院发布《电力体制改革方案》，启动了第一次电力体制改革，主要内容为"厂网分开、竞价上网、打破垄断、引入竞争"。此轮改革破除了独家办电的局面，将一统天下的国家电力公司拆分和重组为五大发电集团、两大电网公司和电力辅业集团，以及多家独立的电力实业公司，初步形成了电力市场主体多元化竞争格局，为规制高碳电力、促进电力低碳转型奠定了基础。

2007 年，国务院下发《关于加快关停小火电机组若干意见》，同年又印发了《节能减排综合性工作方案》，明确了电力行业"十一五"时期淘汰落后产能的具体目标。2008 年，国务院发布《2008 年节能减排工作安排》。2009 年，国务院发布《2009 年节能减排工作安排》。2010 年，国务院发布《关于进一步加大工作力度确保实现"十一五"节能减排目标的通知》。2011年，国务院出台《"十二五"节能减排综合性工作方案》，对电力行业节能减排目标予以细化。

2012 年，国务院发布《节能减排"十二五"规划》，对电力行业节能减排提出了具体要求，包括主要节能指标、主要减排指标和实施节能减排重点工作等内容。针对高碳火力发电排放问题，明确规定自 2014 年 7 月 1 日起，对现役火力发电机组实施《火电厂大气污染物排放标准》（GB13223—2011）。

2014 年，为了落实《能源发展战略行动计划（2014—2020 年）》，国务院办公厅制定了《煤电节能减排升级与改造行动计划（2014—2020 年）》，明确提出，到 2020 年，在一次能源消费结构中，煤炭占比要下降到 62% 以内，煤炭消费结构中的电煤占比要超过 60%。2015 年，中共中央、国务院发布《关于进一步深化电力体制改革的若干意见》，将"节能减排"作为基本原则之一，明确提出加强电力需求侧和能效管理，完善用电、节电体系制度建设，推行节能减排，调整经济结构，促进产业升级，[1] 为电力行业的低碳转

---

[1] 详见《中共中央国务院关于进一步深化电力体制改革的若干意见》（2015 年 3 月 15 日）（中发〔2015〕9 号）。

型和可持续发展指明了方向。

（三）鼓励具体类别的低碳能源发展

中国《国民经济和社会发展第十二个五年规划纲要》明确提出，在保护生态环境的前提下，积极开发新能源，大力发展水电，高效发展核电；《国民经济和社会发展第十三个五年规划纲要》进一步明确提出："深入推进能源革命，着力推动能源生产利用方式变革，优化能源供给结构，提高能源利用效率，建设清洁低碳、安全高效的现代能源体系。"中国政府及相关部委发布了一系列政策措施，支持鼓励具体类别的低碳能源发展。

在鼓励风电发展方面，原国家经贸委于 1999 年印发《关于进一步促进风力发电发展的若干意见》，2000 年发布《关于加快风力发电技术装备国产化的指导意见》。国家发改委等部门于 2005 年制定了《风电场工程建设用地和环境保护管理暂行办法》。2006 年，国家发改委和财政部联合发布《促进风电产业发展实施意见》。

2012 年，国家能源局印发《风电发展"十二五"规划》，规定了"十二五"时期风电发展的具体发展指标和重点任务。2016 年，国家能源局印发《风电发展"十三五"规划》，明确提出了发展目标、建设布局和重点任务，要求到 2020 年年底，风电累计并网装机容量达到 2.1 亿千瓦以上，风电年发电量达到 4 200 亿千瓦时，约占全国总发电量的 6%。

在鼓励太阳能发电方面，2012 年，国家能源局发布《太阳能发电发展"十二五"规划》，分析了中国太阳能发电产业的发展现状，明确了太阳能发电应达到的具体目标、开发利用布局和建设重点。2016 年 12 月，国家能源局发布《太阳能发展"十三五"规划》，明确了继续扩大太阳能利用规模、提升太阳能技术水平和降低太阳能利用成本三大目标，提出到 2020 年年底，太阳能发电装机达到 1.1 亿千瓦以上，太阳能年利用量达到 1.4 亿吨标准煤以上。

在鼓励核电发展方面，国务院于 2007 年正式批准了《国家核电发展专题规划（2005—2020 年）》，提出了到 2020 年中国核电的发展目标，核电在全部电力装机容量的占比要提高到 4%。[①] 2012 年，国务院再次讨论并通过了《核电安全规划（2011—2010 年）》和《核电中长期发展规划（2011—2020年）》，对核电建设作出部署。

在鼓励地热能发电方面，2013 年，国家能源局发布了《关于促进地热能

---

① 《国家核电中长期发展规划（2005—2020 年）》获批［EB/OL］.［2007-11-02］. http：//www. gov. cn/gzdt/2007-11/02/content_ 793797. htm.

开发利用的指导意见》，提出了地热能的远景规划和"十二五"发展目标。2017 年，国家发改委、国家能源局和原国土资源部联合发布《地热能开发利用"十三五"规划》，明确规定了"十三五"时期中国地热能的发展目标和重点任务，在"十三五"时期，新增地热能供暖（制冷）面积 11 亿平方米，到 2020 年，地热供暖（制冷）面积累计达到 16 亿平方米，地热发电装机容量约 530 兆瓦。

在鼓励生物质能发电方面，2007 年，农业部发布《农业生物质能产业发展规划（2007—2015 年）》。2013 年，国家能源局发布《生物质能发展"十二五"规划》。2014 年，国家发改委发布《关于加强和规范生物质发电项目管理有关要求的通知》，明确指出，鼓励发展生物质热电联产，提高生物质资源利用效率。2016 年，国家能源局发布《生物质能发展"十三五"规划》，明确规定了"十三五"时期中国生物质能产业的发展目标和建设重点，到 2020 年，生物质能年利用量约 5 800 万吨标准煤，生物质发电总装机容量达到 1 500 万千瓦，年发电量 900 亿千瓦时。

二、法律层面

1997 年颁布《节约能源法》，为了适应全球气候变化的要求，2016 年又对该法进行了修改。2002 年颁布了《清洁生产促进法》，倡导各个产业（包括电力）合理利用清洁能源。

2002 年，《环境影响评价法》颁布并于 2003 年实施，该法明确规定了对规划和建设项目的环境影响评价。为了应对气候变化，促进低碳能源（可再生能源）产业的发展，2005 年出台《可再生能源法》，于 2006 年 1 月 1 日实施，并随之颁布一系列修正案。2008 年制定了《循环经济促进法》，该法于2009 年 1 月 1 日实施，确立了在生产、流通和消费等过程中进行减量化、再利用和资源化的 3R（reduce、reuse、recycle）原则，标志着中国循环经济模式的发展步入正轨。循环经济模式是一种可持续发展模式，有助于实现高效的资源利用和环境保护。该法明确规定，要对电力、煤炭、化工等高能耗行业实行重点监督管理，化工、电力等行业要逐步以清洁能源替代常规能源。

2014 年，作为环境保护基本法的《环境保护法》修订并于 2015 年 1 月 1日实施，修订后的《环境保护法》将促进经济社会可持续发展作为立法宗旨，明确规定了排污总量控制和按日计罚制度，为电力行业的低碳可持续发展提供了参照。

2016 年 12 月，通过《环境保护税法》，该法于 2018 年 1 月实施。《环境保护税法》明确规定了四类征税对象：大气污染物、水污染物、固体废物和噪声。其中，依照该法《应税污染物和当量值表》，大气污染物确定有44种，包括二氧化硫、氮氧化物、一氧化碳等温室气体，但不包括二氧化碳。该法对保护和改善环境，减少电力行业的大气污染物排放将起到非常积极的作用。

2017年9月，通过《核安全法》，该法于2018年1月实施。《核安全法》是规定核安全管理基本制度的顶层法律，有助于维护核电安全，促进核电可持续发展。

三、行政法规层面

在电力的发输配用各环节，以国务院颁布的《电力供应与使用条例》(1996年发布，2016年修订)、《电网调度管理条例》（1993年发布，2011年修订)、《电力监管条例》（2005年）等为代表的行政法规，为安全、经济、合理供电、调度、用电、生产和建设以及监管等奠定了坚实的法治基础。

在完善资源环境税费制度层面，以国务院颁布的《排污费征收使用管理条例》（2003年实施，2018年废止)、《环境保护税法实施条例》（2017年发布，2018年实施）等为代表的行政法规，对推动环境保护费改税、加快建立生态文明法律制度、规制火力发电等高碳排放企业起到了经济约束作用。

四、部门规章层面

国家相关主管部门（国务院各部委）制定的涉及电力行业的部门规章相当多，内容涵盖电力市场、电费与电价、电力监督等方方面面，基本上覆盖了电力行业各类业务活动。

通过政策激励来支持低碳电力能源发展的部门规章有：《可再生能源发电价格和费用分摊管理试行办法》(2006年)[①]、《可再生能源电价附加收入调配暂行办法》（2007年)[②]、《电网企业全额收购可再生能源电量监管办法》(2007年)[③]、《可再生能源发展基金征收使用管理暂行办法》（2011年)[④]、

---

① 《可再生能源发电价格和费用分摊管理试行办法》（发改价格〔2006〕7号），国家发改委发布，2006年1月4日。

② 《可再生能源电价附加收入调配暂行办法》（发改价格〔2007〕44号），国家发改委发布，2007年1月11日。

③ 《电网企业全额收购可再生能源电量监管办法》（国家电力监管委员会令 第25号），原国家电力监管委员会发布，2007年7月25日。

④ 《可再生能源发展基金征收使用管理暂行办法》（财综〔2011〕115号），财政部、国家发改委和国家能源局联合发布，2011年11月29日。

《可再生能源电价附加补助资金管理暂行办法》（2012 年）①、《可再生能源发展专项资金管理暂行办法》（2015 年）②、《可再生能源发电全额保障性收购管理办法》（2016）③、《可再生能源调峰机组优先发电试行办法》（2016 年）④、《关于建立可再生能源开发利用目标引导制度的指导意见》⑤、《绿色电力证书核发及自愿认购规则（试行）》（2017 年）⑥ 等。

通过科技创新来支持低碳电力能源发展的部门规章有：《风力发电科技发展"十二五"专项规划》⑦、《关于推进"互联网+"智慧能源发展的指导意见》（2016 年）⑧、《关于促进储能技术与产业发展的指导意见》（2017年）⑨ 等。

国务院各部委通过加强需求侧管理来支持低碳电力能源发展。2010 年，国家发改委、工业和信息化部、财政部等联合印发《电力需求侧管理办法》，明确提出坚持节约与开发并举、节约优先的原则。2012 年，财政部、国家发改委印发《电力需求侧管理城市综合试点工作中央财政奖励资金管理暂行办法》。

2017 年，国家发改委、工业和信息化部、财政部、住房和城乡建设部、国务院国资委、国家能源局 6 部委联合印发《关于深入推进供给侧结构性改革做好新形势下电力需求侧管理工作的通知》，发布《电力需求侧管理办法（修订版）》，2010 年印发的《电力需求侧管理办法》即行废止。

国务院各部委还直接针对火力发电的高碳排放发布部门规章。2014 年，

---

① 《可再生能源电价附加补助资金管理暂行办法》（财建〔2012〕102 号），财政部、国家发改委和国家能源局联合发布，2012 年 3 月 14 日。

② 《可再生能源发展专项资金管理暂行办法》（财建〔2015〕87 号），财政部发布，2015 年 4 月 2 日。

③ 《关于印发〈可再生能源发电全额保障性收购管理办法〉的通知》（发改能源〔2016〕625 号），国家发改委发布，2016 年 3 月 24 日。

④ 《关于印发〈可再生能源调峰机组优先发电试行办法〉的通知》（发改运行〔2016〕1558 号），国家发改委、国家能源局发布，2016 年 7 月 14 日。

⑤ 《关于建立可再生能源开发利用目标引导制度的指导意见》（国能新能〔2016〕54 号），国家能源局发布，2016 年 2 月 29 日。

⑥ 《关于试行可再生能源绿色电力证书核发及自愿认购交易制度的通知》（发改能源〔2017〕132 号），国家发改委、财政部、国家能源局发布，2017 年 1 月 18 日。

⑦ 《关于印发〈风力发电科技发展"十二五"专项规划〉的通知》（国科发计〔2012〕197 号），科学技术部发布，2012 年 3 月 27 日。

⑧ 《关于推进"互联网+"智慧能源发展的指导意见》（发改能源〔2016〕392 号），国家发改委、国家能源局、工业和信息化部联合发布，2016 年 2 月 24 日。

⑨ 《关于促进储能技术与产业发展的指导意见》（发改能源〔2017〕1701 号），国家发改委、财政部、科学技术部、工业和信息化部、国家能源局五部门联合发布，2017 年 9 月 22 日。

国家发改委、原环境保护部印发了《燃煤发电机组环保电价及环保设施运行监管办法》，明确了燃煤发电机组是否享受环保电价或接受处罚等。

国务院各部委还就发电运行发布部门规章。2014 年，国家发改委发布《关于加强和改进发电运行调节管理的指导意见》，要求统筹电力电量平衡，促进节能减排和大气污染防治。

为了贯彻落实中央电力体制改革 9 号文件精神，国家发改委、国家能源局于 2015 年 11 月发布 6 个电力体制改革配套文件：《关于推进输配电价改革的实施意见》《关于推进电力市场建设的实施意见》《关于电力交易机构组建和规范运行的实施意见》《关于有序放开发用电计划的实施意见》《关于推进售电侧改革的实施意见》和《关于加强和规范燃煤自备电厂监督管理的指导意见》。而早在 9 号文件发布之后、6 个配套文件发布之前，各部委即密集发布 5 个其他配套文件：《关于改善电力运行 调节促进清洁能源多发满发的指导意见》①、《关于完善电力应急机制 做好电力需求侧管理城市综合试点工作的通知》②、《关于贯彻中发〔2015〕9 号文件精神 加快推进输配电价改革的通知》③、《关于完善跨省跨区电能交易价格形成机制有关问题的通知》④、《国家能源局关于推进新能源微电网示范项目建设的指导意见》⑤。

五、地方性法规与地方政府规章层面

中国地方政府和人大都发布了鼓励和支持低碳电力能源发展的地方性法规和规章。例如，2005 年，湖南省人大常委会批准了《湖南省农村可再生能源条例》，于 2006 年 3 月 1 日起实施；2007 年，山东省人大常委会通过了《山东省农村可再生能源条例》，于 2008 年 1 月 1 日实施；2008 年，黑龙江省人大常委会颁布了《黑龙江省农村可再生能源开发利用条例》；2010 年，湖北省人大常委会制定并实施了《湖北省农村可再生能源条例》；2012 年，浙江省人大常委会发布并实施了《浙江省可再生能源开发利用促进条例》；等等。

---

① 《关于改善电力运行 调节促进清洁能源多发满发的指导意见》（发改运行〔2015〕518 号），国家发改委、国家能源局发布，2015 年 3 月 20 日。
② 《关于完善电力应急机制 做好电力需求侧管理城市综合试点工作的通知》（发改运行〔2015〕703 号），国家发改委、财政部发布，2015 年 4 月 7 日。
③ 《关于贯彻中发〔2015〕9 号文件精神 加快推进输配电价改革的通知》（发改价格〔2015〕742 号），国家发改委发布，2015 年 4 月 13 日。
④ 《关于完善跨省跨区电能交易价格形成机制有关问题的通知》（发改价格〔2015〕962 号），国家发改委发布，2015 年 5 月 5 日。
⑤ 《国家能源局关于推进新能源微电网示范项目建设的指导意见》（国能新能〔2015〕265 号），国家能源局发布，2015 年 7 月 13 日。

第三节　中国低碳电力立法评析

中国有关低碳电力的法律规范和政策在数量上已渐成规模，但能源法律体系结构不健全、电力法律法规立法修法相当滞后、法律规定过于原则、政策性文件规模太过庞大、法律法规之间效力冲突明显、制度构建粗糙，影响了低碳电力市场化进程。

一、能源法律体系框架不完整

能源法律体系由基本法和单行法组成。从中国目前的能源立法来看，中国能源领域的法制建设较为滞后，不仅作为能源宪法的基本法——"能源法"缺位，而且原子能、石油、天然气等主要领域的能源单行法缺失，同时涉及低碳电力的水电、核电等法律法规也存在立法空白，不利于低碳能源和低碳电力的可持续发展。

（一）能源法

"能源法"是能源领域的基本法，起着能源领域"宪法"功能。迄今为止中国尚未出台"能源法"。"能源法"曾由 15 个部门共同制定，起草之初饱受部门和中央企业间利益博弈的影响，同时，由于《煤炭法》《电力法》和《可再生能源法》等单行法出台在先，而这些下位法出台的年代、背景、目的又各不相同，造成了"能源法"在制度设计上存在缺陷，不能很好地突出宏观性和整体性，难以形成能源法律体系的"合力"。

经过漫长的一、二阶段的起草，自 2007 年 12 月 1 日开始，起草组通过新闻媒体和互联网等渠道向社会各界征集关于"能源法"（征求意见稿）的意见和建议；2008 年，形成"能源法（送审稿）"，但在随后长达八年的时间里却迟迟无法出台。

造成无法出台的主要原因在于改革的基础和力度前提不存在，征求意见稿没有以破除垄断、鼓励市场化为原则基础，欠缺以法律主体为轴心所进行的制度性设计，各个市场主体之间的法律关系尚待明确规范，鼓励清洁低碳能源发展的市场化法律关系没有理顺，从而造成征求意见稿的不成熟，迟迟无法出台。[①]

2015 年，"能源法"立法工作再度启动，该项立法工作被列入国务院

---

① 《能源法》出台的绝佳时机［EB/OL］.［2015-03-04］. http：//www.360doc. com/content/15/0304/04/4802652_ 452370706. shtml.

2015 年全面深化改革和全面依法治国急需的项目。受国家发改委的委托，国家能源局于 2015 年 5 月启动"能源法（送审稿）"的修改工作。经过广泛吸收各方面意见，对"能源法（送审稿）"进行修改完善，形成"能源法（送审稿）"修改稿，并于 2016 年年底报送国务院法制办。"能源法"作为能源行业的基础性法律，其基本精神、核心原则与具体法律制度对能源单行法的制订和完善具有指导意义。

（二）水电法

在中国目前的能源立法中，还没有关于水电的单独立法。作为低碳清洁能源，水电在当前中国能源结构发生本质变化的情况下，有着很大的发展空间，同时中国水电装机容量早已实现全球第一，但中国目前还没有专门的水电立法。

中国水能资源丰富，水电将是中国未来能源结构中的一种重要形态。近年来，中国水电发展迅速，但目前水电发展的相关法律法规却处于滞后状态。尽管水能是一种清洁能源，但如果没有法律的规范和引导，在水电的开发利用过程中，也可能导致当地植被遭到破坏，对周围的生态环境产生负面的影响。

此外，水电的有序发展也需要法律的保障。虽然中国已经出台的一些能源法律法规也涉及了水电的内容，表明水电的发展管理也适用于这些法律，[①]但在具体内容层面还存在许多空白。

（三）核电法

自 1951 年美国在世界上首次利用核能发电以来，核电已有 60 余年的发展历史。1986 年 4 月，苏联切尔诺贝利核电站发生严重泄漏及爆炸事故，2011 年 3 月，日本大地震引发福岛核电站核泄漏。以上事件表明核电并非一种绝对安全的能源，需要法律规制它的生产和发展，以此最大限度地减少或避免其危害，发挥其效用。

然而，在中国目前的能源立法中，还没有关于核电的单独立法。2003 年通过的《放射性污染防治法》，仅涉及核电管理的部分内容[②]，如放射性污染监测制度、安全保卫制度、核事故应急制度、放射性同位素备案制度以及专

---

① 详见《中华人民共和国可再生能源法》（2009 年修订，2010 年实施）第 2 条：本法所称可再生能源，是指风能、太阳能、水能、生物质能、地热能、海洋能等非化石能源。水力发电对本法的适用，由国务院能源主管部门规定，报国务院批准。

② 详见《中华人民共和国放射性污染防治法》（2003 年）第 62 条：本法中下列用语的含义（二）核设施，是指核动力厂（核电厂、核热电厂、核供汽供热厂等）和其他反应堆（研究堆、实验堆、临界装置等）；核燃料生产、加工、贮存和后处理设施；放射性废物的处理和处置设施等。

业人员资格管理制度等。2017 年 9 月通过的《核安全法》，成为规定核安全
管理基本制度的顶层法律。

中国目前核能领域的综合性专门立法也尚待健全，作为核能立法中的基
本大法——"原子能法"尚未出台。中国核能工业发展至今已有 50 余年历
史，在行业规模化和完整度上都已有相当成效，但至今仍没有与之相适应并
发挥宏观调控作用的核能领域基本法。

中国"原子能法"立法工作于 1984 年开始启动，但由于方方面面的原
因，至今仍未出台，被业界戏称为"中国核电裸奔三十年"。① 目前，"原子
能法"已上报国务院，处在征求意见阶段，其出台已被提上日程。中国核电
领域的法律体系正在建设之中。

此外，在中国目前的能源立法中，也没有专门针对风能和太阳能的单独
立法。中国风电装机容量早已实现全球第一；2016 年中国已成为全球最大的
太阳能发电国，但弃风弃光问题却持续困扰着行业的可持续发展。因此，亟
须出台相关的专门法律。

二、电力法律法规立法修法滞后

中国《电力法》自 1996 年实施以后沿用至今，20 多年来仅作了 3 次很小
的修改。2009 年 8 月 27 日对《电力法》的 5 个条款进行了修正②；2015 年 4
月 24 日删除了《电力法》第 25 条第 3 款③；2018 年 12 月 29 日对《电力法》
第 25 条第 3 款进行了修改④。不可否认，现行《电力法》首次以法律的形式
对电力资源的开发与电力产业的振兴作了规定，拉开了中国电力法制建设的
序幕，在中国电力工业法制建设史上具有里程碑式的意义。

但是，20 多年来，电力生产与建设、电力供给与需求等电力运行环境发

---

① 原子能法等提上日程，核电明年不再裸奔[EB/OL]. [2015-04-28]. http://finance.sina.com.cn/
roll/20150428/0104220-57033.shtml.

② 此次修正内容包括：《中华人民共和国电力法》第 16 条中的"征用"修改为"征收"；《中华
人民共和国电力法》第 71、第 72 条、第 74 条中的"依照刑法第×条的规定""比照刑法第×条的规
定"统一修改为"依照刑法有关规定"；《中华人民共和国电力法》第 70 条中引用的"治安管理处罚
条例"修改为"治安管理处罚法"。

③ 此次修订内容仅涉及一个有关工商登记前置审批的规定条款，即删除《中华人民共和国电力
法》第 25 条第 3 款中的"供电营业机构持《供电营业许可证》向工商行政管理部门申请领取营业执
照，方可营业。"的规定。

④ 将第 25 条第 3 款修改为："供电营业区的设立、变更，由供电企业提出申请，电力管理部门
依据职责和管理权限，会同同级有关部门审查批准后，发给《电力业务许可证》。供电营业区设立、
变更的具体办法，由国务院电力管理部门制定。"

生了翻天覆地的变化，而《电力法》却没有顺应时代发展潮流进行大幅度修订，其配套法规和实施细则也跟不上低碳经济发展的步伐，不能及时而全面地涵盖低碳电力所涉及的问题和内容，对于低碳电力的发展规划、目标战略、结构调整、智能化建设、需求侧管理以及节能减排等内容都没有科学合理的规范。

1996 年的《电力供应与使用条例》，只涉及节约用电的内容。1998 年的《电力设施保护条例》，旨在保障顺利进行电力生产和建设，维护公共安全。2005 年的《电力监管条例》，仅规定了电力监管机构、监管职责、监管措施和法律责任。以上法规和制度并未涉及低碳电力建设问题，因此，有必要适时清理与电力低碳改革发展不相适应的法律法规和相关内容，依据当前的背景和现实状况对现有法律法规进行修订和完善。

（一）现行电力立法定位不准确

现行《电力法》是中国经济体制由计划经济体制向市场经济体制转轨时期制定的，是在当时行政垂直一体化的电力管理体制和电力资源供应紧张的时代背景下出台的，打上了深深的时代烙印。根据该法第 2 条和第 6 条的相关规定，[①] 可以看出：该法的立法定位是一部与当时电力体制相适应的行政管理法，仅强调政府的作用和管理模式，忽略了电力和整个能源体系的关系，从现在的社会经济发展视角来看，当时的立法定位存在一定的偏差。

长期以来，中国电力行业一直实行中央垂直垄断管理体制。1985 年，国务院开始对传统的电力管理模式进行改革，将电力投资建设资金拨款制改为银行贷款制。此后，中国电力体制改革经历了三个阶段，即集资办电阶段（1985—1996 年）、公司制改革（"政企分开、省为实体"）（1997—2001 年）和市场化改革阶段（2002 年至今）。

在电力体制改革的第一阶段，为了鼓励多种主体和不同形式的资金参与电力工业建设，国务院颁布了《关于鼓励集资办电和实行多种电价的暂行规定》，[②] 支持地方集资电厂开展独立经营，允许电价在规定范围内浮动，集资

---

① 《中华人民共和国电力法》第 2 条：本法适用于中华人民共和国境内的电力建设、生产、供应和使用活动。第 6 条：国务院电力管理部门负责全国电力事业的监督管理。国务院有关部门在各自的职责范围内负责电力事业的监督管理。县级以上地方人民政府经济综合主管部门是本行政区域内的电力管理部门，负责电力事业的监督管理。县级以上地方人民政府有关部门在各自的职责范围内负责电力事业的监督管理。

② 该文件规定：对集资电厂实行"谁投资、谁用电、谁得利"的政策，并允许投资单位自建、自管、自用，鼓励地方、部门和企业投资建设电厂；对部分电力实行多种电价，中外合资办电企业或利用外资办电企业，在还本付息期间电网公司收购所有电量，按成本、税金、合理利润来核定电价。

办电得到快速发展。

1995 年，为了加大电力工业的资金投入力度，进一步有效解决电力短缺问题，政府进一步降低电力投资主体的进入门坎，允许外商投资中国电力工业。中国《电力法》在这种背景下于 1996 年应运而生。《电力法》从法律层面赋予了非中央财政资金进行电力产业投资的资本权利和经济权利，提升了电力建设资金来源的多样性，推动了中国电力事业的发展。因此，当时的《电力法》立法定位是行政管理法。

（二）现行电力立法价值理念过时

中国现行的电力法律法规不能适应低碳电力的发展特征，更不能为其发展提供法律保障。1996 年的《电力法》是当时历史背景下的产物，为了缓解电力紧缺局面，适应行政垂直管理模式，其立法价值理念在于追求电力事业的发展和保障电力安全运行，这在《电力法》第 1 条中直接体现出来。[①]

现行《电力法》关于应对气候变化和发展低碳能源的措施极少，整部法律一共 75 条，但仅有两个条款（即第 5 条[②]和第 48 条第 2 款[③]）涉及低碳内容，绝大多数条款都与低碳无关，其低碳化特征不明显。

碳减排是低碳经济的内在要求，也是电力行业可持续发展的主要目标。现行《电力法》虽然原则性地规定了环境保护，但可操作性不强，对清洁能源和可再生能源如何开发利用没有具体规定，也没有明确的激励和扶持措施。

在低碳经济时代，作为一部能源领域的专门法，《电力法》在能源低碳化利用方面内容有限，整部法律没有引入低碳概念，一方面说明该法本身的低碳化程度不够；另一方面说明该法在保障相关领域低碳能源电力发展方面的作用有限，难以真正担当起立法促进低碳电力发展的重任。可见，现行《电力法》亟须顺应低碳经济时代的要求，转变立法价值理念。

（三）现行电力立法内容不完整

现行《电力法》的立法定位和立法价值理念影响着《电力法》的基本内容。现行《电力法》在立法内容上相当不完整，缺乏对电力生产中温室气体和主要污染物的控制规定及温室气体和主要污染物的量化指标；法条规定过

---

① 详见《中华人民共和国电力法》第 1 条：为了保障和促进电力事业的发展，维护电力投资者、经营者和使用者的合法权益，保障电力安全运行，制定本法。

② 详见《中华人民共和国电力法》第 5 条：电力建设、生产、供应和使用应当依法保护环境，采用新技术，减少有害物质排放，防治污染和其他公害。国家鼓励和支持利用可再生能源和清洁能源发电。

③ 详见《中华人民共和国电力法》第 48 条第 2 款：国家鼓励和支持农村利用太阳能、风能、地热能、生物质能和其他能源进行农村电源建设，增加农村电力供应。

于原则，现有制度难以充分保证未来能源、社会和环境低碳可持续发展战略的贯彻实施，缺乏具体法律制度设计和可操作性，某些基本法律制度尚未建立和健全。

现行《电力法》未对碳排放权交易制度、碳税制度、可再生能源电力上网保障制度、可再生能源发电补贴制度、低碳能源电价制度、低碳标准与认证制度、低碳技术创新制度、需求侧管理制度等环境保护和低碳激励制度做出明确规定。

同时，从已颁布的法律、行政法规、部门规章、地方性法规和地方政府规章的顺序观察，颁布时间的先后与法律的效力等级高低成正比。这造成了作为"旧法"的法律效力高，而作为新法的"行政法规""部门规章"等效力较低，进而无法适用新法优于旧法的法律适用原则，造成法律法规、规章之间效力冲突明显，法律适用困难。另外，规划、计划和纲要等规范性政策文件大量发布，规模庞大，大有取代立法修法的趋势，造成了法律的弱化。

1. 发电侧缺乏激励低碳和规制高碳的规定

电力行业对环境的污染主要来源于发电侧，而发电侧污染源又主要来源于火力发电企业。因此，要保持低碳可持续发展，首先，必须调整能源结构，实现发电能源结构多元化，增加低碳能源发电比重，充分利用各种低碳能源，减少煤炭、石油等化石能源在发电能源中的比重，采取多种激励性制度措施扶持和鼓励低碳电力发展；其次，必须加强火电的节能减排，加强对碳排放的规制，采取多种制度措施减少和抑制高碳电力的发展。

为了达到节能减排的目的，现行《电力法》应在发电侧建立起增进环保、减少碳排放的办法，淘汰严重污染环境的发电企业，同时建立起鼓励清洁低碳技术和环保技术发展的机制。例如，推广运用二氧化碳捕获和封存技术、推进热电联产、热电冷联产和热电煤气多联供、构建整体煤气化联合循环发电系统（IGCC）等。但现行《电力法》中仅规定了基本的环保精神，同时采用授权立法形式授权给国务院制定具体的实施办法，缺乏可操作性。

2. 需求侧欠缺管理法律制度和激励制度

在电力需求侧，通过法律法规、政策引导、行政手段、经济手段及市场机制等推广节能设施设备，倡导节能节电理念，采用可中断负荷、错峰用电等方式，达到节能减排的效果。电力需求侧管理的核心是科学用电、合理用电和节约用电。

现行《电力法》欠缺需求侧管理和激励的有关规定，仅有个别条款做出了相关规定。例如，第9条规定了一条原则性的奖励规定；① 第24条规定了安全用电、节约用电和计划用电的管理原则，同时采用授权立法形式授权给国务院制定相关规定；② 第34条要求供电企业和用户做好安全用电、节约用电和计划用电，但缺乏具体办法的规定。③ 可见，《电力法》对需求侧电力节能技术提高、节能产品推广、能效管理、激励机制等内容都没有进行具体的进一步规范，远远不能适应低碳经济时代背景下电力行业可持续发展的要求。

3. 输配侧缺乏科技创新和低碳激励的规定

电网在整个电力系统中起着桥梁和纽带的作用，其最主要的职能在于为发电企业提供安全、稳定、长期、无歧视的输电系统接入服务。当前，低碳电力发展面临的最大瓶颈是并网消纳难，弃水弃风弃光限电现象越来越严重。

造成这一现象的主要原因在于输配侧技术滞后和市场激励机制不足。一方面，电网技术发展跟不上发电技术发展的步伐，目前电力系统尚不能完全适应可再生能源的大规模上网和消纳；另一方面，电力市场化程度低，政府和市场的关系长期没有理顺，政府对上网电价管制过多，电价形成机制缺乏活力，电网长期垄断，缺乏提高输电技术、推进智能电网建设、优先调度低碳能源发电的原动力。

现行《电力法》第18条、第21条规定了电网运行的原则。第23条对电网调度管理办法没有明确规定，而是授权国务院进行规定。可见，这些规定都非常原则，没有涉及保障可再生能源优先上网、电网升级改造、电网技术创新、智能电网建设等内容。

《电力法》第35条对电价做出了"统一定价"的"一刀切"规定。④ 第37条对上网电价做出了规定，但采取授权国务院立法的形式。⑤ 第45条对电价管理办法，也采取授权国务院立法的形式。⑥《电力法》并没有明确规定低

① 详见《中华人民共和国电力法》第9条：国家鼓励在电力建设、生产、供应和使用过程中，采用先进的科学技术和管理方法，对在研究、开发、采用先进的科学技术和管理方法等方面作出显著成绩的单位和个人给予奖励。
② 详见《中华人民共和国电力法》第24条：国家对电力供应和使用，实行安全用电、节约用电、计划用电的管理原则。电力供应与使用办法由国务院依照本法的规定制定。
③ 详见《中华人民共和国电力法》第34条：供电企业和用户应当遵守国家有关规定，采取有效措施，做好安全用电、节约用电和计划用电工作。
④ 详见《中华人民共和国电力法》第35条：本法所称电价，是指电力生产企业的上网电价、电网间的互供电价、电网销售电价。电价实行统一政策，统一定价原则，分级管理。
⑤ 详见《中华人民共和国电力法》第37条：上网电价实行同网同质同价。具体办法和实施步骤由国务院规定。电力生产企业有特殊情况需另行制定上网电价的，具体办法由国务院规定。
⑥ 详见《中华人民共和国电力法》第45条：电价的管理办法，由国务院依照本法的规定制定。

碳电力上网电价补贴、高碳电力上网电价规制以及输配电价监管制度等。同时，采用授权立法的形式，易带来法的可操作性差的问题。

三、《可再生能源法》存在不足

《可再生能源法》是规范风能、太阳能等可再生能源的一部专门法。该法于 2005 年制定，2006 年实施，并于 2009 年进行了第一次修订，修订后于 2010 年实施。该法共分八章 33 条。为了鼓励可再生能源的发展，该法对总量目标、开发利用规划、并网技术标准、产品标准、优先上网、保障性收购、发展基金、分类价格、费用分摊、优惠贷款和税收优惠等制度做出了法律上的规定，为政府出台相关配套法规奠定了基础。

为贯彻落实《可再生能源法》，国家发改委和财政部等政府相关部门同时期出台了多项实施细则，这些政府规章和规范性文件主要包括《可再生能源发电价格和费用分摊管理试行办法》[①]、《可再生能源发电有关管理规定》[②] 和《关于完善风力发电上网电价政策的通知》[③] 等。其中，《可再生能源发电价格和费用分摊管理试行办法》明确了上网定价方式和水平、可再生能源上网电价费用分摊制度。《可再生能源发电有关管理规定》明确了电网为发电企业提供入网服务、全额收购可再生能源电力、全额支付电费的规定。《关于完善风力发电上网电价政策的通知》明确了按资源状况分四类区域的风电标杆电价。[④]

从《可再生能源法》的相关规定来看，主要存在以下不足。

（一）立法目的有局限性

《可再生能源法》第 1 条将立法目的定位在通过解决能源（energy）、经济（economy）和环境（environment）（简称 3E）矛盾，实现经济社会的可持续发展。[⑤] 立法者能将可持续发展作为该法的立法目的，具有很大的进步性，

[①]《可再生能源发电价格和费用分摊管理试行办法》（发改价格〔2006〕7 号），国家发改委发布，2006 年 1 月 4 日。

[②]《可再生能源发电有关管理规定》（发改能源〔2006〕13 号），国家发改委发布，2006 年 1 月 5 日。

[③]《关于完善风力发电上网电价政策的通知》（发改价格〔2009〕1906 号），国家发改委发布，2009 年 7 月 20 日。

[④]《关于完善风力发电上网电价政策的通知》规定：对 I 至 IV 类资源区分别实行四档不同电价标准：0.51 元/千瓦时、0.54 元/千瓦时、0.58 元/千瓦时和 0.61 元/千瓦时。但是，《关于调整光伏发电陆上风电标杆上网电价的通知》（发改价格〔2016〕2729 号，国家发改委 2016 年 12 月 26 日发布）对陆上风力发电标杆上网电价有所下调。

[⑤] 详见《中华人民共和国可再生能源法》第 1 条：为了促进可再生能源的开发利用，增加能源供应，改善能源结构，保障能源安全，保护环境，实现经济社会的可持续发展，制定本法。

但对可再生能源作用的认识仍然有一定的局限性。

本书认为，环境保护的内容包括保护自然资源、维护生态环境和防治污染。可再生能源的立法是伴随着气候变暖、应对气候变化浪潮而产生的，其开发利用的主要目的在于减少常规火电生产中对煤炭、石油和天然气等化石能源的利用，优化能源结构，最终替代传统化石能源，降低能源使用中污染物的排放和对环境造成的污染。

由此可见，该法目的中环境保护实指"污染防治"。因此，《可再生能源法》没有在立法目的上明确发展可再生能源对于环境保护的具体作用，说明立法者对于可再生能源的价值和作用的认识还存在局限①。

（二）立法技术有待提高

《可再生能源法》区区 33 个条款中，采用授权立法形式由国务院相关主管部门出台相关规定的条款多达 10 条。例如，第 2 条第 2 款关于水力发电的规定授权国务院能源主管部门规定；② 第 17 条第 2 款关于太阳能利用系统与建筑结合的技术经济政策和技术规范授权国务院建设行政主管部门制定；③ 第 24 条第 4 款关于可再生能源发展基金征收使用管理的具体办法授权国务院财政和能源、价格等主管部门制定。④ 类似的授权立法条款还有一些，不一一列举。

就具体制度来说，对有关发展可再生能源发电产业起主要和关键作用的制度，并没有在《可再生能源法》中得到具体阐述，而是由国务院相关部门采用授权立法的方式出台具体的制度规定。这些制度包括：可再生能源电力并网技术标准制度⑤、可再生能源资源调查制度⑥、可再生能源电力全额保障

---

① 李艳芳．气候变化背景下的中国可再生能源法制［J］．政治与法律，2010（3）．

② 详见《中华人民共和国可再生能源法》第 2 条第 2 款：水力发电对本法的适用，由国务院能源主管部门规定，报国务院批准。

③ 详见《中华人民共和国可再生能源法》第 17 条第 2 款：国务院建设行政主管部门会同国务院有关部门制定太阳能利用系统与建筑结合的技术经济政策和技术规范。

④ 详见《中华人民共和国可再生能源法》第 24 条第 4 款：可再生能源发展基金征收使用管理的具体办法，由国务院财政部门会同国务院能源、价格主管部门制定。

⑤ 详见《中华人民共和国可再生能源法》第 11 条：国务院标准化行政主管部门应当制定、公布国家可再生能源电力的并网技术标准和其他需要在全国范围内统一技术要求的有关可再生能源技术和产品的国家标准。对前款规定的国家标准中未作规定的技术要求，国务院有关部门可以制定相关的行业标准，并报国务院标准化行政主管部门备案。

⑥ 详见《中华人民共和国可再生能源法》第 6 条：国务院能源主管部门负责组织和协调全国可再生能源资源的调查，并会同国务院有关部门组织制定资源调查的技术规范。国务院有关部门在各自的职责范围内负责相关可再生能源资源的调查，调查结果报国务院能源主管部门汇总。

性收购制度①、可再生能源上网电价制度②、可再生能源优惠贷款制度③、可再生能源税收优惠制度④等。这些重要的法律制度基本上都着眼于节能减排、激励和扶持可再生能源发展，对其具体规定的缺失无疑制约了可再生能源发电的市场化进程和可持续发展。

就立法技术来说，《可再生能源法》大量采用授权立法形式并不合理。

首先，授权国务院有关部门制定的规章的效力位阶低，而且这些规定大多以"试行办法""暂行规定"等形式颁布，变动性大，不利于维护法制的稳定。

其次，相关的配套法规和规章来自不同的国务院主管部门，散见于各种通知和文件之中，而且数量庞大，一方面不利于社会公众遵法和守法；另一方面易造成政府部门各自为政，保护本部门利益，损害法律的合理性。

（三）监管体制有待完善

《可再生能源法》第5条和第27条分别规定了可再生能源开发利用的管理体制⑤和电力监管机构⑥。可再生能源发展的监管部门既包括国家层面的国务院能源主管部门，也包括地方层面的县级以上政府能源管理部门，还包括原国家电力监管委员会。其中，国务院能源主管部门即国家能源局进行全局

---

① 详见《中华人民共和国可再生能源法》第14条第1、2款：国家实行可再生能源发电全额保障性收购制度。国务院能源主管部门会同国家电力监管机构和国务院财政部门，按照全国可再生能源开发利用规划，确定在规划期内应当达到的可再生能源发电量占全部发电量的比重，制定电网企业优先调度和全额收购可再生能源发电的具体办法，并由国务院能源主管部门会同国家电力监管机构在年度中督促落实。

② 详见《中华人民共和国可再生能源法》第19条第1款：可再生能源发电项目的上网电价，由国务院价格主管部门根据不同类型可再生能源发电的特点和不同地区的情况，按照有利于促进可再生能源开发利用和经济合理的原则确定，并根据可再生能源开发利用技术的发展适时调整。上网电价应当公布。

③ 详见《中华人民共和国可再生能源法》第25条：对列入国家可再生能源产业发展指导目录、符合信贷条件的可再生能源开发利用项目，金融机构可以提供有财政贴息的优惠贷款。

④ 详见《中华人民共和国可再生能源法》第26条：国家对列入可再生能源产业发展指导目录的项目给予税收优惠。具体办法由国务院规定。

⑤ 详见《中华人民共和国可再生能源法》第5条：国务院能源主管部门对全国可再生能源的开发利用实施统一管理。国务院有关部门在各自的职责范围内负责有关的可再生能源开发利用管理工作。县级以上地方人民政府管理能源工作的部门负责本行政区域内可再生能源开发利用的管理工作。县级以上地方人民政府有关部门在各自的职责范围内负责有关的可再生能源开发利用管理工作。

⑥ 详见《中华人民共和国可再生能源法》第27条：电力企业应当真实、完整地记载和保存可再生能源发电的有关资料，并接受电力监管机构的检查和监督。电力监管机构进行检查时，应当依照规定的程序进行，并为被检查单位保守商业秘密和其他秘密。

统筹管理，县级以上政府能源管理部门负责具体操作与任务落实。

从该监管体制来看，《可再生能源法》仅是通过立法对现状的简单确认，没有体现改革和创新精神。由于具体负责的部门——政府主管能源工作的部门和政府有关部门涵盖了农业、林业、水利、海洋、气象、建设、科技、原国土资源和原环境保护等部门，过去存在的政出多门、多头管理、职能不清、协调不力、管理混乱等弊病仍未解决，多次机构改革削弱了相关部门的整体人力资源力量，导致不能完全满足可再生能源执法工作的需要。[①]

此外，《可再生能源法》还存在政府与市场关系不顺、公众参与权与知情权不足等问题。以上这些不足不利于中国可再生能源的长远发展，也严重影响了低碳电力的可持续发展。

本章小结

本章系统梳理了中国低碳电力立法历史沿革、现状和立法不足，重点对中国低碳电力进行了立法评析。本章指出：自 20 世纪 80 年代以来，中国低碳环保理念开始萌芽，低碳立法略显雏形；1995 年《电力法》的制定，拉开了中国电力法制建设的帷幕，低碳立法开始蓬勃发展。

历经 20 多年的发展，虽然有关低碳电力的政策法规数量庞大，但存在的问题和不足比较突出，主要表现在：能源法律体系框架不完整、电力法律法规立法修法滞后、《可再生能源法》存在不足等。

总体来看，政策规模庞大、法律层级不高、法律效力冲突明显、体系结构不健全、制度构建粗糙等立法上存在的这些问题不利于低碳能源和低碳电力的市场化与可持续发展。

---

① 王明远. 我国能源法实施中的问题及解决方案：以《节约能源法》和《可再生能源法》为例 [J]. 法学，2007（2）.

第五章　国外低碳电力立法经验与启示

以"共同但有区别的责任"为基本国际准则，世界各国在解决全球气候变暖问题上，都须在考虑到各自历史责任、现实状况和发展利益的基础上承担责任和义务。目前的气候变化问题，对世界各国而言，均是机遇与挑战并存，其核心在于摒弃传统的高碳发展模式，追求绿色低碳发展模式。低碳电力作为低碳经济的重要组成部分，受到了发达国家或地区的重视和追捧，相关立法和制度建设也取得了不斐的成效。

第一节　英国低碳电力立法与经验

作为依据《京都议定书》承担减排义务的发达缔约国，英国积极履行其减排义务。英国是世界上最早为温室气体减排目标立法的国家。英国 40% 的二氧化碳排放来自能源行业，向低碳电力转型有利于英国顺利完成减排目标。以 1989 年颁布的《电力法》和 2008 年《气候变化法》等基本立法为统领，英国目前已经形成了较为完备的低碳能源和低碳电力政策法律体系。

一、英国主要低碳立法

（一）《电力法》（1989 年）

1989 年 7 月，英国颁布《电力法》，该法是英国低碳电力立法的源头。该法明确规定公共电力供应商的非化石能源电力法定供应义务和违反法定义务的罚则，同时规定公共电力供应商既可以通过合同方式也可以通过自营方式获取非化石能源电力。该条规定为英国确立可再生能源义务制度奠定了立法基础。[1]

（二）《气候变化法》（2008 年）

2007 年 3 月，英国公布了世界上第一部规定强制减排目标的立法文件——《气候变化法案草案》（Draft Climate Change Bill）。2008 年 10 月，英国新设立

---

[1]　UK PARLIAMENT. Electricity act 1989 [EB/OL]. [2015-10-30]. http：//www.statutelaw.gov.uk/.

能源与气候变化部（DECC）。2008 年 11 月，英国通过了《气候变化法》
（Climate Change Act，CCA），以立法形式规定了英国政府降低能源消耗和减少碳排放量的目标。该法不仅明确规定了碳排放中长期目标，还从机构设置、制度措施和程序等方面做出了详细规定，进一步明确了实现减排目标的经济上可行的路径。①

1. 碳排放中长期目标

该法明确提出，到 2020 年将在 1990 年的基础上至少减排二氧化碳 26%，到 2050 年将在 1990 年的基础上减排二氧化碳 80%。② 为了实现 2050 年碳减排量达到 80% 的远大目标，发电部门的脱碳化至关重要，而降低发电部门的减排成本是关键。为此，英国通过修改现行政策、技术革新和增加可再生能源来达到减排目标。相关措施包括在未来 15 年间关闭老旧火力发电厂、兴建风力发电设施、新增太阳能发电站以及有效处理核废料等。③

2. 设立气候变化委员会

该法明确规定，为保障减排目标的实现，要设立一个独立于英国政府管辖之外的由专家组成的法定机构——气候变化委员会。④ 该机构的职能主要是就碳排放的控制与削减、碳预算水平以及降低成本等问题，向政府提供指导建议和决策依据。

3. 碳排放预算制度

为了实现减排目标，该法要求英国政府制定碳排放预算规划，即碳排放量上限。该法明确规定，从 2008 年至 2012 年第一期开始，制定五年一次的"碳预算"，设定碳排放量的最上限。⑤ 包括能源在内的各经济行业都须有碳排放预算，碳排放预算具有法律约束力。

4. 碳排放交易体系

虽然没有规定碳排放交易制度的具体内容与运行规则，但该法为新的碳排放交易体系勾画了基本规则和内容，明确要求英国政府制定次级立法，在已有碳排放指标交易的基础上设立新的全英国碳排放交易体制，旨在通过市场机制控制碳排放总量和减排。⑥ 新排放交易制度有权限制直接或间接碳排放

---

① 兰花. 2008 年英国《气候变化法》评介 [J]. 山东科技大学学报：社会科学版, 2010 (3)：69-76.

② The target for 2050 [EB/OL]. [2015-10-25]. http://www.legislation.gov.uk/ukpga/2008/27/contents.

③ 汤姆，哲伦. 英国的《气候变化法》[J]. 资源与人居环境, 2011 (5)：54-56.

④ The committee on climate change [EB/OL]. [2015-10-25]. http://www.legislation.gov.uk/ukpga/2008/27/contents.

⑤ 于欢. 英国出台革命性能源改革法案 [J]. 上海电力, 2012 (3)：125-126.

⑥ Trading schemes [EB/OL]. [2015-10-25]. http://www.legislation.gov.uk/ukpga/2008/27/contents.

的活动，同时有权鼓励直接或间接减少碳排放的活动。

（三）《英国低碳转型计划——气候与能源国家战略》白皮书（2009 年）

英国政府对发展可再生能源十分重视，早在 2000 年就宣布到 2010 年英国 10%的电力要来自可再生能源。2009 年 7 月，英国政府发布《英国低碳转型计划——气候与能源国家战略》白皮书，明确要以提供干净、安全、充足的能源为目标，大力加强可再生能源电力、热力和交通运输燃料的利用，提出到 2020 年英国能源供应的 15%来自可再生能源、碳排放量在 1990 年基础上减排 34%的具体规划，以此来实现 2050 年前减排至少 80%的目标。

就电力行业减排来说，该计划明确规定，从 2009 年至 2020 年，通过完善电力结构，实现每年减排约 50%；到 2020 年，40%的电力将来自低碳能源，其中，30%来自可再生能源、10%来自核能和洁净煤；到 2050 年基本消除电力生产中的碳排放。[①]

（四）《可再生能源义务法令》（2002 年颁布，2006 年、2009 年、2010 年修订）

从 1989 年《电力法》和 1990 年《非化石燃料电力（英格兰和威尔士）法令》规定非化石能源电力义务至今，英国可再生能源法走过了 30 多年的历程。为了确保二氧化碳减排、支持欧盟排放交易体系，达到欧盟规定的 2020 年可再生能源电力消费占比 15%的目标，英国颁布了一系列促进可再生能源发展的政策与法令。

2002 年 3 月，英国颁布《可再生能源义务法令》，成为促进可再生能源电力发展的主要法律，该法令随着欧盟可再生能源政策法律的演进和本国可再生能源的发展而不断修订。2006 年第一次修订，2009 年重新修订，2010 年再次修订。《可再生能源义务法令》的主要制度内容包括可再生能源义务制度和固定上网电价制度。[②]

1. 可再生能源义务制度（可再生能源配额制）

英国自 2002 年开始对大型可再生能源项目实施可再生能源义务制度（Renewables Obligation，RO），同时建立了配套的可再生能源电力交易制度和市场。可再生能源义务制度的实质是对可再生能源的开发利用实行配额制，规定由英国电力监管机构（OFGEM）中的 E-Serve 部门负责可再生能源义务证书（Renewables Obligation Certificates，ROCs）的颁发和整个 ROC 交易体系

---

① 周凤翔，谭忠富. 电力行业低碳发展政策与法律问题研究 [M]. 北京：中国电力出版社，2013.

② 杜群，廖建凯. 德国与英国可再生能源法之比较及对我国的启示 [J]. 法学评论，2011 (6)：75-81.

的运行和监管，它是英国政府对可再生能源发电的主要激励机制。

该法令明确规定，所有获得许可的电力供应商必须履行供应一定比例的可再生能源电力的责任和义务，其可以从可再生能源发电企业或电力监督局购买配额证书，以达到当年所规定的可再生能源电力份额。否则，电力供应商必须支付相应的价格。[1]

由于政策制度设计复杂，不确定性较大，英国政府于2011年开启第三次电力市场化改革。为了稳定低碳电力投资者的合理收益预期，英国自2015年开始引入市场化的补贴方式——差价合约。2017年4月之前，可再生能源义务制度和差价合约制度并行运行，自2017年4月开始，可再生能源义务制度被差价合约制度取代。[2]

2. 固定上网电价制度

由于可再生能源义务制度仅针对大型可再生能源项目，为了鼓励小规模低碳电力的开发利用，尤其是传统上不参与电力市场运作的商户和个人等，2010年修订后的《可再生能源义务法令》引入上网电价补贴（feed-in tariffs，FiTs）政策，明确规定：从2010年4月起，对5兆瓦以下的水电、风电、太阳能光伏发电和生物质能发电等可再生能源机组，以及2千瓦以下的微型热电联产项目适用"固定电价"制度。[3]

（五）《能源改革法案》（2013年）

2011年7月，英国政府颁布《规划我们的电力未来：关于发展安全、价格适宜和低碳电力的白皮书》[4]（亦称《电力市场化改革白皮书（2011）》）（以下简称《白皮书》），开启第三次电力市场化改革的序幕。

为了从立法上推动低碳电源发展，推进新一轮电力市场化改革，2012年7月，英国能源与气候变化部（DECC）发布《能源改革法（草案）》，该草案被称作英国能源行业"20年来最大变革"，预示着英国将投巨资全力扶持低碳电力发展。

2013年12月，英国正式出台《能源改革法案》（以下简称《法案》），为以低碳为核心的新一轮电力体制改革奠定了立法基础。

《法案》的核心是电力市场改革，主要包括四项重要措施：第一，建立基

---

[1] 苏晓. 英国可再生能源鼓励政策与电力体制改革 [J]. 风能, 2014 (2)：56-59.

[2] 张洪, 张粒子. 英国可再生能源补贴政策是什么样的？[N]. 中国能源报, 2017-12-11.

[3] The department of energy and climate change [EB/OL]. [2015-10-30]. http：//www. statutelaw. gov. uk.

[4] DECC. Planning our electric future：a white paper for secure, affordable and low carbon electricity [EB/OL]. [2011-07-12]. http:www. gov. uk/government/publications/planning our electric future：a white paper for secure, affordable and low carbon energy.

于差价合约的固定电价制度；第二，建立新的容量机制——容量市场机制；第三，引入碳排放标准制度；第四，引入碳排放价格底线制度。[①]

1. 基于差价合约的长期合同制度

基于差价合约的长期合同制度（简称 FiTCfD）是一种全新的激励机制。该制度的核心是长期差价合同，成立由政府管理的专门机构，并与低碳发电企业签订长期差价合同；针对对象为低碳电源的基于差价合约的上网电价；主要目的在于为低碳电力投资者提供稳定的财政激励。其运作模式为：允许电力生产商签署长期供电合同，价格可与批发市场不同。当市场电价低于合同所规定的合约电价时，由政府补贴差价；当市场电价高于合约价格时，高出部分返回政府。这一制度使低碳电力投资者有合理的利润回报预期，能够激励其投资低碳电力能源项目。[②]

2. 新的容量机制

为了吸引发电基础设施建设和需求侧参与市场，《白皮书》提出建立容量机制，备选方案包括招标机制和容量市场机制，最终采用容量市场机制。实施差价合约和容量市场机制的主体机构由英国国家电网公司担任，由它代表售电商收购容量，对未来电力需求做出评估并组织容量拍卖，中标者必须保证按时足额发电，参与主体包括新建和原有电源、需求侧资源、储能设施等。

3. 碳排放标准制度

为了推动差价合约的普及，《法案》制定了一套苛刻的新电厂碳排放标准，限制新建化石燃料电厂的二氧化碳排放标准为 450 克/千瓦时。相比之下，2009 年英国燃煤机组的平均碳排放量为 882 克/千瓦时。这也就意味着，为了符合新的碳排放标准，未来英国所有新建燃煤机组必须安装碳捕获与封存装置（CCS）。

4. 碳排放价格底线制度

英国引入"碳排放价格底线制度"（carbon price floor）并于 2013 年正式实施，从而使英国成为全球首个推出碳排放价格底线制度的国家。当欧盟碳排放交易市场中的成交价格低于政府设定的"碳底价"时，由政府通过增加税收来补偿差额。英国政府为碳交易设定了远高于欧洲平均碳价的"碳底价"，并且逐年上升。2013 年设定为 15.7 英镑，2020 年将增至 30 英镑，2030 年将进一步增至 70 英镑。

---

① 曾鸣. 英国新一轮低碳电力市场改革及启示（上）[J]. 中国科技投资，2015（7）.

② 曾鸣. 差价合约激励制度：FiTCfD 机制英国新一轮低碳电力市场改革及其对我国的启示（二）[N]. 中国电力报，2014-07-14.

二、英国低碳电力制度经验

低碳经济由英国率先提出，英国在发展低碳经济、推进能源转型方面一直走在世界前列。2008 年，英国颁布了《气候变化法》，成为世界上首个将温室气体减排目标写进法律的国家。20 世纪 80 年代中期，英国煤炭主要用于电力行业，约占电力燃料需求总量的 75%。当前，英国煤炭发电占比正持续下滑，可再生能源发电占比提高、发电量持续增长，低碳能源发电正悄然改变英国能源结构。2014 年，煤电的占比仅为 29%，气电的占比为 30.2%，可再生能源发电的占比为 19.2%，核电的占比为 19%，这一年英国的碳排放量减少了 8%。[①] 从英国近年来二氧化碳排放量的走势来看，英国的减排政策制度成功地减缓了人均二氧化碳排放量和排放总量的上升趋势，并逐渐下降。这些减排法律政策包括税收激励制度和财政补贴制度等。

从英国的主要低碳立法来看，英国在运用财政政策制度促进可持续发展和应对气候变化方面取得了引人注目的成果，尤其是在低碳经济和低碳电力领域的税收激励政策制度方面积累了丰富的经验。

第一，英国实行了多种形式的财政激励政策制度。为了促进低碳能源和低碳电力的发展，英国的经济激励手段涵盖多税种减免税优惠和直接财政补贴等，激励对象不仅包括工业、商业和公共部门，还包括个人等。

第二，英国财政激励政策制度内容明确。从适用对象、适用范围和适用期限，到设施标准、优惠额度等内容，各项激励制度和措施均有非常明确的规定，可操作性强。

第三，英国低碳电力的财政激励多采用法律等成文法的形式予以确认，规范性强，效力高。英国《气候变化法》为各项具体激励制度的制定提供了坐标和参照。具体来说，英国税收激励制度和财政补贴制度经验值得参考和借鉴。

(一) 英国税收激励制度

1. 开征气候变化税 (climate change levy)

英国是全球率先推出并开始征收气候变化税的国家。2001 年，英国推出气候变化税。其目的并非扩大税源，而是提高能效和促进新能源的开发利用，进而实现节能减排。自 2001 年实施以来，该项税收激励制度取得了明显成效，使得企业和公共部门能源消耗费用增加了 10% ~ 15%，促使能源使用单位

---

① 伟大的英国能源转型 [EB/OL]. [2016 - 01 - 17]. http：//www.cwestc.com/newshtml/2016 - 1 - 17/398338. shtml.

不断提高能效，提升了主体的节能意识①；此外，征缴的税收投入到低碳发展和节能减排领域，推动了企业和公共部门对低碳能源的选择和使用，有利于保障低碳能源发电项目的投资回收。

根据 2008 年《气候变化法》，英国制定了碳减排规划——"碳预算"，安排了相应支出额度。

2011 年，英国将原有的碳排放交易整合进欧盟的碳排放交易体系（EU-ETS），并将气候变化税和碳排放交易融入"碳最低限价"政策。根据该项政策，高碳电力企业应按照欧盟排放交易市场期货价格与"碳最低限价"之间的差额缴纳燃料税或气候变化税。

2. 实施减免税优惠（tax breaks）

税收优惠是英国促进企业节能和推广节能产品技术的重要举措。为促进低碳经济发展，英国政府还运用财政税收杠杆，制定有效的激励性政策制度，这些具体措施包括：对节能和发展可再生能源的行为主体实施退税和税收减免政策；对投资低碳能源项目的个人免征所得税；通过加大财政投入、运用税收减免等手段引导企业投资低碳技术项目，从而使得技术创新为英国低碳经济发展提供了强大支撑。

3. 开征能源消费税、燃油税等税种（energy consumption tax, fuel tax and other taxes）

在生产和消费领域，英国政府通过法制建设和政策激励，为低碳建设和发展提供了经济动力和法制保障。英国不仅开征了气候变化税，实施减免税优惠，还开征了能源消费税、燃油税等税种，不同程度地抑制了二氧化碳的排放。英国所有用户电费中都包含化石燃料税，税率为 2.2%。

（二）英国财政补贴制度

为了推动低碳经济和低碳电力高效发展，英国政府除了运用财税杠杆减免税收外，还直接进行财政补贴，如拟订补贴计划鼓励家庭节能。政府对居民实施建筑节能改造产生的额外费用，以及采购节能产品高出普通产品价格部分进行补贴，并将用户电费中的化石燃料税的收入用于清洁低碳能源发电补贴。②

为了应对气候变化，在推进低碳经济和低碳电力发展的过程中，英国十

---

① 中国节能环保集团公司、中国工业节能与清洁生产协会. 中国节能减排产业发展报告：探索低碳经济之路［M］. 北京：中国水利水电出版社，2010.

② 中国节能环保集团公司、中国工业节能与清洁生产协会. 中国节能减排产业发展报告：探索低碳经济之路［M］. 北京：中国水利水电出版社，2010.

分重视低碳技术创新，采取各种行之有效的政策制度。例如，通过加大财政补贴和财政投入等手段引导企业投资低碳技术项目。技术创新为英国低碳经济和低碳电力发展提供了强大支撑。

第二节　美国低碳电力立法与经验

美国自老布什政府、克林顿政府到小布什政府再到奥巴马政府[①]，经历了将气候变化置于政策领域边缘地位到给予其战略性关注的发展过程。[②] 从低碳经济和低碳能源的发展历程来看，美国政府重视低碳经济与低碳能源的法律法规体系建设和完善，同时通过发展新能源技术、碳捕获与封存技术和建立碳交易市场来实现二氧化碳减排。

一、美国主要低碳立法

（一）2005 年《能源政策法案》

2005 年 8 月，美国通过了《能源政策法案 2005》（Energy Policy Act of 2005，EPA），该法是自 1992 年《能源政策法案 1992》（Energy Policy Act of 1992，EPA）以来美国首部全面的能源政策法规。该法内容充实，可操作性强。该法立法宗旨在于确保未来可获得安全、经济而可靠的能源来源，因此对节约能源做出了详尽的规定，并从可再生能源、太阳能、核能和化石能源等方面就能源安全问题做出了详尽的规定。

该法立法重点在于鼓励企业使用低碳能源（包括可再生能源和无污染能源等），并通过减免、联邦生产退税、投资退税、加速折旧、债券和贷款担保以及国家财政补贴等激励性立法措施，刺激企业、公共服务机构和个人节约能源并更多地使用节能产品。在能耗标准的制定上，提高家用耗能电器的节能标准；在能源供应上，根据该法案中新的能源计划，美国将致力于挖掘和拓宽本土的能源供应并使其多样化，鼓励兴建更多的电厂，规划在未来 20 年建造包括核电站在内的 1 300 座电站。

（二）2009 年《美国复苏与再投资法案》

2009 年 2 月，美国奥巴马政府推出了总额近 8 000 亿美元的《美国复苏

---

① 美国特朗普政府与奥巴马政府的能源独立政策截然相反，2017 年 3 月，特朗普签署新的行政命令，撤销前任总统奥巴马签署的《清洁能源计划》和《气候行动方案》。特朗普反气候变化，故本书对特朗普政府的能源和电力立法与政策不做探讨。

② 李海东.从边缘到中心：美国气候变化政策的演变 [J].美国研究，2009 (2)：20-35.

与再投资法案》（American Recovery Reinvestment Act），其重要内容之一就是发展低碳清洁能源，应对气候变化。该法案通过直接投资、税收抵免、税收减税、生产退税、投资退税、税收加速折旧、贷款担保计划、科研资助甚至现金补贴等方式，支持新能源和可再生能源、能源效率以及智能电网的发展。这些激励制度对促进美国低碳经济和低碳电力的发展发挥了重要作用。

1. 低碳能源发电税收减免制度

在该法案中，用于低碳清洁能源的直接投资和鼓励低碳清洁能源发展的减税涉及金额高达 1 000 亿美元，计划到 2012 年美国电力总量的 10% 来自风能、太阳能等低碳能源，2025 年这一比例将达到 25%。

2. 低碳能源研发财政投资制度

在能源科研和技术投入上，该法案把温室气体减排方案与低碳技术创新结合起来，加大低碳清洁能源研发力度，计划通过碳排放交易机制，未来 10 年内向污染企业征收 6 460 亿美元，其中 1 500 亿美元将投入清洁能源技术的应用。[1] 未来 10 年还将投资 1 500 亿美元建立清洁能源研发基金，用于太阳能、风能、生物燃料和其他低碳清洁可替代能源项目的研发和推广。5 年内投资 7.7 亿美元成立 46 个能源前沿研究中心。3 年内拨款 4 400 万美元，促进核能技术升级；拨款 7.9 亿美元，推动下一代生物燃料的发展。[2]

3. 低碳能源发电加速折旧制度

在税收激励上，通过税收加速折旧（加速成本回收），清洁能源项目所有人可以对其大部分 5 年期资产进行税收折旧，而不必在资产使用寿命估算期限内进行折旧。[3] 税收加速折旧能给低碳能源企业带来有效的刺激，如 5 年折旧期可为风力发电厂提供 1 美分/千瓦时左右的有效激励。[4]

4. 低碳能源发电补贴制度

在财政补贴上，该法案第 1603 条取代了生产退税或投资退税，为符合条件的生产侧、消费侧的低碳清洁能源项目直接提供 30% 的现金补贴，这些项

---

① 梁慧刚，汪华方. 全球绿色经济发展现状和启示 [J]. 新材料产业，2010（12）：27-31.

② 许勤华. 低碳时代发展清洁能源国际比较研究 [M]. 北京：中国出版集团、世界图书出版公司，2013.

③ 可享受 5 年加速折旧的清洁能源资产包括太阳能、风能和地热能。此外，对于个别生物质能设施，其折旧期限为 7 年。大多数太阳能、风能和地热能设备的 5 年期折旧政策自 1986 年便已开始执行。2008 年 2 月，美国颁布《经济刺激法案》，该法案规定：为 2008 年获批并投入运行的符合条件的清洁能源系统提供 50% 首年奖励折旧，该规定于 2009 年和 2010 年相继进行修改，并新增了其他清洁能源项目财政激励方案。

④ 风电政策之美国：可再生能源配额制作用显著 [EB/OL].［2016-01-18］. http://www.escn.com.cn/2012/0919/585990.html.

目包括生物质能、太阳能、风能和其他可再生能源项目等。自该计划实施以来，共发放了约 50 亿美元的现金补贴。例如，2009 年美国新投产的风力发电 64% 以上的新增装机，均选择了该补贴计划。① 此外，联邦政府还对居民节能进行补贴，居民采用的节能措施包括改善能源需求的管理能力等。

5. 低碳能源发电融资担保制度

在财政融资上，该法案对 2005 年《能源政策法案》中的贷款担保计划进行了扩展。第 1703 条规定的原计划是以开发或采用创新清洁能源技术的项目为重点②，该计划扩展后还被授权为节能项目、清洁能源项目和高级输电与配电项目提供 100 亿美元贷款担保。通过该计划，联邦政府可为符合条件的机构提供债务担保，降低其商业风险，提高低成本资金的可用性。

该法案还在第 1705 条计划中针对采用商业化技术的项目制订了一份贷款担保姊妹计划，扩大了能源部提供贷款担保的权限，能源部可以为符合条件的项目提供担保，其中包括用于发电或生产热能的清洁能源项目（如太阳能热电项目）、用于制造相关组件和电力传输系统的设施项目等，并为该计划拨款 60 亿美元，但后被削减为 25 亿美元。③

6. 智能电网制度

在智能电网上，该法案对 2007 年《能源独立与安全法》中智能电网的相关内容做了修改完善。

第一，扩大智能电网技术的示范项目区域和财政资助范围。该法将示范工程建设项目的范围扩大到私营电力公司；在财政资助范围方面，该法案又新增了电力公司之外的其他参与方。

第二，大幅提高政府对智能电网投资项目的补贴额度。该法案将 2007 年《能源独立与安全法》中所规定的对智能电网投资补贴 20% 的上限提高到 50%。

第三，要求智能电网信息公开并采用开放的协议与标准。该法案增加了对信息公开的要求，要求建立智能电网信息交换中心，并负责相关维护工作。

第四，理性务实地对待智能电网的技术创新。智能电网的技术创新能够改善电网运行、能源效率等，但在具体的应用中，还需要考虑技术选择、成

---

① 国外风电产业主要支持政策与措施 [EB/OL]. [2016 - 01 - 20]. http://www.istis. sh. cn/list/list. asp? id = 7694.

② 美报告总结经济复苏法案对创新的影响 [EB/OL]. [2016 - 10 - 01]. http://www. chinaneast. gov. cn/zhuanti/2010-10/30/c_ 1360810. htm.

③ 许勤华. 低碳时代发展清洁能源国际比较研究 [M]. 北京：中国出版集团、世界图书出版公司，2013.

本回收机制和投资规划周期，以确保清洁、经济、可靠、安全的电力输送目标。

（三）2009 年《美国清洁能源和安全法案》

2009 年 6 月，美国通过了《美国清洁能源和安全法案 2009》（The American Clean Energy and Security Act of 2009）。这是美国第一个应对气候变化的一揽子方案，不但确定了美国温室气体减排的时间表，而且引入名为"总量控制与排放交易"的温室气体排放权配额与交易机制，具有里程碑意义。

该法案规定：到 2020 年美国的温室气体排放量要在 2005 年的基础上减少 17%，到 2050 年减少 83%。该法案明确规定了促进低碳清洁能源发展的措施，主要内容包括：综合能效、可再生电力标准、产品能效标准、州能源和环境发展基金、智能电网、能源法的技术性修改、碳捕获与封存以及清洁交通等。

该法案要求减少化石能源的使用，增加可再生能源的使用，规定自 2012 年开始年发电量在 100 万兆瓦时以上的电力供应商每年 6%以上的电力须来自可再生能源，并逐年增加，至 2020 年达到 20%；各州电力供应中 15%以上来自可再生能源，5%以上来自节能。根据排放权配额与交易机制，美国发电等工业部门的温室气体排放配额将逐步减少，超额排放需要购买排放权；授权美国环保署（EPA）实施"智能道路"项目；鼓励应用智能电网；鼓励清洁燃料汽车的发展；加大对新能源与节能领域的投资。[1]

（四）《美国电力法案》

2007 年 4 月，美国国会审议《清洁电力法 2007》，同时修改《清洁空气法》（Clean Air Act）[2] 以削减电厂排放的污染物。该法的立法目的是为美国电厂设定在 2010 年前的二氧化碳、二氧化硫、氮氧化物等主要污染物年度国内排放量，明确要求电厂限期达到目标，允许电厂使用排污权交易等替代手段达到目标。该法的规制对象不是笼统的"发电厂"，而是具体到"电力生产设施"，以便对每一台发电装置排放的污染物进行监控。该法鼓励使用新技术和节能的具体措施，将能源保护、使用可再生与清洁替代技术以及污染预防

---

① 周凤翱，谭忠富. 电力行业低碳发展政策与法律问题研究［M］. 中国电力出版社，2013：112-113.

② 经过半个世纪的不断修改完善，美国的《清洁空气法》确立了一系列行之有效的原则。就联邦层次的立法而言，美国从 1955 年的《空气污染控制法》到 1963 年的《清洁空气法》、1967 年的《空气质量控制法》，再到 1970 年的《清洁空气法》以及后来的 1977 年修正案、1990 年修正案等，经多次修正而逐步完善，建立起了一个完整的法律规范体系。2007 年，美国再次修改《清洁空气法》，将"电力能源生产排污削减量"作为《清洁空气法》的第八章，共 13 条。

作为一项长期战略，并在排污指标分配上加以区别对待。该法建立了区域年度总量控制制度，对西部和中东部设定了不同的年度排放控制总量，要求各州所有电力生产设施产生的受限定污染物年度总排放量不超过一定的限值。[①]

2011 年，美国发布《美国电力法案》（American Power Act）（草案）。在减排目标上，该法案规定：到 2020 年在 2005 年的基础上减排 17%，到 2030 年减排 42%，到 2050 年减排 85%。在减排目标的覆盖范围上，规定电力领域保留碳交易模式（cap-and-trade），并从 2013 年开始进行配额交易。在减排指标的分配上，该法案规定，在减排初期，将以拍卖的形式发放"相当比例"的减排指标，其余指标以免费发放的方式分配给区域性的输电公司（LDCs）以及发电企业等。该法案还引入了碳抵消机制，并为碳市场的价格设置了一个波动区间。在主要内容上，该法案鼓励发展可再生能源与提高能效、大力支持碳捕获与封存（Carbon Dioxide Capture and Storage，CCS）技术的研发和推广、鼓励发展核电等。该法案重视促进可再生能源的开发利用，扩大对可再生能源与能效项目的贷款担保额度等。

该法案为 CCS 技术的研发和推广提供一系列激励机制，包括未来 10 年中为 CCS 的研发和推广提供总额达 200 亿美元的支持等。该法案囊括了一系列增加核能发电的财政激励方案，为核电的发展提供贷款担保和投资税抵扣等政策优惠，以促进核电投资。

在汽车动力方面，该草案鼓励使用插电式和天然气动力车，同时要求交通部就电动车充电基础设施建设制定计划[②]；在税收优惠政策上，对购买天然气动力的重型车和商用车队者提供双倍退税，天然气动力车辆制造商可以享受税收减免，为车辆普及和基础设施建设而发行州一级和地方政府一级的债券[③④]。

二、美国低碳电力制度经验

美国是世界第一大经济体，2014 年之前是世界第一大能源消费国和电力

① 李庆保. 电力法的绿化研究：兼论美国清洁电力立法对我国的启示 [J]. 法制与社会, 2010 (12)：13.

② American Power Act.

③ 同②。

④ 于文轩. 美国能源安全立法及其对我国的借鉴意义 [J]. 中国政法大学学报, 2011 (6)：119-129.

装机容量最大的国家。① 美国一贯重视能源生产与消费，注重可持续发展和环境保护的能源政策与立法，在能源和低碳电力制度建设上积累了丰富的经验。

第一，美国实行了多种形式的财政激励政策制度。为了促进低碳能源和低碳电力的发展，美国的经济激励手段有补贴、税收、担保、债券等，激励对象包括低碳能源发电的投资企业、政府和居民等多主体。

第二，美国低碳电力的财政激励政策制度覆盖面广。其财政激励政策制度涵盖了低碳电力生产设备、设施及应用技术，太阳能发电、风力发电、地热能发电和海洋能发电等均在财税和补贴优惠激励范围之列，企业和个人均可成为享受财税和补贴优惠的主体。

第三，美国低碳电力的财政激励多采用法律等成文法的形式予以确认，规范性强，效力高。美国联邦层面的激励制度均有法律依据，包括《能源政策法案》《能源改进与拓展法案》《经济复苏法案》等；州政府层面的激励制度也均有成文法依据。

第四，美国电力需求侧管理制度运作机制完善、激励政策到位、项目设计能力与实施经验较为丰富、项目管理水平较高，取得了一定的成效。具体来说，美国税收激励制度、财政补贴制度和电力需求侧管理制度方面的经验值得参考和借鉴。

（一）美国低碳电力财政激励制度

1. 美国税收激励制度

就税收激励来说，美国低碳能源和低碳电力刺激发展的主要联邦推动税收政策制度包括联邦生产退税（production tax rebate）、联邦投资退税（investment tax refund）、联邦税收减免（tax relief）以及联邦税收加速折旧（accelerated depreciation tax）等。低碳能源和低碳电力刺激发展的主要州级推动税收政策制度包括州级免税优惠（tax exemption）、州级退税优惠（tax rebate）等。

（1）联邦生产退税（the federal production tax rebate）。按照1992年《能源政策法案》及其修正案的规定，联邦政府为风能、生物质能、地热、符合条件的水力发电以及海洋和流体动力发电等部分可再生能源电力生产项目提供了通胀调整生产退税。

2009年《经济复苏法案》就产品税收优惠做出修正，明确规定：低碳电

① 张国宝. 中国已成世界第一大能源生产国和消费国［EB/OL］.［2014－03－24］. http：//energy. people. com. cn/n/2014/0324/c71661－24719492. html.

力设施根据其种类与发电设施容量的不同享受不同的产品税收优惠额度和期限，低碳电力发电技术和设备享受产品税收优惠的期限延长 3 年。

（2）联邦投资退税（the federal investment tax refund）。按照 1992 年《能源政策法案》及其修正案的规定，联邦政府为其他能源项目提供了投资退税，包括太阳能、燃料电池和小型风电项目（这些项目可获得相当于项目立项成本 30% 的退税）及地热、小型燃气轮机和热电联产项目（这些项目可获得相当于项目立项成本 10% 的退税）。

2009 年《经济复苏法案》调整了投资税收优惠的适用条件，明确规定：有资格享受产品税收优惠的投资者可以在产品税收优惠和投资税收优惠之间进行选择；取消了之前获得补贴的发电设备不可再享受税收优惠的限制等。

（3）联邦税收减免（the federal tax relief）。依据美国 2005 年《能源政策法案》，政府在未来 10 年内将向全美能源企业提供 146 亿美元的减税额度，鼓励电力企业等采取节能措施。对开发低碳能源的企业（包括电力企业）、公共服务机构，提供具体数额的补助和减税额度；对使用低碳零污染的太阳能及其设备的个人，提供消费优惠预算方案和抵税、减税等优惠，对购买替代燃料汽车的个人，提供减税优惠；2006—2007 年政府向可再生能源领域拨款 8 亿美元，发行"低碳清洁可再生能源债券"，规定债券持有人享受传统债券利率 70% 的税收抵免，发行人仅需支付发行债券的本金等。

美国联邦税收优惠制度也适用于居民。2005 年《能源政策法案》规定，从 2006 年开始，居民利用可再生能源、安装低碳电力发电设施、生产低碳电力的，可以享受购置该设施设备所缴纳税款 30% 的税收优惠；该法案鼓励居民使用零污染的太阳能等，规定：家庭安装专用的太阳能热水系统，可获得相当于成本 30% 或 2 000 美元的减税。

（4）联邦税收加速折旧（the federal accelerated depreciation tax）。税收加速折旧制度根据不同性质的固定资产设置不同的折旧速率，折旧年限为 3~50 年。低碳电力产业资产折旧年限一般为 5 年，适用对象包括太阳能发电、风能发电、燃料电池发电、地热能发电、热电联产设施等。随着时间的推移，适用对象还在不断扩展。例如，按照美国 2005 年《能源政策法案》的规定，在实际运作中，对采用太阳能混合照明技术、微型风机和燃料电池的相关设备加速折旧，规定这些资产的折旧期为 5 年。

（5）州级免税优惠（state tax exemption）。美国许多州都规定了免税优惠措施。例如，纽约州（New York）立法规定本州内的风能、太阳能系统建设主体可给予 15 年的不动产税收豁免待遇，并且授权地方政府可以选择适用是否实施不动产税收豁免措施。[①] 科罗拉多州（Colorado）对可再生能源系统免税，同时对居民安装符合家居设备特征的可再生能源系统免征财产税。[②]

（6）州级退税优惠（state tax rebate）。美国许多州都规定了退税优惠措施。这些州针对公司营业税和财产税的退税是最普遍的，同时还有免税、折旧和减税等措施。

2. 美国财政补贴制度

美国清洁低碳能源开发的主要联邦财政推动政策除了包括一系列税收政策外，还包括国家财政补贴计划（the national plan of financial subsidies）等。

2005年《能源政策法案》明确规定，对于节能技术及新核能的研究开发，政府提供补贴及贷款保证。2009年《经济复苏法案》第1603条取代了生产退税或投资退税，为符合条件的生产侧、消费侧的清洁能源项目提供30%的现金补贴，这些项目包括风能、太阳能、生物质能和其他可再生能源项目等。在全球危机导致紧缩的金融环境下，通过税收激励计划刺激投资的难度很大，30%的现金补贴为清洁能源项目提供了大笔资金。该计划自2009年6月实施以来，共发放了约50亿美元的现金补贴。[③] 例如，2009年美国新投产的风力发电装机容量中占64%以上的新增装机（约6 400兆瓦）均选择了该补贴计划。[④]

此外，联邦政府还对居民节能进行补贴，居民采用的节能措施包括改善能源需求的管理能力等。

（二）美国电力需求侧管理制度

电力需求侧管理（demand side management，DSM）最早起源于能源消费居世界首位的美国。DSM经历了三个发展阶段。

第一个阶段（1970—1980年），DSM机制的探索和构建阶段。1978年，美国联邦政府出台《公众电网公司管制法》（PURPA）和《全国节能法》（NECPA），鼓励电网公司采用终端节电运行模式，节电比发电能产生更好的经济效益。

---

① Private property [EB/OL]. [2014-03-06]. http：//www.dsireusa.org/documents/Incentives/NY07F.htm.

② Local option-property tax exemption for renewable energy systems [EB/OL]. [2013-01-07]. http：//www.dsireusa.org/incentives/incentive.cfm? Incentive_ Code=CO49F&re=1&ee=1.

③ 许勤华. 低碳时代发展清洁能源国际比较研究 [M]. 北京：中国出版集团、世界图书出版公司，2013.

④ 国外风电产业主要支持政策与措施 [EB/OL]. [2012-12-27]. http：//www.istis.sh.cn/list/list.asp?id=7694.

第二个阶段（1980—1990 年），DSM 大规模发展阶段，其标志为美国的综合资源项目（integrated resource program，IRP）或者说最低成本规划（lowest cost planning，LCP）的兴起。IRP 综合考虑供求双方资源状况和供电与用电协同效应，实现成本最小、效益最优的目标。美国将供给侧（发电侧）和需求侧视为一个整体，对供电和节电方案进行成本效益分析和技术筛选，形成整体规划方案。

第三个阶段（1990 年以后），进行市场化改革，放松政府管制，引进市场竞争机制，以客户为中心，提高用户满意度。

美国通过实施 DSM 取得了巨大成效。自 1973 年世界石油危机爆发以来，美国通过节约获得的新能源是国内能源供应增长量的 4 倍。[①] 美国实施 DSM 的主要制度经验包括：

首先，美国通过政策法规来规定 DSM 制度。例如，在 DSM 的第二个发展阶段，联邦政府制定了《美国国家能源战略》（1989 年），明确规定要"给消费者和生产者适当的经济刺激"，这些激励政策主要包括实施 DSM 计划成本回收、收入损失补偿以及效果奖励等；并提出了电力公司等各方主体能接受的方案。正是通过政策法规来规定 DSM，使得该制度有章可循、有法可依，规范性强。[②]

其次，美国实行了多种形式的 DSM 制度措施。为了达到节约能源、减少排放和保护环境的目的，美国采取了多种 DSM 制度措施，适用对象包括电力公司、中介机构和电力用户等主体；投入资金较大，很多州每年能效项目投资超过 1 亿美元。[③]

最后，美国 DSM 制度措施内容明确。美国的 DSM 工作由各州负责管理和实施。各项 DSM 制度措施的适用范围、适用对象、适用期限等均规定得十分明确，便于实践层面操作；有非常明确的管理模式，其管理模式为以州为主体开展 DSM 工作，包括电力公司管理模式、政府机构管理模式和委托第三方管理模式等；有切实可行的长期能效规划，有利于吸引不同主体参与 DSM 产业。美国实施 DSM 的具体制度经验是：鼓励激励性制度和限制约束性制度措施并用。

① 张省. 国外电力需求侧管理经验 [J]. 农电管理，2008（3）：36-37.
② 戴维. 国外电力需求侧管理机制对我国的启示 [J]. 科技经济市场，2007（10）：53-54.
③ 国家发改委美国电力需求侧管理培训团. 美国电力需求侧管理培训报告 [J]. 电力需求侧管理，2008（4）：1-5.

1. 鼓励激励性制度

（1）增加资金投入。自 20 世纪 80 年代末到 90 年代中期，美国在 DSM 方面的投资逐年增加。20 世纪 80 年代末，美国共实施 1 300 多个 DSM 项目，负荷增长率大大减少；1990 年在 DSM 方面投入 9 亿美元，1994 年增长到 27 亿美元。20 世纪 90 年代中期以来，由于市场化改革带来的不确定性，美国 DSM 投资出现了一定程度的下降，但即便如此，美国用于能效提高改善的费用仍达 14 亿美元；2000 年 DSM 项目费用提高到 15.64 亿美元；2002 年投入 16.3 亿美元用于 DSM，不仅大量地节电，而且大大地削减了高峰负荷。2009 年以来，美国在住宅智能电力建设方面投入的资金达数十亿美元。①

美国许多州都实施了 DSM，典型的如加利福尼亚州。自 20 世纪 70 年代石油危机后，加利福尼亚州经济受到严重影响，为此，加利福尼亚州积极开展能效和 DSM 工作，在满足电力需求方面，树立了 DSM 项目是最优先选择的资源、其次是需求响应、再次是可再生能源、最后才是常规化石能源的理念，取得了明显的成效。自 2001 年出现严重的能源危机后，加利福尼亚州又采取了一系列提高能效和负荷管理的 DSM 制度措施，削减夏季高峰负荷 10% 以上，有效缓解并渡过了电力危机难关，避免经济损失 160 亿美元。2006—2008 年，加利福尼亚州对能源项目投资约 20 亿美元，为商业和家庭用户降低逾 50 亿美元的能源费用。②

（2）提供奖励金。由于某些 DSM 措施的实施会导致电力公司利润下降，因此，很多国家对电力公司广泛采用一定的激励措施以鼓励其充分发挥主体作用。美国根据电力公司实施 DSM 的规模、数量、种类等业绩为电力公司提供奖励金，奖励数量范围是总售电收入的 0.03%～0.94%，从而使电力公司从积极开展 DSM 工作中受益。此外，美国有的州采用分享效益和补贴两种奖励机制，并在实施分享效益机制的法规中进行详细规定。③

（3）电费减免。对电力用户来说，价格通常是用户选择节能设备或 DSM 措施的最主要障碍。为了鼓励用户节约用电，美国电力公司对在夏季用电高峰期减少用电 20% 以上的用户给予 20% 的电费减免。④

① 戴维. 国外电力需求侧管理机制对我国的启示 [J]. 科技经济市场，2007（10）：53-54.
② 国家发改委美国电力需求侧管理培训团. 美国电力需求侧管理培训报告 [J]. 电力需求侧管理，2008（4）：1-5.
③ 胡江溢，王鹤，周昭茂. 电力需求侧管理的国际经验及对我国的启示 [J]. 电网技术，2007（18）：10-14.
④ 胡江溢，王鹤，周昭茂. 电力需求侧管理的国际经验及对我国的启示 [J]. 电网技术，2007（18）：10-14.

2. 限制约束性制度

（1）开展系统效益收费。美国大多数州采用电力公司作为 DSM 的实施主体，同时从法律上加以明确，并通过系统效益收费等方式为开展 DSM 筹集资金和消除 DSM 实施障碍。例如，蒙大拿州实行以消费者出资的 DSM 计划，由电力公司进行项目管理和运作；加利福尼亚州由电力公司从用户电费中收取约 3% 的电费，作为开展 DSM 的系统效益收费，每年约收取 10 亿美元，用于项目补贴、产品补贴、制度设计和技术开发等。[①]

（2）征集公益计划基金。美国部分州采用节能投资中介机构作为 DSM 的实施主体，如俄勒冈州、马萨诸塞州和佛蒙特州等，由中介机构负责专用资金管理和项目管理。即通过电力附加费的形式从电力用户征集公益计划基金，用于 DSM 能效计划、可再生能源发展计划等，以支持能源、电力低碳可持续发展的公益事业，同时负责项目策划、资金分配和项目验收等。

第三节　德国低碳电力立法与经验

作为世界上第一个呼吁低碳、去核、环保并且努力躬行实践的国家，德国的可再生能源发展迅速。德国的低碳清洁能源政策主要是通过其完善的法律法规，并且辅以政府的大力支持而推行的。从 20 世纪 70 年代开始，德国政府相继制定和实施了一系列低碳清洁能源政策，并且在相关电力法律和可再生能源法律中规定了很多制度措施。早在 1971 年，德国就公布了一个较为全面的环境规划法案。1972 年，德国重新修订并通过了《德国基本法》，使政府在环境政策领域有更大的活动空间，同时促进了低碳清洁能源发展政策的制定和实施，其相关的经济政策和财税政策主要分为限制性措施和激励性措施。1974 年，德国颁布了能源发展框架项目。

1991 年颁布了《电力输送法》（StrEG，1994 年、1998 年两次修订）。2000 年通过了《可再生能源法》（EEG—2000）（2004 年、2008 年、2012 年、2014 年、2016 年五次修订），该法于 2001 年实施，规定了政府对可再生能源发电的入网保障和高额补贴制度。2002 年实施《热电联产法》，规定了以"热电联产"技术生产出来的电能获得的补偿额度。

2008 年，德国实施《可再生能源资源法案》（RESA，2009 年、2011 年两次修订），该法设定了到 2020 年利用可再生能源提供 30%（后调整为 35%）

---

① 国家发改委美国电力需求侧管理培训团. 美国电力需求侧管理培训报告［J］. 电力需求侧管理，2008（4）：1-5.

的电力供给目标。2009 年，德国颁布《可再生能源净价法》（RENPL），即相当于在整个网络内平均分配，确定了光伏发电的价格。2009 年，德国发布《2020 年能源政策路线图》，将智能电网愿景作为德国未来能源发展总体愿景的组成部分提出来。德国政府在《2020 年环境议程》中提出低碳能源发电增加 27%，更多利用可再生能源。①

近年来，为了使经济发展维系在一个更加高效、清洁的能源系统上，实现经济社会可持续发展，增强其经济竞争力，德国政府非常重视节能减排，提出了高于《京都议定书》和欧盟标准的节能减排目标：到 2020 年能源利用率比 2006 年提高 20%，二氧化碳排放量降低 30%，可再生能源占能源消费总量比例达到 25%；到 2050 年前淘汰大部分化石能源电厂，可再生能源在 2050年的占比需提高至 80%。

一、德国主要低碳立法

（一）1991 年《电力输送法》（1994 年、1998 年两次修订）

1991 年，德国制定《电力输送法》，立法目的在于确保可再生能源电力顺利入网。该法明确了可再生能源电力强制入网和溢价购买的规定，要求运营公共电网的公用事业机构有义务溢价购买可再生能源电力。该项规定为德国可再生能源的发展提供了立法保障，但是，该法给特定地区（如风力发电集中的沿海地区）的公用事业机构带来了过重且不公平的经济负担，导致该法于 1998 年进行了修订，引入"双限额"规定，限定电力供应商和初级电力供应商购买可再生能源电力占总供电量的比例为 5%，由此减轻了特定地区公用事业机构和消费者的负担。但"双限额"最终成为风力发电和风电技术发展的法律障碍，该法于 2000 年被《可再生能源法》取代。②

（二）2000 年《可再生能源法》（2004 年、2008 年、2012 年、2014 年、2016 年五次修订）

2000 年，德国通过《可再生能源法》（EEG—2000），并于 2001 年实施。该法的立法目的在于保护气候与环境，提高可再生能源在电力供给中的比例，促进能源供应的可持续发展，实现碳减排目标。该法通过五次修改，确立了分类递减电价制度、电力电价平衡分摊制度、可再生能源电力优先全额收购制度、新技术特别奖励制度、信息公开制度等可再生能源电力促进制度，对

---

① 刘莹. 德国的温室气体减排法律制度 [J]. 世界环境, 2012 (5)：52-54.

② 杜群, 廖建凯. 德国与英国可再生能源法之比较及对我国的启示 [J]. 法学评论, 2011 (6)：75-81.

促进德国可再生能源的发展具有里程碑意义。[1]

1. 分类递减电价制度

该法规定：对可再生能源电力规定差异化的定价。根据可再生能源发电设施的地点、装机容量和发电技术等，对不同的可再生能源电力适用不同的电价，且逐年递减。

2. 电力电价平衡分摊制度

该法规定：对可再生能源电力的电价款在各个电网运营商之间进行平衡和均摊。

3. 可再生能源电力优先全额收购制度

该法明确了电网运营商和发电商各自的权利义务，详细规定了电网运营商优先全额收购、传输和配送可再生能源电力以及维护优化电网及其附属设施的义务，同时规定了发电商保障可再生能源电力符合特定要求的义务等。

4. 新技术特别奖励制度

该法规定：对采用新技术和能源作物发电并符合特殊要求的发电商给予特别奖励。

5. 信息公开制度

该法明确了电网运营商、发电商和公用事业机构公布相关信息的义务。

（三）2002年《热电联产法》（2009年、2012年两次修订）

2002年，德国开始实施《热电联产法》。该法的立法目的是鼓励热电联产的应用，实现节约能源、提高能源效率、降低二氧化碳排放量，应对气候变化。2009年，该法进行修改，明确规定热电联产发电量比例达到25%；2012年，该法再次修改，明确规定热电联产发电量比例到2020年达到25%，同时对补贴额度进行修改，并延长有效期至2020年。该法规定了以"热电联产"技术生产出来的电能获得的补偿额度，补贴范围覆盖广，不仅给予上网电量补贴，对非上网电量给予同额补贴；实行差别化的补贴标准和严格的补贴界定标准。[2] 例如，2005年底前更新的热电联产设备生产的电能，每千瓦可获1.65欧分补贴。为了提高个人用户安装热电联产装置的积极性，该法规定2千瓦以下的热电联产系统按照满发3万小时给予一次性补贴；如果热电联产项目可纳入欧盟碳排放交易计划，自2013年开始每千瓦时可获得额外的0.3欧分补贴。

---

① 杜群，廖建凯. 德国与英国可再生能源法之比较及对我国的启示 [J]. 法学评论，2011 (6)：75-81.

② 孙李平，李琼慧，黄碧斌. 德国热电联产法分析及启示 [J]. 供热制冷，2013 (8)：34-35.

二、德国低碳电力制度经验

德国可再生能源发展在世界上具有代表性，德国政府通过可再生能源法修订更好地实现可再生能源发展目标，同时降低电力成本。德国政府提出，2025年可再生能源发电量需占总用电量的 40%~45%；2035 年的目标进一步提高到55%~60%。德国将维持 2022 年全面废核的目标，以及 2020 年碳排放量较 1990年减少 40%的减排承诺。德国可再生能源政策变化，可以为促进中国可再生能源健康发展提供有益借鉴。总体来说，德国主要制度经验包括以下几点。

第一，通过成文立法保障低碳电力上网。德国一直非常重视能源节约和能源效率的提高，并制定了非常完备的法律。德国政府重视节能减排，提出的节能减排目标高于《京都议定书》和欧盟标准。在低碳电力上网保障制度建设上，德国通过《电力输送法》《可再生能源法》等成文法来推行，确保了法律的权威性和严肃性。

第二，通过不断的修订来确保制度与时俱进。德国《可再生能源法》历经了五次修订，法律条文从 2000 年出台时的 12 个增加至 2017 年的 100 多个，足以可见德国立法者为了适应时代的变迁而与时俱进的理念，从而确保了《可再生能源法》的完整性和新颖性。

第三，通过详尽的内容设计来保障低碳电力上网。德国保障低碳电力上网的法律制度设计体现了差异性和灵活性的结合。例如，针对不同的可再生能源发电项目，根据项目的不同情况设计个性化的定价，而不是搞"一刀切"；就是否优先收购问题，允许电网运营商与可再生能源发电设施经营商进行协商，体现了灵活性。具体来说，德国固定电价制度、优先权制度、市场溢价与竞争性招标制度等经验值得参考和借鉴。

（一）固定电价制度

在电价制度上，德国采取长期保护性电价政策，为风电等可再生能源经营商提供担保的上网电价，并要求电网公司与风力发电经营商签署长期购电合同，同时规定因电网发生弃风，则由电网公司补偿损失，从而保证了可再生能源上网电价。德国电价政策规定在相关法律中。

德国《电力输送法》最先规定固定电价制度，该法于 1991 年实施，历经1994 年、1998 年两次修订，于 1999 年底失效[①]。该法主要有以下三个特点：第一，当地电网有责任购买可再生能源电力；第二，保障可再生能源发电入

_____

[①]　该法适用范围：公共供电企业供应的由水力、风力、太阳能、污水气体、垃圾堆气体和生物能生成的电力的接纳与偿付。

网的最低价格；第三，全国统一定价以平衡地区差异。

该法是促进可再生能源电力发展的最便宜和最有效的方式。2000 年，德国《可再生能源法》颁布，取代了《电力输送法》，该法将固定电价制度确定为核心制度。设定的可再生能源电力在电力供应中所占份额的目标逐年上升，直至 2050 年前达到 80%，表明德国已确立以可再生能源为中心的能源发展战略。[1] 经过多次修订，该法内在体系已经比较完善。[2]

EEG—2012 对固定上网电价制度进行了差异性和精致的制度设计。

第一，对可再生能源电力种类进行了合理分类。[3]

第二，不搞"一刀切"，对可再生能源电力规定了差异化的定价。依据可再生能源电站装机规模、发电技术、建设的难易等进行差异化定价。

第三，制定完善的定价模型，上网电价由初始电价和基本电价等构成，调整初始电价执行期限和上网电价递减周期。

第四，设计了上网电价递减率与年度新增装机总量挂钩的灵活限额机制。

第五，为了给可再生能源发电投资者创造长期稳定的投资环境，该法为可再生能源发电设施提供为期 20 年的固定上网电价。

第六，引入灵活的机制设计。例如，在陆上风电上网电价中引入风电参考电量对比与补偿机制，从而保证了发电量较少的风电机组可以享受较长时间的高上网电价；对投产时满足风电并网技术规范的机组实行额外奖励机制。[4]

（二）优先权制度

EEG—2012 对可再生能源电力的收购、输配优先权做出了相关法律规定。

第一，EEG—2012 规定，电网运营商有义务毫不迟延地优先收购、传输

---

① 德国《可再生能源法》2000 年出台时仅 12 个条文，设定了 2010 年前可再生能源在电力供应中所占份额达到至少 10% 的目标；2004 年修订后增至 21 条，规定 2010 年可再生能源在电力供应中所占份额达到 12.5%，2020 年前达到至少 20%，并逐步增加，为新能源开发利用提供更全面的优惠政策，增加电网运营商的义务责任；2009 年修订后增至 66 个法条，将 2020 年前可再生能源电力所占份额的目标提高至 30%；2012 年修订后也包含 66 个法条，保留了 EEG—2009 的基本框架，但对其部分内容进行了完善，将 2020 年前可再生能源电力所占份额的目标提高至 35%，2030 年前达到 50%，2040 年前达到 65%，2050 年前达到 80%。2014 年，德国政府通过《可再生能源法改革草案》，此次改革保留了 2012 年法案的精神实质和整体框架，改革重点在于解决可再生能源补贴成本快速增长等问题，共有 99 条，增加了 2025 年和 2035 年的可再生能源发展目标，要求分别达到用电总量的 40%~45% 和 55%~60%。

② 张斌. 德国《可再生能源法》2014 年最新改革解析及启示 [J]. 中外能源，2014（9）：34-39.

③ EEG—2012 将可再生能源电力种类分为水力发电、风力发电、太阳能发电、垃圾堆气体发电、污水处理发电、矿井瓦斯发电和生物质能发电等。

④ 张小锋，张斌. 德国最新《可再生能源法》及其对我国的启示 [J]. 中国能源，2014（3）：35-39.

和配送可再生能源发电设施生产的电量，并且离该设施最近的电网运营商有义务毫不迟延地将该设施优先接入电压等级适合的电网接入点。当电网运营商收到可再生能源发电设施经营商要求并网的通知后，有义务立即提出处理并网要求的详细时间表。

第二，EEG—2012规定，在有利于将可再生能源发电设施更好地纳入电网系统的前提下，允许电网运营商与可再生能源发电设施经营商协调，达成不优先收购、传输和配送电力的合同。

第三，EEG首次明确界定，可再生能源发电的优先收购权与《热电联产法》（2002年实施）规定的热电联产发电的优先收购权地位同等。[①]

（三）市场溢价与竞争性招标制度

按照欧盟对成员国可再生能源政策的新要求，德国通过修改《可再生能源法》，逐步调减可再生能源补贴，激励可再生能源提高自身竞争力。

为了推动光伏发电市场化，EEG—2014首次提出针对光伏电站的招标制度试点，分阶段推动光伏融入电力市场、调减并最终退出补贴；同时，通过调整电费附加分摊减免政策，严格控制可再生能源电费附加。

2016年7月，德国通过了对EEG—2014的修订草案，新版《可再生能源法》（EEG—2017）于2017年1月实施。

为了响应欧盟关于各国可再生能源支持政策要求，也为了体现德国实现高比例可再生能源发展目标，德国规定：自2016年1月起，新的可再生能源发电量必须进入电力市场，同时承担类似于常规电源的电力系统平衡义务。

EEG—2017以市场溢价逐步取代固定电价补贴，即在电力市场价格的基础上，给可再生能源发电一部分补贴，从而减少可再生能源补贴；同时全面引入可再生能源发电竞争性招标制度，规定：自2015年开始对部分新建可再生能源发电项目实施竞标，到2017年对所有新建可再生能源发电项目实施竞标，正式结束基于固定上网电价的政府定价机制，全面推进可再生能源发电市场化。

第四节 日本低碳电力立法与经验

日本发展低碳经济和低碳电力，是主观条件与客观因素双重约束的产物。作为世界上主要的能源消费大国，日本资源极度匮乏，许多重要的资源严重依赖进口。同时，受国土狭窄、海岸线漫长等不利地理条件影响，全球变暖

[①] 张小锋，张斌. 德国最新《可再生能源法》及其对我国的启示［J］. 中国能源，2014（3）：35-39.

给日本各大产业都带来了巨大的冲击。在此背景下，日本将低碳经济和低碳电力纳入国家战略体系中，由环境省组织相关领域的专家对低碳经济和低碳电力的发展目标和相应的政策法律措施进行研究。

目前，日本已经形成政策先行、立法紧随，以基本法、综合法和专项法为架构，基本法统领综合法和专项法，政策、基本法、专项法、施行令四层规范体系紧密联系的完整能源法律体系。

基本法包括《节约能源法》《能源政策基本法》和《全球气候变暖对策基本法》（法案）等；综合法包括《资源有效利用促进法》；专项法包括煤炭立法、电力立法、石油立法、天然气立法、可再生能源立法、原子能立法等，其中，电力立法包括《电力事业法》《发电用设施周边地域整备法》《电源开发促进税法》《电源开发促进对策特别会计法》《日本电力事业者新能源利用特别措施法》《日本电力事业者新能源利用特别措施实施规则》《电力事业法施行令》《日本电力事业者新能源利用城市法施行令》等。

这些法律门类齐全，且规定得非常明确翔实、可操作性强，有效保障了低碳经济和低碳电力的稳步推进。

一、日本主要低碳立法

（一）《能源政策基本法》（2002 年）

2002 年 6 月，日本颁布并实施《能源政策基本法》（エネルギー政策基本法，Basic Act on Energy Policy）。该法明确表明了日本寻求降低对进口石油等不可再生能源的依赖、实现能源供给的多样化、能源利用的效率化以及谋求能源安全保障的立法目的。[①]

综上可见，日本强调 3E（energy，economy，environment）目标之重要性。

该法将"能源安全""稳定供应""环保适合性""活用市场原理"作为基本原则，并将"能源安全"作为第一优先考虑重点。[②] 该法还对中央政府、地方政府、企业和民众等行为主体的责任做了明确的规定。其中，中央政府

---

① 日本《能源政策基本法》第 1 条："关于能源稳定供应，鉴于世界能源供应含有国际情势不稳定等因素，除应降低石油等初级能源进口依赖国际特定地区外，应推行对我国重要能源资源之开发，能源运输体系之配备，能源储备与利用之效率化，并施行适当之能源危机管理，策划能源供应来源多元化，能源自给率提升，以及能源部门之安全保障作为基础，寻求施行政策。对于以其他能源替代或储存显著困难的能源供应，应格外寻求施行政策以确保其可靠性与稳定性。"详见日本 2002 年《エネルギー政策基本法》（平成十四年六月十四日法律第七十一号）. http：//law. e - gov. go. jp/htmldata/H14/H14HO071. html.

② 详见日本 2002 年《能源政策基本法》第 3 条："关于能源供需，应谋求能源消费效率，转换为太阳能、风力等非化石燃料之利用，以及有效利用化石燃料等之推行，以寻求防止全球暖化与保护地区环境、实现其能源供需，推动施行政策，以利一并建构循环型社会。"

应依据能源供需施行政策基本方针，综合制定能源供需施行政策并组织实施；地方政府应将中央政府所制定之政策转化为符合当地需求的执行计划及方法；企业则应配合中央或地方政府执行减碳措施，并落实相关供给侧措施；普通民众则应致力于合理化使用能源。此外，中央政府、地方政府、企业和全体民众以及民间团体，对于能源供需，还应相互合作。①

（二）《建设低碳社会的行动计划》（2008 年）

2008 年 6 月，日本前首相福田康夫发表了题为《低碳社会与日本》的低碳革命宣言，阐述了日本在温室气体减排问题上的基本立场与观点，在国际上率先提出建设"低碳社会"的战略构想，即著名的"福田蓝图"，它是日本低碳战略形成的正式标志。福田康夫宣布了日本减排的中长期目标：到 2020 年比 1990 年减排 20%，实现与欧盟同等程度的减排目标；到 2050 年，将二氧化碳排放量在现有水平上削减 60%~80%。

2008 年 7 月，日本内阁通过并公布了《建设低碳社会的行动计划》，表明"福田蓝图"付诸实施。该行动计划对"福田蓝图"进行了具体阐释，提出利用市场机制对二氧化碳进行定价，并引入碳排放权交易制度、碳抵消制度、碳会计制度等一系列制度，专题研究"地球环境税"，创新税收系统等。该行动计划提出了日本构建低碳社会的具体目标，主要包括：第一，未来 5 年投入 300 亿美元，重点投入到创新技术的研发；第二，将水能、风能和生物质能等"零排放"能源的应用比率提高到 50% 以上；第三，到 2020 年将太阳能发电用量提高到目前的 10 倍，到 2030 年提高到 40 倍，同时使光伏发电技术的效率提高 40% 以上，成本降至 7 日元/千瓦时；第四，推广核电；第五，在 2020 年前实现转型二氧化碳的捕获及封存技术（CCS）的应用；第六，到 2020 年实现半数新车转换成电动车等新一代汽车的目标；第七，到 2020 年用低能耗的电灯代替白炽灯，提高节能家电的普及率。

（三）《全球气候变暖对策基本法》（法案）（2010 年）

1998 年，日本制定了《全球气候变暖对策推进法》，该法是世界上第一部应对气候变化的法律，为低碳社会的建设奠定了法律基础，也表明了日本向全世界宣示积极应对全球气候变暖的态度。2010 年，日本制定《全球气候变暖对策基本法》（法案），以法律形式明确落实日本温室气体减排的长期目标、国家等主体的职责、基本原则以及减缓与适应全球气候变暖的基本制度

---

① 高铭志，陈建璋，黄筱苹. 日本、韩国与中国台湾地区气候变化及能源相关基本法与草案之研究［J］. 清华法律评论，2012（1）：98-126.

和具体措施等。①

　　该法案确定的温室气体减排中长期目标为：到 2020 年，温室气体排出量在 1990 年排放基础上减排 25%；到 2050 年，温室气体排出量在 1990 年排放基础上减排 80%。可再生能源供给量的中期目标为：到 2020 年，一次能源供给量占能源供给量的比例达到 10%。

　　该法案明确规定了国家、地方公共团体、企业、民众的职责。其中，国家应综合且有计划地制定与实施地球温暖化对策；② 地方公共团体负有采取必要措施和开展相关活动以削减温室效应气体排出的职责；③ 企业负有协助实施国家和地方公共团体的地球温暖化对策；④ 民众负有协助实施国家及地方公共团体实施的抑制温室效应气体排出等措施。⑤

　　该法案还详细规定了相关基本制度和基本措施。基本制度包括碳排放权交易制度、碳税制度和可再生能源全额固定价格购买制度等；基本措施包括能源合理化使用措施、核能安全利用措施、新技术研发措施、适应地球温暖化措施等。⑥

二、日本低碳电力制度经验

　　日本是一个"能源小国、经济大国"。在历经战后能源极度匮乏、两次石油危机和福岛核泄漏事故冲击后，为了突破本国能源资源瓶颈，日本通过调整能源政策和战略、完善能源法律体系，摆脱了本国资源禀赋约束性障碍，成就了现今能源供应多元化、能源消耗高效化、能源消费绿色化的能源精简

---

　　① 罗丽.日本《全球气候变暖对策基本法》（法案）立法与启示［J］.上海大学学报：社会科学版，2011（11）：58-68.
　　② 详见日本《全球气候变暖对策基本法》（法案）第3条：国家在为掌握大气温室效应气体浓度变化状况及相关气候变化、生态系统状况而进行观测与监测的同时，综合且有计划地制定并实施全球气候变暖对策。
　　③ 详见日本《全球气候变暖对策基本法》（法案）第4条：地方公共团体应配合区域之自然的、社会的条件，推动有关抑制温室效应气体排出等的措施。
　　④ 详见日本《全球气候变暖对策基本法》（法案）第5条：事业者就其相关的事业活动，应在努力采取措施抑制温室效应气体排出等的同时，必须协助实施国家及地方公共团体所做出的有关抑制温室效应气体排出等措施。
　　⑤ 详见日本《全球气候变暖对策基本法》（法案）第6条：国民就其日常生活，在努力采取措施抑制温室效应气体排出的同时，必须协助实施国家及地方公共团体实施的抑制温室效应气体排出等措施。
　　⑥ 详见日本《全球气候变暖对策基本法》（法案）第13条至第33条。

型强国地位。① 总体来说，日本主要制度经验包括以下几点。

第一，政策先行、立法跟进，不断完善能源法律体系。随着世界经济形势和国内实际情况的变化，日本在原有政策的基础上，先进行政策调整，然后国会完善立法予以保障，随之政府出台具体的实施令、实施细则，环环相扣，最后形成完整的能源法律体系。2008 年日本内阁通过的《建设低碳社会的行动计划》即属于政策立法。

第二，明确能源战略目标，制定能源总体规划，逐步推进能源发展计划。日本通过制定和实施一系列紧密联系的能源发展计划，将能源开发、管理和技术研发等环节提升至国家战略高度，极大地推动了新能源和可再生能源产业的发展。典型的如 1974 年实施的"阳光计划"，1978 年实施的"月光计划"，1989 年推出的"地球环境技术开发计划"，1993 年推出的"新阳光计划"等。

第三，日本系统地推出多种形式的财税金融激励政策制度。为了促进新能源和可再生能源的发展，日本采用直接拨款的方式用于研究新能源技术、能源输送与储存技术等；在财政补贴政策上，日本采用投资补贴和直接对消费者补贴的方式；在税收政策上，日本采用税收优惠和税制上的特别奖赏；在金融政策上，日本采用低息贷款、信贷担保和出口信贷等方式。下面重点评述日本能源战略与规划制度、能源节约制度经验。

（一）能源战略与规划制度

进入 21 世纪后，日本加大了能源领域的战略规划。日本 2002 年《能源政策基础法》规定，政府应当每年向国会提交在能源供需方面所采取政策措施概况的报告，并制定关于能源供需的基本计划。

在战略规划上，2006 年，日本颁布了《新国家能源战略》；2007 年，日本内阁通过了《2007 能源白皮书》，从战略高度提出了日本在能源领域若干中长期举措，包括：调整能源结构，持续降低石油在能源消费结构中的比重，在推进节能的同时大力推进太阳能、风能、核能等低碳能源的发展等。

在具体计划上，2003 年，日本出台了《能源基本计划》；2007 年，出台了《能源基本计划修改案》等一系列文件，对能源生产和消费的各项具体政策进行了明确规定。②

---

① 吴忠奇，徐前权. 日本能源政策立法及对我国的启示 [J]. 长江大学学报：社科版，2017（5）：81-85.

② 陈海嵩. 日本能源法律制度及其对我国的启示 [J]. 金陵科技学院学报：社会科学版，2009（1）：49-53.

2011 年日本福岛核泄漏事故发生后，在民众坚决抵制核电的困境下，日本将发展可再生能源确定为国家能源战略的重要组成部分。

（二）能源节约制度

日本是世界科技强国。日本注重能源科技创新，日本的节能技术亦处于世界先进水平，其节约能源的相关法律制度也比较完善。日本经济产业省编制的《新国家能源战略》提出大力发展节能技术和新能源产业，力争到 2030 年前将全国的整体能源使用效率提高 30% 以上。

日本能源节约制度主要包括节能管理体制、用能单位分类管理制度、"领跑者"制度和能效标识制度等。

日本有健全的节能管理体制，形成了从经济产业省、具有独立法人地位的产业技术综合开发机构（NEDO）到民间组织节能中心的组织架构，它们从不同层面对节能工作进行职能管理和具体实施。

日本对用能单位和节能管理人员分别实行分类管理制度和"能源管理师"制度。《节约能源法》规定，对能源使用单位根据其能源消耗的多少进行分类管理，将其划分为第一类能源管理单位和第二类能源管理单位，促使企业不断提高能效。同时规定，在节能工作中须推行"能源管理师"制度，由国家统一认定其从业资格。

日本独创了一种促进企业节能的"领跑者"制度。日本在修改《节约能源法》时加入了该制度。"领跑者制度"即通过确立行业标杆，要求其他企业向其看齐，以此来促进企业节约能源。

日本还实行能效标识制度。《节约能源法》规定了这一制度。从 1999 年开始，日本对商用和家用电器设备以及汽车推行强制性能效标识制度。该制度的实施，极大地推动了日本用能产品能效水平的提升。[①]

第五节　澳大利亚低碳电力立法与经验

澳大利亚拥有丰富的能源资源，是世界上主要的能源生产国和出口国。20 世纪末，由于过度依赖煤炭资源，澳大利亚成为世界上人均二氧化碳排放最多的国家，能源的生产和消耗是澳大利亚温室气体的最大来源，而电力生产约占总量的三分之一。[②] 面对严峻的挑战，澳大利亚政府承诺，到 2020 年

---

① 陈海嵩. 日本能源法律制度及其对我国的启示［J］. 金陵科技学院学报：社会科学版，2009（1）：49-53.

② AUSTRALIAN GOVERNMENT. Securing Australia's energy future［M］. Canberra：Goanna Print，2004.

温室气体排放量在 2000 年的排放基础上削减 5%～15%；到 2050 年温室气体排放量在 2000 年的排放基础上削减 60%。[①] 为了实现这一目标，澳大利亚政府调整了能源战略，制定了强调"能源转型"的《可再生能源目标》，并通过一系列政策和法律制度支持可再生能源的发展，同时注重碳捕获与封存技术革新，积极进行碳捕获与封存立法，从而走上了一条以能源转型、技术创新为主要途径的低碳经济和低碳电力发展之路。

一、澳大利亚主要低碳立法

（一）2000 年《可再生能源（电力）法》（2006 年、2007 年、2008 年、2010 年多次修订）

21 世纪初，澳大利亚率先提出可再生能源发展的总体规划——《再生能源目标》。在《可再生能源目标》的推动下，澳大利亚可再生能源尤其是风电和太阳能发电获得了迅速发展。

2000 年，澳大利亚政府通过《可再生能源（电力）法》[Renewable Energy (Electricity) Act 2000]，至今该法已多次修订。2000 年《可再生能源（电力）法》及其多次的修正案是澳大利亚可再生能源领域的重点立法。该法的立法目的在于建立和管理促进额外的可再生能源的发电量。该法确立了"鼓励额外的可再生能源电力生产""减少电力部门的温室气体排放"和"确保可再生能源的生态可持续性发展"三大目标。[②] 并通过签发可再生能源证书以及要求电力的特定购买者提交法定数量的证书以获取年度电力来实现这三大目标。[③]

2001 年 4 月，澳大利亚正式运行可再生能源配额制，出台《强制性可再生能源目标》，要求可再生能源发电在澳大利亚电力生产结构中的份额在已有的 10% 的基础上提高到 12%，到 2010 年可再生能源电力达到 9 500GWh。2007 年，澳大利亚政府宣布到 2020 年要将这一目标提高到 20%，可再生能源电力达到 45 000GWh，并在白皮书中再次重申这一目标及其重要性。[④]

2009 年 8 月，澳大利亚出台《可再生能源目标》，自 2010 年起施行。《可再生能源目标》确定了 2020 年可再生能源电力占总电力供应的比例目标提高到 20%。以《可再生能源目标》为导向，澳大利亚注重培育和发展可再

---

① Carbon Pollution Reduction Scheme: Australia's Low Pollution Future.

② 慎先进，王海琴. 澳大利亚可再生能源法律制度及其对我国的启示 [J]. 湖北经济学院学报：人文社会科学版，2012 (12)：96-97.

③ 李化. 澳大利亚的可再生能源发展与可再生能源证书制度 [J]. 华中农业大学学报，2011 (6)：83-89.

④ Carbon Pollution Reduction Scheme: Australia's Low Pollution Future.

生能源电力市场，使其成为全球最为成熟的电力市场之一，为电力用户提供着世界上最低的电价和稳定可靠的供应。

《可再生能源目标》和主要配套法律《可再生能源（电力）法》以可再生能源证书制度为核心内容。《可再生能源（电力）法》详细规定了可再生能源证书的注册、认证、创制、形式、转让与失效等具体制度。

（二）联邦和州政府碳捕获与封存立法

为了有效控制温室气体排放，除了积极发展可再生能源外，澳大利亚还非常注重碳捕获与封存技术创新，同时积极进行碳捕获与封存立法。澳大利亚采取专门立法模式对 CCS 进行立法规制，制定了针对陆上 CCS 的专门立法《温室气体地质封存法》（2006 年），同时注重 CCS 技术标准体系建设，形成了目前世界上最完备的碳捕获与封存法律制度体系。

2006 年，澳大利亚维多利亚州政府制定了《温室气体地质封存法》，并于 2008 年进行了修订。该法针对陆上 CCS 确立了很多重要的制度，是世界上最早专门监管陆上 CCS 项目的法律。

2008 年，澳大利亚联邦颁布了《海洋石油修改（温室气体存储）法案》，该法案主要内容包括选址、风险识别、监测程序和补救措施等，以允许二氧化碳在近海注入和封存为主要特色。2009 年，昆士兰州颁布《2009 温室气体封存法案（昆士兰州）》。2009 年，澳大利亚政府委员会出台《二氧化碳捕集与封存指南》，该指南为未来制定统一、完备的 CCS 法律提供了政策依据。[1] 2010 年 12 月，澳大利亚投入 43 亿美元，用于昆士兰燃煤电站和碳捕获与封存项目，该项目使一体化煤气化开式循环技术与 CCS 技术结合，成为世界上首个该种类型的设施。该清洁燃煤电厂于 2015 年投运。[2]

二、澳大利亚低碳电力制度经验

基于对气候变化和能源安全的高度关注，澳大利亚联邦政府鼓励可再生能源电力生产，以期实现能源转型和可再生能源目标，为此，积极推行可再生能源配额制，并辅以市场工具——可再生能源证书制度，在可再生能源证书期货管理和证书风险方面颇具经验，成效斐然；同时，联邦政府和州政府都非常注重碳捕获与封存立法和技术创新，形成了一套行之有效的经验。

（一）可再生能源配额制及可再生能源证书制度

面对气候变化和能源安全的压力，澳大利亚在世界上最早在全国范围内

---

① 黄亮. 碳捕获与封存（CCS）技术的法律制度构建探析 [J]. 政法学刊，2014（4）：10-19.
② 钱君. 澳大利亚计划实施燃煤电厂 CCS [J]. 中外能源，2011（3）：51.

实行可再生能源配额制（Renewable Portfolio Standard，RPS），在世界上第一个提出强制性可再生能源目标（MRET），并成立了可再生能源管制办公室（ORER）专门负责监督大规模可再生能源目标和小规模可再生能源计划；同时，通过配额制辅助实施工具——可再生能源证书制度以及新能源规划、财税激励、能源创新和可再生能源商业计划等法律与政策支持可再生能源发展，实现由传统能源产业向新能源产业转型。[1]

2001年，澳大利亚可再生能源配额制正式运行。RPS是指政府强制性要求发电企业购买电力中包含一定比例的可再生能源电力，对于没有完成采购任务的发电企业给予一定的惩罚。澳大利亚通过强制性配额义务保障可再生能源电力拥有一定的市场份额，同时通过其辅助市场机制——可再生能源证书交易，确定可再生能源证书价格（或罚金），补贴可再生能源电力。

可再生能源证书（Renewable Energy Certificates，RECs）是指认证的绿色或可再生能源生产商所生产电力的环境属性的一种电子或纸质表现形式。自2011年1月开始，澳大利亚将可再生能源证书分为大规模生产证书和小规模技术证书两种类型。其中，大规模生产证书主要面向发电站，小规模技术证书主要面向小型发电机组、太阳能热水器和空气源热泵热水器。RECs既能跟踪和核实配额义务的履行情况，又能帮助配额义务主体完成可再生能源配额义务，极大地推动了澳大利亚可再生能源产业的发展。

（二）碳捕获与封存技术创新制度

CCS是指将大工业实体排放的二氧化碳捕获并封存于地下具有安全性地理结构中的、具有广泛市场前景及国家发展战略需求的二氧化碳气体减排技术方案。[2] CCS技术的主要应用领域是发电和油气生产领域等。

澳大利亚在碳捕获与封存技术上处于领先地位，也是率先对碳捕获与封存进行立法的国家之一。澳大利亚针对陆上CCS专门立法《温室气体地质封存法》（2006年）（2008年修订）确立的重要制度包括以下几个。

第一，行政许可制度。该法要求从事陆上CCS的主体须得到勘探、封存和监督许可证以及正式的租赁合同。

第二，善后服务制度。该法规定持有陆上CCS许可证的主体完成封存行为后，应该向监管机构提交相应的书面报告，对封存场所进行修复，同时制定长期的监督和认证计划书。

---

① 吕嗣孝，李庆．澳大利亚可再生能源电力配额制政策及其对我国的启示［J］．价格理论与实践，2015（3）：66-68.

② 俞金香．碳捕获与封存法律问题研究［J］．甘肃政法学院学报，2015（7）：72-78.

第三，保险和修复证券制度。该法要求从事陆上 CCS 的主体须对各个许可证涉及的行为进行投保，同时须持有修复证券。

第四，私人许可和补偿制度。该法要求从事陆上 CCS 的主体须获得其他资源开发者的同意，如果对其他资源开发者的利益造成损害，还须进行相应的补偿。[①]

第六节　欧盟低碳电力立法与经验

欧洲是低碳经济的发源地，也是全球低碳经济的领导者和推动者。在发展低碳经济上，欧盟不仅是积极的倡导者，也是积极的行动者。2003 年 10 月，欧盟理事会颁布了《重构对能源产品和电力征税的欧盟框架指令》。2007 年 3 月，欧盟委员会提出能源一揽子计划，旨在推动经济向高能效、低排放、低污染的方向转型。

根据该计划，欧盟提出了减排目标。

中期目标是：温室气体排放量到 2020 年比 1990 年减排 20%，总能源耗费中，可再生能源占比提高到 20%，生物燃料占比提高到 10%，石油、煤、天然气等一次能源消耗量减少 20%。

长期目标是：到 2050 年，温室气体排放量比 1990 年减排 60%~80%。

2008 年 12 月，欧洲议会全体会议批准了"欧盟能源气候一揽子计划"。包括欧盟碳排放权交易机制修正案、可再生能源指令、碳捕获和储存的法律框架、欧盟成员国配套措施任务分配的决定等 6 项内容。

2010 年 3 月，欧洲联盟委员会公布"欧洲 2020"战略规划，为欧洲未来十年发展制订了一系列目标，以减少二氧化碳排放，推动绿色经济发展。

一、欧盟主要低碳立法

（一）2003 年《欧盟碳排放交易指令》（2004 年、2008 年、2009 年 3 月、2009 年 4 月四次修订）

就碳排放权交易来说，欧盟三大机构之一——欧盟委员会是碳交易政策和法律的制定者，碳交易立法具有较高的权威性和法律效力。2003 年，欧洲议会和理事会通过了 87 号指令——《在欧盟建立温室气体排放权交易指令》，该指令成为欧盟碳排放交易体系（EU Carbon Emissions Trading System，EU

[①] 王慧，魏圣香. 国外陆上碳捕获和封存的立法及其启示 [J]. 气候变化研究进展，2012（1）：68-73.

ETS）的法律依据，确立了欧盟的高位阶立法体系。

EU ETS 的法律体系完备。欧盟通过不断出台指令、计划及规章等，对各成员国碳排放总量、配额分配方案、监管、登记、报告和核查制度等做出了详尽的规定。自 2003 年欧盟通过碳排放交易指令（87 号指令）后，该指令紧跟国际社会气候变化谈判进程不断修改和完善，在建立碳排放交易规则和温室气体控制方面逐步完善。

2004 年，欧盟通过了 2004/101/EC 指令，首次对 2003 年的 87 号指令进行修改。该指令的关键是承认《京都议定书》三机制产生的信用额等同于欧盟排放交易机制的排放额，由此达成《京都议定书》与欧盟碳排放交易机制的链接。新修订的连接指令保持了 EU ETS 体系的法律框架的完整性和连续性。

2008 年，欧盟通过了将航空业纳入碳排放交易指令的 2008/101/EC 指令。由于欧盟航空业在 1990 年至 2006 年间增长迅猛，为实现 2020 年的减排目标，欧盟遂将航空业纳入减排企业。

2009 年 3 月，欧盟通过了 NO 219/2009，该指令是一个综合性修改指令，主要是对 2003 年的 87 号指令的修订。

2009 年 4 月，欧盟通过了 2009/29/EC 指令——《改进和扩大欧盟温室气体排放配额交易机制的指令》，成为 EU ETS 第三阶段的法律依据，确立了此阶段的新制度和新规则，修改后的指令于 2013 年正式实施。典型的新制度如：为了维持碳市场的稳定，欧盟建立多层次、全方位的监管和法律体系，同时要求各成员国内部也制定配套的法律及实施细则，设定专门的监管机构。

英国、德国等国都有非常成熟的交易法规制度和监管机构。例如，英国实行集中型的能源管理体制，其能源管理机构是设在贸易产业部下的能源局，该局的战略目标中将降低温室气体排放置于优先考虑位置，突出了能源发展的环境责任，该局的重要职责之一是监管碳排放交易。为了激励投资低碳电力行为，英国政府规定，当欧盟碳排放交易机制下的成交价格与本国价格下限存在差价时，英国政府对差价部分进行补偿。[①]

对碳金融市场的监管，其法律规则直接适用《金融工具市场指令》等金融立法。欧盟委员会在第三阶段直接在欧盟层面制定统一的监测与报告条例，要求所有成员国按照条例要求进行监测和报告。

（二）2009 年《欧盟可再生能源指令》（Directive 2009/28/EC）

作为全球低碳经济的倡导者，欧盟一贯致力于推动可再生能源的发展和

①　曾鸣. 英国新一轮低碳电力市场改革及启示（上）[J]. 中国科技投资，2015（7）.

运用。自 20 世纪 70 年代以来,欧盟可再生能源政策与立法经历了反映当时能源形势特点的不同发展阶段,长期以来,欧盟通过制定大量法律、政策,消除可再生能源发展中的法律和经济障碍,不断健全法律框架,使欧盟能源供应走向可持续发展之路。本书重点述评具有代表性的 2009 年《欧盟可再生能源指令》(Directive 2009/28/EC)。

2008 年 1 月,欧委会提出了有拘束力的立法提案《气候行动和可再生能源法案》,12 月,欧洲议会通过该法案,该法案于 2009 年 6 月正式成为法律。《气候行动和可再生能源法案》为欧盟实现温室气体减排目标提供了一个立法框架,其中包括《欧盟可再生能源指令》等。自该指令实施以来,风能、太阳能、生物燃料等可再生能源的应用比例得到了极大提高。

《欧盟可再生能源指令》明确规定了 2020 年可再生能源利用至少达到 20%(其中生物燃料的使用达到 10%)、2020 年能效提高 20% 的目标。如果欧盟 2020 年能实现可再生能源占能源总消费 20% 的目标,则每年能减少 6 亿~9 亿吨二氧化碳的排放。

《欧盟可再生能源指令》为成员国生产和促进可再生能源建立了共同的法律基础,并为各成员国设定了强制性目标和具体减排义务。该指令明确要求各成员国须提高各自可再生能源的使用比重,到 2020 年之前将可再生能源的比重提高至 20%,同时提高能源的使用效率。

该指令还规定了在成员国国家行动计划的基础上,可再生能源在 2020 年欧洲的电力结构中要占 37% 的目标,并就可再生能源电网的运作对各成员国作了具体的规定。该指令强调要加速电网现代化,要求各成员国采取措施积极促进可再生能源电网的基础设施、存储技术、电力系统和智能网络的发展,从而确保可再生能源电网的运作;同时确保电网运行的部分电能来源于可再生能源,为防止垄断允许部分电网市场化运作,从而保证国家电能供应的安全性。[①]

二、欧盟低碳电力制度经验

欧盟致力于环境保护和可持续发展,是绿色低碳、可持续发展法律的先驱。欧盟在发展新能源、可再生能源、规制碳排放等法律政策的实施上积累了丰富的经验。其中,在碳排放规制制度设计和规定上,欧盟碳排放权交易法律制度和欧盟成员国碳税制度值得借鉴。

---

① 彭峰,陈力. 欧盟可再生能源立法的新发展 [J]. 环境保护,2012 (5):69-71.

（一）欧盟碳排放权交易制度

基于《京都议定书》确立的三种灵活创新减排机制——清洁发展机制（Clean Development Mechanism，CDM）、联合履行（Joint Implementation，JI）和排放交易（Emission Trading，ET），欧洲议会和理事会根据 2003 年颁布的第 87 号指令，建立了温室气体排放交易制度。[①] EU ETS 是全球第一个强制性的区域碳排放交易体系，也是目前全球最大、碳交易量最多且运行最好的碳排放权交易体系。

EU ETS 的实施是逐步推进的，经历了三个阶段的完善。

第一阶段（2005—2007 年）为实验阶段。此阶段的主要目的是获取运行总量交易的经验，保证碳交易市场良好开局，为履行《京都议定书》奠定实践基础。管制的温室气体仅包括二氧化碳，纳入行业仅包括能源行业和生产性产业。

第二阶段（2008—2012 年）为完善阶段。依据碳排放交易体系，欧盟开始履行《京都议定书》承诺，由于交易平台科学，规则简明，此阶段吸引了冰岛、挪威等非欧盟成员国加入。

第三阶段（2013—2020 年）为全方位改革阶段。这一阶段扩大了管制的温室气体，涵盖二氧化碳、一氧化二氮和全氟化碳；管制范围涵盖化工业、铝业、制氨等行业的企业，同时提高企业加入门槛，排除了过小排量的企业，优化了涵盖范围；碳捕获、封存和运输机制成为新的减排手段。这一阶段年碳排放量保持 1.74% 的下降速度，以确保实现预期的减排目标。通过不断建设和完善，构建了一套完整的法律制度，对交易涉及的各个制度都进行了法律规制，并且对交易运行中涉及的复杂的程序和环节进行了强制性规定。

欧盟碳排放权交易制度内容完整且规定得非常详尽，包括排放总量制度、配额分配制度、拍卖"双平台"制度、注册登记制度、信息披露制度、监测报告和核查制度等。例如，在配额分配制度的取得方式上，逐步从免费发放配额过渡到以拍卖方式发放配额，每一个阶段都增加拍卖方式发放的比例，直到全部采用拍卖方式。[②] 2013 年，欧盟首先取消了电力行业的免费分配，

[①] Directive 2003/87/EC of the European Parliament and of the Council establishing a scheme for greenhouse gas emission allowance trading within the Community and amending Council Directive 96/61/EC, OJ L 275, 25.10.2003, pp.32-46.

[②] 第一阶段为了鼓励排放企业积极加入交易机制，基本上都是免费发放，通过有偿拍卖的市场方式只占到 0.13% 的微小比例；第二阶段拍卖方式的权重增加到 3%；第三阶段欧盟大大提高了拍卖方式所占的比例，拍卖成为分配配额的主要方法。

计划到 2027 年实现全部以拍卖形式发放配额，免费发放将成为例外，仅针对极特殊的行业。

欧盟通过排放交易体系的运行，形成了反映排放许可权稀缺性的价格机制，成功地利用市场机制解决气候变化问题。与此同时，构建了多层次的碳排放交易市场体系，促进了碳金融和低碳电力的发展，取得了良好的经济效益和环境效益。从交易额来看，欧盟碳排放权交易体系的交易额从 2005 年的约 82 亿美元飙升至 2011 年的 1 478 亿美元。

从低碳电力产业来看，欧盟推行碳排放权交易，具有调整能源结构的长远利益考虑，自欧盟实施碳排放权交易后，可再生能源发电量迅速增长。欧盟可再生能源发电量在全部电量中所占的比重，由碳排放权交易立法通过的 2003 年的 12.9% 上升到 2009 年的 20.7%；生物质能利用量从 2003 年的 6 900 万吨标油上升到 2010 年的 1.5 亿吨标油。[①] 太阳能光伏发电和风电新增装机容量增长也十分显著。[②]

（二）欧盟成员国碳税制度

就碳税来说，欧盟建立了统一的碳税税率指引。为了实现减排目标，欧盟要求各成员国根据欧盟碳税统一指引不断提高碳税税率。欧盟委员会建议各成员国对能源产品[③]在生产的最后环节征收碳税。[④] 欧盟中的部分成员国已实施碳税制度，并且将碳税规定在本国立法框架内，取得了显著的成效。

1990 年，欧盟成员国芬兰率先开征碳税，从 1992 年开始，碳税在欧盟成员国丹麦、荷兰、挪威、波兰、瑞典等国得以推广，至今已有 20 多年。

从碳税的征税对象来看，碳税包含了煤炭、石油、汽油、柴油和天然气等一次能源，也对电力等二次能源直接征税。但不同欧盟成员国税基的宽窄有很大的区别。从碳税税率来看，目前欧盟内部没有制定统一的碳税税率，各国之间存在差异。从碳税减免范围来看，不同欧盟成员国的减免范围有很大的区别。

第七节　对中国低碳电力立法的启示

综观英国、美国、德国、日本、澳大利亚和欧盟等发达国家或地区低碳电

---

① 王伟男．应对气候变化：欧盟的经验［M］．北京：中国环境科学出版社，2011.

② 苏晓．欧洲风能协会：2011 年欧洲风电装机统计［J］．风能，2012（6）：38-46.

③ 能源产品包括：烟煤、褐煤、泥炭及其副产品；从天然气、矿物油、焦炭等能源中可产生用于发动机燃料的甲醛、抗爆液；水力发电设备和原子能发电厂的电力和热力。

④ 杨杨，杜剑．低碳经济背景下欧盟碳税制度对我国的启示［J］．煤炭技术，2010（3）：12-14.

力立法情况，这些国家在低碳电力能源的立法定位、立法目的上非常明确清晰，以能源安全、可持续发展为立法理念，将能源利用、气候环境保护和经济发展以及经济复苏有机结合起来，明确将应对气候变化作为低碳电力制度建设的目的之一，将发展新能源和可再生能源作为应对气候变化的重要手段，充分发挥低碳电力制度在保障能源安全、保护环境、应对气候变化和促进电力低碳转型中的多重价值。在立法模式上，大多采用低碳电力能源政策与法律并行的模式；在立法体系上，大多采用"立""改""废"相结合的方式，逐步形成了以气候基本法和能源基本法为统领，以综合法为支撑，以各层次专门法为骨干，相关配套法规政策为补充的制度体系。国外低碳电力立法对中国的主要启示如下。

一、理性选择中国低碳电力立法模式

从英国、美国、德国、日本、澳大利亚和欧盟等发达国家或地区的相关低碳电力立法经验来看，通常都是在国家政策和相关法律的共同保障下发展低碳电力，国家政策作为先导、法律作为后续支持。

一方面，这些国家非常注重政策尤其是财政金融政策的运用，通过财政投资、税收、财政补贴、金融贷款等多种方式，激励和引导低碳能源和低碳电力的发展。另一方面，这些国家还非常注重低碳电力和低碳能源法律体系的建构，基本形成了以基本法为统领，综合法和专项法为骨架，其他配套法规为补充的低碳电力能源法律体系架构。

从经济学角度来看，法律制度是一种稀缺性资源，有巨大的立法成本、执法成本和社会成本。付出法律成本的目标在于维护公民的合法权益、保障良好的社会秩序、增进社会福利等。因此，善法须以较小的成本换取较大的社会效益。如果法律成本远高于其社会效益，就应权衡是否用更经济、更有效率的制度供给手段如政策等来替代法律，以此来保证成本付出的经济性。

社会主义法治的基本价值取向在于公平正义，并非只顾效率而忽视正义。如果一项法律不仅未取得社会效益，还降低了社会福利，法律便丧失了其正当性，沦为恶法。① 当效率和公平发生冲突时，应优先保证公平。就低碳电力制度路径选择这一问题来说，必须理性分析立法的成本与社会效益，确保低碳电力法律的正当性，避免法律资源浪费。

具体到低碳电力立法，为实现法律效用最大化，须对低碳电力法律资源进行理性选择，充分考虑立法成本与社会效益，在成本付出小而社会效益高

---

① 杨圣坤. 政府立法的成本与效益分析［J］. 法治论丛, 2010（4）: 131.

的领域，进行立法修法；在立法成本高而社会效益低的领域，审慎立法，可以考虑选择其他制度性工具如政策。

具体来说，理性选择中国低碳电力立法模式，需要权衡和注意以下两类关系。

第一，正确处理政策与法律的关系，合理抉择政策性措施和法律措施。中国应该如何处理政策与法律的关系、是否应该借鉴发达国家的经验值得深思。中国长期以来对政策存在认识偏差，长期奉行"政策治国"，将政策视为人治在法律渊源上的表现，[①] 将政策与法律的关系简单化，将复杂而广泛的政策现象抽象成"拒绝法律"的反法治现象。[②] 在现代社会生活和社会治理过程中，政策几乎无处不在，与法律相比，政策的适用范围更加广泛，而法律也不是唯一的和万能的。因此，在推进法治的过程中，须合理抉择政策性措施和法律措施。

中国制定的涉及低碳能源和低碳电力的政策非常多见，其主要以规范性文件形式呈现。本书认为，在做出抉择时须合理评估政策和法律对低碳能源发电产业发展的有利性，在成本与效益之间权衡，考量二者的经济性，这样才能更充分发挥法律对低碳能源和低碳电力发展的支持作用。

从理论上而言，政策和法律皆为发展低碳电力的有力支撑，并各有优势。政策具有灵活性大、时效性强、成本低等优势，但稳定性差；法律具有稳定性好、规范性强、强制力大等优势，但制定成本较高。在选择制度工具时，应根据各自的优势合理选择。在低碳能源和低碳电力发展初期，适宜选择成本低但灵活性大的政策工具，在低碳能源和低碳电力发展较为成熟期，适宜选择稳定性好且强制力大的法律工具。

就中国目前情况来说，有些领域的低碳化已经比较成熟，有发达国家先进经验可资借鉴，如燃煤火电的清洁化利用、可再生能源发电的发展等，对这些领域更适宜采用稳定性好且强制力大的制度支撑，其立法条件较为成熟，法律对其推动作用更大，选择法律工具，更能获得低投入高效益。而另一些领域的低碳化刚刚起步很不成熟，中国对其认识尚不深入，如果仓促立法，不仅成本高，而且效益低，则适宜采用政策性工具加以规制，政策的灵活性和时效性优势决定了可以根据其发展程度及时调整政策措施，从而获得更大效益。例如，针对碳税制定专门立法尚需时日。

第二，正确处理不同位阶法律的关系，在需要法律规制的领域合理选择不同的法律方案。按照《立法法》的规定，根据制定机关和效力的不同，中

① 周永坤. 法理学：全球视野 [M]. 北京：法律出版社，2010.
② 肖金明. 为全面法治重构政策与法律关系 [J]. 中国行政管理，2013 (5)：36-40.

国的法律按不同位阶和效力等级可以划分为：法律（包括基本法律和其他法律）、行政法规、地方性法规、自治条例和单行条例、部门规章以及地方政府规章等。[①]这些法律分别由不同的机关来制定。[②]在以上立法形式中，法律的效力高于行政法规、地方性法规和规章；行政法规的效力高于地方性法规和规章；地方性法规的效力高于本级和下级地方政府规章。而在所有法律中，宪法效力最高，宪法是国家根本大法，其他一切法律、行政法规、地方性法规和规章等都不能同宪法相抵触。

在立法条件已经成熟，需要法律对低碳能源和低碳电力进行规制时，须正确处理不同位阶和效力等级的法律，合理选择不同的法律方案，避免法律资源浪费，实现效益最大化。

具体来说，一方面，对国家低碳能源和低碳电力发展具有重大战略意义的领域，当条件成熟时，应该选择国家法律的方案，国家立法效力更强、强制力更大且效力范围更广，更有利于低碳能源和低碳电力的可持续发展。同时，如果选择了国家立法方案，还须权衡好综合性立法和专门立法的关系，根据低碳能源和低碳电力发展需要进行合理选择，以期更合理地利用法律资源，保持低碳能源和低碳电力的可持续发展。

另一方面，对范围相对狭小、目标容易实现的低碳电力领域，则不一定选择国家立法方案，而可以选择行政法规、部门规章或者选择仅适用于特定行政区域的地方性法规或规章等。同时，在国家综合性能源立法和专门性低碳能源立法中确立起鼓励性条款，从而保证对该领域进行规制的法律的低成本与高效率。例如，对中国规制高碳排放的法律方案，目前试点的七省市碳排放权交易地方性法规和地方政府规章体系已建立，但全国性的规制高碳排放的国家立法尚未建立，在条件成熟时亟须跟进。这样做既有利于节约有限的立法资源，也有利于充分发挥不同层级相关立法的效用，获得最大的投入产出效益。

总之，低碳能源和低碳电力立法的完善须以客观的法律需求为前提，立足于低碳能源和低碳电力发展的不同历史时期合理选择不同的法律方案，既能节约法律成本，又能提高法律效益，实现低碳能源和低碳电力可持续发展目标。

---

① 详见《中华人民共和国立法法》第2条、第7条、第65条、第72条、第75条、第80条、第82条。

② 基本法律由国家最高权力机关——全国人民代表大会制定，全国人民代表大会常务委员会制定除应当由全国人民代表大会制定的法律以外的其他法律；国家最高行政机关——国务院制定行政法规；省、自治区、直辖市和较大的市的人民代表大会及其常务委员会制定地方性法规；民族自治地方的人民代表大会制定自治条例和单行条例；国务院各部委、中国人民银行、审计署和其他直属机构制定部门规章；省、自治区、直辖市和设区的市、自治州的人民政府制定地方政府规章。

基于以上分析，本书认为，中国低碳电力立法适宜采取分散立法的模式，并不适合制定一部综合性的基本法——《低碳电力法》。一方面源于立法资源的有限，中国已有电力领域的基本法——《电力法》，为避免资源浪费，不适宜再对低碳电力进行国家立法；另一方面源于规范低碳电力的政策和法律方案已初具规模，如果加以进一步完善和体系化，足以起到规范低碳电力的作用。因此，健全和完善中国低碳电力法律制度至关重要。

二、完整建构中国低碳电力法律制度

在理性选择中国低碳电力立法模式的基础上，还应考虑完整建构中国低碳电力法律制度。只有健全低碳电力法律制度，才能从制度上切实保障低碳电力可持续发展。因此，须从建构中国低碳电力基本法律制度和具体法律制度两方面着手，形成完整的法律制度。

（一）中国低碳电力基本法律制度

英国、美国、德国、日本、澳大利亚和欧盟等发达国家或地区都极为重视基本法律制度的建设，形成了以能源法、气候变化法等基本法为统领的法律制度体系。例如，英国的《气候变化法》、美国的《能源政策法案》、德国的《可再生能源法》、日本的《全球气候变暖对策基本法》等。在基本法的统领之下，可再生能源法、清洁能源法、碳捕获与封存法等专项法以及其他配套法规协调配合，对于控制温室气体排放起到了很重要的作用。中国完全可以借鉴这些国家或地区的典型经验，构建完整的中国低碳电力基本法律制度。

1."能源法"

"能源法"历经数十年的起草、征求意见、专家建议、送审和修改等多个环节，但迄今为止尚未出台，在多数能源单行法相继出台的立法背景下，"能源法"作为统领能源单行法的能源领域"宪法"，理应尽快出台。在低碳经济背景下，"能源法"立法时需注重以下几个问题。

（1）"能源法"的立法定位。关于拟制定"能源法"的立法定位，不同的学者有不同的观点，这些观点大致包括：①"能源法"应定位于综合性、基础性法律[①]；②"能源法"应定位于由全国人大制定的作为能源基本法的

[①] 持这一观点的代表性学者包括叶荣泗、石少华和李艳芳教授。详见：

叶荣泗. 回顾与展望改革开放以来的我国能源法制建设 [J]. 郑州大学学报：哲学社会科学版，2009，42（3）：61-64.

石少华. 法治何以推动能源革命 [J]. 能源评论，2015（4）：62-63.

李艳芳. 论我国《能源法》的制定：兼评《中华人民共和国能源法》（征求意见稿）[J]. 法学家，2008（2）：92-100.

法律①；③"能源法"应定位于能源基本法，但并非一定要由全国人大制定；② ④"能源法"应定位于能源领域内的基本政策法③。

综合学者们的观点，本书认为，"能源法"应定位在能源法律体系中的基本法，该法在内容上能够明确提炼中国能源立法的核心价值，同时确立能源法律领域的基本制度框架。主要理由如下。

第一，能源在国民经济中具有综合性和基础性的地位。能源对资源具有依赖性、能源利用具有可转换性、能源结构具有可优化性、能源品种具有可替代性，能源的这些特点对中国经济发展方式有深远的影响。要推进整个能源系统朝着低碳可持续的方向变革，必须确立"能源法"的基本法地位。

第二，对于能源领域内部的整体性和宏观性问题、综合性和共通性问题，需要一部基本法律进行全面和统一规范。例如，能源战略规划、能源结构调整、能源环境保护、能源监督与管理等，这些问题各专门性法律或单行法律因其局限性都不能合理解决，只有"能源法"能解决这些综合性和战略性重大问题。

第三，符合能源法律制度体系建设规律。目前中国已颁布了《煤炭法》《电力法》《可再生能源法》《节约能源法》等能源单行法，今后还将制定和颁布"石油天然气法""原子能法"等其他能源单行法。为了使能源单行法内容协调、理念统一、体系完善，需要一部具有统领作用的基本能源法律，亦即"能源法"。

（2）"能源法"的立法理念和立法目的。"能源法"作为能源领域基本法，应确立低碳化利用理念，突出节能减排、优化能源结构、提高能源效率、保障能源供给和使用安全、维护生态环境，促进可持续发展的立法目的。而确定这样的立法理念和立法目的，主要原因如下。

第一，全球气候变暖的大背景，导致节能减排、控制温室气体排放成为世界关注焦点。中国目前虽不具有强制性减排义务，但中国作为最大的发展中国家，同时也作为负责任大国，面临着减少和控制温室气体的巨大国际、国内压力。

---

① 持这一观点的代表性学者包括肖国兴教授和常纪文研究员。详见：

肖国兴.节能与能源立法研究：我国《能源法》起草中应考虑的几个问题 [J].法学，2007（2）：111-115.

常纪文.《能源法》不应是以往相关法律的简单叠加 [N].科学时报，2009-03-13（A04）.

② 持这一观点的代表性学者是张璐副教授。详见：张璐.论我国能源法律体系的应然构建与完善发展 [J].北京理工大学学报：社会科学版，2011（5）：107-111.

③ 持这一观点的代表性学者是胡德胜。详见：胡德胜.关于拟制定《能源法》的定性定位问题 [J].江西理工大学学报，2015（6）.

第二，在经济"新常态"下，能源行业的发展将越发受到生态环境的约束，能源行业须深层次调整能源结构，增加低碳能源比重，以实现能源可持续发展。

2.《电力法》

《电力法》是中国电力领域的基本法，但该法自 1995 年出台并于 1996 年实施以来，仅做了个别条文的修改，未做系统而全面的修订。20 多年来，中国特色社会主义市场经济发生了深刻的变革，电力体制也进行了两轮改革，1996 年《电力法》完全不适应现今时代发展需要，需进行全面修订。《电力法》全面修订时需注重以下几个问题。

（1）《电力法》的立法定位。1995 年，《电力法》刚制定时将其定位为行政管理法。随着中国电力体制改革不断向纵深发展，出现了许多制约电力产业可持续发展的突出矛盾和深层次问题。以煤炭为主的火力发电造成了环境污染和温室效应，一方面亟须加快燃煤发电升级与改造，降低供电煤耗、污染排放，另一方面亟须加快结构调整，提高可再生能源等低碳能源的发电比例，以此来打造高效、清洁、可持续发展的电力产业"升级版"。

以可再生能源为主的低碳能源发电虽然发展较快，有些甚至发展迅猛，却遭遇了上网消纳难的瓶颈，导致弃水弃风弃光限电的严重问题，从而使得发出来的电白白浪费，与低碳可持续发展的目标背道而驰。现行《电力法》已经完全不能应对当前的紧张形势，与电力行业生产力要求和生产关系特征严重脱节，与环境保护和可持续发展的要求相去甚远。因此，《电力法》及其配套法规亟须修改完善，其立法定位应为能源单行法或能源领域的专门法。

（2）《电力法》的价值理念。《电力法》作为能源单行法，修订时应以"能源法"确立的立法宗旨和基本制度作为参照系，"能源法"的立法宗旨是节能减排、提高能源效率、优化能源消费结构、保障能源使用安全、维护生态环境，促进社会可持续发展，其立法理念是低碳化。

《电力法》修订时，应以生态文明、低碳可持续发展作为立法理念和价值目标，重点关注《电力法》与能源基本法和其他能源单行法的衔接、低碳电力制度的建立、电力市场体制的完善、电力监管体制的健全以及促进低碳能源开发利用和节能事业的发展，并将节能减排、低碳可持续发展的理念、目的和制度贯彻到电力行业应对气候变化的具体措施中，反映新一轮电力体制改革的成果。

3.《可再生能源法》

《可再生能源法》是综合性低碳能源法，该法于 2005 年出台并于 2006 年实施，但该法最大的不足就是原则性太强、授权立法过多、可操作性不强，亟须修改和完善。完善《可再生能源法》时应注重以下几个问题。

（1）《可再生能源法》的立法定位。发展低碳能源是应对气候变化的治本之策，在相关能源基本法中，须确立中国长期的低碳能源发展战略和远景。《可再生能源法》是规范低碳清洁能源的法律，但该法在立法定位上不明确，没有将《可再生能源法》定位为中国的综合性低碳能源法。中国现行立法确认的可再生能源的范围只包括了低碳清洁能源的一部分，即风能、太阳能、生物质能等能源，没有前瞻性，缺乏最具传统能源替代潜力的种类，如原子能、氢能等。

从中国目前可再生能源发展状况和资源潜力来分析，《可再生能源法》立法确认的几种可再生能源只是化石能源的必要补充，当前还很难有效替代传统化石能源的利用。而从世界新能源研究成果看，目前世界上最具潜力的新能源是以氢能为代表的低碳新能源，氢能真正具有大规模替代化石能源的潜质，它具有成本低廉、能效巨大、取之不尽、用之不竭的特点，一旦突破技术难关，就能真正替代传统化石能源。因此，在条件成熟时，应进一步完善《可再生能源法》，吸纳氢能等低碳新能源，扩大低碳能源的发展范围，将其定位为中国的综合性低碳能源法，可将其更名为《低碳能源法》或《绿色能源法》。这是确保未来能源供给安全、推动低碳转型的必然制度选择。

（2）《可再生能源法》的立法目的。《可再生能源法》的立法目的需要进一步拓展，应在现行立法目的上增加"应对气候变化、减少温室气体排放"，以使得《可再生能源法》"保护环境"的立法目的更明确、更具体。现行立法目的不明确主要源于对发展可再生能源的认识不到位。包括国家有关部门、地方政府和社会公众等都对可再生能源的地位和作用认识不到位，国家有关部门没有及时制定和完善配套法规，地方政府"重常规能源、轻可再生能源""重经济成本、轻环境成本""重 GDP、轻环境代价""重政绩、轻责任"，社会公众不够关注可再生能源的开发利用等，造成可再生能源的社会效益和环境效益价值不能彰显。如果能在立法目的上体现可再生能源的重要环境价值，则能促使国家有关部门、地方政府和社会公众更加重视可再生能源，从而更加有利于可再生能源的长远发展。

（二）中国低碳电力具体法律制度

英国、美国、德国、日本、澳大利亚和欧盟等发达国家或地区都极为重视具体低碳电力能源制度的建构。典型的如英国的可再生能源义务制度（可再生能源配额制）、美国的电力需求侧管理制度、德国的固定电价制度、日本的能源节约制度、澳大利亚的碳捕获与封存技术创新制度、欧盟的碳排放权交易制度等。

在具体采用何种低碳电力制度时，各国通常都会根据本国的具体国情（如电力体制改革实际情况、市场发育成熟程度等）来综合考量；同时，围绕实现碳减排、保护环境和电力行业低碳转型的目标，各国在设计具体制度时都进行了充分细化，使其具有很强的操作性和实用性。这些国家或地区的典型经验带给中国极大的启示，中国须从电力系统发输配用等环节建立健全低碳电力具体法律制度。

1. 发电侧具体低碳法律制度

（1）发电侧高碳电力规制法律制度。首先，在高碳规制法律制度建设上，立法层级较低，缺乏上位法，中国目前的碳交易法律体系尚不成形，高碳电力排放规制制度立法位阶低，基本上依据政府规章、地方性法规和规章以及规范性文件来进行规范；其次，在碳排放权交易的重点制度的具体设计方面，相关制度内容欠缺，立法尚属空白，中国还没有关于碳税的专门法律制度，包括碳捕获和封存制度框架、市场准入与退出制度、碳排放计量监测与标准制度等在内的科技创新制度都亟须完善。

（2）发电侧低碳电力激励法律制度。首先，在财政激励法律制度建设上，中国低碳电力财政激励法律依据不明确，中国目前对财政补贴缺乏明确的法律规定，仅仅依据政府规章和部门规章进行规范，没有单行法律；其次，中国低碳电力财政激励法律规范位阶低；再次，中国低碳电力财政激励制度覆盖面狭窄，低碳电力税收优惠仅涵盖了资源税、所得税和增值税三个税种；最后，中国低碳电力财政激励制度内容不健全，表现在财政补贴对象不完整、补贴期限和补贴数额不明确、征税范围狭窄、税种少、一些税种税率低等。

2. 输配侧具体低碳法律制度

输配侧是连接发电侧和需求侧的桥梁和纽带。在输配侧法律制度建设上，中国还存在一些问题，主要表现在：《电力法》《价格法》《可再生能源法》等上位法修订不及时，《原子能法》《水电法》等法律缺位，法律制度过于原则，可操作性不强。

（1）输配侧科技创新法律制度。健全科技创新制度至关重要。电力行业实现低碳化的关键是低碳电力科技创新。目前，中国规范输配侧科技创新的制度建设存在欠缺，需要全面修订《电力法》、配套法规及各项财税金融法规，将新技术带来的涉法问题纳入到法律条文中。

就智能电网制度建设来看，中国智能电网在法律制度建设上还存在着不足，《可再生能源法》对发展和应用智能电网仅作了原则性规定，现行《电力法》没有对智能电网做出规定，完善的思路是："能源法"应规定智能电网的地位和作用，《电力法》修订要适应智能电网发展的需要。

（2）输配侧低碳电力激励法律制度。完善低碳电力激励制度不可或缺。目前，中国规范输配侧低碳电力激励的制度建设存在欠缺，表现在电价形成机制尚未理顺、可再生能源优先发电制度存在缺陷等方面。

就电价形成机制来看，中国须健全和完善低碳能源上网电价形成机制，明确规定高碳电力上网电价的环境成本，完善输配电价体系等。

首先，须完善低碳电力上网固定电价及补贴制度。《电力法》第35条明确规定电价分为三种：上网电价、电网销售电价和电网间的互供电价。[①] 由于中国电力价格实行统一定价原则，消费者通过电网消费电力支付同样的电网销售电价，并不区分其所用电力是高碳电力还是低碳电力。因此，本书不研究售电侧的销售电价。中国当前适宜对低碳电力上网实行差异性的固定电价制度，同时给予适度补贴。当前需要进一步完善《可再生能源法》及其配套实施细则，同时结合不同类型低碳能源自身的特点，理顺、完善低碳能源上网电价形成机制。

其次，对高碳电力上网电价应进行规制。当前，高碳电力上网电价中不包括因燃烧化石能源而排放温室气体的环境成本，从而造成低碳电力上网电价缺乏竞争力，不利于低碳电力的发展。因此，须对高碳电力上网电价进行规制，将高碳电力燃烧不可再生的稀缺化石资源的成本通过提高能源税税率的方式体现在成本中；同时，将高碳能源发电排放二氧化碳等温室气体而对环境造成的负外部性影响通过环境税和适时开征碳税的方式内化为经济成本，在高碳电力上网电价中体现出来。《电力法》全面修订时，应健全和完善电价形成机制，包括明确规定高碳电力上网电价的环境成本、低碳电力上网固定电价及补贴等。

最后，明确界定输配电价为"过网费"。在《电力法》中明确规定输配电价体系。

就可再生能源优先发电制度来看，相关的制度完善措施应明确规定在《可再生能源法》及其配套实施细则中。

---

① 《中华人民共和国电力法》第35条：本法所称电价，是指电力生产企业的上网电价、电网间的互供电价、电网销售电价。电价实行统一政策，统一定价原则，分级管理。

3. 需求侧具体低碳法律制度

需求侧是电力用户消费环节。从立法来看，中国已在相关政策和部门规章层面规定了电力需求侧管理办法，明确提出了有序用电和节约用电制度；从实践来看，目前电力工业粗放式的发展方式意味着中国的节能节电空间还很大。

一方面，坚持节能优先原则，积极开展电力需求侧管理，提高低碳能源发电技术，促进能源结构优化、产业升级和节能减排。另一方面，提高立法的位阶。从国务院行政法规的层面建立和健全有序用电和节约用电制度、能效管理制度、低碳认证制度等有利于节能减排、低碳可持续发展的制度。

修订后的《电力法》应明确规定需求侧管理制度，在配套的实施细则中明确电价响应制度。须将有序用电制度上升到《电力法》《节约能源法》等法律的层面进行规范。进一步完善节约用电制度，并在其实施细则中明确规定节约用电的激励措施，以及供电企业的用电管理责任。

此外，"能源法"应将需求侧管理制度作为一项能源基本制度固定下来。《节约能源法》须进一步明确低碳标准以及节能产品认证、低碳产品认证、节能产品标识、低碳产品标识等标准标识与认证制度。

综上所述，中国低碳电力基本法律制度和具体法律制度如表5-1所示。

表5-1　中国低碳电力基本法律制度和具体法律制度

类别	法律性质	法律名称	主要制度
中国低碳电力基本法律制度	能源基本法	"能源法"	能源战略规划制度、低碳能源激励制度、节能减排制度、能源安全保障制度、能源监管制度等
	能源单行法	《电力法》	电力综合规划制度、电力监管制度等
	综合性低碳能源法	《可再生能源法》	低碳能源总量目标制度、可再生能源监管制度等
	其他各配套立法	其他法律、行政法规、规章、地方性法规等各层次低碳电力相关法律规范	关于低碳电力的相关制度规定

续表

类别	法律性质	法律名称	主要制度
中国低碳电力具体法律制度	具体法	发电侧低碳电力法律制度	发电侧高碳电力规制制度：碳排放权交易制度、高碳能源碳税制度、低碳标准制度、发电市场准入和退出制度、电量市场交易制度等 发电侧低碳电力激励制度：低碳电力税收优惠制度、低碳能源发电补贴制度、金融激励制度等
	具体法	输配侧低碳电力法律制度	输配侧低碳电力科技创新制度：智能电网法律制度、低碳电网法律制度、可再生能源并网技术创新法律制度等 输配侧低碳电力激励制度：上网电价和输配电价制度、可再生能源优先发电制度等
	具体法	需求侧低碳电力法律制度	需求侧管理法律制度：电力需求侧规划制度、政府监管制度、需求侧电价响应制度、有序用电和节约用电制度、节能标准标识与认证制度等 需求侧低碳电力激励制度：税收激励制度、金融激励制度、财政补贴制度、差别电价制度、合同能源管理制度等

本章小结

本章从实体法立法层面探讨了国外低碳电力立法经验与启示，深入剖析了英国、美国、德国、日本、澳大利亚和欧盟等发达国家或地区低碳电力立法经验，为中国低碳电力法律制度建构提供借鉴。

本章指出：英国、美国、德国、日本、澳大利亚和欧盟等发达国家或地区在低碳电力能源的立法定位、立法目的上明确清晰；在立法模式上，大多采用低碳电力能源政策与法律并行的模式；在立法体系上，大多采用"立""改""废"相结合的方式，基本形成了以基本法为统领，综合法和专项法为骨架，其他配套法规为补充的低碳电力能源法律制度体系。

借鉴国外低碳电力立法经验，在立法模式上，中国低碳电力适宜采取分散立法的模式。在制度构建上，须从实施国家能源战略全局出发，坚持立法与修法并重，完善能源等各领域立法，并在相关立法中引入低碳和可持续发展理念，完整建构中国低碳电力法律制度，包括：建构和完善"能源法"、《电力法》和《可再生能源法》等基本法律制度；建立和健全电力系统发输配用等环节的具体法律制度，即发电侧具体低碳法律制度、输配侧具体低碳法律制度和需求侧具体低碳法律制度。

第六章　发电侧低碳电力法律制度

在第五章借鉴国外低碳电力制度经验，搭建中国低碳电力基本法律制度体系框架后，本章选择从发电侧低碳电力法律制度入手，开始分析低碳电力法律制度体系中的具体制度。所谓发电侧，即"供给侧"，与"需求侧"相对。电力行业二氧化碳等温室气体的排放主要来源于发电侧，当前发电侧中火力发电在能源结构中占据着主导地位，水电、风电、太阳能发电、核电、生物质能发电等低碳能源发电仅起到次要作用。

火力发电通过燃烧煤炭、石油等化石能源将热能转化为电能，在电力生产的过程中，伴随着二氧化碳等温室气体的排放。因此，如何从发电侧源头上规制火力发电，同时激励和扶持零排放或低排放的低碳能源发电成为重中之重，发电侧高碳电力规制与低碳电力激励，犹如鸟之双翼、车之双轮，不可偏废，从政策法规制度建构和完善角度来研究发电侧低碳电力法律制度显得至关重要。鉴于发电侧是碳排放的源头，故本章对其进行重点论述。

第一节　发电侧高碳规制法律制度

发电侧须对高碳电力碳排放采取控制性措施——规制制度，促进电力企业进一步调整能源结构，缩减火电等高碳产业发展，扶持和鼓励低碳电力产业发展，削减温室气体排放，实现经济、社会和环境的可持续发展。

一、发电侧高碳规制法律制度的理论依据与必要性

（一）发电侧高碳规制法律制度的理论依据

高碳电力排放规制制度的理论基础是环境污染的外部性和科斯定理。

所谓外部性，是指"一个生产单位的生产行为（或消费者的消费行为）对其他生产单位（或消费者）造成影响，却没有将这种影响计入市场交易的成本之中"[①]。外部性可分为负外部性和正外部性等类型。环境经济学认为，

---

① 巴里·菲德尔，玛莎·菲德尔. 环境经济学 ［M］. 原毅军，陈艳莹，译. 北京：中国财政经济出版社，2006.

环境问题的产生源于经济活动的负外部性。

火力发电是典型的负外部性行为，火力单位发电要消耗几百克标准煤，同时产生煤炭的开采、运输、燃烧、排放等环境损害成本，然而，环境损害成本却没有反映在火电产品的价格之中。相比之下，风能、水能、太阳能等这些能源发电的燃料成本都是零，并且发电本身不产生排污行为，不存在环境损害的成本，是正外部性行为。因此，必须对火电的高碳排放进行规制，使负外部性内部化。

为了解决外部性问题，罗纳德·科斯（Ronald Coase）于 1960 年发表了《社会成本问题》一文，其主张利用市场和产权界定的方法来解决外部性问题。在交易费用为零或者很小的情况下，无论权利如何进行初始配置，当事人之间的谈判都会实现资源配置的帕累托最优（pareto optimality）。[①] 在交易费用不为零的情况下，因为交易费用的存在，不同的权利配置界定会带来不同效益的资源配置，此时产权制度的设置是优化资源配置的基础。

科斯定理奠定了碳排放权交易制度的理论基础。碳排放权交易制度正是基于总量控制下的配额交易制度，配额如何确定和分配，如何监督和管理，碳排放权如何定价等权利设置问题，关涉企业能否意识到碳排放权的资源属性，促使其低成本地实现碳减排目标。

电力行业是二氧化碳排放大户，火电企业，包括煤电、油电等均属于高碳排放企业，火电生产的全过程对环境和人们健康带来损害，而在火电电价中又未充分反映环境污染成本以及给人们生命及健康带来的损害等成本，是典型的负外部性的例子。

中国 2013 年启动的七省市碳排放交易试点已将电力行业纳入碳交易覆盖范围；2017 年，国家发改委印发了《全国碳排放权交易市场建设方案（发电行业）》，[②] 标志着以发电行业为突破口，中国完成了碳排放交易体系的总体设计并率先启动全国碳排放交易体系。

（二）发电侧高碳规制法律制度的必要性

二氧化碳等温室气体的排放主要来自能源部门中的电力行业，而电力行业中的发电侧又是温室气体排放的主要来源。从中国二氧化碳排放结构来分

---

① "帕累托最优"这个概念以意大利经济学家维弗雷多·帕累托的名字命名，也称为帕累托效率，是指资源分配的一种理想状态，假定固有的一群人和可分配的资源，从一种分配状态到另一种状态的变化中，在没有使任何人境况变坏的前提下，使得至少一个人变得更好。帕累托最优是公平与效率的"理想王国"。

② 关于印发《全国碳排放权交易市场建设方案（发电行业）》的通知（发改气候规〔2017〕2191 号），2017 年 12 月 18 日。

析，中国的电源结构以火电为主，火电又以燃煤发电为主要发电方式，导致中国电力行业碳排放量占所有燃烧化石能源总碳排放量的比重最大。由此可见，火电企业的减碳是关键环节，而如何减碳则成为关注焦点。

在中国当前经济发展条件下，低碳能源发电尚处于初步发展阶段，高碳火力发电还不能完全取消或退出历史舞台，因此，当前对高碳能源发电进行规制至关重要。采取经济政策性制度、技术性制度、行政性和法规性制度是规制高碳电力碳排放的重要手段。在市场经济条件下，经济政策性制度、行政性和法规性制度将起着越来越重要的作用。

二、发电侧高碳规制法律制度的应然内容

（一）经济政策性制度

（1）碳税（carbon tax）。碳税是针对二氧化碳排放所征收的税，是达到既定碳减排目标成本最小的减排政策工具。

（2）排放权交易（emissions-trading program）。排放权交易是指对二氧化硫、化学需氧量等主要污染物和二氧化碳等温室气体的排放量所进行的交易。排放权交易概念源于 20 世纪，起源于美国的排污权交易概念。

（3）复合排放权交易体系（compound emissions trading system），是指"将以数量为基础的一般排放权交易制度和以价格为基础的碳税结合起来，为排放权价格设定了安全限制（safety valve）的系统"①。

（二）行政性和法规性制度

行政管理制度是政府运用公共权力，为了对个人和组织的行为进行限制与调控，制定的特定标准或规则。法律是由国家制定的，并以国家强制力保证实施的行为规范的总和。现代国家往往综合运用行政性和法规性制度来规制市场经济，行政性和法规性制度强制效果显著。对发电侧高碳电力碳排放规制来说，主要包括以下几种制度。

1. 市场准入制度

目前，中国发电市场主体主要包括火电、水电、风电、光伏发电、核电、生物质发电等。市场准入是对市场进入主体的一种规制或限制，要求符合法定的条件才可进入某一特定市场。由于火电依靠燃烧煤炭等化石能源来发电，排放温室气体，对环境的影响很大，而低碳能源发电不消耗化石能源，不排放温室气体，对环境的影响很小，因此明确不同电力（电源）的市场准入资

---

① 周新军. 国内外碳排放约束机制及减排政策［J］. 当代经济管理，2013（5）：35-39.

格对于保护环境至关重要。

发电侧对于增加火电电源项目（即新建火力电源项目）应实行严格的准入制度标准；而对于增加低碳能源发电项目（即新建低碳能源发电项目）实行较低的市场准入标准。

2. 市场退出制度

市场退出，是指企业由于各种原因将投资或产品等从原有产业或市场领域退出。市场退出包括产品退出、产业退出和企业整体退出。其中，企业整体退出又可分为自然退出、被动退出和主动退出三种情况。就电力行业来说，为了鼓励节能高效环保机组多发电出力，抑制高耗低效机组发电出力，中国应从政策法律制度上进行规制，淘汰落后产能，强制"三高"企业适时退出。

3. 电量交易制度

长期以来，中国实行计划电量分配制度。政府制定发用电计划是计划经济时代遗留的产物。改革开放初期，政府制定发用电计划主要目的是解决中国当时大范围电力短缺问题。在这种电力生产模式下，高效环保节能发电机组得不到高发电指标，其在低煤耗和低排放方面的优势不能充分发挥，而低效小机组却吃"大锅饭"，出现大、小机组利用小时数倒挂现象。

随着中国电力工业的发展，供不应求的局面得到改善，部分地区甚至出现供过于求的现象，而传统计划电量分配制度所坚持的"公平分配"原则，一定程度上阻碍了高效环保机组的利用和可再生能源发电的消纳，不利于提高社会整体的用电效率，已经无法适应市场化发展的需要。

电力是商品，理应按照商品经济规律来进行资源配置。在整个发电侧电量配给上，应该破除计划电量分配制度，除政府公益性和调节性计划外，实行市场化的电量交易制度。

4. 碳减排法律制度

通过法律制度来对碳排放进行规制是世界上很多国家的做法。中国《"十三五"控制温室气体排放工作方案》明确承诺"到2020年，单位国内生产总值（GDP）二氧化碳排放比2015年下降18%"的约束性指标。根据中国的国情，完全依靠市场手段是完不成上述碳减排目标的。本书认为，除了市场手段，高效的行政手段和强硬的法律手段是未来中国碳减排的重要手段。就发电侧碳减排法律制度来说，至少应涵盖以下法律制度和措施。

第一，温室气体排放目标责任制度。须强化控制温室气体排放目标责任，对相关主体的目标完成情况进行考核评价，辅以对应的奖励和惩罚机制，充分发挥碳减排目标对低碳发展的引领作用。

第二，持续优化产业结构和能源结构。经过多年的努力，中国应对气候变化和低碳发展成效显著，以煤炭为重心的火力发电占比持续下降，非化石能源发电占比持续上升。为了实现 2020 年碳减排目标，未来中国须持续优化产业结构和能源结构。

第三，稳步推进全国碳排放权交易市场的建设。2011 年以来，七省市碳排放权交易试点为建立全国统一的碳排放权交易市场积累了一定的经验，2017 年，中国以发电行业为先驱，启动全国碳排放交易体系。依靠市场化手段，逐步完善市场机制，充分发挥市场机制在控制温室气体排放方面的作用，为碳减排注入新的活力。

5. 碳排放计量、监测和低碳标准制度

低碳标准①是技术性的环境法律规范。一些发达国家制定了完善的碳排放计量、监测和低碳标准，并将其作为本国碳减排管理体系的组成部分。例如，美国环保署用标准化手段来设定碳排放监测方法和计量工具，美国碳基金组织推动的碳标签制度使用碳足迹协议进行验证；英国 2008 年发布《产品与服务生命周期温室气体排放评估规范》，提出碳预算体系和碳足迹测量新标准，该标准是英国第一部统一的产品和服务的碳足迹测量标准；日本 1990 年就制定了阻止全球气候变暖行动计划，经济产业省拟定了统一的碳排放量计算与标识方法，环境省建立了国家排放清单和国家排放报告，并由认证委员会负责核查。②

2009 年，北京环境交易所联合中国林权交易所、BlueNext 交易所和美国 Winrock 共同研发出中国本土的含有温室气体减排项目碳减排量核算的新方法学——"熊猫标准"，并运用于中国新疆、四川等地的减排项目中。③ 2015 年 11 月，中国国家标准委批准发布了 11 项温室气体管理国家标准，④ 包括《工业企业温室气体排放核算和报告通则》以及发电企业等 10 个重点行业温室气体排放核算方法与报告要求，新标准于 2016 年 6 月正式实施，实现了中国温

①　低碳标准是在综合考虑经济、技术、社会、生态等各种因素的基础上，以技术要求和量值规定为主要内容，以减少温室气体排放为主要目的的环境标准，是经由法定程序确定的技术性环境法律规范。

②　周新军. 国内外碳排放约束机制及减排政策 [J]. 当代经济管理, 2013 (5): 35-39.

③　The panda standard [EB/OL]. [2013-05-16]. http: www.pandastandard.org/standard/standard.html.

④　关于批准发布《工业企业温室气体排放核算和报告通则》等 11 项国家标准的公告（中华人民共和国国家标准公告 2015 年第 36 号），国家质量监督检验检疫总局、国家标准化管理委员会，2015 年 11 月 19 日。

室气体管理国家标准从无到有的重大突破。

（三）科技创新制度①

发电侧高碳电力碳排放规制离不开科技创新，技术创新是电力行业实现低碳化的关键。这些技术主要包括高效清洁的发电技术、可再生能源发电技术、碳捕获与封存技术（carbon capture and storage technology，CCS）等。

第二节 发电侧低碳激励法律制度

财政手段、金融手段是国家为实现发展目标主要采用的激励手段，其实施需要通过具体制度设计来实现。财政手段有税收、国家预算、财政补贴、财政投资、国债等不同类型，其中，税收和财政补贴是现代政府对市场经济进行宏观调控最常使用的策略，在市场经济条件下，税收和财政补贴具有配置资源、调节需求总量以及调节经济结构等作用；金融手段有排放权交易、信贷、融资担保、股权或债券融资、产业发展基金等不同形式。低碳电力产业尚处于初步发展阶段，需要国家的财政激励制度与金融激励制度进行扶持。

一、发电侧低碳激励法律制度的理论依据与必要性

（一）发电侧低碳激励法律制度的理论依据

低碳电力激励制度的理论基础是经济外部性理论、庇古理论和科斯定理。

经济外部性理论（the theory of economic externalities）和庇古理论（pigou theory）是发电侧低碳电力激励法律制度的理论依据。1890 年，著名经济学家阿尔弗雷德·马歇尔（Alfred Marshall）在其经典著作《经济学原理》中首次提出"外部经济"（external economies）和"内部经济"（internal economies）的概念，"外部经济"又分为正外部性（positive externality）和负外部性（negative externality）。

1920 年，福利经济学创始人、英国著名经济学家亚瑟·赛斯尔·庇古（A. C. Pigou）在其名著《福利经济学》中首次系统阐述了外部性问题。庇古应用边际分析方法，分析了私人生产成本与社会生产成本，指出边际私人成本与边际社会成本不一致时就出现了外部成本。

政府应当采用税收或财政补贴的方式来解决经济活动中的外部性问题，即对负外部性征税，对正外部性给予补贴。对于电力行业，依靠燃烧高碳能

---

① "科技创新制度"将在第七章"输配侧低碳电力法律制度"中重点论述，故本章不再赘述。

源生产电力的火电企业的排放行为具有典型的负外部性，需要通过增加税收的方式进行规制；而依靠低碳能源进行电力生产，负外部性影响较小，在税收方面可以适当优惠甚至给予财政补贴。

财政制度是政府干预市场经济、进行宏观调控的主要策略[①]，其基本手段包括以下几种。

（1）税收（tax revenue）。税收是"基于政治权力和法律规定，以实现国家公共财政职能为目的，由政府专门机构向居民和非居民就其财产或特定行为实施强制、非罚与不直接偿还的金钱或实物课征"[②]。税收具有组织财政收入、调节社会经济和监督经济活动的职能。

（2）国家预算（national budget）。国家预算也称政府预算，是经法定程序批准的政府年度财政收支计划，它规定政府活动的范围，帮助实现政府财政职能，反映政府施政方针。

（3）财政补贴（financial subsidy）。财政补贴是依据经济发展规律和特殊政策需要，通过财政转移的方式，针对企业或个人直接或间接地提供经济补偿，以达到经济稳定协调发展和社会安定的目的。

（4）财政投资（financial investment）。财政投资是一种集中性、政策性投资，它以政府为主体，将通过不同方式和渠道筹集来的资金用于国民经济各部门，是政府财政支出中的重要部分。

科斯定理（Coase theorem）是实施金融激励制度的理论依据之一。与庇古理论主张通过收费与补贴方式解决外部性问题不同，科斯定理主张通过权利交易方式来解决外部性问题。[③] 具体到碳排放领域，政府首先确定当地一定时期内允许的碳排放量不超过 x 吨，然后向企业发放 x 吨碳排放权，并规定企业排放 1 吨温室气体必须使用 1 吨排放权冲抵，同时允许碳排放权交易。只要 x 的数值小于当前的碳排放总量，市场中的碳排放权就会有一个正的价格。在市场中，高碳企业的实际碳排放量往往会超出其拥有的碳排放权数量，从而必须到市场中购买碳排放权；相反，低碳企业往往在冲抵自身碳排放量后还有碳排放权剩余，从而可以将碳排放权在市场中出售获利。有需求亦有供给，市场交易就会发生。高碳企业为减少购买碳排放权的成本，有动力通过改进技术等方式减少碳排放；低碳企业为增加盈利，也有动力通过改进技术等方式进一步减少碳排放，从而推动外部性问题的解决。

---

① 戴维·M. 萨缪尔森, 威廉·诺德豪斯. 经济学［M］. 北京：华夏出版社, 1999.

② 郭晓红. 国家税收［M］. 厦门：厦门大学出版社, 2008.

③ Ronald H. The problem of social cost［J］. Law and Economics, 1960（3）：1-44.

（二）发电侧低碳激励法律制度的必要性

开发利用低碳能源是保护环境、应对气候变化的重要举措。所谓能源低碳化，就是要开发和发展对环境、气候污染较小的低碳替代能源。低碳能源包括清洁能源（如核能）和可再生能源（如风能、水能、太阳能以及生物质能等）。低碳能源是低碳电力的主要能源来源，低碳能源的发展状况影响甚至决定低碳电力的发展。

当前，低碳电力发展受制于低碳能源技术成本、市场容量和上网保障等因素的制约。中国低碳电力发电成本远高于煤炭发电等高碳能源。据统计，中国煤炭发电成本为 44 美元/兆瓦时，陆上风力平准度电成本为 77 美元/兆瓦时，燃气发电成本为 113 美元/兆瓦时，太阳能光伏发电成本为 109 美元/兆瓦时。[①]发电成本高制约了低碳能源市场发展，市场狭窄给其降低成本造成障碍，上网困难又导致弃风、弃光、弃水等现象层出不穷，由此形成恶性循环。因此，采用正向税收激励、财政补贴制度和金融激励制度支持低碳电力发展、利用负向税收激励制度规制高碳电力发展势在必行。

二、发电侧低碳激励法律制度的应然内容

（一）税收激励制度

税收激励制度分为正向激励和负向激励两种制度。

就发电侧低碳电力来说，正向激励制度指对低碳电力的生产企业、科研人员和技术创新主体给予税收优惠，主要包括给予减税、免税、延期纳税、出口退税、再投资退税、即征即退、先征后返、税收抵免、投资抵免、加速折旧等举措。

负向激励制度指对高碳电力产业的生产行为及行为主体进行课税，主要包括征收碳税、资源税、气候税、能源税、环境税等措施。

1. 正向税收激励制度

（1）减税（tax abatement）。减税是指减少征税对象或纳税人应纳税额的部分税款。减税的类型包括一次性减税、一定期限的减税、困难照顾型减税、扶持发展型减税等。

（2）免税（duty-free）。免税是指对某些纳税人和征税对象应纳税额全部免征。免税的类型包括一次性免税、一定期限的免税、困难照顾型免税、扶持发展型免税等。

---

① 贡晓丽. 风光电的成本"逆袭"［N］. 中国科学报，2015-11-03.

（3）延期纳税（tax deferral）。延期纳税是指延缓纳税的时间和期限，包括广义延期纳税和狭义延期纳税两种类型。前者指依照国家相关规定进行延期纳税，后者还包括可以达到延期纳税目的的纳税计划和财务安排。

（4）出口退税（export rebate）。出口退税是指为了扩大出口贸易，增强出口货物在国际市场上的竞争力，按照国际惯例对企业已经出口的产品退还在出口前各环节缴纳的国内流转税税款。

（5）再投资退税（reinvestment tax refund）。再投资退税是指对特定的投资者将取得的利润再投资于本企业或新办企业时，退还其已缴纳税款。

（6）即征即退（with the sign with the retreat）。即征即退是指对按税法规定缴纳的税款，由税务机关在征税时部分或全部退还纳税人。即征即退与出口退税、先征后返、再投资退税一并属于退税的范畴。

（7）先征后返（tax refund）。先征后返是指对按税法规定缴纳的税款，由税务机关征收入国库后，再由财政部门按规定的程序给予部分或全部退税或返还已纳税款。它属于财政补贴范畴。

（8）税收抵免（tax credit）。税收抵免是指对纳税人来源于国内外的全部所得或财产课征所得税时允许以其在国外缴纳的所得税或财产税税款抵免应纳税款的一种税收优惠方式，以避免国际重复征税。

（9）投资抵免（investment tax credit）。投资抵免是指政府对纳税人在境内的鼓励性投资项目允许按投资额的多少抵免部分或全部应纳所得税额的一种税收优惠措施。

（10）加速折旧（emergency depreciation）。加速折旧是指对固定资产准予采取缩短折旧年限、提高折旧率的办法，加快折旧速度，减少应纳税所得额。

（11）起征点（threshold）。起征点也称"征税起点"，是指税法规定对课税对象开始征税的起点数额。当征税对象的数额达到起征点的就全部数额征税，未达到起征点的则不征税。

2. 负向税收激励制度

（1）碳税（carbon tax），是指针对二氧化碳排放所征收的税。碳税以环境保护为目的，通过按碳含量比例对化石燃料产品征税的办法来减少二氧化碳排放和化石燃料消耗。

（2）资源税（resource tax），是指以调节资源级差收入、体现国有资源有偿使用为目的，以各种应税自然资源为课税对象而征收的税种。

（3）气候税（climate tax），又称气候改变税，是指针对所有能源的供给增加企业8%到15%的能源开销。可重复利用的能源和有效的能源供给不在此征收税之中，已经征税过的燃油在除气候税的情况外不得再征收其他的税收。

（4）能源税（energy tax），是指对使用某些能源商品进行征收的税种。它是在进行能源消耗时对环境影响征收的税费，主要用于环境维护和治理。

（5）环境税（environmental taxation），也称生态税、绿色税，是指为了降低环境污染、筹集环保资金而对环境污染行为主体征收的税种。

正向税收激励制度和负向税收激励制度分别在推动低碳电力产业发展和抑制高碳电力产业盲目过快增长上发挥着重要的作用。

正向税收激励制度作为经济调控的重要手段，对低碳电力产业建设、融资、技术研发和应用等具有重要作用。正向税收激励分为直接税收优惠和间接税收优惠两种类型。直接税收优惠主要包括减税、免税优惠，通过实行减免等举措降低纳税人的短期经济成本，进而提高低碳电力的价格竞争优势。间接税收优惠主要包括加速折旧、投资抵免、再投资退税等优惠，通过间接优惠措施，能够降低纳税主体的应纳税额，使纳税主体对该产业的政策导向具有明确而合理的预期，进而推动低碳电力的可持续发展。

负向税收激励制度作为规制高污染、高能耗、高排放的高碳电力举措，通过提高高碳电力成本、控制高碳电力消费及市场扩张，提升低碳电力竞争力。负向税收激励的功能机理在于通过向高碳能源征收能源税、资源税、碳税等，将高碳能源使用中的环境负外部性效应内部化，以此解决环境影响的外部性问题。

（二）财政补贴制度

从法学角度来释义财政补贴的内涵，即国家为了满足特定需求、引导特定产业政策、实现既定社会目标，通过财政转移支付的形式将一部分财政收入分配给特定市场主体，进而改变产品和生产材料的现有价格，改变资源和需求结构。[①] 财政补贴在本质上是一种经济补偿，是转移支付制度的组成部分。中国目前的财政转移支付制度以 1994 年的分税制为基础，通过一般转移支付、特殊转移支付、专项转移支付以及税收返还等形式，达到财政补贴的目的。中国的财政转移支付制度是以中央对地方的转移支付为主，并具有中国特色的转移支付制度。按照低碳电力产业特征，低碳电力的财政补贴属于专项转移支付，是一种政府政策性经济补偿。

财政补贴包括以下内容。

---

① 李曙光. 经济法学 [M]. 北京：中国政法大学出版社，2007.

（1）价格补贴（price support），是指政府或社会集团无偿支付某种商品的生产经营主体或消费主体一定的补贴金，用以维持一定的价格水平。实质是在一定程度上补偿经营主体或消费主体的经济利益损失。

（2）企业亏损补贴（subsidies for losses by enterprises），是指国家为了使国有企业按照国家计划生产经营一些社会需要但生产经营却出现亏损的产品，而向这些企业拨付的财政补贴，包括经营性亏损补贴和政策性亏损补贴。

（3）财政贴息（finance discount），是指政府为了满足发展需要，给予承贷企业银行贷款利息的补贴。其实质是向企业成本价格提供补贴。

（4）出口补贴（export subsidies），指政府为了增强产品的国际竞争力，在降低出口商品价格的同时，对出口商给予现金补贴或优惠待遇，其基本形式有直接补贴和间接补贴。

（5）专项补贴（special subsidies），又称有条件补贴，是指对所拨出的资金规定了具体用途或使用方向的转移支付形式，受援者必须按规定要求运用该种资金。专项补贴的目的一般是配合宏观调控政策、解决区域性公共产品外溢问题或促进特定公共事业的发展。

财政补贴制度在推动低碳电力产业的快速发展上发挥着举足轻重的作用。

从国家环境社会责任来看，现代政府不仅承担着经济发展的任务，还承担着保护环境、维护经济社会可持续发展的责任。当前，低碳电力产业尚处于初步发展阶段，需要政府通过财政补贴的方式给予保护和支持。

从低碳电力产业发展现状来看，低碳电力产业不消耗煤炭等化石能源，不排放或极少排放二氧化碳等温室气体，正外部性效应明显，但发电成本较高，其成本主要来自高昂的设备制造成本。为了使低碳电力外部效益内部化，政府对其进行财政补贴是理所应当的。政府对低碳电力生产企业进行补贴，目的在于保证低碳电力的可持续供给。

从解决环境问题的角度来看，因为火电企业是造成环境污染问题的主要根源之一，应予以控制。但在当前国情下，强令完全禁止火力发电的生产并不符合中国的实际国情和经济发展规律，而通过特殊政策或措施扶持低碳电力发展，从而间接减少对高碳火电的需求是行之有效的方法。对低碳电力产业进行财政补贴是政府利用环境经济手段进行发电侧市场调节的有效手段。

（三）金融激励制度

金融激励制度，旨在通过金融工具的设计，提高高碳企业的成本，降低低碳企业的成本，同时为高碳企业从高碳向低碳转型，低碳企业进一步减少碳排放提供资金支持。金融激励制度是低碳电力发展不可或缺的要素。

金融激励的手段主要包括以下几种。

（1）碳排放权交易。实施碳排放权交易后，高碳企业增加了从市场购买碳排放权的成本，低碳企业不仅碳排放成本相对较低，而且富余的碳排放权可以在市场中出售获利，对高碳企业的制约和低碳企业的鼓励效果明显，具有正反两方面的激励效果。

（2）信贷手段。允许低碳电力项目以优惠条件获得银行信贷资金，可以缓解电力企业节能减排的资金困难，激励电力企业积极减排。

（3）融资担保。鼓励融资担保公司为电力企业融资建设节能减排项目提供担保，减少电力企业融资障碍。

（4）债券或股权融资。债券或股权融资是企业直接从资本市场融资，用于建设节能减排项目的重要方式。有的节能减排项目建设周期长，电力企业可以通过债券或股权融资获取长期资金，为长期项目建设提供资金支持。

（5）碳基金。设立碳基金，募集资金由专业人士运营，投向低碳电力产业碳减排项目，可有效拓展电力企业资金来源渠道。碳减排项目产生的碳减排量，可在碳金融市场出售获利，保障碳基金的利润来源。

第三节　发电侧法律制度缺陷与健全思路

一、发电侧法律制度缺陷

（一）发电侧高碳规制法律制度缺陷

1. 现行立法概况

在规制发电侧高碳电力的碳排放方面，目前依据的主要法律规范包括部门规章、地方性法规、地方政府规章以及规范性文件。

（1）中央政府部门规章。2011年8月，国家发改委、科技部、外交部和财政部联合发布新《清洁发展机制项目运行管理办法》，新办法就清洁发展机制项目申请和实施程序以及法律责任等做出了规定。2012年6月，《温室气体自愿减排交易管理暂行办法》发布，就自愿减排项目管理、项目减排量管理、减排量交易、审定与核证管理等做出了规定，规制对象包括六种温室气体：甲烷、二氧化碳、氢氟碳化物、氧化亚氮、六氟化硫和全氟化碳等。

2014年12月，国家发改委发布《碳排放权交易管理暂行办法》，对碳排放权交易活动的监督和管理做出了较全面的规定。2016年，国家发改委酝酿制订《碳排放权交易管理条例》及配套实施细则，形成了《碳排放权交易管理条例》(送审稿),但该条例目前尚未出台。

(2)中央规范性文件。2007年,中国正式发布了《中国应对气候变化国家方案》,该方案是中国第一部关于气候变化的政策性文件。随后于2008年出台了《中国应对气候变化的政策和行动》(白皮书)。2011年,国家发改委发布《关于开展碳排放权交易试点工作的通知》,批准北京市等7个省市开展碳排放权交易试点工作。2011年,国务院发布《"十二五"控制温室气体排放工作方案》,规定2015年二氧化碳排放比2010年下降17%。2013年,国务院发布《大气污染防治行动计划》,明确规定:"除热电联产外,禁止审批新建燃煤发电项目";① "原则上不再新建天然气发电项目";② "积极有序发展水电,开发利用地热能、风能、太阳能、生物质能,安全高效发展核电。"③ 2014年,国务院办公厅印发《2014—2015年节能减排低碳发展行动方案》,全面安排部署2014年和2015年节能减排降碳工作。

2016年,国家发改委印发了《"十三五"控制温室气体排放工作方案》④,明确提出:到2020年,单位国内生产总值二氧化碳排放比2015年下降18%,碳排放总量得到有效控制。2017年,国家发改委印发了《全国碳排放权交易市场建设方案(发电行业)》,该方案为全国碳市场建设提出了三项主要制度(即碳排放监测、报告与核查制度,重点排放单位的配额管理制度,市场交易相关制度),是未来中国碳市场建设的阶段性指导性文件。

(3)地方性法规和地方政府规章及地方规范性文件。2011年10月,国家发改委批准北京、上海、重庆、天津、湖北、广东及深圳七省市开展碳排放权交易试点。2013年6月,深圳市率先推行碳排放权交易市场体系。截至2015年7月,七个碳交易试点地区均已运行。几年来,七省市通过制定交易

---

① 详见《大气污染防治行动计划》(2013年)(十二):京津冀、长三角、珠三角等区域新建项目禁止配套建设自备燃煤电站。耗煤项目要实行煤炭减量替代。除热电联产外,禁止审批新建燃煤发电项目;现有多台燃煤机组装机容量合计达到30万千瓦以上的,可按照煤炭等量替代的原则建设为大容量燃煤机组。

② 详见《大气污染防治行动计划》(2013年)(十三):加快清洁能源替代利用。加大天然气、煤制天然气、煤层气供应。到2015年,新增天然气干线管输能力1 500亿立方米以上,覆盖京津冀、长三角、珠三角等区域。优化天然气使用方式,新增天然气应优先保障居民生活或用于替代燃煤;鼓励发展天然气分布式能源等高效利用项目,限制发展天然气化工项目;有序发展天然气调峰电站,原则上不再新建天然气发电项目。

③ 详见《大气污染防治行动计划》(2013年)(十三):积极有序发展水电,开发利用地热能、风能、太阳能、生物质能,安全高效发展核电。到2017年,运行核电机组装机容量达到5 000万千瓦,非化石能源消费比重提高到13%。

④ 国务院关于印发"十三五"控制温室气体排放工作方案的通知(国发〔2016〕61号),2016年10月27日。

制度、遵约制度，①形成了全面完整的试点地区碳交易制度。七省市碳交易覆盖范围大致包括电力和热力、化工、钢铁、水泥等高排放行业，除重庆外的六省市的覆盖气体为二氧化碳，重庆的覆盖气体包括六种温室气体。②

2012年10月，深圳市人大常委会通过了《深圳经济特区碳排放管理若干规定》，明确规定了实行碳排放管控制度、建立碳排放配额管理制度、碳排放抵消制度和碳排放权交易制度。

2013年2月，天津市政府办公厅发布了《天津市碳排放权交易试点工作实施方案》。2013年12月，天津市政府办公厅出台了《天津市碳排放权交易管理暂行办法》，明确了碳排放总量控制制度和碳排放权交易制度。

2013年12月，北京市人大常委会出台《关于北京市在严格控制碳排放总量前提下开展碳排放交易试点工作的决定》，明确了碳排放权交易三项基本制度。③

2014年1月，广东省政府发布《广东省碳排放管理试行办法》，明确规定了碳排放信息报告和核查制度、碳排放配额管理制度和配额交易制度；2014年3月，广东省发改委印发了《广东省碳排放配额管理实施细则（试行）》。

2014年4月，重庆市政府发布《重庆市碳排放权交易管理暂行办法》，明确规定了碳排放配额管理制度、配额总量控制制度和碳排放权交易制度。

2014年4月，湖北省政府办公厅发布《湖北省碳排放权管理和交易暂行办法》，该办法规定湖北省实行碳排放总量控制下的碳排放权交易，建立碳排放黑名单制度。

2. 存在问题与不足

（1）立法层级较低，缺乏上位法。中国目前的碳交易法律体系尚不成形。在碳排放权交易试点相关法律制度建设上，无论是国家发改委发布的《关于开展碳排放权交易试点工作的通知》《温室气体自愿减排交易管理暂行办法》《碳排放权交易管理暂行办法》，还是七个试点省市制定的地方性法规和地方规章等，存在的主要问题是立法位阶较低且规定都过于原则化，不能起到很好的规制效果。在全国碳排放权交易相关法律制度建设上，国家发改委制订的《碳排放权交易管理条例》（送审稿）、《全国碳排放权交易市场建设方案（发电行

---

① 这些制度包括：确定总量目标制度，分配排放配额制度，建立注册、登记和交易系统，设立专门管理机构和监管体系，制定项目减排抵消及其他相关规则。

② 郑爽，刘海燕，王际杰. 全国七省市碳交易试点进展总结［J］. 中国能源，2015（9）：11-14.

③ 这三项基本制度包括：碳排放配额管理和碳排放权交易制度、碳排放总量控制制度、碳排放报告和第三方核查制度。

业）》等部门规章或规范性文件，存在的主要问题依然是立法层级较低。

2002 年中国批准了《京都议定书》，开始参与清洁发展机制（clean development mechanism，CDM）。受排放配额限制的国家或企业可以通过购买碳信用（carbon credit）来部分抵消其强制减排约束，该类交易需要设计具体目的开发，即 CDM 项目。2005 年 10 月，多部委联合发布并实施《清洁发展机制项目运行管理办法》（2011 年被新的《清洁发展机制项目运行管理办法》取代）。[①] 2009 年，为鼓励 CDM 项目的发展，财政部、国家税务总局公布了《关于中国清洁发展机制基金及清洁发展机制项目实施企业有关企业所得税政策问题的通知》，对 CDM 项目实行减免税收优惠政策。[②] 经过几年的发展，中国长期稳居全球最大的 CDM 项目供应国的地位。

可见，中国发电侧高碳电力排放规制制度立法位阶低，基本上依据政府部门规章、地方性法规和规章以及规范性文件来进行规范，缺乏上位法。中国电力行业的基本法《电力法》没有对高碳电力碳排放规制做出规定。作为气候变化应对领域的综合性基础法——"气候变化应对法"尚未出台，其"建议稿"设立了煤炭总量控制与排放配额交易制度、排放收税或收费制度等五个主要制度，该法应加紧出台。

（2）相关制度内容欠缺，尚需完善。据国际能源署（IEA）统计，中国自 2006 年成为全球第一大碳排放国，之后碳排放量逐年上升，面临着巨大的碳减排压力。因此，全国统一碳排放权交易市场建设被提上日程。2017 年年底，启动全国碳排放交易体系，且发电行业先行。但目前全国碳市场刚刚启动，而碳市场建设需要较长时期的逐步完善，相关政策法律等制度建设尚需实践检验。

从已实施的碳排放权交易试点七省市制度建设实践情况来看，其立法位阶较低，且存在缺漏。七省市中，仅有北京市和深圳市是由市人大常委会制

---

① 《清洁发展机制项目运行管理办法》（国家发改委、科技部、外交部、财政部令，第 11 号），国家发改委、科技部、外交部、财政部联合发布，2011 年 8 月 3 日。

② 《关于中国清洁发展机制基金及清洁发展机制项目实施企业有关企业所得税政策问题的通知》（财税〔2009〕30 号）。

一、关于清洁基金的企业所得税政策。对清洁基金取得的下列收入，免征企业所得税：CDM 项目温室气体减排量转让收入上缴国家的部分；国际金融组织赠款收入；基金资金的存款利息收入、购买国债的利息收入；国内外机构、组织和个人的捐赠收入。

二、关于 CDM 项目实施企业的企业所得税政策。对企业实施的将温室气体减排量转让收入的 65% 上缴给国家的 HFC 和 PFC 类 CDM 项目，以及将温室气体减排量转让收入的 30% 上缴给国家的一氧化二氮类 CDM 项目，其实施该类 CDM 项目的所得，自项目取得第一笔减排量转让收入所属纳税年度起，第一年至第三年免征企业所得税，第四年至第六年减半征收企业所得税。

定地方性法规，其他五省市均由政府制定地方性规章。国家层面的碳排放权交易试点制度建设仅有国家发改委制定的部门规章，且立法规定笼统，操作性不强。

在重点制度的具体设计方面，立法存在缺漏。主要表现在：①尚未制定关于初始配额的法律制度，尚未明确规定分配方式、分配程序和取得条件；②尚未建立严格的政府监管法律制度，违约的罚则、对企业排放行为的约束性考核都未形成制度；③尚未建立科学的监测、报告和核查法律制度，未能形成标准的碳排放量监测和评价体系；④尚未制订配套激励制度，鼓励企业自愿减排的奖励细则没有明确。以上问题严重影响中国碳交易市场的有效运行。

就全国统一碳排放权交易市场制度建设来看，国家发改委印发的《全国碳排放权交易市场建设方案（发电行业）》虽然为全国碳市场建设提出了三项主要制度和四个支撑系统，① 但区域碳市场与统一碳市场并行期间，尤其是在发电行业率先运行期间，法律制度如何衔接、如何设计合理的对接方案尚需重点考虑；在碳交易试点阶段，因各个试点地区纳入碳交易管理的范围、标准以及规章制度各不相同，配额分配方法不一样，碳价亦不同，如何平稳过渡、最终实现统一市场碳价等，这些问题均需要具体的制度设计来解决。

从碳税制度来看，中国还没有关于碳税的专门法律制度，碳税亟待开征。碳捕获和封存制度框架、市场准入与退出制度、碳排放计量监测与标准制度等制度也亟须完善。

（二）发电侧低碳激励法律制度缺陷

1. 法律依据不明确

就发电侧低碳电力财政补贴制度来看，中国目前针对财政补贴的主要法律依据是政府或部门的规章，没有单行法律进行规制，缺乏具体而明确的法律规定。

财政补贴是对国家财政资金的分配，它作为转移支付的组成部分之一，应有法律参照，但中国迄今为止还未出台《转移支付法》，导致扶持低碳电力产业发展的财政补贴法律制度存在立法空白。

作为可再生能源领域的基本法，《可再生能源法》（2006 年实施，2009 年修订）对水能、风能、太阳能、生物质能、海洋能以及地热能等可再生能源并网发电的相关法律制度做了规定，对列入《可再生能源产业发展指导目录》

---

① "三项主要制度"指：碳排放监测、报告、核查制度，配额管理制度，市场交易的相关制度。"四个支撑系统"指：碳排放数据报送系统，碳排放权注册登记系统，碳排放权交易系统，结算系统。

的项目规定了税收优惠措施①，对符合国家规定的可再生能源开发项目细化了优惠贷款的金融激励措施②，但缺乏进行财政补贴制度的详细规定。作为《可再生能源法》的配套措施，《可再生能源发电价格和费用分摊管理试行办法》（2006 年）详细规定了生物质能价格补贴形成机制、补贴数额、期限和范围等③，但没有对在中国低碳电力生产中占主导地位的风力发电的财政补贴做出具体规定。而实践往往走在法律的前面，在实际操作中，风力发电企业都享受补贴，包括价格补贴、风力发电设备产业化补贴等④。

财政补贴本质是一种行政行为，应与"行政行为主体具有法定职权""行政行为内容应当合法""行政行为应当符合法定程序"等合法性要件相一致。此外，《可再生能源法》和上述《试行办法》也未对海洋能发电、地热能发电和太阳能光伏发电是否进行财政补贴做出明确规定。

2. 法律规范位阶低

中国 1982 年《宪法》明确规定了税收法定原则，但鉴于当时建立现代税制的经验不足，全国人大及其常委会于 1984 年和 1985 年两次做出授权国务院立法的决定。《立法法》（2015 年修订）也明确规定了税收基本制度法定原则⑤。虽然《立法法》对尚未制定法律的事项，以授权立法的形式授予国务院先行制定行政法规，待时机成熟时再制定法律，但授权立法容易导致行政机关滥用和侵犯立法权。⑥《税收征收管理法》（2001 年实施，2015 年修订）

---

① 《中华人民共和国可再生能源法》第 26 条：国家对列入可再生能源产业发展指导目录的项目给予税收优惠。具体办法由国务院规定。

② 《中华人民共和国可再生能源法》第 25 条：对列入国家可再生能源产业发展指导目录、符合信贷条件的可再生能源开发利用项目，金融机构可以提供有财政贴息的优惠贷款。

③ 《可再生能源发电价格和费用分摊管理试行办法》第 7 条：生物质发电项目上网电价实行政府定价的，由国务院价格主管部门分地区制定标杆电价，电价标准由各省（自治区、直辖市）2005 年脱硫燃煤机组标杆上网电价加补贴电价组成。补贴电价标准为每千瓦时 0.25 元。发电项目自投产之日起，15 年内享受补贴电价；运行满 15 年后，取消补贴电价。自 2010 年起，每年新批准和核准建设的发电项目的补贴电价比上一年新批准和核准建设项目的补贴电价递减 2%。发电消耗热量中常规能源超过 20% 的混燃发电项目，视同常规能源发电项目，执行当地燃煤电厂的标杆电价，不享受补贴电价。

④ 详见《关于印发〈风力发电设备产业化专项资金管理暂行办法〉的通知》（2008 年）及其附件《风力发电设备产业化专项资金管理暂行办法》。

⑤ 《中华人民共和国立法法》（2015 年修订）第 8 条。下列事项只能制定法律：（六）税种的设立、税率的确定和税收征收管理等税收基本制度。

⑥ 《中华人民共和国立法法》第 9 条：本法第 8 条规定的事项尚未制定法律的，全国人民代表大会及其常务委员会有权作出决定，授权国务院可以根据实际需要，对其中的部分事项先制定行政法规，但是有关犯罪和刑罚、对公民政治权利的剥夺和限制人身自由的强制措施和处罚、司法制度等事项除外。

也明确规定了税收的征、停、减、免、退、补等工作应依法执行[1]。中国现行税种共18个（自2016年5月1日起，全面推行"营改增"；自2018年1月1日起，施行环境税），但在已开征的18个税种中，经过全国人大立法通过的仅有6个税种[2]，其他12个税种绝大多数都是依据国务院制定的暂行条例、各部委制定的部门规章及规范性文件来开征的。可见，中国低碳电力财税激励制度立法位阶低，就低碳电力财政补贴制度来看，同样存在着立法位阶低的问题。

3. 覆盖面狭窄

中国目前实施的能源税，主要分为四类：能源生产税、能源消费税、能源特别税及其他相关税收优惠政策。能源生产环节的征税，主要体现在资源税和增值税；能源消费税主要有企业所得税和消费税；能源特别税包括关税等。就中国低碳电力税收优惠政策来看，覆盖面狭窄，仅包括所得税、资源税和增值税三个税种。

按照《资源税暂行条例》（1993年颁布，2011年修订）及其《实施细则》（2011年修订）的规定，资源税（resource tax）[3]征收范围涵盖煤炭、天然气、原油、有色金属矿原矿、黑色金属矿原矿、其他非金属矿原矿和盐等。可见，资源税主要针对矿藏品，对非矿藏品资源并没有征税。资源税实行差别税额从量征收方法，但煤炭资源税进行了改革，自2014年12月开始，煤炭资源税由从量计征改为从价计征。当前，依赖高碳化石能源的火电在中国电力能源结构中仍然处于主导地位，资源税的征收和煤炭资源税从价计征改革对抑制火电的生产起到了一定的作用。

《企业所得税法》（2007年通过，2008年实施，2017年、2018年两次修订）扶持和鼓励可再生能源开发和低碳电力发展，其中有关低碳电力发展的税收优惠包括该法第25条规定的所得税优惠[4]、第27条规定的税收免征和减

---

① 《中华人民共和国税收征收管理法》（2001年实施，2015年修订）第3条第1款：税收的开征、停征以及减税、免税、退税、补税，依照法律的规定执行；法律授权国务院规定的，依照国务院制定的行政法规的规定执行。

② 这6个税种分别是：个人所得税、企业所得税、车船税、环保税、烟叶税和船舶吨税。

③ 该法对资源税的定义是：对在我国领域及管辖海域开采应税矿产品或生产盐的单位和个人，就其应税数量征收的一种税。

④ 《中华人民共和国企业所得税法》第25条：国家对重点扶持和鼓励发展的产业和项目，给予企业所得税优惠。

征①、第 28 条规定的优惠税率②、第 30 条规定的税收扣除③、第 33 条和第 34 条规定的税收抵免④。

《个人所得税法》（1980 年通过，2018 年第七次修正）及其《实施条例》（1994 年发布，2018 年第四次修订）中缺乏针对个人投资低碳电力生产所得税减免的激励和优惠措施，不利于提升个人投资低碳电力生产的积极性。

根据《增值税暂行条例》（2008 年、2017 年两次修订）的规定，尽管该条例在 2017 年做了很大的修订，改变了"一刀切"的做法，除了常规货物或劳务按 17% 的税率征收外，还采用列举方式，对列举的货物按 11% 的税率征收，对特殊的服务和无形资产按 6% 的税率征收，对出口货物（国务院另有规定除外）的和跨境销售（国务院规定范围内）服务和无形资产的，税率为零。但该条例并没有按照污染与不污染、耗能与节能的方式对产品进行明确区分，对不同能源产品不具有特殊调节作用，不利于鼓励环保产品和抑制非环保产品。

《增值税暂行条例》中没有明确制定激励低碳电力发展的税收制度。《关于资源综合利用及其他产品增值税政策的通知》⑤（2008 年）中规定了销售相应低碳电力的增值税即征即退或增值税即征即退 50% 的优惠措施⑥。《关于中央财政补贴增值税有关问题的公告》⑦（2013 年）明确规定风电企业可再生能源补贴不征收增值税。2015 年，财政部和国家税务总局新颁布《资源综合利

---

① 《中华人民共和国企业所得税法》第 27 条。企业的下列所得，可以免征、减征企业所得税：从事国家重点扶持的公共基础设施项目投资经营的所得；从事符合条件的环境保护、节能节水项目的所得。

② 《中华人民共和国企业所得税法》第 28 条第 2 款：国家需要重点扶持的高新技术企业，减按 15% 的税率征收企业所得税。

③ 《中华人民共和国企业所得税法》第 30 条。企业的下列支出，可以在计算应纳税所得额时加计扣除：（一）开发新技术、新产品、新工艺发生的研究开发费用。

④ 《中华人民共和国企业所得税法》第 33 条：企业综合利用资源，生产符合国家产业政策规定的产品所取得的收入，可以在计算应纳税所得额时减计收入。第 34 条：企业购置用于环境保护、节能节水、安全生产等专用设备的投资额，可以按一定比例实行税额抵免。

⑤ 《关于资源综合利用及其他产品增值税政策的通知》（财税〔2008〕156 号），财政部和国家税务总局联合发布，2008 年 12 月 9 日。该文件于 2015 年 7 月 1 日废止。

⑥ 《关于资源综合利用及其他产品增值税政策的通知》。三、对销售下列自产货物实行增值税即征即退的政策：（二）以垃圾为燃料生产的电力或者热力。四、销售下列自产货物实现的增值税实行即征即退 50% 的政策：（二）对燃煤发电厂及各类工业企业产生的烟气、高硫天然气进行脱硫生产的副产品，（四）以煤矸石、煤泥、石煤、油母页岩为燃料生产的电力和热力，（五）利用风力生产的电力。

⑦ 国家税务总局《关于中央财政补贴增值税有关问题的公告》（国家税务总局公告 2013 年第 3 号），2013 年 1 月 8 日。

用产品和劳务增值税优惠目录》的通知①，采用列举的方式明确规定了销售相应低碳电力的增值税即征即退、增值税即征即退70%或50%的优惠措施。

4. 内容不健全

就低碳电力财政补贴制度来看，中国财政补贴的内容不健全，表现在补贴对象不完整、补贴期限和补贴数额不明确等。如前所述，《可再生能源法》《可再生能源发电价格和费用分摊管理试行办法》等法律规范没有对风力发电、海洋能发电、地热能发电和太阳能光伏发电是否是财政补贴的对象做出明确规定。《可再生能源法》中没有明确规定财政补贴制度，缺乏与财政补贴相关的规定，其《试行办法》中也只规定了生物质能发电的期限、数额等内容，对风力发电、海洋能发电、地热能发电和太阳能光伏发电的补贴期限、数额等并未明确规定。

就低碳电力税收激励制度来看，中国税收激励的内容不健全，表现在征税范围狭窄、税种少、一些税种税率低等。中国现行环保税收政策鼓励资源高效利用和"废弃物"综合回收，主要还是出于经济目的，而不完全是出于环境保护和资源可持续利用的目的。

从鼓励和扶持低碳电力产业发展来看，中国现行税制尚未形成完整的环境税制体系。碳税尚未开征，环境税自2018年1月始开征，能源税范围有待拓展，资源税、所得税、增值税、消费税、关税等税种亟待完善，消费税征税范围狭窄，资源税、消费税等税种税率偏低，起不到保护环境、控制温室气体排放、促进资源的可持续利用的作用。例如，资源税中原油的税率为销售额的5%～10%；天然气的税率为销售额的5%～10%；焦煤的税额为每吨8～20元；其他煤炭的税额为每吨0.3～5元。② 为促进节能环保，中国自2015年2月起对电池等征收消费税，③ 这是消费税征收范围的扩展，是一大进步；中国自1994年开始征收汽油、柴油消费税，为了进一步遏制大气污染、促进资源节约和推动绿色发展，汽油、柴油消费税率历经多次调整，调整后汽油、柴油等应税消费品的适用税率有了大幅度提升，汽油的消费税单位税额为

---

① 关于印发《资源综合利用产品和劳务增值税优惠目录》的通知（财税〔2015〕78号），财政部和国家税务总局联合发布，2015年6月12日。

② 详见《中华人民共和国资源税暂行条例》（2011年修订）附《资源税税目税率表》。

③ 《关于对电池、涂料征收消费税的通知》（财税〔2015〕16号），财政部、国家税务总局联合发文，2015年1月26日。

1.52 元/升；柴油的消费税单位税额为 1.2 元/升。[1][2] 但相比之下，中国的能源税明显低于欧盟国家的税负水平。显然，中国针对石油产品的能源税调控力度尚有上升空间。

就低碳电力金融激励制度来看，当高碳电力企业为低碳化转型而建设减排项目，或者低碳电力企业进一步优化技术减少碳排放而进行融资时，缺少优惠性的制度设计，具体表现在：电力企业向银行申请信贷时不享受利率优惠，或者缺乏融资担保公司进行担保，或者发行债券融资以及股权融资困难等。此外，对于碳基金的运作，目前也缺乏专门性、权威性的管理规范。正因为低碳电力金融激励制度不健全，电力企业在节能减排的过程中难免遭遇到 "融资难" "融资贵" 的问题。

二、发电侧低碳电力法律制度健全思路

(一) 发电侧高碳规制法律制度健全思路

从整个发电侧来看，目前尚未完全形成主体多元、竞争有序的电力市场。具备竞争力的电力市场必须满足系统安全、可靠供电、高效运行、低碳环保的要求。目前，中国市场化程度不高，吃 "大锅饭" "平均主义" 的计划思维尚未完全破除。具体到电力行业，电源结构不合理，节能高效环保机组得不到充分利用，时常发生弃水、弃风、弃光现象，造成发电资源或极大浪费或供不应求。因此，须确保清洁低碳能源发电公平进入市场。

针对火力发电温室气体排放高、低碳能源发电成本高等问题，需要设计和完善发电主体多元化机制、严格的市场准入与强制退出制度、市场化的电量交易制度、碳排放权交易制度、碳税制度、碳排放标准制度等。[3] 只有从发电侧源头出发，尊重市场规律，建立健全竞争有序的市场机制，通过市场机制激励低碳能源发电投资，规制高碳电力碳排放，才能促进结构调整、产业升级、节能减排，发挥市场配置资源的决定性作用，最终实现电力低碳、市场化和可持续性发展。

1. 完善发电市场准入和退出制度

发电侧改革的关键是结构性改革。电力产业能源结构不合理，其结构问

---

① 详见《中华人民共和国消费税暂行条例》(2008 年修订) 附《消费税税目税率 (税额) 表》。

② 《关于继续提高成品油消费税的通知》(财税〔2015〕11 号)，财政部、国家税务总局联合发文，2015 年 1 月 12 日。

③ 曾鸣，张徐东，田廓，等 . 低碳电力市场设计与政策分析 [J] . 电力系统自动化，2011 (24)：7–11.

题最突出表现在：高消耗、高污染、高排放的火力发电产业的比重偏高，而绿色低碳电力产业、技术创新与高科技产业的比重偏低。据统计，截至 2017 年 1 月，在中国电源建设项目中，火电工程项目在建规模最大，全国在建火电工程项目 229 个，装机容量 18 785.5 万千瓦。[①] 因此，加强电源结构调整至关重要，而调整结构的关键在于管理好市场入口关。

在发电市场准入资格上，按照二氧化碳等温室气体排放的不同对不同主体实行"区别待遇"。

一方面，对于火力发电项目实行严格的市场准入标准，明确规定新建火电电力（电源）建设项目的准入资格条件及已建火电发电机组的准入条件（包括技术参数、机组容量等），对于低效、高污染火电机组要适时淘汰。

另一方面，对于低碳能源发电项目实行较低的市场准入标准，大幅增加低碳电源在发电结构中的比重，鼓励低污染、低排放、低能耗的新能源和可再生能源新建电力（电源）建设项目的投产，并且鼓励电网建设与低碳电源建设同步发展，以便于低碳能源电力的顺利上网。

这些准入标准包括项目审批、核准和备案制度及产业能耗限额标准等。同时，按照《产业结构调整指导目录（2015 年本）》要求，准许鼓励类电源项目建设，严格控制限制类电源项目建设，禁止淘汰类电源项目建设。①该目录中涉及电力鼓励类的有 24 种，如鼓励水力发电；涉及新能源鼓励类的有 10 种，如太阳能光伏发电系统集成技术、太阳能热发电集热系统、逆变控制系统等；涉及核能鼓励类的有 11 种，如鼓励核电站建设。②该目录中涉及电力限制类的有 4 种，如从单机容量和发电煤耗两方面进行限制的燃煤发电机组。③该目录中涉及电力淘汰类的有 4 种，如从单机容量和寿命期来淘汰落后产能。[②]

落实发电侧结构性改革，能源领域第一项就是去产能。对电力行业来说，就是淘汰落后产能。近十年来，中国通过节能技术改造、上大压小、制定相关法律制度措施不断优化火电装机结构。2007 年，面对小火电机组发电出力导致环境污染严重，同时为了避免因直接关停小火电机组带来资产债务处置、职工安置等一系列严重社会问题，国务院批转了国家发改委、能源办《关于

---

① 中电联公布 2016 年全国电力工程建设规模 [EB/OL]. [2017 - 03 - 27]. http：//www. ocn. com. cn/chanjing/201703/ggytr27114440. shtml.

② 详见《产业结构调整指导目录（2015 年本）》。

加快关停小火电机组若干意见》的通知。[①] 通过法律制度约束，取得了明显的成效，小火电在一定的缓冲期限内顺利关停，从而得以逐步转型、转产，实现节能减排的目标。[②] 按照国家发改委、原环境保护部和国家能源局共同发布的《煤电节能减排升级与改造行动计划（2014—2020 年）》要求，燃煤发电企业正在开展节能减排，实现 2020 年前继续淘汰落后火电机组 1 000 万千瓦以上的目标。[③]

2. 完善电量市场交易制度

就电量分配来说，应取消把人为安排的电力计划指标当作商品买卖，改由市场来决定发电量。根据市场发育程度，鼓励新增发电机组和工业用户参与电力市场交易，而政府仅保留必要的调节性发用电计划，来保障居民、农业、重要公用事业和公益性服务等用电，保障电网调峰调频和安全运行需要，保障可再生能源发电依照规划保障性收购，保障实施需求侧响应，促进供需平衡和节能减排，保障老少边穷地区无电人口用电全覆盖。

中央 9 号文件明确提出：有序放开公益性和调节性以外的发用电计划。这是为了发电侧能够建立电力市场而提出的，就是要将发电侧原有的发电计划放开，这样有利于形成发电市场。

从节约能源的角度来看，人类应该节约和高效利用能源，禁止和限制浪费资源和低效率使用资源。化石能源的储量有限性和不可再生性决定了它们逃脱不了被耗竭的命运。

中国支持可再生能源发电本身就是为了替代化石能源，发展低碳能源发电的目标就是替代火电，这是全世界节能减排、应对气候变化的宗旨。从节能的角度来说，火电应该逐步减少，最终应该被淘汰。虽然目前还不能完全淘汰火电，但应该朝这个方向努力，削减火电在电源结构中所占比例，而不是再赋予它非公益性和调节性发电计划的权利。

3. 完善碳排放权交易制度

中国每年向大气中排放的二氧化碳超过 60 亿吨，位居世界各国之首。而电力的碳排放占 40% 以上，这主要是缘于国内 70% 左右的电力由燃煤提供。对于大型电力企业较适宜纳入碳排放权交易机制，碳排放权交易是通过市场

---

① 国务院批转发展改革委、能源办《关于加快关停小火电机组若干意见》的通知（国发〔2007〕2 号），国务院，2007 年 1 月 20 日。

② 据统计，2005 年至 2014 年，全国共关停小机组容量约 1 亿千瓦。

③ 关于印发《煤电节能减排升级与改造行动计划（2014—2020 年）》的通知（发改能源〔2014〕2093 号），国家发改委、环境保护部、国家能源局联合发布，2014 年 9 月 12 日。

机制实现二氧化碳排放总量控制和减排的重要手段。电力企业尤其是发电企业是煤炭等化石能源的主要消耗者，是二氧化碳等温室气体的重要排放源，电力企业参加碳排放交易后，碳排放成本也将成为发电企业的成本之一，超额减排还会获得额外收益。

中国七省市自 2013 年开展碳排放交易试点以来，取得了一定的成绩。据《中国应对气候变化的政策与行动 2015 年度报告》数据统计，截至 2015 年 8 月底，七省市累计交易地方配额达 4 024 万吨。[①] 在制度建设上，七省市制定了具有一定法律约束力的地方性法规、政府规章和部门规范文件，确立了碳排放交易制度的实施体系，形成了以地方人大法规为依据、碳排放权交易管理办法为核心，实施细则和指南标准为技术支撑的法规和制度体系。

中国七省市碳排放权交易试点在取得成绩的同时，也存在一些问题。例如，制度建设存在欠缺；不注重碳价格；总量确定、配额分配、交易量和排放量估测尚在研究中，目前还欠缺非常确切、科学核实的方法等。

碳排放权的初始分配和定价是关键，决定着交易市场的运行和效率。须制定碳排放权初始配额的法律制度，明确规定分配程序和取得条件；建立科学的碳排放量监测、核查和评价体系；形成规范的碳排放数据库；制定严格的政府监管法律制度，建立约束性考核与奖励制度，激励企业主动减排。

对于低碳电力企业来说，应从体制机制上提升其参与碳交易的积极性和主动性。据清洁发展机制（CDM）的安排，低碳电力企业发电所避免的碳排放额在被相关机构核定后，能够在碳交易市场卖出以获得额外收益，可见，低碳电力企业积极参与碳交易能够获得合理收入。但从运行情况来看，大多数试点省市碳市场并不太活跃，且成交价格远低于欧盟碳交易所的价格。因此，在鼓励低碳电力企业积极参与碳交易的同时，须进一步完善统一碳交易市场，提升碳交易市场活跃度、流动性和成交量，使碳价格能够更有效地被发现，改善参与碳交易的低碳电力企业的困境。[②]

2017 年年底，中国启动全国碳排放交易体系，这为中国优化碳交易市场环境提供了一个良好契机。通过建立和健全全国统一碳交易市场，完善"碳排放监测、报告、核查制度""配额管理制度""市场交易制度"等有关市场构建和规则制定的制度，实现统一市场碳价，最终构建科学的全国碳排放交易体系，确保中国碳交易市场的有效运行，使发电企业之间的正外部性收益

---

① 应对气候变化报告：产业结构调整贡献越来越大 [N].中国环境报，2015-11-21.

② 丁纯，赵成国，肖斌卿.完善我国绿色电力价格补偿机制研究 [J].价格理论与实践，2012 (10)：28-29.

得到合理的补偿，负外部性损害得到合理的承担，在抑制高碳电力膨胀的同时，促进低碳电力的可持续发展。

4. 引入碳税制度

碳税，是针对二氧化碳排放行为进行征税的税种，该税种根据排放源使用燃煤和石油下游的汽油、航空燃油、天然气等化石能源中的碳含量比例或二氧化碳排放量征税，目标是降低化石能源消耗量，减少二氧化碳等温室气体排放。中国尚未引入碳税制度。

电力企业是温室气体排放大户，在电力行业中，碳税纳税主体主要是因消耗和使用煤炭等化石燃料直接向环境中排放二氧化碳等温室气体的火电高碳企业。对火电高碳企业开征碳税具有极为重要的意义。

一方面，火电企业因大量排放温室气体带来的环境负外部性成本由整个社会承担，而不反映在私人火电产品价格中，使得火电企业缺乏减排原动力，通过对火电企业征税，弥补火电企业生产的私人成本和社会成本之间的差距，使二者趋近，如此一来，火电企业将有内生经济动力采取措施减少碳排放。

另一方面，征收碳税将引发常规燃料价格提升，进而减少化石能源消费，有利于控制火电企业盲目扩大产能。

碳税的征税对象涵盖了主要依靠消耗化石能源来发电的火电企业，但主要是中小型火电企业，已经纳入碳排放权交易体系的大型火电企业不宜再重复征收碳税。这也是各国立法例，世界各国没有对同一排放源重叠适用碳排放权制度与碳税制度的先例。例如，采用碳排放权制度的欧盟虽然允许成员国采用碳税制度，但明确规定碳税仅适用于碳排放权交易未能覆盖的设施。[1] 中国在对火电企业开征碳税时要处理好与火电企业参加碳排放权交易机制的边界关系。

碳税税率的设定应当考虑电力产业发展及纳税主体的经济承受能力，合理的税率设置将起到降低常规火电价格的作用，间接刺激低碳电力的投资热情。

碳税税收使用应着重于扶持在节能减排、环境保护方面具有正外部性的项目。[2]

5. 完善碳排放计量、监测与低碳标准制度

《工业企业温室气体排放核算和报告通则》　（标准号：GB/T 32150—

---

① See Preface of Directive 2003/87/EC of the European Parliament and of the Council of 13 October 2003.

② 碳税税收可用来补贴火电企业进行低碳技术研发与推广、提高能源效率、引进新能源和可再生能源，从而减少温室气体排放，使减排的外部收益内部化，实现私人收益与社会收益相等，最终解决外部性问题。

2015）等 11 项国家标准于 2016 年 6 月实施，该标准针对不同对象，发布相应的产品、行业以及通用型碳排放标准，规定了温室气体排放核算与报告的原则、核算方法与步骤、核算的边界、工作流程、报告内容和质量保证 6 项重要内容。其中，核算范围涵盖企业生产的燃料燃烧排放、过程排放以及购入和输出的电力等产生的排放。该标准对企业温室气体排放计算什么、如何计算等提出了统一要求。

就发电行业来说，不仅规定了温室气体排放的核算要求，还界定了核算范围。例如，发电企业核算范围不仅包括化石燃料燃烧、企业购入电力等产生的二氧化碳排放，还覆盖到脱硫过程产生的二氧化碳排放；电网企业需要核算设备检修与退役时的六氟化硫排放。[1]

该标准参考了相关国际标准，吸收了七省市碳排放权交易试点的经验，对企业有重大指导作用。电力企业可以依照国家标准提供的方法，制定不低于国家标准的温室气体排放标准。

本书认为，该标准尚有进一步完善的空间。针对碳排放计量和监测困难的问题，仍需制定标准的碳排放计量和监测体系，建立碳排放数据库。针对未能达到碳排放标准的企业，应制定明确细致的罚则，包括：如何缴纳超标排放费、缴费标准如何核定、是否按阶梯式的缴费标准缴费。针对能源设施也应有二氧化碳排放标准，而且针对不同类型的能源设施设定不同的二氧化碳排放标准，如针对发电机设定碳排放绩效标准等。

当然，低碳标准制度作为命令控制型的行政管理制度，同经济政策性的碳排放权交易制度和碳税制度之间的关系如何理顺，如何合理界定各自的作用范围等问题尚需进一步研究。本书认为，低碳标准制度与碳排放权制度不能针对同一排放源重叠适用。在碳排放交易机制下，企业可以自主决定是通过自行减排的方法还是从市场购买碳排放权的方法来达到减排的要求；而在低碳标准制度下，企业没有自主选择的权利，而是被强制要求达到某种碳排放标准。一旦对某企业适用了低碳标准制度，该企业就丧失了自主选择减排与否和减排方式的自由了，这不符合碳排放权制度设计的初衷。另外，低碳标准制度与碳税制度可以针对同一排放源重叠适用，但不是必须重叠适用。碳税作为国家的一种税收政策手段，其实施具有强制性，没有赋予企业自主选择的权利，与低碳标准制度的作用机理相近，二者同时适用，可以达到更好的减排效果。

---

[1] 赵展慧. 我国发布 11 项温室气体管理国家标准 [N]. 人民日报，2015-11-20.

（二）发电侧低碳激励法律制度的健全思路

1. 目的

财政激励制度旨在规制高碳化石能源应用，提升电力能源结构中低碳能源份额，推动低碳电力发展。同时，通过调整能源结构，有利于应对气候变化，抑制温室气体的排放，保证能源安全，实现经济社会的可持续发展，进而实现经济、社会和环境三重效益。

（1）从财政补贴激励来看，为了实现产业政策目标，在低碳电力产业的起步和初步发展时期，财政补贴的适用范围囊括了所有的低碳电力。但当低碳电力产业发展起来、产业政策目标实现后，财政补贴应及时退出。低碳电力产业发展的最终目标是利用可再生能源和清洁能源替代常规化石能源，维护经济、社会和环境的可持续发展。

（2）从税收激励来看，通过正向税收优惠的激励，引导社会资金投入低碳电力产业，促进低碳电力的科学研究和技术革新，提升低碳电力市场份额，服务于国民经济建设；通过负向税收激励，规制化石能源的过度开采和浪费，使火电生产企业节约使用化石能源；通过征收环境税、碳税等方式使其外部环境成本内部化为电力成本，削弱火力发电的价格竞争力，并进行环境治理和生态补偿。

2. 基本原则

（1）坚持导向性原则。坚持能源结构多元化，鼓励低碳能源发电的发展，抑制高碳化石能源发电的发展，以限制温室气体排放为导向，对低碳能源和高碳化石能源区别使用激励措施。对利用可再生能源等低碳能源发电进行正向激励；对依靠常规化石能源发电的采取提高税率比例和不补贴的负向激励措施，依照《环境保护税法》中《应税污染物和当量值表》来征收环境税，适时开征碳税。

（2）坚持差别化原则。风能、太阳能、地热能、生物质能等低碳能源都可以作为低碳电力的能源来源，但是，这些低碳能源地域分布与储量、市场发育程度、商业化难易程度和商业化规模等都不一样，有的市场发展完备，有的市场发展欠缺，因此，对其财政激励应有所差别。对于市场发展完备的，如风力发电，可以少补贴，并且缩短补贴期限，激励其发展的税收优惠措施强度亦少一些。对于市场发展欠缺的，如太阳能光伏发电，可以适当多补贴，并且延长补贴期限，激励其发展的税收优惠措施强度亦大一些。

（3）坚持适当适度原则。财政激励毕竟是特定时期实现产业政策目标的工具，政府应以增强企业自身的市场竞争力为目标。因此，针对低碳电力发展的财政补贴要有限度，税收优惠也应当适度，不能畸高或畸低，所有的财政激励手段都旨在给低碳电力产业补血，而不是因此获利。

3. 法律依据

财政激励制度对低碳电力产业的扶持和鼓励，应以健全的法律为依据。

税收法定原则是民主与法治在税法上的体现，对保障人权、维护国家利益具有极为重要的作用。因此，低碳电力财税激励措施的法律依据应当是法律。如前所述，中国低碳电力税收激励法律规范位阶低，从现行能源税制和环境税制来看，只有企业所得税、环境税等的征收依据法律，多数税种的征收没有依据法律，而是将立法权授权给国务院。

目前，能源税中的资源税征收依据为《资源税暂行条例》，增值税征收依据为《增值税暂行条例》，消费税征收依据为《消费税暂行条例》。能源税收制度通过授权立法方式进行规制并非常态，在不久的将来，《增值税法》《资源税法》和《消费税法》必然取代《资源税暂行条例》《增值税暂行条例》和《消费税暂行条例》。

作为低碳电力制度的重要组成部分，财政补贴制度的法律依据应当是低碳电力的基本法。当前，中国"能源法"尚未出台，《电力法》和《可再生能源法》亟待修订。本书认为，可以通过修订《电力法》《可再生能源法》的方式确立低碳电力的基本法。但《电力法》自 1996 年实施至今历时 20 多年，必须作重大修订才能适应电力体制改革的需要；《可再生能源法》于 2009 年得以修正，如今也已历时近 10 年，可以根据社会发展需要适时修订，但修订法律的程序复杂，需假以时日。

当务之急是尽快修正现行的《可再生能源发电价格和费用分摊管理试行办法》，该办法系部门规章，对其修正历时短、程序简便。但是，通过部门规章对财政补贴制度加以规定并不能作为一种立法常态，从长远来看，低碳电力财政补贴制度应纳入《电力法》《可再生能源法》和"能源法"进行规范。

4. 完善内容

（1）税收激励。税收激励的完善重点是完善并拓展税种范围和纳税义务人。中国目前激励低碳电力发展的税种范围比较狭窄且不完善，能源税需要不断完善，环境税 2018 年刚开征，需要健全相关细则，碳税需要开征，税收优惠覆盖的纳税义务人范围亦有待拓展。

①完善能源税（energy taxes）。就现行能源税制来看，多数能源税收的法律位阶较低，且没有单独的税种，多是对基本税收法规的条款补充和修订，散见于税收单行法规或文件规定中，缺乏应有的权威性；同时，一些税收优

惠政策措施缺乏稳定性，从而使得政策不规范，缺乏严肃性，导致在适用效力上大打折扣，甚至遭受阻挠。

第一，资源税（resource tax）。国家应从以下几个层面来完善资源税制度体系。

首先，基于产业能源资源稀缺程度，增加资源税目。

其次，提高资源税税率。过低的税率不能影响生产消费行为，过高的税率则会牵涉多方利益。中国目前资源税率偏低，如煤炭资源税的税率由省级政府在规定幅度内确定，给出的税率选择区间为 2% ~ 10%，显然是偏低的。应改变资源税率偏低现状，通过合理测算，考虑环境成本，充分发挥其调控作用。

最后，完善资源税计税依据。目前，除了煤炭资源税实现了由从量计征改为从价计征外，[①] 其他资源税计税依据尚未改革。为了尽可能地减少资源的积压和人为损失，实现资源的最大化利用，体现资源税保护环境、节约资源的立法目的，应将目前按销售量征收资源税的方式改变为按开采量征收。

第二，所得税（income tax）。国家应从以下几个方面着手完善所得税制度。

首先，提高企业所得税中对环保投资抵免的幅度，有效实施其他优惠措施，删除不利于环保的内容。依照《企业所得税法》和《企业所得税法实施条例》的相关规定，中国低碳电力生产企业购置环境保护、节能节水等专用设备的投资额按 10% 的比例实行税额抵免，[②] 明显偏低。

其次，在个人所得税中，对个人投资低碳电力生产实施税收优惠。按照《个人所得税法》第 5 条第 3 款的规定[③]，允许减免投资低碳电力行业纳税人的个人所得税，以此鼓励个人参与低碳电力生产。

第三，增值税（added - value tax）。按照《可再生能源产业发展指导目

---

① 财政部、国家税务总局《关于实施煤炭资源税改革的通知》（财税〔2014〕72 号），财政部、国家税务总局，2014 年 10 月 9 日。

② 《中华人民共和国企业所得税法实施条例》第 100 条：企业所得税法第三十四条所称税额抵免，是指企业购置并实际使用《环境保护专用设备企业所得税优惠目录》《节能节水专用设备企业所得税优惠目录》和《安全生产专用设备企业所得税优惠目录》规定的环境保护、节能节水、安全生产等专用设备的，该专用设备的投资额的 10% 可以从企业当年的应纳税额中抵免；当年不足抵免的，可以在以后 5 个纳税年度结转抵免。

③ 《中华人民共和国个人所得税法》第 5 条第 2 款：国务院可以规定其他减税情形，报全国人民代表大会常务委员会备案。

录》（2005 年）① 的规定，对于具备规模化推广利用的项目，包括对风能、太阳能、生物质能、地热能、海洋能和水能六个领域的开发和建设，在技术研发、财政税收、项目示范等方面给予优惠政策。而现行《增值税暂行条例》中没有关于鼓励低碳电力的增值税优惠措施，《关于资源综合利用及其他产品增值税政策的通知》（2008 年）② 也仅规定了少数几种（如垃圾发电、风力发电等）低碳电力的增值税即征即退或增值税即征即退 50% 的优惠措施。③ 因此，这些法规政策亟待修改完善。

第四，消费税（expenditure taxes）。现行消费税缺乏环保意识和倡导低碳消费的理念，征收范围狭窄，没有将不符合节能技术标准的高耗能、高污染产品以及资源消耗品都包括在内，同时税率偏低。

国家应从以下几个方面予以完善。首先，该税种应确立调节消费结构和维护生态环境的双重目标。其次，适当提高汽油、柴油等应税消费品的适用税率。最后，扩大征税范围，借助税收杠杆，引导低碳生产消费。

第五，关税（customs duties）。目前，中国低碳电力生产研发技术逐步提高，但从整体上来看，与国外先进技术还存在一定差距，技术和设备生产较多依赖进口。中国太阳能发电设备、风电场发电设备等较多依赖进口，自主知识产权缺失成为中国太阳能和风电产业发展的瓶颈。《进出口关税条例》（2004 年实施，2017 年第四次修订）④ 和《海关法》（1987 年实施，2017 年第四次修订）⑤ 规定了特定减税或者免税的减税制度。根据三部外商投资企业法及《中外合资经营企业法实施条例》（1983 年实施，2014 年第五次修订）、《外资企业法实施细则》（1990 年实施，2014 年第二次修订）和《中外合作

---

① 《可再生能源产业发展指导目录》（发改能源〔2005〕2517 号），国家发改委，2005 年 11 月 29 日。

② 财政部、国家税务总局《关于资源综合利用及其他产品增值税政策的通知》（财税〔2008〕156 号），财政部、国家税务总局联合发布，2008 年 12 月 9 日。该文件于 2015 年 7 月 1 日废止。

③ 《关于资源综合利用及其他产品增值税政策的通知》。三、对销售下列自产货物实行增值税即征即退的政策：（二）以垃圾为燃料生产的电力或者热力。垃圾用量占发电燃料的比重不低于 80%，并且生产排放达到 GB13223—2003 第 1 时段标准或者 GB18485—2001 的有关规定。所称垃圾，是指城市生活垃圾、农作物秸秆、树皮废渣、污泥、医疗垃圾。四、销售下列自产货物实现的增值税实行即征即退 50% 的政策：（五）利用风力生产的电力。

④ 《中华人民共和国进出口关税条例》（2004 年实施，2017 年第四次修订）第 46 条：特定地区、特定企业或者有特定用途的进出口货物减征或者免征关税，以及临时减征或者免征关税，按照国务院的有关规定执行。

⑤ 《中华人民共和国海关法》（1987 年实施，2017 年第四次修订）第 57 条第 1 款：特定地区、特定企业或者有特定用途的进出口货物，可以减征或者免征关税。特定减税或者免税的范围和办法由国务院规定。

经营企业法实施细则》（1995 年实施，2017 年第二次修订）的相关规定以及海关总署发布的 2015 年第 29 号公告①，外商投资企业所投资的项目符合中国法律规定予以鼓励和支持的，免征关税。

根据国家发改委、商务部发布的最新《外商投资产业指导目录》（2017 年修订）规定，② 建设、经营新能源电站（包括太阳能、风能、地热能、潮汐能、潮流能、波浪能、生物质能等）、发电为主水电站以及核电站属于鼓励类产业。但是，在享受关税优惠方面，中国目前还存在内外资不平等现象，外商投资企业是享受关税优惠的主要主体，内资企业所投资的项目要享受减免关税的优惠须满足严格的条件，③ 包括要求不在《国内投资项目不予免税的进口商品目录》（2012 年调整）之列。该目录 2012 年调整后又新增了两个部分不予免税的条目，如进口太阳能电池片生产设备将不免税等④。本书认为，外资企业和内资企业应使用相同的关税政策，对进口的不利于生态环境的原料和产品应提高关税，对进口的低碳原料和产品应降低或减免关税。

②征收环境税（environmental taxes）。环境保护税（简称环境税或环保税），也称生态税、绿色税，是指国家为了实现保护资源与环境的目的，对实施污染行为的企业和个人依法征收的税种。它是利用税收杠杆促进生态环境优化的一种有效方式。近年来，欧美各国倾向于采用包括环境税在内的多种特定税来控制污染，维护生态环境。

2015 年 6 月，国务院法制办公室公布了由财政部、税务总局和原环境保护部联合起草的《环境保护税法（征求意见稿）》，标志着中国环保税法走上立法议程；2016 年 12 月，《环境保护税法》由全国人大常委会通过，该法自 2018 年 1 月起实施。根据《环境保护税法》的规定，环境税立法目的为：

---

① 海关总署公告 2015 年第 29 号（关于执行《外商投资产业指导目录（2015 年修订）》的公告）：一、自 2015 年 4 月 10 日起，对属于《外商投资产业指导目录（2015 年修订）》鼓励类范围的外商投资项目（包括增资项目），在投资总额内进口的自用设备以及按照合同随上述设备进口的技术和配套件、备件，除《外商投资项目不予免税的进口商品目录》和《进口不予免税的重大技术装备和产品目录》所列商品外，按照《国务院关于调整进口设备税收政策的通知》（国发〔1997〕37 号）、海关总署公告 2008 年第 103 号及其他相关规定，免征关税，照章征收进口环节增值税。

② 《外商投资产业指导目录》（2017 年修订）（中华人民共和国国家发展和改革委员会 中华人民共和国商务部令第 4 号），国家发改委、商务部，2017 年 6 月 28 日。

③ 内资企业进口设备减免关税要依据《当前国家重点鼓励发展的产业、产品和技术目录》（2000 年修订）中列名国内投资项目，要在批准用汇额度内进口自用设备，并且这些设备不在《国内投资项目不予免税的进口商品目录》（2012 年调整）之列，给予免征关税和进口环节增值税的待遇。

④ 四部委：太阳能电池生产设备等进口商品将不免税 [EB/OL]. [2012 - 12 - 31]. http://money. 163. com/12/1231/18/8K2TL33100253B0H. html.

保护和改善环境，减少污染物排放，推进生态文明建设。

环保税的征税对象包括大气污染物、水污染物、固体废物和噪声4类。其中，大气污染物包括二氧化硫、氮氧化物、一氧化碳、二硫化碳等44种，不包括二氧化碳。纳税人为在中国领域直接排放应税污染物的行为主体。其中，重点监控（排污）对象为煤炭、火电等污染物排放大户单位和其他排污行业的重点监控企业。可见，火力发电生产企业是环境税的重点课税义务人。环境税的税目、税额，依照《环境保护税税目税额表》执行，其中，税额标准和现行排污费的征收标准大体一致，加倍征收超标、超总量排放污染物行为主体的环境税。征收环境税后，不再征收排污费。①

③适时开征碳税。碳税是针对二氧化碳排放行为进行征税的税种。碳税的纳税主体是因燃烧煤炭等化石燃料直接向环境中排放二氧化碳等温室气体的高耗能企业，火力发电企业是碳税的纳税主体之一。作为《联合国气候变化框架公约》的缔约方之一，中国适时开征碳税是二氧化碳减排政策的必然选择。因为"碳"是燃料的主要发热元素，也是生成二氧化碳等温室气体的主要成分。本书认为，可以将碳税设置为能源税或环境税的组成部分，但根据《环境保护税法》的相关规定，环境税的征税对象不包括二氧化碳，而碳税的征税对象是二氧化碳，因此，碳税与环境税并行不悖，二者也可以同时适用。此外，对火电企业征收碳税的税率设定、税收收入的使用等问题，可以参照环境税来设置。

④拓展纳税义务人。低碳电力行业的发展，既需要依靠政府的财政激励和扶持政策制度，也需要公共事业和企业的共同推动，更离不开居民个人的积极参与。低碳电力纳税人主要包括电力企业、小型低碳电力生产企业、高新技术企业。当前，中国正在进行新一轮电力体制改革，新一轮电力体制改革提出了"三放开、一独立、三加强"的改革方向和实施路径。

经过2002年第一轮电力体制改革，虽然取得了很大成绩，初步形成了电力市场主体多元化竞争格局，但改革依然不彻底，需要进一步加快市场化改革进程。

五大发电集团——中国华能集团公司、中国大唐集团公司、中国华电集团公司、中国国电集团公司、中国电力投资集团公司以及两大电力公司（中国电力国际发展有限公司和华润电力）等电力企业在电力市场和电力能源市场上占据着主导地位，对这些电力企业应有适度的税收激励引导，以调动它

① 《中华人民共和国环境保护税法》［EB/OL］.［2017-04-17］. http：//www.zhb.gov.cn/gzfw_13107/zcfg/fl/201704/t20170417_411610.shtml.

们进行低碳电力生产的积极性。

　　同时，低碳能源的生产和利用需要先进的生产者和技术，而目前中国低碳能源技术较为落后，很多技术和设备依赖进口，因此，对高新技术企业也应有适度的税收激励措施和资金投入。另外，从美国的实践经验来看，小型低碳电力生产者是低碳电力产业中的一支生力军，其作用不容忽视。中国应借鉴美国经验，对小型低碳电力生产者采取税收优惠措施，对其购置的设施设备减征或免征增值税、所得税，以充分调动其低碳电力生产的积极性。

　　（2）财政补贴。财政补贴的完善重点是规范补贴的适用范围和退出时限。修正后的《可再生能源发电价格和费用分摊管理试行办法》应将风力发电、海洋能发电、地热能发电和太阳能光伏发电等各种低碳电力纳入补贴范围，并且明确规定各种低碳能源补贴的适用期限。

　　海洋能发电、地热能发电和太阳能光伏发电目前尚处于初步发展阶段，前期投入成本较大，对其进行财政补贴没有什么争议；但是，风力发电目前已成为除了火电、水电以外的中国第三大能源，发展得较为成熟，对其进行财政补贴，常被一些人诟病。

　　本书认为，目前对风力发电进行财政补贴是必要的。风能是一种清洁的可再生能源，风力发电是把风的动能转换为电能，这一过程几乎不产生温室气体，因此也就不产生环境负外部性；而火力发电是通过煤炭等化石能源燃烧的热能，由发电动力装置转换成电能，在这一过程中将产生大量的温室气体，因此，环境负外部性明显。目前，中国尚未通过征收高额税收的方式将火力发电的负外部性成本内部化。基于市场公平竞争机制，有必要对低碳电力产业进行补贴。

　　经济学认为财政补贴是暂时性的政府干预市场的手段。从发达国家的实践来看，当低碳电力产业实现适度发展，补贴也将退出低碳能源发展的舞台。而是否达到了与常规火电相竞争的水平，是衡量低碳电力产业"适度发展"的标准。中国目前各类低碳电力的发展状况不同，因此，应当根据不同类别低碳电力的发展水平制定不同的补贴期限。

　　法律的稳定性是制度建设的基本原则之一，同时，制度内容也应当是确定的。然而，中国立法仅对生物质能发电补贴规定了退出机制。《可再生能源发电价格和费用分摊管理试行办法》赋予了生物质发电项目享受 15 年的补贴电价优惠，而运行期满后，补贴将被取消。① 本书认为，对所有低碳电力都应当规定补贴制度，同时规定补贴的退出时限。时限的规定方法可以是确切的期限，如规定风电补贴期限是 10 年，太阳能发电、地热能发电、海洋能发电补贴期限至少 15 年或者 20 年；也可以规定一个时限条件，在满足该条件时，补贴自动取消。

（3）金融激励。在金融激励制度方面，首先应当建立健全碳排放权交易制度，优化碳金融市场建设。碳排放权交易制度，不仅是对高碳企业的约束制度，也是对低碳企业的激励制度。碳排放权交易制度有效建立后，低碳电力企业因碳排放量小，富余的碳配额可以拿到碳金融市场出售获利，从而形成"高碳企业成本高、低碳企业获利多"的良性格局。

其次，要建立健全聚焦于电力行业的碳基金制度。允许采用政府单独出资、政府与企业共同出资、企业单独出资等多种形式设立电力行业碳基金，募集资金投向高碳发电技术与设施低碳化改造、碳捕捉与封存等电力行业碳减排项目，减排产生的碳减排量允许到碳金融市场出售获利，从而形成碳减排资金募集、投资、盈利、再投资的良性循环，为低碳电力建设提供源源不断的资金支持。

再次，改进低碳电力企业间接融资制度。国家应当鼓励金融机构对低碳电力企业提供融资服务，并要求金融机构对符合条件的低碳电力企业提供利率优惠或财政贴息的贷款；要求政策性金融机构应当在其业务范围内，为符合条件的低碳电力企业优先提供金融服务，并鼓励担保机构依法对低碳电力企业提供融资担保。

最后，改进低碳电力企业直接融资制度。放宽相关条件，应当允许具有发展前景的电力企业通过发行债券、股权融资等方式筹措节能减排资金。

本章小结

发电侧是控制二氧化碳等温室气体排放的核心和关键环节。本章从发电

---

① 详见《可再生能源发电价格和费用分摊管理试行办法》第 7 条：生物质发电项目上网电价实行政府定价的，由国务院价格主管部门分地区制定标杆电价，电价标准由各省（自治区、直辖市）2005 年脱硫燃煤机组标杆上网电价加补贴电价组成。补贴电价标准为每千瓦时 0.25 元。发电项目自投产之日起，15 年内享受补贴电价；运行满 15 年后，取消补贴电价。自 2010 年起，每年新批准和核准建设的发电项目的补贴电价比上一年新批准和核准建设项目的补贴电价递减 2%。发电消耗热量中常规能源超过 20%的混燃发电项目，视同常规能源发电项目，执行当地燃煤电厂的标杆电价，不享受补贴电价。

侧高碳规制法律制度与低碳激励法律制度的理论依据及必要性出发，探讨了发电侧高碳规制法律制度及低碳激励法律制度的应然内容，对发电侧政策法律制度缺陷进行了系统全面的梳理，提出了健全发电侧高碳规制和低碳激励法律制度的思路和对策。

具体而言，发电侧高碳规制法律制度健全重点在于：①完善发电市场准入和退出制度，对于增量火力发电项目实行严格的准入标准，对于增量低碳能源发电项目实行较宽松的准入标准，按照《产业结构指导目录（2015年本）》和国家发改委相关法规政策规定，适时淘汰、关停小火电，使其退出发电市场；②完善电量交易制度，以市场交易电量制度逐步取代计划电量分配制度；③建立和健全全国统一碳排放权交易市场制度，侧重于碳排放权的配额管理和碳排放权定价，最终实现统一市场碳价，构建科学的全国碳排放交易体系；④引入碳税制度，时机成熟时对中小型火电企业开征碳税；⑤完善低碳标准制度，低碳标准可以与碳税对同一排放源重叠适用，以加强减排效果。

发电侧低碳激励法律制度健全重点在于：①完善税收激励制度，包括拓展税种范围和税收优惠覆盖的纳税义务人，基于目前税种范围狭窄的现状，建议完善能源税，包括修订补充资源税、所得税、增值税、消费税和关税中欠缺或不完善的内容，征收环境税，适时开征碳税，同时拓展纳税义务人范围至小型低碳电力生产者及高新技术企业等；②完善财政补贴，规范补贴的适用范围和退出时限，应将风电、太阳能发电、海洋能发电和地热能发电等各种低碳电力纳入补贴范围，并明确具体补贴期限，期限届满，及时退出，补贴自动取消；③完善金融激励制度，应建立健全碳排放权交易制度和碳基金制度，在信贷、融资担保、债券或股权融资等方面给予低碳电力企业优惠支持。

第七章　输配侧低碳电力法律制度

电力行业产生碳排放的不仅有发电侧的发电企业，还包括输配侧的电网。电网是连接发电侧发电企业和需求侧电力用户的桥梁和纽带，发电企业生产的电量必须依靠电网才能输送给用户消费，电网对于发电侧和需求侧的低碳化具有直接影响。因此，电网在电力行业应对气候变化中发挥着不可替代的作用。

就低碳电力上网而言，电网能否保障低碳电力公平上网，关系到低碳电力能否及时消纳和持续健康发展。

目前，中国低碳能源发电普遍遭遇弃水、弃风、弃光问题，每年弃水、弃风、弃光限电量达到数百亿千瓦时，一方面造成了能源的极大浪费，制约了低碳电力的可持续发展；另一方面加剧能源结构不合理现状，火电高碳能源占比过高，带来了二氧化碳等温室气体排放居高不下，不仅给国家带来高昂的环境治理成本和沉重的经济负担，也给社会带来了环境恶化的灾难。因此，从法律制度上保障低碳电源公平上网，有效解决低碳能源发电上网消纳难的困境，是突破低碳电力发展瓶颈的关键环节。

第一节　输配侧低碳电力科技创新法律制度

近年来，弃水、弃风、弃光现象有加剧的趋势。自 2011 年出现弃风限电，2014 年出现大范围弃光限电以来，该问题一直是制约中国低碳能源发展的最大障碍和瓶颈。特别是 2015 年以来，因整个社会电力需求增速放缓以及火电疯狂立项，火电高碳能源对可再生能源等低碳能源的挤出效应加剧，致使弃风、弃光问题愈演愈烈。

据测算，2015 年全年的弃风、弃光电量达到 400 亿千瓦时，直接电费损失 220 亿元。其中弃风电量达到 350 亿千瓦时，比 2014 年高出 200 亿千瓦时，弃风损失几乎抵消了 2015 年全年新增装机的发电量，风电产业一年的新增社会经济效益几乎被全部浪费掉。①

2016 年，全国弃水电量 500 亿千瓦时，比 2015 年增长 85.2%；弃风电量 497 亿千瓦时，比 2015 年增长 46.6%；弃光电量 74 亿千瓦时，比 2015 年增长 57.4%。②

而造成弃水、弃风、弃光现象最关键的因素在于电力输配侧技术落后。因此，通过建立健全输配侧科技创新法律制度，合理解决弃水、弃风、弃光、限电问题，实现低碳能源电力公平并网是关系低碳电力可持续发展的重要环节。

一、输配侧低碳电力科技创新法律制度的必要性

"科学技术是生产力"是马克思主义的基本原理。科学技术越来越成为解放和发展生产力的重要基础和标志，特别是高新技术，已成为企业抢占市场制高点的重要手段。在迈向"工业 4.0"③ 的征程中，中国传统工业制造面临着前所未有的挑战，"互联网+制造"的浪潮席卷而来，加快了传统工业制造向智能制造转型的步伐。电力工业同样面临着机遇和挑战，输配侧科技创新势在必行，建立健全相关科技创新法律制度至关重要。

第一，电网安全运行是低碳电源发展的基础，输配侧科技创新为电网安全运行保驾护航。当前，电网企业的主要业务为输配电业务，重点负责电网的系统安全、传输配送、运行调度和电网投资建设等，其中，保障电网安全运行是最基本的义务。

目前，中国低碳电源的规模发展对电网安全稳定运行的影响不断加大，典型的如风力发电和太阳能光伏发电。

近年来，风力发电、太阳能光伏发电等低碳电源装机容量高速增长，但由于风电资源规划、太阳能发电资源规划和电网没有很好地结合，导致部分地区大规模风电、太阳能发电送出消纳困难；一些风电电源建设与电网建设不协调、不同步；个别地区风电、太阳能发电与其他电源发展不配套；风电、

---

① 全额保障性收购可以落地了：《可再生能源发电全额保障性收购管理办法》（征求意见稿）解读 [EB/OL]. [2015-12-30]. http：//news. xinhuanet. com/energy/2015-12/30/c_ 1117623195. htm.

② 六部委关于深入推进供给侧结构性改革做好新形势下电力需求侧管理工作的通知 [EB/OL]. [2017-09-29]. http：//www. miit. gov. cn/n1146290/n4388791/c5829376/content. html#_ _ sinfor＝appid：801239953.

③ 工业 4.0 是德国政府在《德国 2020 高技术战略》中所提出的十大未来项目之一，旨在提升制造业的智能化水平，建立具有适应性、资源效率及基因工程学的智慧工厂，在商业流程及价值流程中整合客户及商业伙伴。其技术基础是网络实体系统及物联网。

太阳能发电并网接入和运行管理缺乏相关标准和规则。这些因素阻碍了中国低碳电源产业的发展。要解决这些突出问题，必须依赖科技创新，建立风电、太阳能发电综合技术支持体系，提高适应风电、太阳能发电并网运行的系统调节能力，保障风电、太阳能发电并网运行和高效利用。

第二，电网建设是低碳电源发展的保障，提高输配电技术是电网建设的重中之重。电网输配电与接入技术落后、输配电网建设滞后、调度管理不灵活，严重影响了低碳电力顺利入网。

一方面，可再生能源的大规模并网将对电网结构的规划和建设提出新要求，因为风能、太阳能等可再生能源大多分布在偏远地区，并网和长距离输送成为这些低碳能源发展的障碍，需要架设专门网线或配网才能实现该部分电源的利用。

另一方面，传统输配电网巨大的输电损耗不符合节能减排新要求，"世界各国输配电损失率达到 5%～10%，直接导致输电损失巨大。"[1] 因此，提高输配电技术迫在眉睫。

这些技术包含智能电网技术、低碳电网技术、高效电网传输技术（如特高压输电技术、降损技术、低碳电力调度技术等）、大电网安全技术、可再生能源和新能源并网技术等。尤其值得指出的是，智能电网的建设能满足大规模低碳电力并网的需求，研究智能电网制度对于保障低碳电力并网具有重要作用。

第三，电网公平无歧视开放并对低碳电源优先上网是低碳电源发展的关键，输配侧技术创新是公平开放、优先上网的核心要义。电网基于自然垄断地位从事输配电业务，负有公平无歧视开放电网、保障低碳电源优先上网和培育公平的电力市场环境等义务。

第二次电力体制改革后，电网为发电企业、售电公司、售电公司的自有用户等各类市场主体提供输配电服务。包括：公平开放输配电网，为市场交易主体提供安全可靠、优质经济的输配电服务；为新建电源做好公平接入电网、同期建设配套送出线路等服务；与其他配网系统使用同一技术标准，与其他配电企业互负公平开放、公平接入的义务，实现互联互通。

电网除了负有公平无歧视开放义务之外，还负有保障低碳电源优先上网的义务。保障低碳电源优先上网对于优化能源结构、降低二氧化碳等温室气体排放、缓解化石能源运输压力和增强电网安全等具有重要作用。为此，须

---

① 曾鸣，马军杰，许文秀，等．智能电网背景下我国电网侧低碳化发展路径研究［J］．华东电力，2011（1）：32-35.

充分预留发电空间，按照资源条件和法律规定全额保障性收购风电、太阳能发电、生物质能发电等低碳能源发电出力；加强电力外送和消纳，跨省跨区送受电中应明确低碳能源发电量的比例；统一预测出力，使电力电量达到平衡，促进低碳能源优先上网。

二、输配侧低碳电力科技创新法律制度的应然内容

低碳电力科技创新是电力工业实现低碳化的关键，中国应制定和完善相关的政策和法律法规，加强节能、提高能效，开展可再生能源、先进核能等低碳或零碳技术的研发和产业化力度。就输配侧来说，应建立健全智能电网技术、低碳电网技术、可再生能源和新能源并网技术等相关技术创新法律制度。以下重点探讨智能电网法律制度、低碳电网法律制度和可再生能源并网技术创新法律制度等几项制度。

（一）智能电网法律制度

智能电网（smart grid），[①]即"电网2.0"。智能电网由智能发电系统、智能变电站、智能配电网、智能调度、智能交互终端、智能电能表、智能城市用电网以及新型储能系统等部分构成。智能电网技术主要包括四个领域：高级量测体系、高级配电运行、高级输电运行和高级资产管理。

智能电网建设对于促进节能减排、发展低碳经济具有重要意义：①支持低碳能源机组大规模入网，推动中国能源结构的优化调整；②适应大量分布式电源、微电网和电动汽车充放电设施的接入；③引导电力用户合理安排用电时段，降低高峰负荷，降低火电煤耗；④促进特高压、柔性输电、智能调度等先进技术的广泛应用，提高电网运行的安全性、可靠性和经济性；⑤实现电网与用户双向互动，推广智能用电技术，提高用电效率。

智能电网法律制度是规制智能电网的一系列法律规范的总称。建立健全智能电网法律制度，包括：智能电网财政与税收激励制度；智能电网重大项目（如国家"科技创新2030"智能电网重大项目）、重大科技示范工程（如上海世博园智能电网综合示范工程）和创新示范区（如天津中新生态城智能电网创新示范区）相关制度；智能电网通用标准制度；智能电网监管制度等。

---

① 智能电网是指电网的智能化（智能电力），也被称为"电网2.0"，它建立在集成的、高速双向通信网络的基础上，通过先进的传感和测量技术、先进的设备技术、先进的控制方法以及先进的决策支持系统技术的应用，实现电网的可靠、安全、经济、高效、环境友好和使用安全的目标，其主要特征包括自愈、激励和包括用户、抵御攻击、提供满足21世纪用户需求的电能质量、容许各种不同发电形式的接入、启动电力市场以及资产的优化高效运行。

（二）低碳电网法律制度

低碳电网（low carbon power grid）[①]是一个全新的概念。低碳电网主要涵盖电网低碳规划、电网低碳机制、电网技术与设备的低碳更新、电网低碳运行控制、低碳化用能方式等内容。在电网低碳发展技术中，较为关键的技术有高效输电技术（如特高压输电技术、紧凑型和同塔多回输电技术、动态增容技术）、电网降损技术（如使用新型导线和节能金具、加强降损措施和线损管理）、低碳电力调度技术（即对各类发电机组按能耗排序，以优化低碳能源的利用与消纳）等。面对日益严峻的环境和能源问题，电力行业低碳化发展迫在眉睫，而作为电能传输的载体，电网连接着发电侧和用电需求侧，亦面临着低碳化发展的机遇和挑战。

低碳电网法律制度是规制低碳电网的一系列法律规范的总称。这些规范主要包括：政府在财政、税收和金融上对低碳电网的投入和支持相关的政策法规；鼓励社会资本进入与低碳电网相关的产业领域的政策法规等。

（三）可再生能源并网技术创新法律制度

可再生能源是全球能源互联网中清洁能源的核心内容之一，可再生能源发电具有低污染、可再生的优点，但也具有能量密度低、发电出力不稳定等缺点，并网后对电网的冲击较大，影响电网电能质量，增加电力系统安全稳定运行风险。因此，可再生能源发展的关键在于并网消纳，其并网技术问题是国际能源与电力技术发展的前沿和热点。

可再生能源并网技术涉及发电、输电、配电、调度和运行等多个环节，包括并网方式、输电技术（如多端直流输电、柔性直流输电和大规模储能技术）、控制技术（如电压调节技术、发电功率预测技术、有功功率控制技术）和调度技术（如动态经济调度和多能互补调度）等内容。[②]

可再生能源并网技术创新法律制度是规制可再生能源并网的一系列法律规范的总称。建立和完善可再生能源并网法律制度，包括可再生能源并网技术标准制度（能源行业风电标准体系、光伏发电并网标准体系等）、可再生能源并网管理规范等。

[①] 低碳电网是指在电力输送过程中可以实现节能、高效率、低排放等低碳目标的电网。发展低碳电网，需要实现电网的各个环节和部门的低碳化，在电网的规划建设、管理机制、生产技术和调度运行等方面考虑低碳目标，通过电网企业不同部门的协调配合，降低输电损耗、提高用能效率、节约资源使用、实现电网自身减排最大化，同时推动电源发电侧和用电需求侧的低碳化发展，为电力行业提供低碳发展平台。

[②] 刘俊. 可再生能源发电并网关键技术的研究现状与趋势分析［J］. 陕西电力，2013（4）：47-52.

（四）新能源功率预测技术创新法律制度

新能源功率预测，是指以新能源电场的历史功率、历史气象数据、数值天气预报、发电机组运行状态等数据建立电场输出功率的预测模型，以气象数据、功率或数值天气预报数据作为模型的输入，结合电场发电机组的设备状态和运行工况，得到电场未来的输出功率。

目前，中国所有并网新能源场站和各省级调度机构均已建立新能源功率预测系统，初步建立了预测评价体系。新能源功率预测可降低新能源发电出力的不确定性，为调度机构科学编制新能源调度计划提供重要边界数据。因此，新能源功率预测技术对于节能发电调度具有重要的意义和作用。

在法律制度建设上，须建立健全新能源功率预测技术相关法律规范。

（五）新能源优化调度技术创新法律制度

新能源优化调度，是指以新能源消纳最大化为目标，优化开机方式和发电曲线，得到新能源的最优发电计划。目前，电力调度部门已全面应用新能源优化调度技术，但该技术还有待进一步提升。原因在于：新能源预测短期内难以提高至负荷预测精度水平，新能源发电高相关性和不确定性给调度决策带来很大挑战。

在法律制度建设上，须建立健全新能源优化调度技术相关法律规范，包括：健全和完善可再生能源优先发电制度，确保可再生能源依照规划保障性收购；优化调度运行管理制度等。

第二节　输配侧低碳激励法律制度

一、输配侧低碳激励法律制度的理论依据和必要性

（一）输配侧低碳激励法律制度的理论依据

输配侧低碳激励法律制度的理论依据是政府与市场关系理论。该理论的发展大致经历了重商主义、自由主义、政府干预主义、新自由主义和新凯恩斯主义五个阶段。代表性观点主要是经济学鼻祖亚当·斯密的自由主义和"宏观经济学之父"凯恩斯的政府干预主义。

亚当·斯密在其巨著《国富论》（1776 年）一书中详细阐述了自由市场理论，他主张自由经济，认为市场是"看不见的手"（invisible hand），市场机制这只"看不见的手"能使社会资源得到合理利用，因此，要充分发挥市场本身的经济职能；政府是"看得见的手"（visible hand），应扮演"守夜

人"角色，尽可能少地干预经济，其职能仅限于公共安全等领域。

1929—1933 年世界性经济危机爆发，自由市场暴露出种种弊端。经济学家凯恩斯认识到市场力量的局限性，自由放任摆脱不了资本主义固有危机，他主张政府应对社会经济进行干预，此即著名的"凯恩斯主义"。凯恩斯的政府干预主义成功地将资本主义制度从经济大萧条中拯救出来。

在亚当·斯密的自由主义和凯恩斯的政府干预主义之后，又分别出现了新自由主义和新凯恩斯主义。新自由主义主张修复"看不见的手"，在强化市场机制的同时肯定政府介入的必要性，寻求平衡。新凯恩斯主义认为自由主义与政府干预并非完全排斥，主张找寻平衡关系。

从亚当·斯密的自由主义到凯恩斯的政府干预主义，再到新自由主义和新凯恩斯主义，从政府与市场关系理论的变迁轨迹可以看出：市场不是万能的，政府也不是万能的。市场作为"看不见的手"有无法克服的缺陷，会"失灵"；政府作为"看得见的手"也有内在局限性，也会"失效"。二者之间并非完全对立，而是一种保持合适距离的共生关系。[①]

中国政府与市场关系经历了"全能政府时期""过渡转型时期"和"不断探索时期"。处理政府与市场关系的关键在于合理划分政府和市场各自职能和作用范围的边界，首要的是必须明晰政府宏观调控的领域，即政府权力作用的范围。在市场的不同发展时期，政府调控的范围和手段方式都应有所不同：在市场经济发育成熟的领域，市场机制对于资源的调节应占据主导地位，政府需要不失时机地退出；在市场失灵或市场经济发育不成熟的领域，则需要政府及时介入，以弥补市场的缺陷。

就输配侧低碳激励来说，中国目前低碳电力尚处于初步发展时期。水能、风能、太阳能、生物质能、地热能等都是储量巨大的能源，但开发的程度却不尽相同。水力发电发展得最成熟，风力发电、太阳能发电取得了长足的进展，生物质能发电、地热能发电、海洋能发电相对滞后一些。从低碳电力的发展现状来看，政府现阶段对其发展应以扶持和鼓励为主，采取一系列保障性制度措施；同时，针对不同低碳能源的不同发展阶段，应采取差异化的激励政策制度。待到低碳电力市场发展成熟时，应充分发挥市场机制配置资源的作用，此时政府应适时退出。

（二）输配侧低碳激励法律制度的必要性

如前所述，近年来弃水、弃风、弃光现象严重，而造成弃水、弃风、弃

---

① 安昊明. 政府与市场关系的理论演变及启示 [J]. 北方经贸，2013（7）：26—27.

光现象的另一个重要因素在于电力输配侧低碳激励的欠缺。这主要表现在：政府和市场的关系没有理顺，低碳激励政策措施不到位，电价市场化定价机制尚未完全形成，严重影响了低碳电力公平并网。

第一，从电力体制与市场化程度来看，政府职能转变不到位，市场机制作用发挥有限，电网自然垄断地位尚未根本改变，阻碍了低碳电力公平上网。中国 2002 年的第一轮电力体制改革只是解决了厂网分开问题，主辅分开不彻底，输配分开、竞价上网基本没有改革，输电、配电、供电三位一体现象仍然存在，电网企业垄断局面仍未消除，阻碍了低碳电力上网。

2015 年启动的第二轮电力体制改革，主要内容是"三放开、一独立、三加强"。这也就意味着拆分电网企业，将电网供电（售电）与输电职能分开，成立隶属于省级或区域联合体的电力销售公司，从而使电网的经营模式由"独买独卖"变为"输电商"，未来电网企业将只负责输电和配电，承担通道的功能，向发电企业和用户收取"过网费"。此乃电力体制改革的突破口，也是低碳电力实现公平上网的起点。

第二，电价关系没有理顺，市场化定价机制尚未完全形成，低碳电力与高碳火电不具有竞争性，严重影响了低碳电力并网。中国对电力实行高度管制，导致整个电价体系僵化。长期以来，政府对电价实行行政垄断，电价管理仍以政府定价为主，政府过度干预输配以外的竞争性电价，电价调整滞后于成本变化，难以及时且合理反映用电成本、市场供求、资源稀缺以及环境成本，扭曲了市场价格体系。

一方面，火电价格没有涵盖资源稀缺成本和环境成本，火电成本由燃料成本、机组运行和维持成本、发电设施的资本成本几个部分构成，其中燃料成本构成火电成本的绝大部分。火电的价格并没有真正反映其所有成本，没有将不可再生的化石资源稀缺成本体现在价格中，也没有将其排放二氧化碳等温室气体和其他污染物而对环境造成的负外部性影响内化为成本在价格中体现出来。

另一方面，低碳电力的发电能源来自自然界，大多是取之不尽、用之不竭的可再生能源，因此，电力成本中燃料成本接近于零，其主要成本来自发电设施的生产制造成本和运营维护成本等。对于低碳能源发电而言，其发电设施成本高，前期投入大，现阶段不具备与高碳火电相匹配的竞争力，其电价的形成尚须政府结合各类低碳能源的特点进行扶持。

二、输配侧低碳激励法律制度的应然内容

输配侧低碳激励是电力行业低碳化发展的重要保障，相关的低碳激励法

律制度建设是制度保障。这些激励制度措施包括可再生能源电力费用分摊制度、可再生能源电价补贴激励制度和可再生能源优先发电权激励制度等。

（一）可再生能源电力费用分摊制度

电力费用分摊制度，是指通过征收可再生能源电价附加并在全国或全地区平衡费用，让全国或全地区的电力用户或纳税人均衡地承担可再生能源发电的高成本，亦即要求全国各个地区相对均衡地承担发展可再生能源电力的额外费用。该制度是国际社会支持可再生能源电力发展的基本制度之一，各国分摊资金的承担对象和范围不同，资助范围相异，操作方式也有区别。

可再生能源电力费用分摊资金来源和承担对象包括电力用户和纳税人。其中，电力用户又分为全体电力用户绝对均衡承担方式、全体电力用户相对均衡承担方式、强制配额制下的非均衡费用分摊方式和绿色电力机制下的自愿行为等渠道。纳税人又分为全体纳税人承担、非可再生能源生产者承担和化石能源消费者承担等税收范围。

资金的资助范围重点取决于各国可再生能源的资源禀赋，一般都会涵盖所有可再生能源发电项目，如水力发电、风力发电、太阳能发电、地热能发电、生物质能发电、垃圾发电和海洋能发电等，有的还涵盖电网建设、升级和扩容等费用。

资金筹措和支付模式主要包括固定电价或固定电价补贴机制下由电网公司代行模式、强制配额制下电网企业通过绿色证书交易制度进行模式和政府直接操作（基金模式）等。

（二）可再生能源电价补贴激励制度

电价激励是重要的经济激励手段。电价激励的指导思想是：理顺电价矛盾和价格机制，合理提高电价总体水平，电价须与其他能源品种和下游产品价格联动，实施差别电价，遏制高耗能产业盲目发展，促进产业结构调整和升级，电价应该反映环境损害成本、能源资源稀缺程度和电力生产成本等因素，加大能源保障力度，走绿色电价之路。

可再生能源发电不消耗化石能源，零碳排放或者低碳排放，符合产业可持续发展方向和低碳化发展目标。但可再生能源发电具有发电生产成本高昂的劣势，因此，须对可再生能源实施电价补贴。可再生能源电价补贴制度设计的基本思路是：第一，电价补贴仅是对利用可再生能源发电的鼓励，不能对利用化石能源发电进行补贴；第二，要有利于促进产业整体发展，对所有符合利用可再生能源发电的企业一视同仁，但基于不同可再生能源性质的不同，分别实施不同的差异化补贴；第三，全面兼顾东部经济发达地区和西部经济落后地区的利益，考虑国家对西部地区财政转移支付的大方向，进行合理补贴；第四，在市场经济充分发展时，可再生能源电价补贴应适时退出，采用市场机制手段配置资源。

（三）可再生能源优先发电权激励制度

输配侧应规范电能交易的政策制度，加强对电力交易的监管，促进电力交易的公开透明。基于可再生能源上网消纳难的问题，须加强可再生能源发电上网监管。除了对可再生能源实施电价附加补贴激励制度外，还须积极推动可再生能源上网电量全额收购制度，积极落实可再生能源全额收购政策，促进发电权交易，确保可再生能源优先发电权落到实处。

可再生能源优先发电制度设计的基本思路是：第一，严格落实可再生能源发电全额保障性收购管理办法等相关法律制度，加强可再生能源发电上网监管；第二，理顺政府和市场的关系，建立健全体制机制，破除人为障碍，有效推进电力体制改革；第三，制定严格的惩罚措施，对火力发电因技术问题挤占可再生能源发电的情况实施具体的经济惩罚措施。

第三节　输配侧法律制度缺陷与健全思路

一、输配侧法律制度缺陷

（一）上位法修订不及时

目前，对输配侧低碳电力上网起到规范作用的基本法律主要包括《电力法》《价格法》《可再生能源法》等，这些法律作为上位法修订非常不及时，制约了低碳电力的公平并网。其中，《电力法》于1996年实施，至今已历经20多年，已经完全不适应市场经济条件下电力低碳可持续发展的要求了，该法对可再生能源等低碳电力并网运行的规则没有涉及，亟须全面修改；《价格法》于1998年实施，至今已历经20年，已经不能适应市场经济条件下市场形成价格机制的要求了，其中涉及政府对自然垄断经营的商品价格（如电力商品）的定价行为需要修订完善；[①]《可再生能源法》于2005年通过，2006年实施，仅在2009年进行了第一次修订，2010年实施，至今已历经近10年，

---

① 详见《中华人民共和国价格法》（1997年制定，1998年实施）第18条。下列商品和服务价格，政府在必要时可以实行政府指导价或者政府定价：（一）与国民经济发展和人民生活关系重大的极少数商品价格；（二）资源稀缺的少数商品价格；（三）自然垄断经营的商品价格；（四）重要的公用事业价格；（五）重要的公益性服务价格。

尚未再次修订，该法对可再生能源并网发电做出了鼓励性规定，同时规定了可再生能源发电全额保障性收购制度，但授权国务院能源主管部门制定电网企业优先调度和全额收购可再生能源发电的具体办法，① 导致规定原则性太强，可操作性不够。

与上位法修订不及时相反，行政法规、部门规章、政府规章以及规范性文件等下位法如雨后春笋般频繁出台，这些下位法涉及输配侧电网运行、电网调度、并网争议、电量监管、并网安全以及科技创新（包含技术标准）等内容。1993 年，国务院发布《电网调度管理条例》（2011 年修正），旨在保障电网的安全、优质和经济运行，保护电力用户利益。与该法规配套的《电网调度管理条例实施办法》于 1994 年由原电力工业部发布实施。2006 年，原国家电监会通过《电力并网互联争议处理规定》② 和《电网运行规则（试行）》③，并于 2007 年实施。2007 年，原国家电监会通过并实施《电网企业全额收购可再生能源电量监管办法》④，旨在促进可再生能源并网发电，规范电网企业全额收购可再生能源电量行为。2007 年，原国家电监会还发布了《发电机组并网安全性评价管理办法》⑤，该办法于 2014 年废止，被国家能源局修订的《发电机组并网安全性评价管理办法》⑥ 所取代。在能源节约和科技装备方面，2007 年，为规范能源领域标准化管理、技术标准等工作，国家能源局发布了《能源领域行业标准化管理办法（试行）》⑦ 及实施细则；

---

① 详见《中华人民共和国可再生能源法》（2009 年修订，2010 年实施）第 13 条第 1 款国家鼓励和支持可再生能源并网发电，第 14 条第 1、2 款国家实行可再生能源发电全额保障性收购制度。国务院能源主管部门会同国家电力监管机构和国务院财政部门，按照全国可再生能源开发利用规划，确定在规划期内应当达到的可再生能源发电量占全部发电量的比重，制定电网企业优先调度和全额收购可再生能源发电的具体办法，并由国务院能源主管部门会同国家电力监管机构在年度中督促落实。

② 《电力并网互联争议处理规定》（国家电力监管委员会令第 21 号），原国家电力监管委员会，2007 年 1 月 1 日起施行。

③ 《电网运行规则（试行）》（国家电力监管委员会令第 22 号），原国家电力监管委员会，2007 年 1 月 1 日起施行。

④ 《电网企业全额收购可再生能源电量监管办法》（国家电力监管委员会令第 25 号），原国家电力监管委员会，2007 年 9 月 1 日实施。

⑤ 《发电机组并网安全性评价管理办法》（电监安全〔2007〕45 号），原国家电力监管委员会，2007 年 11 月 27 日。该文件 2014 年 2 月 8 日废止。

⑥ 《发电机组并网安全性评价管理办法》（国能安全〔2014〕62 号），国家能源局，2014 年 2 月 8 日。

⑦ 国家能源局关于印发《能源领域行业标准化管理办法（试行）》及实施细则的通知（国能局科技〔2009〕52 号），国家能源局，2009 年 2 月 5 日。

2009 年，国家能源局发布了《国家级能源科技进步奖励管理办法（试行）》①；2010 年，国家能源局发布了《国家能源研发（实验）中心管理办法》② 等。

2015 年 3 月，中共中央、国务院以"9 号文"的形式颁布了《关于进一步深化电力体制改革的若干意见》，"9 号文"将解决可再生能源保障性收购，确保可再生能源发电无歧视、无障碍上网问题作为第二轮电力体制改革的重要任务。配合中央 9 号文件的实施，国家发改委于 2015 年 11 月底，密集地发布了 6 个电改"9 号文"配套文件，标志着电改"9 号文"进入实施阶段。这 6 个电改配套文件也提出了实施可再生能源优先上网和保障性收购的机制框架。2015 年 11 月，国家发改委、国家能源局正式公布《关于推进电力市场建设的实施意见》，明确规定了"建立优先购电、优先发电制度""坚持清洁能源优先上网""优先发电合同可转让"等内容。③ 2015 年 11 月，国家发改委、国家能源局正式公布《关于有序放开发用电计划的实施意见》，提出"建立优先发电制度"，并将风能、太阳能、生物质能等可再生能源发电列入一类优先保障范畴，将水电、核电、余热余压余气发电、超低排放燃煤机组发电列入二类优先保障范畴。④ 2015 年 11 月，国家发改委、国家能源局正式公布《关于加强和规范燃煤自备电厂监督管理的指导意见》，明确提出"推动燃煤消

---

①　国家能源局关于印发《国家级能源科技进步奖励管理办法（试行）》的通知（国能科技〔2009〕341 号），2009 年 12 月 7 日。

②　国家能源局关于印发《国家能源研发（实验）中心管理办法》的通知（国能科技〔2010〕198 号），2010 年 6 月 29 日。

③　详见《关于推进电力市场建设的实施意见》（2015 年）三、主要任务：（三）建立优先购电、优先发电制度。保障公益性、调节性发用电优先购电、优先发电，坚持清洁能源优先上网，加大节能减排力度，并在保障供需平衡的前提下，逐步形成以市场为主的电力电量平衡机制。（八）形成促进可再生能源利用的市场机制。规划内的可再生能源优先发电，优先发电合同可转让，鼓励可再生能源参与电力市场，鼓励跨省跨区消纳可再生能源。

④　详见《关于有序放开发用电计划的实施意见》（2015 年）三、建立优先发电制度：（二）优先发电适用范围。为便于依照规划认真落实可再生能源发电保障性收购制度，纳入规划的风能、太阳能、生物质能等可再生能源发电优先发电；为满足调峰调频和电网安全需要，调峰调频电量优先发电；为保障供热需要，热电联产机组实行"以热定电"，供热方式合理、实现在线监测并符合环保要求的在采暖期优先发电，以上原则上列为一类优先保障。为落实国家能源战略、确保清洁能源送出，跨省跨区送受电中的国家计划、地方政府协议送电量优先发电；为减少煤炭消耗和污染物排放，水电、核电、余热余压余气发电、超低排放燃煤机组优先发电，以上原则上列为二类优先保障。各省（区、市）可根据本地区实际情况，按照确保安全、兼顾经济性和调节性的原则，合理确定优先顺序。

减""推动可再生能源替代燃煤自备电厂发电"。① 2015 年 12 月，国家能源局发布《可再生能源发电全额保障性收购管理办法》（征求意见稿），该文件也提出"严格落实可再生能源优先发电制度"。② 2016 年 3 月，《可再生能源发电全额保障性收购管理办法》正式颁布。③ 由此可见，上位法修订不及时，造成下位法优先适用。

（二）部分法律缺位

目前，对输配侧低碳电力上网起到规范作用的部分法律法规缺位。这些法律法规包括：综合性的专门针对核电加以规范的法律——《原子能法》，使得关于核电上网保障的问题无法可依；综合性的专门针对水电进行规范的法律——《水电法》，虽然水力发电可以适用《可再生能源法》，但立法却授权由国务院能源主管部门具体规定，造成水电上网保障问题缺乏法律依据；综合性的专门针对电网技术创新的法规——《智能电网管理条例》，科技创新是低碳电力发展的关键，坚强的智能电网是保障可再生能源并网的强大后盾，因此，有关智能电网的相关法规要跟进。目前，仅《可再生能源法》对智能电网做了原则性规定。④ 中国现行《电力法》及《电力供应与使用条例》《电力监管条例》《电力设施保护条例》《电网调度管理条例》等配套行政法规，在智能电网国家标准制定、系统规划、实施计划、财政补贴与激励措施、消费者权益保障等方面的建设还有待完善。

（三）法律制度过于原则，政策变动频繁

《可再生能源法》（2009 年修订，2010 年实施）对"可再生能源上网电价制度""可再生能源电力全额保障性收购制度"等涉及可再生能源并网问题的制度没有详细的具体规定，而是授权国务院相关主管部门出台具体规定，

---

① 详见《关于加强和规范燃煤自备电厂监督管理的指导意见》（2015 年）六、加强综合利用，推动燃煤消减：（三）推动燃煤消减。推动可再生能源替代燃煤自备电厂发电。在风、光、水等资源富集地区，采用市场化机制引导拥有燃煤自备电厂的企业减少自发自用电量，增加市场购电量，逐步实现可再生能源替代燃煤发电。

② 详见《可再生能源发电全额保障性收购管理办法》（征求意见稿）第 13 条：省级经济运行主管部门在制定发电量计划时，严格落实可再生能源优先发电制度，使可再生能源并网发电项目保障性收购电量部分通过充分安排优先发电量计划并严格执行予以保障。发电量计划须预留年内计划投产可再生能源并网发电项目的发电计划空间。

③ 2016 年 3 月 24 日，国家发改委印发《可再生能源发电全额保障性收购管理办法》（发改能源〔2016〕625 号）。

④ 详见《中华人民共和国可再生能源法》第 14 条第 4 款：电网企业应当加强电网建设，扩大可再生能源电力配置范围，发展和应用智能电网、储能等技术，完善电网运行管理，提高吸纳可再生能源电力的能力，为可再生能源发电提供上网服务。

造成《可再生能源法》的可操作性不强。关于"可再生能源优先发电制度"，尽管国家发改委 6 个电改"9 号文"配套文件以及《可再生能源发电全额保障性收购管理办法》都做了详细规定，但仍然缺乏实践操作层面的具体细则。

自 2002 年国务院颁布《关于印发电力体制改革方案的通知》（国发〔2002〕5 号）文件，启动第一次电力体制改革以后，电价改革一直都是体制改革的重头戏，为了推动电价改革，国家发改委印发了一系列有关电价的规范性文件。自 2003 年国务院办公厅颁布《关于印发电价改革方案的通知》以后，2005 年，国家发改委颁布了《关于印发电价改革实施办法的通知》①（2005 年）、《上网电价管理暂行办法》（2005 年）、《输配电价管理暂行办法》（2005 年）和《销售电价管理暂行办法》（2005 年）。其目标在于建立与社会主义市场经济体制相适应的电价形成机制，但由于缺乏具体的实施细则和监管办法，依然保留着高度集中的电价管理体制，政府没有完全放开输配电价以外的上网电价和销售电价，电网垄断格局没有完全打破，导致上网电价缺乏竞争性，长期以来电网企业依然靠赚取售电和购电的差价收入来营利，价格不能反映成本。

从高碳电力上网电价来看，政策变动频繁，矛盾突出。2007 年，为加快燃煤机组烟气脱硫设施建设，减少二氧化硫排放，促进环境保护，国家发改委、原国家环保总局联合印发《燃煤发电机组脱硫电价及脱硫设施运行管理办法》（试行）的通知，②明确规定：现役燃煤机组安装脱硫设施后，其上网电量执行在当时上网电价基础上加价 1.5 分/千瓦时的脱硫加价政策。2012 年 12 月，为提高发电企业脱硝积极性，加快燃煤机组脱硝设施建设，减少氮氧化物排放，促进环境保护，国家发改委发布《关于扩大脱硝电价政策试点范围有关问题的通知》，③决定加大脱硝电价政策试行力度，扩大到全国所有燃煤发电机组。

2013 年 2 月，为了确保脱硝电价政策及时执行到位，全面完成氮氧化物减排目标，原环保部办公厅、国家发改委办公厅联合发布《关于加快燃煤电

---

① 国家发展改革委《关于印发电价改革实施办法的通知》（发改价格〔2005〕514 号），国家发改委，2005 年 3 月 28 日。

② 关于印发《燃煤发电机组脱硫电价及脱硫设施运行管理办法》（试行）的通知（发改价格〔2007〕1176 号），国家发改委、原国家环保总局 2007 年 5 月 29 日发布，2007 年 7 月 1 日施行，2014 年 5 月 1 日废止。

③ 《国家发展改革委关于扩大脱硝电价政策试点范围有关问题的通知》（发改价格〔2012〕4095 号），国家发改委 2012 年 12 月 28 日发布，2013 年 1 月 1 日执行。

厂脱硝设施验收及落实脱硝电价政策有关工作的通知》。① 2014 年 3 月，基于加强环保电价和环保设施运行监管是促进燃煤发电机组减少污染物排放、改善大气质量的重要举措，国家发改委、原环境保护部联合印发《燃煤发电机组环保电价及环保设施运行监管办法》的通知，② 对燃煤发电机组新建或改造环保设施实行环保电价加价政策，具体标准由国家发改委制定和调整。该办法取代了《燃煤发电机组脱硫电价及脱硫设施运行管理办法》（试行）。

2014 年 8 月，为了疏导燃煤发电企业脱硝、除尘等环保电价矛盾，推进部分地区工商业用电同价，国家发改委发布《关于进一步疏导环保电价矛盾的通知》，③ 适当调整相关电价。

2015 年 12 月，为了推进煤炭清洁高效利用，促进节能减排和大气污染治理，国家发改委、原环境保护部和国家能源局联合发布《关于实行燃煤电厂超低排放电价支持政策有关问题的通知》，④ 决定对燃煤电厂超低排放实行电价支持政策。2015 年 12 月，根据煤电价格联动机制有关规定，国家发改委颁布《关于降低燃煤发电上网电价和一般工商业用电价格的通知》，⑤ 决定下调全国燃煤发电上网电价和一般工商业用电价格。该通知的施行，对于推进电价市场化，促进产业结构升级和淘汰落后产能起到了积极的作用。

为了推动可再生能源产业的发展，这一时期，国家发改委密集出台了一系列相关的规范性文件。2006 年，印发《可再生能源发电价格和费用分摊管理试行办法》，规定风电上网采用政府指导价；太阳能发电等其他类型⑥可再生能源发电上网采用政府定价，但招标的生物质发电项目，上网电价实行政府指导价，且其价格不得高于所在地区的标杆电价。⑦ 2007 年，发布《可再

---

① 《关于加快燃煤电厂脱硝设施验收及落实脱硝电价政策有关工作的通知》（环办〔2013〕21号），原环保部办公厅、国家发改委办公厅 2013 年 2 月 17 日发布。

② 国家发展改革委、环境保护部关于印发《燃煤发电机组环保电价及环保设施运行监管办法》的通知（发改价格〔2014〕536 号），国家发改委、原环保部 2014 年 3 月 28 日发布，2014 年 5 月 1 日实施。

③ 《国家发展改革委关于进一步疏导环保电价矛盾的通知》（发改价格〔2014〕1908 号），国家发改委 2014 年 8 月 20 日发布，2014 年 9 月 1 日执行。

④ 《国家发展改革委 环境保护部 国家能源局关于实行燃煤电厂超低排放电价支持政策有关问题的通知》（发改价格〔2015〕2835 号），国家发展改革委、原环保部和国家能源局 2015 年 12 月 2 日发布，2016 年 1 月 1 日执行。

⑤ 《国家发展改革委关于降低燃煤发电上网电价和一般工商业用电价格的通知》（发改价格〔2015〕3105 号），国家发改委 2015 年 12 月 27 日发布，2016 年 1 月 1 日执行。

⑥ 其他类型包括海洋能发电、地热能发电和生物质能发电。

⑦ 详见《可再生能源发电价格和费用分摊管理试行办法》（2006 年）第 7 条、第 8 条、第 9 条。

生能源电价附加收入调配暂行办法》①，同时发布了近十批《可再生能源电价补贴和配额交易方案》，② 对可再生能源电价补贴、电价附加和费用分摊机制进行规范，补贴金额随着可再生能源发电量的增加而逐年上升。

2013年，为支持可再生能源发展，同时鼓励燃煤发电企业进行脱硝、除尘改造，促进环境保护，国家发改委发布《关于调整可再生能源电价附加标准与环保电价有关事项》的通知，③ 适当调整可再生能源电价附加和燃煤发电企业脱硝等环保电价标准。

2016年，为支持可再生能源发展，加强可再生能源发展基金征收管理，财政部、国家发改委联合发布《关于提高可再生能源发展基金征收标准等有关问题的通知》，④ 明确规定：自2016年1月1日起，可再生能源发展基金征收标准由1.5分/千瓦时提高到1.9分/千瓦时，该政策在一定程度上缓解了可再生能源电价补贴资金缺口的矛盾，有利于促进可再生能源健康发展。尽管国家发改委密集出台了如此多的规范性文件，但制度本身依然存在缺陷，有进一步细化的空间。

以风电政策制度为例，中国风电价格政策主要经历了四个阶段：审批电价阶段（1986—2003年）、招标与审批电价阶段（2003—2005年）、招标加核准电价阶段（2006—2009年）、固定电价阶段（2009年至今）。2006年《可再生能源发电价格和费用分摊管理试行办法》确定了风力发电项目的上网电价实行政府指导价，电价标准通过招标确定，该时期中国风电电价政策属于招标电价和核准电价并存。2009年，国家发改委发布《关于完善风力发电上网电价政策的通知》⑤，规定中国的风电上网电价实行"标杆上网电价"。全国根据风能资源状况分为四类区域，分别设定标杆上网电价，制定了0.51元/千瓦时、0.54元/千瓦时、0.58元/千瓦时和0.61元/千瓦时四种电价。这种做法使风电项目投资者有了明确的可获利润预期，并鼓励项目方降低成

---

① 《可再生能源电价附加收入调配暂行办法》（发改价格〔2007〕44号），国家发改委，2007年发布。

② 详见2007年国家发改委、原国家电监会联合发布《关于2006年度可再生能源电价补贴和配额交易方案的通知》（发改价格〔2007〕2446号）；2012年国家发改委发布《关于可再生能源电价补贴和配额交易方案（2010年10月—2011年4月）的通知》（发改价格〔2012〕3762号）等文件。

③ 《国家发展改革委关于调整可再生能源电价附加标准与环保电价有关事项的通知》（发改价格〔2013〕1651号），国家发改委2013年8月27日印发，2013年9月25日执行。

④ 《关于提高可再生能源发展基金征收标准等有关问题的通知》（财税〔2016〕4号），财政部、国家发改委2016年1月5日发布，2016年1月1日执行。

⑤ 国家发改委《关于完善风力发电上网电价政策的通知》（发改价格〔2009〕1906号），国家发改委，2009年7月20日。

本，有利于风电产业的长期发展。这一时期，中国风电执行的是 2009 年出台的风电标杆上网电价（固定电价制度）。

2016 年，国家发改委集中出台相关可再生能源发电标杆上网电价政策。2016 年 8 月，国家发改委制定统一的太阳能热发电标杆上网电价政策，发布《关于太阳能热发电标杆上网电价政策的通知》，① 核定全国太阳能热发电标杆上网电价为 1.15 元/千瓦时。

2016 年 12 月，国家发改委发布《关于调整光伏发电 陆上风电标杆上网电价的通知》，② 制定了"全国光伏发电标杆上网电价表"和"全国陆上风力发电标杆上网电价表"，继续执行新能源标杆上网电价退坡机制，适当降低 2017 年光伏电站标杆上网电价和 2018 年陆上风电标杆上网电价。其中，针对四类资源区，对 2018 年新建陆上风电标杆上网电价分别调低为：0.40 元/千瓦时、0.45 元/千瓦时、0.49 元/千瓦时和 0.57 元/千瓦时。

从风电政策制度来看，还需要从以下四个方面进一步完善：第一，未来四类风能资源区的划分将无法满足需要，为了鼓励小型风电产业的发展，还应根据风电装机规模、发电量、发电技术等因素合理设计多层次的低碳电力价格标准；第二，引入风电上网电价变量机制，制定上网电价递减率，允许根据时间和技术的提高状况下调上网电价，从而逐步增强风电上网电价的竞争力；第三，标杆电价不能一味地追求低，要给风电投资者合理的利润空间，鼓励技术创新；第四，设计电价补贴的退出期限（如 10 年），当风电商业化发展成熟时，应取消政府补贴。

二、输配侧低碳电力法律制度健全思路

解决好输配侧低碳电力的可持续发展问题，不仅要建立健全低碳电力科技创新法律制度，还要完善低碳激励法律制度。须对电网建设加大投入，重视科技创新，推行智能电网、低碳电网，不仅要建立健全智能电网法律制度、低碳电网法律制度和可再生能源并网技术创新法律制度等，还要完善并网的扶持与激励政策法律制度，如对低碳电力的上网电价补贴制度、对高碳电力的上网电价规制制度、对输配电价的监管制度以及可再生能源优先发电制度等。

---

① 《国家发改委关于太阳能热发电标杆上网电价政策的通知》（发改价格〔2016〕1881 号），国家发改委 2016 年 8 月 29 日发布，自发布之日起执行。

② 《国家发改委关于调整光伏发电 陆上风电标杆上网电价的通知》（发改价格〔2016〕2729 号），国家发改委 2016 年 12 月 26 日发布，2017 年 1 月 1 日执行。

（一）完善输配侧低碳电力科技创新法律制度

"科学技术是第一生产力"。实现电力行业的低碳可持续发展，科技创新是关键，科技创新主要是技术创新。[①] 而要实现技术创新，应加强相关立法研究，为低碳电力技术的创新提供切实的制度保障。相关的立法应围绕提高能效、加强节能、可再生能源、先进核能等低碳或零碳技术的研发和产业化来展开，包括对可再生能源发电上网、分布式电源、智能电网和低碳电网等新兴事物进行专题研究。完善重点包括以下几点。

第一，在电力输配侧，通过科学合理编制电网规划、发展电网，对电力用户公平无歧视开放，进行科技创新，针对不同低碳能源，采取各种新技术，确保低碳电源优先上网。

第二，作为能源基本法的"能源法"应明确低碳能源科技创新的地位和作用，包括低碳电力科技创新。

第三，《电力法》的修订要适应低碳电力技术发展的新形势和新要求，将可再生能源发电上网、分布式电源、智能电网和低碳电网等新技术带来的涉法问题纳入法律条文的补充修订中。

第四，完善《电力法》配套法规和各项财税金融法律法规，从立法保障上对低碳电力科技创新进行扶持和激励，从而促进电力企业不断投入低碳电力技术的研发和推广运用。

1. 建立健全智能电网法律制度

在低碳经济模式主导的环境下，智能电网的建设和发展具有极大的必要性和重要性，是实现向低碳电力转型的关键。[②] 第一，有助于提升电网适应不同类型低碳能源大规模入网的能力，促进低碳能源开发和并网消纳，从而减少温室气体排放。第二，有助于优化能源结构，使各种能源形式实现互补，从而保障能源供应安全。第三，有助于引领电力用户转变能源消费理念和方式，使电能在用户需求侧得到科学高效的利用，从而节约电力。第四，有助于推动储能技术的发展、促进智能设备的大规模应用，改变终端用户用能方式，从而减少一次能源——化石燃料的使用，提高二次能源——电能在终端

---

① 这些技术主要包括可再生能源发电技术、高效清洁的发电技术、碳捕获与封存技术、高效输电技术（特高压）、高效储能技术和高效用能技术等。

② 周凤翔，陈子楠. 国外智能电网立法与我国《电力法》修订 [J]. 华北电力大学学报：社会科学版，2012（4）：60-65.

在这篇文章中，智能电网被界定为"以特高压电网为骨干网架、各级电网协调发展的网架为基础，以通信信息平台为支撑，包含电力系统的发电、输电、配电、用电和调度等各环节，以信息化、自动化、互动化为特征，实现'电力流、信息流、业务流'的高度一体化融合的现代电网"。

能源消耗中的使用比重，达到降低能耗和减少排放的目的。

中国智能电网在法律制度建设上还存在不足，主要表现在《可再生能源法》对发展和应用智能电网仅做了原则性规定。① 现行《电力法》没有对智能电网做出规定，其他配套行政法规如《电力供应与使用条例》（1996 年实施）、《电网调度管理条例》（1993 年实施，2011 年修正）和《电力监管条例》（2005 年实施）等均未对智能电网做出规定，存在着立法空白。

目前，中国"能源法"的制定和《电力法》的全面修订已进入立法计划。中国智能电网的发展，亟须通过"能源法"的制定和《电力法》的修改完善提供法律制度保障。具体完善思路如下。

（1）"能源法"应规定智能电网的地位和作用。鉴于智能电网建设和发展的必要性、重要性以及智能电网尚未制定单行法的现状，"能源法"作为能源基本法，应在立法中体现智能电网的地位和社会作用。

（2）《电力法》修订要适应智能电网发展的需要。智能电网在技术水平和社会作用上都是传统电网无法比拟的，在发展过程中与许多领域发生过去不可能产生的交融。现行《电力法》远远不能适应能源改革和智能电网发展的新形势，亟须进行修订。

第一，将智能电网规划纳入中央和地方的国民经济以及社会发展规划，同时将智能电网发展提升为国家能源战略的重要组成部分。

第二，明确智能电网的发展目标和"坚强可靠、低碳环保、经济高效、开放互动"的基本原则。

第三，构建智能电网通用标准体系。

第四，强化资金投入、税收优惠等财政金融保障制度，激励和支持智能电网项目技术进步。

第五，明确智能电网监管主体的监管职能，合理构建管理体制。

第六，构建智能电网信息共享与定期报告制度。

（3）适时制定《智能电网管理条例》。在智能电网缺乏高位阶的法律支持的情况下，应在条件成熟时，由国务院出台《智能电网管理条例》。同时，鼓励地方出台智能电网的地方性法规和规章。

2. 建立健全低碳电网法律制度

中国低碳电网在法律制度建设上基本处于空白。电力基本法——《电力

---

① 详见《中华人民共和国可再生能源法》第 14 条第 4 款：电网企业应当加强电网建设，扩大可再生能源电力范围，发展和应用智能电网、储能等技术，完善电网运行管理，提高吸纳可再生能源电力的能力，为可再生能源发电提供上网服务。

法》和低碳能源法——《可再生能源法》对发展低碳电网未明确提及，迫切需要建立健全低碳电网法律制度。

现行《电力法》及其配套法规亦不能适应低碳电网发展的需要，亟须对以下几点修订。

第一，将电网低碳规划纳入中央和地方的国民经济和社会发展规划，并将低碳电网发展提升为国家能源战略的重要组成部分。

第二，明确低碳电网的发展目标。

第三，从财政投入、税收优惠和金融保障上加大对高效输电技术、电网降损技术和低碳电力调度技术等低碳电网技术的支持力度。

3. 完善可再生能源并网技术创新法律制度

可再生能源并网技术创新是解决弃水、弃风、弃光现象的关键，与并网技术相关的法律制度建设必须跟进。《可再生能源法》明确规定：将可再生能源开发利用的科学技术研究纳入国家科技发展规划和高技术产业发展规划，鼓励和支持可再生能源并网发电，对可再生能源开发利用的科学技术研究进行财政资金支持，同时明确规定了可再生能源电力的并网技术标准和其他相关可再生能源技术和产品的国家标准，但该规定较为原则。

未来修订《可再生能源法》时，应从发电、输电、配电、调度和运行等多个技术环节明确规定技术标准，内容涵盖并网方式、输电技术、控制技术和调度技术等技术标准制度和管理规范等。

（二）完善输配侧低碳激励法律制度

马克思主义理论认为：经济基础决定上层建筑。这也就意味着政治、法律等制度由社会物质条件所决定。相应的，输配侧低碳激励法律制度建设离不开政府的经济激励或惩罚措施。这些经济型措施涵盖财政补贴、上网固定电价或管制电价等。

1. 完善上网电价和输配电价制度

（1）低碳电力上网固定电价及补贴制度。中国一直很重视低碳电力的扶持和补贴，出台了一系列法律制度，但在以下几个方面仍需加强建设。

第一，修改完善低碳电力上网定价的管理办法和实施细则。建立反映环境损害成本、能源资源稀缺程度和电力生产成本的上网电价，间接实现用户节电的目的；同时，按照不同低碳能源的特点，分别确定差异性的标杆上网电价（固定电价）或相应标准，更加细化固定电价。

第二，完善低碳电力的激励和补贴政策制度。低碳能源具有较强的正外部性，需要得到价格政策制度的有力扶持。低碳能源上网固定电价及补贴制度的主要意义在于明确投资回报，同时反映低碳能源的外部效益和技术潜力，实现政府设定的产业发展目标。中国针对低碳电力的激励和补贴措施在力度、可操作性等方面有待加强和完善，支持方式应更具有针对性，同时需要拓宽扶持资金来源。例如，标准的统一与完善；电网的并网技术与辅助服务；低碳电力的科研和技术创新；扩大扶持对象，给予分布式可再生能源足够有力的政策扶持；积极引导地方财政和金融机构共同扶持等。①

第三，确保目前低碳能源占有市场份额，但在条件成熟时低碳能源上网电价应参与市场竞争。由于低碳能源发电当前处于初步发展时期，尚需政府扶持和激励，目前应继续沿用固定电价和补贴制度。但当低碳能源发电技术高度发展，商业化发展成熟时，应逐步减少直至取消财政补贴，使其参与市场竞争，与国际接轨，可以借鉴英国可再生能源配额制的做法，考虑采用市场化的配额制和"绿色电力证书"制度。

第四，建立并网和消纳的激励制度。近年来，随着低碳能源投资大规模增长，电网消纳压力越来越大。过去曾对低碳能源发电采用招标上网电价，但由于忽视了电网企业消纳低碳电力的技术、设施、辅助服务及费用损失等问题，导致该制度一直没有很好落实。因此，要建立并网的激励性机制，在低碳电力收购、并网、辅助服务、电网建设和改造、相关并网技术等环节加大财政投入和补贴的力度。

（2）高碳电力上网电价规制制度。规制，是指政府根据相应的规则对微观经济主体（特别是企业）的行为实行的一种干预、限制或者约束。它是一种具体的制度安排，以矫正和改善市场失灵为目的。

在市场经济条件下，商品的价格应该合理地反映成本。电价成本应该涵盖电力商品的用电成本、市场供求状况、资源稀缺程度和环境成本，以此形成电力商品的价格。

就高碳电力成本来说，其燃料成本构成了高碳电力成本的绝大部分，而因燃烧煤炭等化石能源消耗的大量不可再生的稀缺化石资源的成本却没有完全体现在上网电价中，因排放二氧化碳等温室气体而对环境造成的负外部性影响也没有体现在上网电价中。

这主要是因为中国针对化石能源产品的能源税调控力度不足，表现在对化石能源征收的资源税、消费税等能源税种的税率偏低，尚不能达到合理规制化石能源大面积消耗的目的。此外，中国 2018 年刚刚开征环境税，尚没有

---

① 上网电价政策激励了新能源发展 [N]．中国经济导报，2011–12–08.

开征碳税，从而使得高碳电力价格背离成本，不能完全反映成本，带来的弊端是高碳电力上网电价低，市场竞争力强，从而抑制了低碳电力的市场竞争力。

因此，须对高碳电力上网电价进行规制，提高资源税、消费税等能源税种的税率，使其能合理反映不可再生的稀缺化石资源的成本。同时，对火电企业征收环境税，并在条件成熟时开征碳税，将高碳能源发电排放二氧化碳等温室气体而对环境造成的负外部性影响内化为经济成本，并最终在上网电价中体现出来。只有这样，才能起到保护稀缺资源、保护环境和控制温室气体排放的目的。

（3）输配电价监管制度。长期以来，电网处于拥网自重的垄断地位，电网集输配售电于一身，输配电价游离于政府直接监管之外，电网靠售电和购电的差价来获取收入，导致输配电价不合理，不能反映电网企业的运营成本。这对低碳电力公平上网极为不利，因此亟待加强输配电价改革和监管制度建设。

国家发改委于 2014 年发布《关于深圳市开展输配电价改革试点的通知》（发改价格〔2014〕2379 号），深圳开启输配电价改革的先河，自 2015 年 1 月 1 日起按照新机制运行。深圳市输配电价以电网总资产为基础，经过成本监审，基于"准许成本加合理收益"原则，制定输配电价。自 2014 年首次在深圳市启动输配电价改革试点以来，中国逐步扩大了试点范围。2015 年，中国在内蒙古西部、安徽、湖北、宁夏、云南、贵州 6 个省级电网开展了先行试点。

2016 年，国家发改委发布《关于扩大输配电价改革试点范围有关事项的通知》，进一步扩大了输配电价改革试点范围。2016 年，将北京、天津、冀南、冀北、山西、陕西、江西、湖南、四川、重庆、广东、广西 12 个省级电网和国家电力体制改革综合试点省份的电网以及华北区域电网列入输配电价改革试点范围。2016 年 12 月，国家发改委印发《省级电网输配电价定价办法（试行）》，[①] 明确省级电网输配电价制定的原则和方法，建立对电网企业的激励和约束机制，同时指导试点省份价格主管部门测算 12 个省级电网输配电价，形成科学、规范和透明的输配电价监管制度。中国于 2017 年全面推开输配电价改革。

输配电价改革是电力体制改革的核心内容，也是难啃的"硬骨头"。输配

---

① 国家发展改革委关于印发《省级电网输配电价定价办法（试行）》的通知（发改价格〔2016〕2711 号），国家发改委 2016 年 12 月 22 日印发，自发布之日起实施。

电价改革是打破电网垄断格局，深化电力体制改革，保障低碳电力公平并网的重要措施。改革和完善的路径如下。

第一，遵循"管住中间、放开两头"的总体思路，把发售电价和输配电价在形成机制上分开，单独核定输配电价，逐步实现公益性以外的发售电价由市场形成的机制。

第二，推进有利于更大范围资源优化配置和电网安全可靠供电的输配电价机制。

第三，改变电网企业监管方式。改变传统的间接监管方式，对电网总资产和实际运行维护成本进行直接监管，建立独立的输配电价体系，建立健全成本约束与激励机制。

第四，明确输配电价核定方法。积极稳妥推进输配电改革试点，在成本监审的基础上，对网络型自然垄断的电网输配电环节按"准许成本加合理收益"原则核定输配电总收入和输配电价。

第五，推进相关配套改革。建立独立的输配电价体系后，推进大用户电力直接交易，推进发电侧和售电侧电价市场化，电网企业根据政府核定的输配电价收取"过网费"。[①]

2. 健全可再生能源优先发电制度

可再生能源是低碳能源的重要组成部分，解决了可再生能源发电并网问题，可以说就解决了低碳电力并网问题。从 2015 年 11 月国家发改委发布的 6 个电改"9 号文"配套文件来看，这些文件都非常明确地肯定了可再生能源发电的优先权，将为推进电力市场化改革、加快电力低碳转型提供新的驱动力和制度保障，但是仍然缺乏可执行可操作的具体办法。

当现实中该优先权受损时，缺乏有效的惩罚措施，主体不明、责任不清。弃风、弃光、限电现象发生时，各方主体各执一词。电网原本缺乏调度可再生能源电力的积极性，限电现象发生时往往以可再生能源电力具有波动性和系统调峰能力不足等技术问题为借口；传统火电机组则认定为供热机组，以保供热为借口拒绝参与调峰。

从实践来看，弃风、弃光、限电的"重灾区"，却出现了燃煤火电机组利用小时数高企的冰火两重天现象。可见，中国因弃风、充光、限电导致可再生能源无法并网的主要原因并不完全在于技术瓶颈，因政府与市场的关系没有理顺导致的体制机制问题也是原因之一。

---

① 电网企业按政府核定输配电价收取过网费 [N]．常州日报，2014-11-05.

在现有体制下，政府每年给火电企业下达计划电量，使得火电企业的发电权优先级被人为提高了，形成了事实上的优先发电权，阻碍了可再生能源发展。因此，必须从体制机制入手，理顺政府与市场的关系，除了公益性、调节性计划电量由政府统一配置外，其余电量应由市场竞争机制配置，变火电计划电量为市场电量，正视可再生能源电力对传统化石能源电力的"替代"，才能真正有效推进电改，建立效率与公平兼备的市场。

从《可再生能源发电全额保障性收购管理办法》（以下简称《办法》）来看，该《办法》虽然明确规定了严格落实可再生能源优先发电制度，但也存在与6个电改"9号文"配套文件同样的问题。

由于保障性收购年上网电量等于保障性收购年利用小时数和装机容量的乘积，而装机容量是恒定的，因此，保障年利用小时数直接决定发电量。如果受非系统安全因素影响，导致可再生能源实际发电量小于保障性收购电量，则应合理补偿可再生能源损失的利用小时数。

《办法》对此进行了规定，明确了补偿主体和补偿的最大范围，[①] 但还有进一步细化的空间，按照"谁受益、谁补偿"的原则，应进一步明确严厉的惩罚性措施等，从而将技术问题转化为经济问题，倒逼系统提升可再生能源消纳能力。此外，还应明确规定擅自将保障性收购电量范围内的优先发电权通过市场交易方式转让的具体罚则。

对于超出保障性收购电量范围的可再生能源发电量，《办法》鼓励多发电量参与市场竞争，具有进步性。[②] 对于可再生能源发电项目超出保障范围的电量，能够以较低的价格取得售电合同，并且继续按照当时水平享有可再生能源电价补贴，该部分电量的实际价格用公式表示就是：保障性收购范围外电量实际价格＝市场竞争获取电价＋（当地可再生能源标杆上网电价－当地火电脱硫脱硝标杆电价）。通过这种方法能够鼓励可再生能源投资经营者改进技术，提高效率，降低边际成本，获取额外营利。

---

① 详见《可再生能源发电全额保障性收购管理办法》第9条第1款：保障性收购电量范围内，受非系统安全因素影响，非可再生能源发电挤占消纳空间和输电通道导致的可再生能源并网发电项目限发电量视为优先发电合同转让至系统内优先级较低的其他机组，由相应机组按影响大小承担对可再生能源并网发电项目的补偿费用，并做好与可再生能源调峰机组优先发电的衔接。计入补偿的限发电量最大不超过保障性收购电量与可再生能源实际发电量的差值。保障性收购电量范围内的可再生能源优先发电合同不得主动通过市场交易转让。

② 详见《可再生能源发电全额保障性收购管理办法》第11条第1款：鼓励超出保障性收购电量范围的可再生能源发电量参与各种形式的电力市场交易，充分发挥可再生能源电力边际成本低的优势，通过市场竞争的方式实现优先发电，促进可再生能源电力多发满发。

具体来说，需要进一步完善以下细节。

（1）划清主体责任边界。

① 政府部门。《办法》第 6 条和第 12 条明确了政府各个部门的权责划分。[①] 按照规定，国家能源局会同国家发改委负责核定可再生能源并网发电项目保障性收购年利用小时数，同时负责监督落实；国家能源局确定可再生能源发电量占全部发电量的比重；省级能源局会同各省（自治区、直辖市）发改委指导电网企业落实可再生能源发电量比重，并监督落实。《办法》明确了各级能源局作为牵头部门，在具体实践中，各省（自治区、直辖市）还应制定更详细的责任范围，以避免互相推诿或扯皮。

②电网企业。电网企业是保障可再生能源上网实施的主体。[②] 目前，电网企业在机构设置上仍保留调度机构，负责和主导组建交易机构，配置电力资源交易平台。基于以上情况，对于可再生能源全额保障性收购，电网企业需要承担主体责任，因电网自身原因导致可再生能源限电由电网承担补偿责任，政府部门有权对电网企业未履行好责任进行追究问责。

（2）明确主体权利和义务。为了确保可再生能源公平和优先上网，必须明确主体的权利和义务，尤其是电网企业的义务和可再生能源投资经营者的权利。

就电网企业来说，电网企业应该至少履行但不限于以下义务：①相对于常规能源，优先考虑使用可再生能源；②发挥系统调峰潜力；③承担可再生能源发电设施的接入管理；④分摊可再生能源弃发电量；⑤加强和优化输电通道建设，包括电网扩建、电网改造、智能电网建设和低碳电网建设等。

电网企业如果违反了以上义务，应当承担赔偿或补偿责任。电网企业的主要权利是收取过网费。

---

① 《可再生能源发电全额保障性收购管理办法》第 6 条：国务院能源主管部门会同经济运行主管部门对可再生能源发电受限地区，根据电网输送和系统消纳能力，按照各类标杆电价覆盖区域，参考准许成本加合理收益，核定各类可再生能源并网发电项目保障性收购年利用小时数并予以公布，并根据产业发展情况和可再生能源装机投产情况对各地区各类可再生能源发电保障性收购年利用小时数适时进行调整。地方有关主管部门负责在具体工作中落实该小时数，可再生能源并网发电项目根据该小时数和装机容量确定保障性收购年上网电量。第 12 条：国务院能源主管部门按照全国可再生能源开发利用规划，确定在规划期内应当达到的可再生能源发电量占全部发电量的比重。省级能源主管部门会同经济运行主管部门指导电网企业制定落实可再生能源发电量比重目标的措施，并在年度发电计划和调度运行方式安排中予以落实。

② 《可再生能源发电全额保障性收购管理办法》第 4 条：各电网企业和其他供电主体承担其电网覆盖范围内，按照可再生能源开发利用规划建设、依法取得行政许可或者报送备案、符合并网技术标准的可再生能源发电项目全额保障性收购的实施责任。

可再生能源投资经营者的主要义务是不断改进技术，使发电设施满足相关技术要求。可再生能源投资经营者如果违反了以上义务，将丧失优先权。可再生能源投资经营者的主要权利是获得补偿、价格补贴、额外营利等经济性权利。

健全和完善可再生能源优先发电制度意义和作用显著。一方面，保障性收购方式保障了可再生能源可以获得公平上网的基本权益；另一方面，引进市场机制和竞争交易模式有助于发挥市场在优化资源配置方面的作用。二者的结合解决了可再生能源上网消纳难的困境，突破了低碳电力发展的瓶颈。

本章小结

电网是连接发电侧和需求侧的枢纽，低碳电力的及时消纳是保障低碳电力并网的关键环节，而低碳电力的及时消纳离不开输配侧科技创新和低碳激励法律制度的建设。

本章探讨了输配侧低碳电力科技创新法律制度和低碳激励法律制度的必要性和应然内容，从上位法修订不及时、部分法律缺位、法律制度过于原则等角度全面分析了输配侧低碳电力法律制度的缺陷，提出了输配侧低碳电力法律制度健全思路。

其一，完善输配侧低碳电力科技创新法律制度，包括建立健全智能电网法律制度、建立健全低碳电网法律制度、完善可再生能源并网技术创新法律制度等。

其二，完善输配侧低碳激励法律制度，包括实行低碳电力固定电价与补贴制度以及高碳电力上网电价规制制度、输配电价监管制度；落实可再生能源发电全额保障性收购，明确可再生能源发电的入网优先权，健全可再生能源优先发电制度等思路对策。

第八章　需求侧低碳电力法律制度

发电侧与需求侧是相互联系、相互影响的两方。在第六章和第七章分别对发电侧和输配侧的低碳电力法律制度进行探讨后，仍有必要分析需求侧低碳电力法律制度的构建。所谓"需求侧"，与"供给侧"（即发电侧）相对，是指电网内的各个电力消费方，包括各大企业、工厂、居民等电力用户。

最低碳的能源是节约下来的能源，应对气候变化、发展低碳经济和低碳电力，对需求侧电力用户的要求就是提高电能使用效率和节约用电。因此，须从需求侧加强法律制度创新和相关机制建设。

第一节　需求侧管理法律制度

电力需求侧管理（demand side management，DSM），是指依照政府有力的政策法规，通过激励、引导或其他妥善的运作方式，促使电网企业等各个电力需求主体[1]协同努力，调整结构，减少能耗，有序用电，提升使用效率，达到降低服务成本、节约能源、提高经济效益、保护生态环境，使各方均能受益的用电管理活动。[2]

电力需求侧管理适应市场经济体制的要求，将需求侧的节约能源转换成发电侧的替代能源，改变了完全依靠增加发电侧能源供给来满足需求增长的单向管理模式，实现以节能经济和良好效益达到同等的能源服务。需求侧管理被誉为"节电革命"。2005 年，据有关专家预测，若实施有效的需求侧管理，到 2020 年，中国可减少装机 1 亿千瓦左右，超过 5 个三峡工程的装机容量，同时还可节约 8 000 亿~10 000 亿元的投资。[3]

---

[1]　这些主体主要包括电网企业、能源服务公司、中介机构、节能产品供应商、电力用户等。

[2]　王梅霖. 电力需求侧管理研究［D］. 北京：北京交通大学，2011.

[3]　吴姜宏，周凤翱，曹治国. 电力行业低碳发展政策与法律问题研究［M］. 北京：中国电力出版社，2013.

一、需求侧管理法律制度的理论依据和必要性

（一）需求侧管理法律制度的理论依据

从经济学的角度看，需求侧管理旨在有效利用有限电力资源，实现效益最大化，达到节能目的。电力需求侧管理制度的理论依据是商品供求理论和凯恩斯主义需求治理理论。

商品供求理论的核心内容是市场价格和供求（数量）之间的相互关系。新古典经济学派把供求关系数量化，成为经济学重要分析工具。根据需求理论，市场规模、市场价格、平均收入水平、商品替代品和消费者选择偏好是决定需求的五个主要因素。一般假设除价格外其他因素相对稳定不变，则需求量与价格紧密相关，常规商品的需求量与价格呈负相关。供给理论认为，决定供给的因素主要有市场价格、生产成本、生产要素的价格、其他商品价格的变化。与此同理，保持价格外其他因素不变，则市场价格与供给量紧密相关。常规商品价格与供给量呈正相关。当需求曲线与供给曲线交汇，则形成市场均衡点，此时的价格即为市场均衡价格，而此时均衡价格对应的产量是均衡产量，当供求平衡时商品的使用价值与价格基本持平；如果生产在非均衡点进行，则价格会高于或低于均衡价格，即当供小于求时，价格上涨，大于商品本身使用价值；反之则反。这样就会形成一个波，围绕着价值这根轴不规则地上下波动。马克思通过对供求理论的研究，认为商品经济的所有范畴都可统一到供给与需求关系之中。

英国著名经济学家、"宏观经济学之父"凯恩斯认为，经济危机和失业的根源在于社会有效需求不足，致使企业生产出来的东西卖不出去，企业被迫停产乃至破产，最终导致经济危机的爆发，造成工人失业。而有效需求不足又源于资本边际效率递减规律、边际消费倾向递减规律和流动偏好规律三个基本心理规律。

由于这三个规律的存在，随着社会的发展必然出现有效需求不足，而供给不能自动创造需求，经济也不能自动地达到均衡。因此，为了解决有效需求不足的问题，凯恩斯主张放弃经济自由主义，代之以国家干预的方针和政策。国家主要通过财政政策和货币政策两种工具对社会经济进行干预，财政政策起主要作用，货币政策发挥辅助作用。

电力属于商品，具有商品的一般特性：具有使用价值，是价值和使用价值的统一。但电力又是一种特殊的商品，具有不同于一般商品的特点：准公共物品性、不易存储性、差异化和缺乏弹性。

由于电力产品的二重性，且电力行业具有自然垄断性与竞争性相结合的特点，电力产品既可以由政府来提供，也可以由市场来提供，这决定了它的经营方式难以完全市场化；同时，电力发展完全市场化也存在弊端，可能会造成巨大的资源浪费。为了增强电力需求的弹性，有必要加强对需求侧的管理和干预。

（二）需求侧管理法律制度的必要性

从需求侧来说，最清洁最低碳的电能是节约下来的电力。需求侧管理是能源合理利用的必然发展趋势，科学用电、合理用电和节约用电是电力需求侧能效管理的核心。需求侧管理最重要的特性就是使用户的用能方式合理，能源利用率提高，同时减少环境污染。电力是经济社会发展和能源安全的重中之重。近年来，电力短缺状况和电力过剩状况相继出现。

当电力短缺时，供求关系紧张，造成电力生产成本上升、电网调峰困难、供电质量不稳和拉闸限电等生产、管理和社会问题。当电力过剩时，弃风、弃水、弃光现象时有发生，造成低碳能源的极大浪费。实施需求侧管理制度，有利于提高经济效益、社会效益和环境效益，对社会、发电企业、电网企业及用户都具有极大的必要性和极为重要的作用。

首先，对社会来说，通过进行需求侧管理，避免或推迟新建电厂，节约电力建设投资，节省化石资源，特别是降低煤炭利用比重，减少二氧化碳、氮氧化物等温室气体的排放，遏制环境的恶化，减少二氧化碳等温室气体的污染控制费用；将节约常规能源和开发新能源置于同等重要的地位，以便合理进行资源配置，促进经济和社会的可持续发展；大力发展节能节电技术，引导社会向低碳电力产业方向发展；通过需求侧能效管理，调整能源消费结构，促进可持续发展。

其次，对发电企业来说，通过进行需求侧管理，提高设施利用率，降低成本及能耗，促进发电设备制造业的技术创新和产业升级，同时推迟电站的建设，减少电力建设投资。

再次，对电网企业来说，通过需求侧管理，可强力推动电网移峰填谷，转移用电负荷，有利于优化电网运行方式，改善电网运行的稳定性，提高电网运营效益。

最后，对用户来说，通过进行需求侧管理，改变用户粗放式消费模式，鼓励用户进行节能节电，取得相应的经济效益。

完善需求侧管理，提高用户需求侧消纳低碳电力水平，需要设计适应智能电网需求的负荷侧管理体系，依靠技术、经济、行政和法律等手段，引导终端用户建立科学的用电行为模式；需要电网企业建设智能用电系统和需求侧管理平台，提高电网设备利用效率和用户能源使用效率。

二、需求侧管理法律制度的应然内容

需求侧管理法律制度主要包括以下几种。

（1）错峰用电（off-peak power consumption），是指避开用电高峰的时期用电。根据电网负荷特性，通过经济、技术甚至行政的手段，平衡电网高峰时段和低谷时段的用电负荷，降低峰谷之间的负荷差，提高电网安全性和经济性。

（2）峰谷分时电价（peak-valley time-of-use tariff），是指根据电网负荷变化，将一天划分为尖峰、高峰、平段、低谷等不同时段，并分别制定电价，以此引导电力用户合理安排用电时间，理性用电，提升电力利用率。

（3）季节电价（seasonal electricity price），也称季节性电价，一般指用电高峰季节如夏、冬两季用电高峰时，电价较高，其他季节用电需求低，电价较低，以鼓励人们用电。

（4）高可靠性电价（high-reliability price），是在充分考虑可靠性因素基础上制定的电价，是与其他电价①并行的一种电价制度。

（5）可中断负荷电价（outage load price），是指当电力系统在用电高峰时段电力供应不足的情形下，电力部门可中断与负荷电力用户的用电协议，以促成在用电高峰时段的电力供求平衡，因而相应地要给予这类用户一定的补偿。

（6）优惠贷款（concessional loan），是指低于金融企业同期同类贷款利率水平的贷款。通过这种方式，可以鼓励用户购置高效节电设备，引导其参与需求侧管理。

（7）税前还贷（pre tax loan），是指对缴纳企业所得税的纳税人，按规定用贷款项目新增利润，归还各种专项基建投资和技改投资贷款本息时，准许在计算应纳税所得额前扣除的一种税收优惠。

（8）适度补贴（appropriate subsidies），是指政府为了实现某种特定目标，对企业或个人给予一种受时间界限、政策界限、地区界限、数量界限等约束的适量补偿。对节电设备购置用户提供适量经济资助，减轻因参与需求侧管理项目带来的资金压力。

（9）阶段性折扣（stage discount），是指在特定阶段，对特殊主体买卖货

---

① 这里指两部制电价、单一制电价、峰谷分时电价、季节性电价等。

物时按原价的若干成计价，如按三成，叫三折或三扣。对购置特定高效节电产品的用户、推销商及新型节能产品提供商给予适当比例的折让，是对其主动参与电力需求侧管理的一种激励。

（10）节电规划（saving electricity programming），是指个人或组织制定的比较全面长远的节约用电发展计划，包括采取技术可行、经济合理的措施，减少电能的直接和间接损耗，提高能源效率和保护环境的未来整套行动方案。

（11）低碳产品认证（low carbon product certification），是指以产品为链条，吸引整个社会在供给和消费环节参与到应对气候变化，通过向产品授予低碳标志，从而向社会推广一个以用户为导向的低碳产品采购和消费模式，以用户的消费选择引导和鼓励企业开发低碳产品技术，向低碳生产模式转变，最终达到减少全球温室气体效果的活动。

除了以上措施外，需求侧管理制度措施还包括销售补贴、节电考核和节电奖励等经济措施，以及相关的行政措施等。

第二节　需求侧低碳激励法律制度

一、需求侧低碳激励法律制度的必要性

在电力市场化改革背景下，建立健全需求侧低碳激励法律制度是提高电力用户电能使用效率、节约用电、促进节能减排、推进电力行业科学发展和可持续发展的必然选择。

财税金融激励、差别电价、合同能源管理是需求侧低碳激励的重要内容。通过合理设计差别电价政策、财税金融激励措施和合同能源管理机制，促进需求侧电力用户（包括工业用户、商业用户、农业用户和居民用户四类）和节能服务公司主动参与市场竞争，通过改变自身用电方式，以竞价的形式参与市场并获得相应的经济利益。

实施需求侧低碳激励制度，有利于鼓励和支持低污染、低排放和低能耗企业的长足发展，淘汰和限制高污染、高排放和高能耗企业的盲目增长，对经济社会、资源环境的可持续发展都具有极大的必要性。

首先，对经济社会来说，通过实施需求侧低碳激励，能够对电力用户起到宣传提高其节能省电环保意识、推广使用节能产品的作用，达到社会的经济高效和低碳发展的目标。

其次，对资源环境来说，通过实施需求侧低碳激励，基于价格机制、财

税政策、合同能源管理和节能自愿协议等的互动模式，影响电力用户的用电行为，使电力用户的用电方式更加朝着资源节约和环境友好的方向迈进，促进环境与资源的协调可持续发展。

二、需求侧低碳激励法律制度的应然内容

1. 财税、金融等经济激励制度

电力需求侧意指电网内的各个电力用户，即电力消费方。电力用户如何消费电力，离不开低碳消费引导机制和合理的经济激励机制。电力消费者首先要建立低碳消费理念，其次要积极参与低碳消费实践。因此，一方面，政府须宣传低碳消费理念和低碳产品；另一方面，政府须推行经济激励政策和措施。这些激励政策制度包括以下几种。

（1）财税政策制度。需求侧财税政策制度包括需求侧财政投入政策、财政补贴政策、税收减免政策、政府绿色采购政策和关税政策等。

（2）金融政策制度。需求侧金融政策制度包括绿色金融政策、低碳项目融资政策、低碳信贷政策和碳基金政策等。

2. 差别电价制度

差别电价（differential power prices），是指根据国家产业政策，按照能耗、物耗、环保、技术装备水平等，对电解铝、铁合金、电石、烧碱、水泥和钢铁6个高耗能行业限制类和淘汰类的用电执行相对较高的销售电价，是将价格政策与产业政策结合的宏观调控措施之一。差别电价有其经济学理论依据。

第一，福利经济学理论依据。在差别电价政策下，供电企业基于电力用户对电力产品的不同需求，根据不同的时间、地点、用户用电的具体情况，收取不同程度的电费。从经济学的角度看，此乃价格歧视策略中的一种差别定价行为。但从制度设计初衷来看，实施歧视定价是为了有效地进行需求侧管理、改善电网运行质量和调控产业结构等公共利益，体现了公共事业企业的社会责任，区别于典型的价格歧视行为。该定价原则符合社会福利的理论定价原则，以实现收支平衡前提下的经济福利最大化为目标，是一种帕累托次优定价。

第二，西方经济学理论依据。在传统经济体制下，中国长期实行"商品高价、原料低价、资源无价"的价格体系，没有充分考虑资源的价值。在很长时期内，中国资源产品的价格一直偏低，资源定价往往只考虑资源的开采成本，没有考虑资源的外部成本，包括环境成本、回收利用成本、代际成本等，不符合经济与资源环境协调可持续发展的要求。根据庇古理论，对资源定价时应使其外部成本内部化，对于工业用户，应以其消耗的社会总成本，

即外部成本内部化后的成本进行差别定价。

通过实施差别电价，一方面，高耗能产业的企业成本上升，产业整体利润空间缩减，从而遏制其快速扩张的势头；另一方面，部分高耗能企业会转变生产方式，改进生产技术或设备，降低生产成本，提高企业的行业竞争力，引起行业内的企业并购整合，促进高耗能产业的技术进步。

差别电价制度是中国推动节能减排，抑制高污染、高排放和高能耗企业的重要政策措施。通过对高污染、高排放和高能耗的企业予以淘汰和限制，对低污染、低排放和低能耗的企业予以鼓励和支持，从而推动中国经济发展模式向低碳经济转型。

3. 合同能源管理制度

合同能源管理（energy performance contracting，EPC），是指节能服务公司与用能单位以契约形式约定节能目标，节能服务公司为实现节能目标向用能单位提供必要的服务，用能单位以节能效益支付节能服务公司投入及其合理利润的节能服务机制。其目标是降低用能单位运行成本，提高能源的利用效率。[①] 合同能源管理制度是规制以节省的能源费用来支付节能项目全部成本的节能投资方式的法律规范总称。

在合同能源管理中，节能服务公司提供包括能源审计、项目设计、项目融资、可行性研究、工程施工、设备采购、设备安装调试、人员培训、节能量检测、改造系统的运行维护等在内的一整套节能服务。

20 世纪 70 年代石油危机爆发后，合同能源管理制度在市场经济发达国家逐步发展起来，中国于 20 世纪 90 年代初引进合同能源管理制度。自引进以来，合同能源管理对推动需求侧节能改造、减少能源消耗，进而促进节能减排、减缓温室气体排放发挥了积极作用。

第三节　需求侧法律制度缺陷与健全思路

一、需求侧法律制度缺陷

（一）需求侧管理法律制度缺陷

1. 法律依据不足

20 世纪 90 年代初期，DSM 引入中国。在实践层面，中国政府相关部门、

---

① 详见《合同能源管理项目财政奖励资金管理暂行办法》，财政部、国家发改委 2010 年 6 月 3 日发布。

电力企业、研究机构、中介机构、社会团体和电力用户等基于节约电力能源的目的自觉地开展了 DSM 工作，做了大量的前期研发、试点示范工作，取得了很大成效；在立法层面，中央和地方各级政府部门已经出台了一系列有关电力需求侧管理的规范性文件和政策，在提高能效、有序用电、缓解电力供需矛盾和低碳发展等方面作用显著。

但中国目前对 DSM 制度缺乏明确的法律规定，仅仅依据政府规章和部门规章来进行规范，没有单行法律或专门调整 DSM 的法律法规。

中国 1996 年实施的《电力法》作为电力行业的基本法没有对 DSM 进行规定，仅仅在第五章电价与电费中规定了分类电价和分时电价。[①] 2007 年修订、2008 年实施的《节约能源法》提出通过"推广电力需求侧管理、合同能源管理、节能自愿协议"，实施峰谷分时电价、季节性电价、可中断负荷电价、差别电价等电价制度，节约电力消费。[②] 但该法的规定过于原则，对 DSM 实施主体、适用对象、主要内容等均未做出详细明确的规定，可操作性不强。

2. 法律位阶低

目前，中国 DSM 制度法律位阶较低，主要依据部门规章和规范性文件来进行规定，缺乏严肃性和规范性。以下对涉及 DSM 的规章和文件等进行了概括梳理。

（1）部门规章。2000 年，原国家经贸委和国家发展计划委员会以规章形式将 DSM 纳入《节约用电管理办法》。该办法对 DSM 的概念进行了界定，列举了国家鼓励的 11 种节约用电措施，并对需求侧可采用的可中断负荷电价等多种电价制度进行了详细规定，同时对采用节电产品的电力用户享受税收优惠政策等进行了规定。[③] 2006 年，国家发改委组织制定《电力需求侧管理实施办法》，并编制《电力需求侧管理规划》。

2010 年，为了进一步加强电力需求侧管理工作，落实国家节能减排战略，国家发改委、工信部、财政部、国资委、原电监会和能源局联合印发了《电

---

① 详见《中华人民共和国电力法》第 41 条第 1 款：国家实行分类电价和分时电价。分类标准和分时办法由国务院确定。

② 详见《中华人民共和国节约能源法》（1997 年制定，2007 年修订，2008 年实施）第五章第 66 条：国家实行有利于节能的价格政策，引导用能单位和个人节能。国家运用财税、价格等政策，支持推广电力需求侧管理、合同能源管理、节能自愿协议等节能办法。国家实行峰谷分时电价、季节性电价、可中断负荷电价制度，鼓励电力用户合理调整用电负荷；对钢铁、有色金属、建材、化工和其他主要耗能行业的企业，分淘汰、限制、允许和鼓励类实行差别电价政策。

③ 详见《节约用电管理办法》（2000 年发布）（国经贸资源〔2000〕1256 号）第三章 电力需求侧管理。

力需求侧管理办法》，① 明确了 DSM 的工作体制、相关机制，确立了 DSM 工作的责任主体和实施主体，以及各类各项管理措施、激励办法，完善了 DSM 的相关政策。

2011 年 4 月，国家发改委印发《有序用电管理办法》，② 就有序用电的方案编制、预警管理、方案实施和奖惩制度进行了明确规定，该办法于同年 5 月实施。2011 年 11 月，国家发改委印发《电网企业实施电力需求侧管理目标责任考核方案（试行）》的通知，③ 要求电网企业积极采取措施，促进自身节电并开展社会节电。

2012 年 7 月，财政部、国家发改委印发《电力需求侧管理城市综合试点工作中央财政奖励资金管理暂行办法》，规定奖励资金支持范围包括建设电能服务管理平台、实施能效电厂、推广移峰填谷技术、开展电力需求响应和相关科学研究等；同时，确定北京市、江苏省苏州市、河北省唐山市和广东省佛山市为首批试点城市。

2015 年 9 月，为了提高需求侧用能产品以及其他产品的能源利用效率，控制温室气体排放，应对气候变化，规范节能低碳产品认证活动，促进节能低碳产业发展，国家质检总局、国家发改委发布《节能低碳产品认证管理办法》，④ 并于同年 11 月实施。

2017 年 9 月，为深入推进供给侧结构性改革，促进供给侧和需求侧相互配合、协调推进，国家发改委、工信部、财政部、住房城乡建设部、国务院国资委和国家能源局联合印发《关于深入推进供给侧结构性改革 做好新形势下电力需求侧管理工作的通知》，⑤ 并对《电力需求侧管理办法》进行了修订，形成《电力需求侧管理办法（修订版）》。修订版明确界定了电力需求侧管理的概念，规定了节约用电、环保用电、绿色用电、智能用电、有序用

---

① 关于印发《电力需求侧管理办法》的通知（发改运行〔2010〕2643 号），国家发改委、工信部、财政部、国资委、原电监会和能源局于 2010 年 11 月联合印发，2011 年 1 月 1 日施行，2017 年 9 月废止。

② 《有序用电管理办法》（发改运行〔2011〕832 号），国家发改委 2011 年 4 月印发，2011 年 5 月 1 日施行。

③ 国家发改委关于印发《电网企业实施电力需求侧管理目标责任考核方案（试行）》的通知（发改运行〔2011〕2407 号），国家发改委 2011 年 11 月印发。

④ 《节能低碳产品认证管理办法》（国家质监总局令第 168 号），国家质检总局、国家发改委 2015 年 9 月发布，2015 年 11 月 1 日施行。

⑤ 《关于深入推进供给侧结构性改革 做好新形势下电力需求侧管理工作的通知》（发改运行规〔2017〕1690 号），国家发改委、工信部、财政部、住房城乡建设部、国务院国资委和国家能源局于 2017 年 9 月 20 日联合印发，2017 年 9 月 20 日施行。

电等制度和保障措施。该修订版必将推动能源革命和全社会节能减排，对促进电力行业绿色发展和生态文明建设起到重要的作用。

（2）规范性文件。原国家经贸委于 2002 年颁布了《关于推进电力需求侧管理工作的指导意见》。国务院办公厅于 2003 年下发了《关于认真做好电力供应有关工作的通知》，要求加强用电侧管理，合理进行电力消费。

2003 年 6 月，为贯彻落实国务院办公厅发布的上述通知，国家发改委发布了《关于加强用电侧管理的通知》。同月，国家电网发布了《国家电网公司关于加强电力需求侧管理的实施办法》，就具体工作内容与目标、综合资源规划、负荷预测、错峰与避峰管理和措施以及组织实施等问题进行了规定。

2004 年，国家发改委下发《加强电力需求侧管理工作的指导意见》。2005 年，国家电网出台了《国家电网公司电力需求侧管理实施办法》，就有序用电、能效管理、统计分析与评价等内容做出了规定。

2006 年 8 月，国务院发布了《关于加强节能工作的决定》，从电力需求侧管理、节能技术革新、能效电厂建设、清洁能源发电以及燃煤火电机组优化调度等方面提出了要求。2007 年 5 月，国务院发布了《节能减排综合性工作方案》，要求规范有序用电，建立节能减排长效机制。2008 年 2 月，国务院办公厅发布了《关于加强电力需求侧管理实施有序用电的紧急通知》，通知要求：充分认识加强电力需求侧管理的重要意义；规范用电管理，强化有序用电；保证重点用户用电需求等。

2010 年，《国家发改委关于做好 2010 年电力运行工作的通知》中明确提出推进电力需求侧管理。2011 年 1 月，工信部印发了《关于做好工业领域电力需求侧管理工作的指导意见》的公告。2012 年 7 月，财政部、国家发改委印发《电力需求侧管理城市综合试点工作中央财政奖励资金管理暂行办法》的通知，① 决定由中央财政安排专项资金，按实施效果对以城市为单位开展电力需求侧管理综合试点工作给予适当奖励。2015 年，中共中央、国务院发布《关于进一步深化电力体制改革的若干意见》，明确要求"通过运用现代信息技术、培育电能服务、实施需求响应等，促进供需平衡和节能减排"。

2015 年 4 月，国家发改委、财政部联合发布《关于完善电力应急机制做好电力需求侧管理城市综合试点工作的通知》，要求试点采用市场化模式保障电力供需平衡；同时，为试点提供资金使用思路，支持项目、平台和能力建设、投融资服务、需求侧管理平台的升级改造与维护等。该通知明确了电力

---

① 关于印发《电力需求侧管理城市综合试点工作中央财政奖励资金管理暂行办法》的通知（财建〔2012〕367 号），财政部、国家发改委 2012 年 7 月 3 日印发，自印发之日起实施。

需求侧管理平台，以及市场化的运作方式。[①]

2016 年 12 月，国务院印发《"十三五"节能减排综合工作方案》，明确要求加强电力需求侧管理，通过建设电力需求侧管理平台、推广电能服务、总结试点经验、鼓励电力用户积极采用节能技术产品和优化用电方式等手段来提高能效和节约用电。

中国自开展 DSM 工作以来，很多省市出台了 DSM 实施细则等文件，采取了一些激励政策和措施，出台或完善峰谷电价等多种电价政策，开展了上千个 DSM 项目，资金投入超过百亿元，广东、河北等省份还陆续开展试点，建设"能效电厂"的 DSM 节电工程项目，部分省份还编制了本地区 DSM 中长期规划。通过这些制度措施，大大削减了高峰负荷，缓解了电力供需紧张的压力。据统计，北京、苏州、唐山和佛山 4 个综合试点城市，积极探索电力需求侧管理的制度创新和技术创新，通过"能效电厂"和需求响应等一系列措施，2013—2015 年累计削减高峰负荷 283 万千瓦以上。[②]

3. 内容不完备

DSM 制度的内容应该涵盖制度目的、法律依据、基本原则、责任主体、实施主体、适用对象、激励措施等。目前，中国 DSM 制度不但法律依据不足、法律位阶低，而且制度内容不完备，相关内容散见于政府规章、部门规章和规范性文件中，规定得不系统、不全面。大部分规章和规范性文件仅对 DSM 某一方面内容进行规定，缺乏整体性和系统性。

例如，在实施主体的规定上，目前的相关规定对电网企业和电力用户的规定较多，而对政府、中介组织的规定较少，特别是应对制定和实施 DSM 中长期规划、宏观调控 DSM 市场机制起主导作用的政府，做出明确和详细的职权职责规定；在逐步开始走向成熟的市场体制下，能源中介服务机构往往发挥着重要的作用，但目前能源中介服务机构发展还不成熟，在 DSM 方面的专业优势不能显现，需要政府加以引导。在激励措施上，主要的 DSM 措施有移峰填谷、节能节电和能源替代，内容范围较为狭窄，亟须进行拓展。

(二) 需求侧低碳激励法律制度缺陷

1. 缺乏约束力强的上位法

从差别电价的法律依据来看，差别电价制度的推行和实施主要依据国务

---

① 朱怡. 新电改第二个配套文件直指电力需求侧管理 [N]. 中国电力报，2015-04-27.

② 六部委关于深入推进供给侧结构性改革 做好新形势下电力需求侧管理工作的通知 [EB/OL].
[2017-09-29]. http：//www.miit.gov.cn/n1146290/n4388791/c5829376/content.html#＿＿sinfor＝appid：801239953

院各部委发布的规章或政策性文件，没有上升为约束力强的国家法律法规，这在一定程度上影响了差别电价制度的有效性。

20世纪90年代，中国借鉴发达国家的成功经验，开始试行差别电价策略，鼓励国家基础产业发展。2004年6月，经国务院批准，国家发改委对电解铝、铁合金、电石、烧碱、水泥和钢铁6个高耗能行业试行差别电价政策。

2004年9月，国家发改委会同原国家电监会发布《关于进一步落实差别电价及自备电厂收费政策有关问题的通知》，① 对差别电价政策做了进一步完善。2005年11月，国家发改委发布《关于继续实行差别电价政策有关问题的通知》，② 要求各地认真执行差别电价政策。2006年9月，国务院办公厅转发了国家发改委制定的《关于完善差别电价政策的意见》，③ 明确了完善差别电价政策的指导思想、目标和原则，公布了"部分高耗能产业实行差别电价目录"和"部分高耗能产业差别电价标准"。

2007年4月9日，国家发改委和原国家电监会联合发布《关于坚决贯彻执行差别电价政策禁止自行出台优惠电价的通知》，④ 决定加强监督检查。

2007年4月29日，为督促各地尽快落实差别电价政策，国家发改委和原国家电监会联合发布《关于对贯彻落实差别电价政策及禁止自行出台优惠电价等情况进行督查的通知》，⑤ 决定对各地执行情况进行全面督查。

2007年9月，国家发改委、财政部和原国家电监会联合发布《关于进一步贯彻落实差别电价政策有关问题的通知》，⑥ 对督查情况进行了通报，明确要求取消对高耗能企业的优惠电价政策。2007年12月，为引导高耗能行业健康发展，促进节能减排，国家发改委和原国家电监会联合发布《关于取消电解铝等高耗能行业电价优惠有关问题的通知》。⑦ 2009年2月，为维护正常的

① 《国家发展改革委、国家电监会关于进一步落实差别电价及自备电厂收费政策有关问题的通知》（发改电〔2004〕159号），国家发改委、原国家电监会2004年9月6日发布。

② 《国家发展改革委关于继续实行差别电价政策有关问题的通知》（发改价格〔2005〕2254号），国家发改委2005年11月1日发布。

③ 《国务院办公厅转发发展改革委关于完善差别电价政策意见的通知》（国办发〔2006〕77号），国务院办公厅2006年9月17日发布。

④ 《国家发展改革委、国家电监会关于坚决贯彻执行差别电价政策禁止自行出台优惠电价的通知》（发改价格〔2007〕773号），国家发改委、原国家电监会2007年4月9日发布。

⑤ 《国家发展改革委、国家电监会关于对贯彻落实差别电价政策及禁止自行出台优惠电价等情况进行督查的通知》（发改电〔2007〕129号），国家发改委、原国家电监会2007年4月29日发布。

⑥ 《关于进一步贯彻落实差别电价政策有关问题的通知》（发改价格〔2007〕2655号），国家发改委、财政部和原国家电监会2007年9月30日发布。

⑦ 《关于取消电解铝等高耗能行业电价优惠有关问题的通知》（发改价格〔2007〕3550号），国家发改委和原国家电监会2007年12月21日发布。

市场秩序，扭转部分省（区）自行出台措施对高耗能企业实行优惠电价带来的市场乱象和造成的电价政策混乱局面，国家发改委、原国家电监会、国家能源局联合发布《关于清理优惠电价有关问题的通知》，[①] 要求坚决取消各地自行出台的优惠电价措施，合理调整峰谷电价等需求侧管理措施，积极稳妥地推进大用户直购电试点，对电网企业加强监督检查。

2010 年 5 月，国家发改委、原国家电监会、国家能源局联合发布《关于清理对高耗能企业优惠电价等问题的通知》，[②] 要求整顿电价秩序，加强监督检查，坚决制止各地自行出台的优惠电价措施，加大差别电价政策实施力度，对超能耗产品实行惩罚性电价等。2017 年 11 月，国家发改委颁布《关于全面深化价格机制改革的意见》，[③] 明确要求健全差别化价格机制，完善高污染、高耗能、产能严重过剩等行业差别（阶梯）电价。

从合同能源管理的法律依据来看，中国虽然制定了针对合同能源管理的规章和政策，但尚没有将其上升为具有更强约束力的法律法规，某种程度上制约了合同能源管理的深入贯彻执行。

中国虽然早在 20 世纪 90 年代就引进了合同能源管理机制，但有关合同能源管理的法律规范却迟迟未出台。2009 年至今，全国各地方省市陆续出台相关的管理办法和支持政策，但从国家层面来看，虽然《节约能源法》《公共机构节能条例》[④] 等法律法规和国务院颁布的《关于加强节能工作的决定》《节能减排综合性工作方案》《国务院关于进一步加强节油节电工作的通知》《中国应对气候变化国家方案》等政策规范中提到了合同能源管理机制，但都未对合同能源管理进行专门性规范。

2010 年 4 月 2 日，国家发改委、财政部、中国人民银行、国家税务总局等部门联合发布《关于加快推行合同能源管理促进节能服务产业发展的意见》，对推动中国合同能源管理的发展作出了专门规定，要求完善促进节能服务产业发展的政策措施。同日，国务院办公厅转发了国家发改委等部门制定

---

① 《国家发展改革委、国家电监会、国家能源局关于清理优惠电价有关问题的通知》（发改价格〔2009〕555 号），国家发改委、原国家电监会、国家能源局 2009 年 2 月 25 日发布。

② 《关于清理对高耗能企业优惠电价等问题的通知》（发改价格〔2010〕978 号），国家发改委、原国家电监会、国家能源局 2010 年 5 月 12 日发布。

③ 《国家发展改革委关于全面深化价格机制改革的意见》（发改价格〔2017〕1941 号），国家发改委 2017 年 11 月 8 日发布。

④ 详见《公共机构节能条例》（国务院令第 531 号），国务院 2008 年 7 月 23 日通过，2008 年 10 月 1 日施行，2017 年 3 月 1 日修订。

的《关于加快推行合同能源管理促进节能服务产业发展意见的通知》。①

2010 年 6 月 3 日，为规范财政资金管理，提高资金使用效益，财政部、国家发改委印发《合同能源管理项目财政奖励资金管理暂行办法》的通知，② 就"支持的对象和范围""支持条件""支持方式和奖励标准""资金申请和拨付""监督管理和处罚"等问题进行了规范。

2010 年 6 月 29 日，财政部办公厅、国家发改委办公厅发布《关于合同能源管理财政奖励资金需求及节能服务公司审核备案有关事项的通知》，③ 就 2010 年合同能源管理财政奖励资金需求和节能服务公司审核备案有关事项进行了规范；又于同年 10 月 19 日，发布《关于财政奖励合同能源管理项目有关事项的补充通知》。④

2010 年 7 月 15 日，工信部发布《关于组织申报工业领域合同能源管理项目案例的通知》，⑤ 就案例申报及编制工作的有关事项作出了规定。2011 年 7 月 20 日，国家发改委办公厅、财政部办公厅发布《关于进一步加强合同能源管理项目监督检查工作的通知》，⑥ 就审查各地 2010 年财政奖励合同能源管理项目情况中发现的问题和加强合同能源管理项目监督检查有关事项作出了规定。2013 年 12 月 17 日，国家发改委、国家税务总局发布《关于落实节能服务企业合同能源管理项目企业所得税优惠政策有关征收管理问题的公告》，⑦ 就落实合同能源管理项目企业所得税优惠政策有关征收管理问题作出了规范，对符合条件的节能服务企业实行"三免三减半"的优惠政策。

从需求侧财政、金融等经济激励措施的法律依据来看，需求侧税收优惠或减免、财政补贴和优惠贷款等经济激励措施的推行也主要依据规章和政策

---

① 《国务院办公厅转发发展改革委等部门关于加快推行合同能源管理促进节能服务产业发展意见的通知》（国办发〔2010〕25 号），国务院办公厅 2010 年 4 月 2 日发布。

② 关于印发《合同能源管理项目财政奖励资金管理暂行办法》的通知（财建〔2010〕249 号），财政部、国家发改委 2010 年 6 月 3 日印发。

③ 《关于合同能源管理财政奖励资金需求及节能服务公司审核备案有关事项的通知》（财办建〔2010〕60 号），财政部办公厅、国家发改委办公厅 2010 年 6 月 29 日发布。

④ 《国家发展改革委办公厅、财政部办公厅关于财政奖励合同能源管理项目有关事项的补充通知》（发改办环资〔2010〕2528 号），国家发改委办公厅、财政部办公厅 2010 年 10 月 19 日发布。

⑤ 《关于组织申报工业领域合同能源管理项目案例的通知》（工信厅节函〔2010〕492 号），工信部 2010 年 7 月 15 日发布。

⑥ 《国家发展改革委办公厅、财政部办公厅关于进一步加强合同能源管理项目监督检查工作的通知》（发改办环资〔2011〕1755 号），国家发改委办公厅、财政部办公厅 2011 年 7 月 20 日发布。

⑦ 《国家税务总局 国家发展改革委关于落实节能服务企业合同能源管理项目企业所得税优惠政策有关征收管理问题的公告》（国家税务总局 国家发展改革委公告 2013 年第 77 号），国家税务总局、国家发改委 2013 年 12 月 17 日发布，2013 年 1 月 1 日施行。

性文件，没有上升为约束力强的国家法律法规，影响了经济激励措施的实效性。

中国现行《增值税暂行条例》（2008 年、2017 年两次修订）及其《实施细则》（2009 年实施）中没有关于鼓励需求侧节电项目投资及节能产品的增值税优惠措施。中国现行《进出口关税条例》（2004 年实施）中没有专门针对进口的电力需求侧管理项目符合低碳环保要求的终端设备及零部件给予免征关税和进口环节增值税的规定。

2. 欠缺具体落实的实施细则

从差别电价制度的发展历程来看，差别电价政策的实施，对遏制高耗能行业盲目发展和低水平扩张，加快淘汰落后产能，促进产业结构调整和升级，提高能源利用效率，建立节约能源和降低能耗的长效机制，促进经济与资源环境的协调可持续发展起到了积极的作用。

但由于差别电价制度的推行主要依据规章和政策性文件等下位法，缺乏法律法规层面的上位法的强有力约束，而且差别电价制度的推行主要依赖政策，缺乏具体的实施细则，如具体的惩罚性措施、法律责任等，导致实践中部分地方政府、电网企业和高耗能行业公然违反国家政策规定，不执行、推迟执行或降低标准执行差别电价政策，甚至擅自制定、实施或变相实施对高耗能企业的优惠电价，使得差别电价政策无法得到全面贯彻执行，不仅严重破坏了国家政策的严肃性，也助长了高耗能企业的重复建设和盲目扩张。

从合同能源管理制度的发展历程来看，中国已经出台了专门规范合同能源管理的规章和政策性文件，针对合同能源管理在实践中存在的问题也制定了具体解决措施。但是，合同能源管理制度依然停留在政策和规章层面，尚没有上升为国家法律法规；同时，对于节能公司、节能合同、节能效果评价和节能收益分配等管理问题还缺乏具体的实施细则，有待进一步明确规范。

此外，需求侧财政、金融等经济激励措施也欠缺具体的实施细则。中国《企业所得税法》（2008 年实施，2017 年修订）仅在第 27 条中原则性地规定：从事符合条件的环境保护、节能节水项目的所得，可以免征、减征企业所得税。具体到电力需求侧管理项目的终端设备的生产来说，缺乏可操作性的实施细则。

二、需求侧低碳电力法律制度健全思路

需求侧低碳电力的目标是将有限的电力资源最有效地加以利用，使其经济效益、社会效益和环境效益最大化，最终实现节约能源的目标。健全需求侧低

碳电力法律制度的主要内容包括需求侧管理法律制度和需求侧低碳激励法律制度。具体制度措施包括：①推行综合资源规划和电力需求侧管理，将节能量作为资源纳入总体规划，引导资源优化配置，优化用电方式、提高终端用电效率、节约用电；②强化相关政策制度措施，实行差别电价制度；③推广应用高效节能技术，推进能效电厂建设，提高电能使用效率；④推行合同能源管理制度，促进节能产业化，克服节能新技术推广的市场障碍；⑤推行节能自愿协议，最大限度地调动企业和行业协会的节能积极性；⑥制定节能产品优惠政策、财政税收政策，建立节能投资担保机制；⑦推行节能产品认证和能效标识管理制度，综合运用市场机制，引导和鼓励消费者购买节能型产品等。

（一）需求侧管理法律制度的健全思路

1. 目的

电力需求侧管理制度的目的在于通过综合运用现代信息技术手段、经济激励手段、宣传引导手段、行政规范手段、法律约束手段等，培育电能服务、实施需求响应等，促进节能减排和供需平衡，实现科学用电、合理用电和节约用电，最终实现经济、社会和环境的低碳可持续发展。

2. 基本原则

（1）坚持节能优先原则。应从能源战略全局出发，积极开展电力需求侧管理和能效管理，改善电能结构，提高可再生能源和分布式能源系统的比例，根据市场发育程度逐步放开用户需求侧分布式电源市场，促进能源结构优化、产业升级和节能减排。以电力需求侧为主，通过政策引导、市场机制、法律法规和行政手段等推广节能节电。

（2）坚持综合规划原则。面对日趋强化的资源环境约束，国家在制定能源、电力规划时，应从实施国家战略全局出发，调整能源战略，增强危机意识，树立绿色、低碳发展理念，增强综合资源战略规划意识，以节能减排为目的，完善激励和约束机制，创建节约、环保的生产和消费方式，促进能源资源可持续发展。就需求侧能源规划来说，应将二氧化碳等温室气体排放纳入满足能源需求的约束，据此制订能源结构战略规划和需求侧综合规划。

（3）坚持低碳可持续发展原则。随着环境压力的增大，一次性能源消费过多，寻找洁净的替代能源问题变得越来越迫切，未来电力工业的增长和电力结构的调整必然要遵从低碳可持续发展的要求，这就要求未来的电力改革应该从全局的角度保证资源和环境的优化配置，电力需求侧的改革理所应当遵从低碳可持续发展的原则。

3. 法律依据

从国家立法层面来看，中国已在相关政策和部门规章、地方政府规章等层面规定了电力需求侧管理办法，制定了有序用电和节约用电管理制度。但是，立法位阶不高，并且各项 DSM 制度措施过于分散，带来了遵从的困难。因此，应提高立法的位阶，使电力需求侧管理更具有规范性和严肃性。

首先，从国务院行政法规的层面建立和健全有序用电和节约用电制度、能效管理制度、低碳认证制度等有利于节能减排、低碳可持续发展的需求侧管理制度。

其次，在条件成熟时，全面修订电力基本法——《电力法》，将需求侧管理纳入《电力法》的统一规范之中。

最后，尽快出台"能源法"，"能源法"应将需求侧管理制度作为一项能源基本制度固定下来。

具体来说，目前可以由国务院以条例或暂行条例的形式制定一部《电力需求侧管理（暂行）条例》，将 DSM 立法目的、法律依据、基本原则、责任主体、实施主体、适用对象、激励措施、法律责任等以条例的形式统一规定出来，便于实践操作。从长远来看，DSM 制度应纳入能源基本法——"能源法"以及能源单行法——《电力法》进行规范。

在条件成熟时，对《电力法》进行全面修订，遵循电力供给和电力需求的规律，不仅详细规定电力发电侧法律规范，也应该详细规定电力需求侧法律规范，至少应专设一节来规定 DSM，对 DSM 相关的制度进行全面规范。此时，《电力法》必然取代《电力需求侧管理（暂行）条例》。同时，"能源法"出台时，应从国家能源战略全局和低碳可持续发展的目的出发，将节约能源制度、能效管理制度等 DSM 制度作为能源基本制度进行规定。

4. 完善内容

（1）实施主体。电力需求侧管理实施主体应包括以下几类。

第一，主导——政府。政府通过运用税收、贷款等政策手段鼓励或限制电力企业行为，维护市场公平和社会利益。政府主导制定和实施电力需求侧管理规划、激励机制和宏观调控政策，引导能源中介服务机构参与 DSM，以保障社会可持续健康发展。具体实施主体包括国家发改委、国务院相关部门以及县级以上人民政府电力运行主管部门等，实施主体在权限范围内履行职责①。

第二，主力——电网企业。电网经营企业熟悉电网运行情况、电力营销

---

① 具体实施主体职责范围包括：国家发改委负责全国电力需求侧管理工作，国务院其他有关部门在各自职责范围内负责相关工作，县级以上人民政府电力运行主管部门负责本行政区域内的电力需求侧管理工作，县级以上人民政府其他有关部门在各自职责范围内负责相关工作。

环节及过程，在 DSM 中发挥着重要作用。它制定并实施 DSM 计划，参与制定 DSM 的规章和细则；预测电网负荷状况，优化电力调度；向政府提供建议和意见，并配合政府做好宣传，推广通用的 DSM 技术等；负责对用户实施 DSM 节电项目的投资和改造；负责智能电网的投资建设等。

第三，配合力量——能源中介服务机构。能源中介服务机构是进行电力需求侧管理的配合力量。能源中介服务机构具有一定的技术优势，可以协助电网企业实施 DSM 计划，向用户提供节能监测、项目设计、设备购置与维护等专业性服务，沟通和衔接电力需求侧管理相关参与主体。允许能源中介服务机构参与实施 DSM 节电项目投资，共享 DSM 节电效益，可以进一步降低 DSM 项目投资改造的成本，提高服务质量，符合中国市场化改革和电力体制改革的目标。

第四，重要参与者——电力用户。电力用户既包括各大企业、工厂，也包括居民用户。电力用户既是电网内的各个电力消费者，也是电力系统终端节能节电的主体。DSM 不是电网企业单方面管理用电负荷，而是要调动广大不同电压等级用户的积极性，通过其改变消费行为来减少或转移用电负荷，从而节约电力和电量，同时从参与 DSM 实施中受益。

（2）管理制度。

第一，电力需求侧规划制度。需求侧规划是在电力需求侧，将需求方各种形式的资源作为一个整体进行规划，以引导电力用户改变消费行为、提高终端用电效率、节能减排。面对日趋强化的资源环境约束和气候变化压力，政府在制定需求侧电力规划时，应按照电力综合规划的总体要求，树立低碳、可持续发展理念，以节能减排、控制温室气体为重点，将二氧化碳等温室气体排放也纳入满足能源需求的约束，构建资源节约、环境友好的消费需求模式，据此制订需求侧规划制度。

政府实施综合资源规划，将电力需求侧管理纳入产业系统整体部署。通过对电网建设、电源建设、电力需求、节能服务、购电合同的综合规划，优化配置和高效利用两侧（供给侧与需求侧）能源资源，将需求侧的节电融入发电侧的建设规划，以最小的成本满足电力需求。规划的方法应采用 DSM 方法，同时考虑供给侧和需求侧资源的多样化；规划参与者除了政府制订法规的机构外，还应包括电力公司、电力用户、环保部门、公共利益团体以及其他专家、社会公众等；规划准则不仅要考虑电价及可靠性，还应兼顾用户电费、燃料多样化、风险和不确定性；规划效果应该能实现资源选择灵活、低风险、服务质量提高、用户满意、降低污染、经济增长所需费用最少等。《电力法》全面修订时应对此做出相关规定。

第二，政府监管制度。政府监管，是指政府为实现某种既定政策目标，对市场经济条件下的微观经济主体进行规范与制约。虽然电网企业是中国电力需求侧管理的主力，但政府应该成为中国电力需求侧管理的主要负责者和监管工作的主要组织者，起主导作用。

其监管的职责内容主要包括以下几种。

①政府作为整个社会的利益代表者，担负着保证经济、社会、环境低碳可持续发展的主要职责。

②出台政策，建立需求侧用电设备的节能标准，对违反标准的主体和行为给予惩处。

③组织推进需求侧管理城市综合试点工作，监管电力需求侧管理平台的建设和运维。

④加强开展对新技术的试点工作，出台政策鼓励技术改进，推广应用低碳能源技术。

⑤出台财政激励政策，包括优惠贷款、税收优惠、适度补贴、补偿机制和奖励机制等，并对资金使用情况进行监管。例如，电网企业因推广实施DSM 可能会导致很大的售电损失，政府对电网企业试行售电收入补偿，对其总效益进行奖励等，以激励电网企业推行 DSM 的积极性；对低碳能源实行税收优惠政策。

⑥出台相关鼓励政策，保障可再生能源和可再生能源发电、分布式能源等无歧视、无障碍上网，确保需求侧用户享有公平的资源使用权及同等待遇。

⑦打造专业化的 DSM 职业团队，对从业人员实行严格的准入制度和绩效考核制度，同时对电网企业实施电力需求侧管理目标责任考核制度。

第三，需求侧电价响应制度。需求侧资源包括可削减类负荷资源和可转移类负荷资源两种类型。所谓需求侧响应，是指将电力市场需求侧带回到价格设定过程中的一系列策略，[①] 分为基于价格信号需求响应[②]和基于激励机制需求响应[③]。

---

① 刘宝华，王冬容，曾鸣. 从需求侧管理到需求侧响应［J］. 电力需求侧管理，2005（5）：10-13.

② 基于价格信号，即用户根据收到的价格信号相应地调整电力需求，需求响应包括分时电价响应（TOU）、实时电价响应（RTP）和尖峰电价响应（CPP）等。

③ 基于激励机制，即用户在系统需要时主动减少电力需求，以获得补偿，需求响应包括直接负荷控制（DLC）、可中断负荷（IL）、需求侧竞价（DSB）和紧急电力需求响应（EDR）等。

需求侧资源通过价格机制和激励机制对支撑系统供求平衡发挥作用。对于可削减类负荷资源，通过需求侧响应，降低电力需求，达到节电目的；对于可转移类负荷资源，通过需求侧响应，调节电力供求关系。当具有间歇性缺点的可再生能源并网时，需求侧资源可以转化为备用容量资源，提高可再生能源消纳。[①]

中国现行《电力法》仅对分时电价做出规定，《节约能源法》和《电力需求侧管理办法》规定了季节性电价、峰谷分时电价、可中断负荷电价、高可靠性电价、差别电价等电价制度。[②]

以上法律规范仅规定了需求侧可实施这些电价响应制度，但对这些电价响应制度如何运作、如何引导、如何起到激励作用等均未做出详细的规定，导致实践中可操作性差。《电力需求侧管理办法（修订版）》规定了峰谷电价、尖峰电价、差别电价、惩罚性电价和居民阶梯电价，探索试行、推广高可靠性电价、可中断负荷电价等电价制度；同时规定地方政府可以设立电力需求侧管理专项资金，资金用途可包括需求响应补贴等。可见，《电力需求侧管理办法（修订版）》弥补了上述法律规范的缺陷。

修订后的《电力法》应明确规定需求侧管理制度，同时在配套的《实施细则》中明确规定电价响应制度，并结合中国国情，深入研究基于价格信号和激励机制的需求响应措施，逐步推广以尖峰电价、可中断为代表的多种形式的需求响应措施，制定科学合理的需求侧响应电价结构体系。

适当拉大峰谷分时电价差，建立可中断电价机制，同时促进尖峰电价与可中断电价在城市综合试点中的应用，体现不同时段、不同供电成本或不同情形下的负荷削减补偿代价，确定合适的可中断电价或可中断电价补偿，为实施基于市场机制的需求响应长效机制奠定基础；完善部分水电丰富地区的季节性电价；全面实施阶梯电价，激励运用需求侧资源等。

第四，有序用电制度。有序用电是指电力用户响应电网要求、配合电网调峰运行的需求侧响应行为。有序用电是中国保持电网供电安全可靠的必要措施，是常态化电力需求侧管理和维持供需平衡的重要手段之一。

中国《电力法》没有对有序用电制度做出规定，《节约能源法》也未对有序用电制度做出规定。2015年颁布的中央9号文件对有序用电制度做出了

[①]　曾鸣．英国新一轮低碳电力市场改革及启示（下）[J]．中国科技投资，2015（19）：73-79.

[②]　详见《电力需求侧管理办法》（2010年制定，2011年实施）第11条：各级价格主管部门推动并完善峰谷电价制度，鼓励低谷蓄能，在具备条件的地区实行季节电价、高可靠性电价、可中断负荷电价等电价制度，支持实施电力需求侧管理。

规定，并将其作为基本原则之一，还有一些规范性文件也对有序用电制度做了相关规定。可见，立法上对有序用电制度重视不够，没有将有序用电制度上升到法律的层面，应在全面修订《电力法》时对此问题进行完善。

实践中，尚需加大对有序用电的经济和法律的引导，突出需求侧响应的概念，体现价值优先、效率优先，将有限的电力资源按照市场经济原则在用户间优化配置。过去在刚性需求短缺下，为了解决电力缺口，有序用电常常以行政手段为主，经济手段为辅。但基于行政手段的有序用电仅是解决供需矛盾的临时性手段，目前应转变观念，减少行政手段的使用频率，将市场化的经济手段引入到有序用电中。例如，可以利用价格机制或补偿机制，促进用户间的发电权交易，优化资源配置。2015年1月，工信部决定优先支持已实施电力需求侧管理并且通过评估认证的用户进行电力直接交易，并优先满足其用电需求。

第五，节约用电制度。节约用电是在满足生产、生活所必需的用电条件下，尽可能地减少电能的消耗，提高用户的电能利用率和减少供电网络的电能损耗。节约用电包括采用节电技术和加强节电管理两方面内容。节约用电的实施主体和规制对象是一切单位和个人，其中，主体是企业和居民。居民是日常生活用电的主体，企业是企业用电的主体，而供电企业作为关系国家能源安全和国家经济命脉的重要骨干企业，在节约用电方面负有科学合理的用电管理责任。

中国《电力法》明确规定了节约用电制度，将节约用电制度作为一项基本原则，[1] 但对如何节约用电、节约用电的激励措施没有做出规定；《节约能源法》除了在总则中对节约资源做了原则性规定之外，仅在第三章第三节"建筑节能"中对节约用电做出了规定，[2] 但也未对如何激励节约用电行为做出规定。

《节约用电管理办法》是基于《电力法》和《节约能源法》的要求而制定的，旨在加强节能管理，提高能源效率，改善能源结构，促进电能合理利用，保障经济持续发展。该办法包括节约用电管理、电力需求侧管理、奖惩等内容，同时列举了国家鼓励的11种节约用电措施，这些措施的施行对整个国家的节约用电、降低电力损耗、提高能源利用效率、减少温室气体排放起

① 详见《中华人民共和国电力法》第24条：国家对电力供应和使用，实行安全用电、节约用电、计划用电的管理原则。
② 详见《中华人民共和国节约能源法》（2018年修订）第39条：县级以上地方各级人民政府有关部门应当加强城市节约用电管理，严格控制公用设施和大型建筑物装饰性景观照明的能耗。

到有效的规范作用。2015 年颁布的中央 9 号文件也将节约用电制度作为基本原则之一。

《电力法》全面修订时，应进一步完善节约用电制度，并在其《实施细则》中明确规定节约用电的激励措施，规定供电企业的用电管理责任。

第六，节能标准标识与认证制度。节能标准是在综合考虑经济、技术、社会和生态等因素的基础上，经由法定程序和法定机关确定并以技术要求与量值规定为主要内容，以减少能耗为主要目标的环境标准，是技术性的环境法律规范。节能标准有不同分类。依适用范围大小不同，可分为国家节能标准、行业节能标准和地方节能标准；依执行效力不同，可分为强制性标准和推荐性标准等。中国《节约能源法》对节能标准做出了明确规定，① 但对低碳标准以及节能产品认证、低碳产品认证、节能产品标识、低碳产品标识等标准标识与认证制度未做出规定，这是该法未来的完善方向。

(二) 需求侧低碳激励法律制度的健全思路

"十三五" 时期是中国加快推进能源生产和消费革命的关键时期，就需求侧低碳激励来说，重点在于如何鼓励和支持电力用户节能和提高电能使用效率。须综合运用经济激励手段、法律约束手段和市场机制，建立健全需求侧低碳激励法律制度。

1. 税收激励制度

针对中国现行《增值税暂行条例》及其《实施细则》的缺漏，建议修改和完善《增值税暂行条例》及其《实施细则》，规定需求侧节电项目投资及节能产品的增值税优惠措施②。能效高的产品的参考因素有产品的节电效果、产品的技术含量、产品的市场前景等。

针对中国现行《企业所得税法》中所得税优惠幅度和覆盖范围较为狭窄的现状，建议修订和完善《企业所得税法》中所得税优惠幅度和覆盖范围。为了鼓励电力需求侧管理项目的终端设备的生产，提高其市场竞争力，建议减免产品研发、DSM 科技开发、产品节能改造等方面的所得税。

---

① 详见《中华人民共和国节约能源法》（2018 年修订）第 13 条：国务院标准化主管部门和国务院有关部门依法组织制定并适时修订有关节能的国家标准、行业标准，建立健全节能标准体系。国务院标准化主管部门会同国务院管理节能工作的部门和国务院有关部门制定强制性的用能产品、设备能源效率标准和生产过程中耗能高的产品的单位产品能耗限额标准。国家鼓励企业制定严于国家标准、行业标准的企业节能标准。省、自治区、直辖市制定严于强制性国家标准、行业标准的地方节能标准，由省、自治区、直辖市人民政府报经国务院批准；本法另有规定的除外。
② 优惠措施指通过减少能效高的产品的增值税税负，可以降低高效能产品的价格，提高其价格竞争力，有利于这些产品的市场推广，为需求侧管理措施的实施提供保障。

针对中国现行《进出口关税条例》的不足,建议修订和完善《进出口关税条例》以及相关减免税进口商品目录,对进口的电力需求侧管理项目符合低碳环保要求的终端设备及零部件给予减免关税优惠。

2. 金融激励制度

对电力需求侧管理节能项目实行金融激励的优惠政策,主要包括优惠贷款、税前还贷等。

为了缓解那些购置高效节电设备的用户在资金方面存在的困难,向其提供贷款优惠,尤其是向初始投资较高的用户提供低息甚至零息贷款,以鼓励其参与需求侧管理项目实施的积极性。为了照顾那些投资节电设备和加速节能技术改造的企业,解决其资金周转困难的实际情况,鼓励其积极参与节能行为,促进经济低碳可持续发展,可让其享受还贷优惠政策。

3. 财政补贴制度

为推广实施电力需求侧管理节电项目,可对节电效果好、投资回收期较长的项目主体给予财政补贴。因为在推行 DSM 节电项目初期,项目主体承担了全部或大部分项目投资,负担较重,通过适度补贴,可以缩短用户的投资回收期,降低用户投资风险。同时,对那些购置高效节电设备的用户,提供适量的财政资金补助,可以缓解其因参与需求侧管理项目带来的资金压力。

4. 差别电价制度

作为中央政府推进产业结构调整和节能减排的政策工具,差别电价对缓解能源供应紧张局面,遏制高耗能行业盲目增长起到了一定的作用,但总体来看,差别电价政策制度带有强烈的"摸着石头过河"的色彩,其作用有限,现行差别电价水平尚无法补偿高耗能企业的环境损害成本。

针对差别电价政策缺乏上位法规制的现状,未来修订《电力法》时,应将差别电价列入"电价"相关章节中。从根本上说,差别电价是通过价格机制反映资源的稀缺性和环境损害成本,解决高耗能企业的外部性内在化问题。因此,宜将差别电价纳入电价改革体系,进而推进差别电价政策进一步向上网电价延伸;根据工业企业强制性能耗标准细化差别电价菜单;合理使用差别电价收入,将其专项用于节能减排和环境治理与修复等;加强差别电价资金监管。

5. 合同能源管理制度

合同能源管理是运用市场手段促进需求侧节能降耗的重要举措。合同能源管理在中国的发展历史较短,产业发展尚处于转型升级阶段,亟须建立健全相关制度。基于合同能源管理机制缺乏相关法律法规支撑的现状,未来出台"能源法"时，应将合同能源管理内容纳入"能源法"相关章节中，同时制定合同能源管理的具体实施细则，并通过财税扶持、金融服务等经济激励手段加快推进合同能源管理的发展。

本章小结

最低碳的能源是节约下来的能源。需求侧低碳电力的目标就是将有限的电力资源最有效地加以利用，使其经济效益、社会效益和环境效益最大化，从而实现节约能源的目标。本章以商品供求理论和凯恩斯主义需求治理理论为依据，论述了电力需求侧管理法律制度和低碳激励法律制度的必要性，分析了需求侧管理法律制度和低碳激励法律制度的应然内容，从立法层面全面梳理了需求侧管理法律制度和低碳激励法律制度的缺陷，提出了需求侧低碳电力法律制度的健全思路。

首先，中国应从实施主体、管理制度和激励制度等角度健全电力需求侧管理制度，应明确电力需求侧管理的实施主体；健全电力规划制度、政府监管制度、需求侧电价响应制度、有序用电制度、节约用电制度和节能标准标识与认证制度等电力需求侧管理制度。

其次，中国应从税收激励制度、金融激励制度、财政补贴制度、差别电价制度和合同能源管理制度等角度健全需求侧低碳激励法律制度。

第九章　低碳电力诉讼法律制度

　　前面章节均是从实体法的角度论述电力系统发输配用等各环节低碳电力法律制度，本章则从程序法的角度阐述低碳电力诉讼法律制度，从而搭建起一个全方位保障低碳电力的完整制度体系。

　　司法保护是在权利遭受侵害后所采取的救济措施，是众多救济途径中最根本、最重要的救济方式①，是终局的救济手段，是保护低碳电力的最后一道屏障。

第一节　低碳电力诉讼法律制度基本理论

　　电力能源是关系到每个人切身利益的商品，具有准公共物品属性。低碳电力具有低排放、低能耗和低污染的特性，是应受到国家引导和鼓励的电力能源。低碳电力的诉讼法律制度，即司法保障制度，是司法机关根据当事人的请求或依职权的规定，对侵犯低碳电力发展权或高碳电力超高排放温室气体侵犯清洁空气权以及温室效应引致生态环境损害而进行制裁，以使被侵害的低碳电力发展权恢复到侵害前的状态、高碳电力超高排放得以控制、清洁空气权得到赔偿救济以及生态环境得到修复的行为。

　　本书认为，低碳电力诉讼中的大部分应属环境公益诉讼的范畴。所谓环境公益诉讼，是指公民、法人或者其他组织，以保护环境公共利益为目的，针对行政机关、企事业单位、其他组织和个人的违法行为，在致使环境受到或可能受到损害的情势下，向人民法院提起诉讼的行为。② 低碳电力诉讼的理论依据亦即环境公益诉讼的理论依据。

一、低碳电力诉讼法律制度的理论依据

（一）诉权理论
所谓诉权，是指当事人因民事实体权利义务发生争议或者处于不正常的

---

① 其他救济方式有侵权损害赔偿、补偿基金、责任保险、社会救助等。
② 别涛．环境公益诉讼的立法构想［J］．环境保护，2006（12）：23-37.

状态，请求司法机关做出裁判，确认民事实体权利义务关系，排除侵害的权利。有无诉权是受害人能否成为原告的标志。

在罗马法时代，实体法和诉讼法处于合体状态，实行的是"有诉才有救济"的制度，因而实体法上的请求权和诉讼法上的诉权尚未分化。随着民事实体法和民事诉讼法的逐渐分离以及民事诉讼法学与民事实体法学的分野，程序所具有的独立价值成为人们的共识，诉权的内涵就具有了双重性，诉权在本质上兼具程序内涵和实体内涵。随着环境问题的越发严重以及公害事件的频繁发生，现代诉讼法认为：在特定情况下，诉权的实体内涵和程序内涵会出现分离。出于解决纠纷和权利必须救济等诉讼目的，利用平衡多方利益的法律技术，采用有无"诉的利益"等变通手段，赋予非实体争议的第三人以程序内涵诉权来达到保障实体争议主体权益的目标，从而扩大诉讼主体范围，典型的如实践中环境公益诉讼中原告主体的扩张。

在诉权理论发生变迁的影响下，当事人适格也由"实体适格"向"程序适格"转变，"程序当事人理论"盛行。"程序当事人理论"认可一切民事纠纷的主体都有当事人的诉讼地位。也就是说，原告包括一切符合诉讼程序要求的起诉人，凡是以自己的名义起诉的人，就是原告，而并不以实体权利或法律关系主体为限。

诚然，为了避免当事人滥用诉权，一方面，要确立不依赖实体法独立存在的"程序当事人"概念；另一方面，还要确立"正当当事人"概念，通过肯定起诉、应诉的人是正当当事人、剔除不正当当事人，来解决承认程序当事人可能引起的诉讼程序事实与实体法事实的分离问题。

（二）诉讼信托理论和环境公共信托理论

诉讼信托理论由公共信托理论引申而来。公共信托理论最早源于罗马法，该理论认为，非属私人的水、空气、河流、荒地等自然资源属于国民的共同财产，为了公共利益和公众利用的目的，国民通过委托方式由国家或政府持有和管理这些财产。当财产受到侵害时，国家或政府就有义务保护信托的财产不受侵害。

"诉讼信托"以"公共信托"为基础。即国民将自己的一部分诉权托付给国家，国家再将诉权分配给它认可的机构，由它们作为国民在公共利益受侵害时的法定代言人，代表国家提起诉讼。如果国家机关没有依职权起诉侵害公共利益的个人和组织，那么任何一个公民均可以依公共信托理论向法院提起诉讼，以保护信托财产。

1970 年，美国学者约瑟夫·萨克斯教授（Joseph Sax）创造性地将公共信托理论引入环保领域，提出了有利于环境保护的"共有财产论"和"公共信托论"。"公共信托论"认为：大气、水、日光等环境要素是全体人民的共有财产，任何人不能任意对其侵占、支配和损害，共有人为了合理利用和保护共有财产，将其委托给国家保护和管理。此时全体人民和国家之间的关系是委托人和受托人的关系，作为受托人的国家有责任为全体国民（包括当代美国人及其子孙后代）的利益对受托财产加以保护，受托人如果滥用委托权，未经委托人同意处置此项财产，或由此而对委托人造成侵害，则应承担法律责任。上述理论较好地阐明了公民环境权与国家环境管理的关系，从而在某种意义上为环境权的发展，特别是为从法律上确立国家环境权提供了理论依据。

萨克斯教授的观点受到美国人的普遍赞誉和法学界的推崇，后来被扩展到采光、通风、宁静以及空气和水的清洁权上。诉讼信托理论和公共信托理论为更多个人和团体进入诉讼领域，受托保护环境打开了方便之门。

（三）环境权理论

20 世纪 60 年代，环境污染问题日趋严重，出现世界"八大公害事件"①。60 年代末掀起了一场关于环境权的大辩论。1970 年在日本东京召开了公害问题国际座谈会，会后发表的《东京宣言》提出了环境权，即把每个人享有的健康和福利等不受侵害的环境权利和当代留给后代的遗产权利，作为一种基本人权，在法律体系中确定下来。

1972 年，在斯德哥尔摩召开了联合国人类环境会议，会上通过了《人类环境宣言》。《人类环境宣言》把环境权作为基本人权规定下来，环境权作为一项新的人权，是继法国《人权宣言》、苏联《宪法》、《世界人权宣言》之后人权历史发展的第四个里程碑②。

20 世纪 80 年代末，环境权在可持续发展思想的推动下再次成为人们关注的热点。挪威前首相布伦特兰夫人在《我们共同的未来》中多次提到环境权，对宣传、倡导环境权起了较大作用。自可持续发展观提出后，环境权相继被一些国家写进宪法和环境保护基本法，环境权的主体有逐渐扩大的趋势。目前已形成公民环境权、法人环境权、国家环境权和人类环境权等概念。

---

① "八大公害事件"是指在世界范围内，由于环境污染而造成的八次较大的轰动世界的公害事件，包括美国洛杉矶光化学烟雾事件、美国多诺拉镇烟雾事件、英国伦敦烟雾事件、比利时马斯河谷事件、日本水俣病事件、日本骨痛病事件、日本米糠油事件、日本四日市哮喘事件。

② 奥平康宏，杉原泰雄．宪法学：人权的基本问题（日文版），1977.

环境权兼具公权与私权的属性。国内学者蔡守秋①和吕忠梅②均持此观点。作为一种公权，环境权主要强调程序上的参与权和请求权，包括公民或社会组织可以环境参与权提起行政公益诉讼。作为一种私权，环境权主要包括：生命权、健康权等环境人格权；日照权、通风权、清洁水权、清洁空气权等生态性权利；环境资源权、环境使用权等经济性权利。基于私权意义的环境权，任何人一旦发现有环境污染行为，即可提起民事诉讼包括民事公益诉讼。

二、低碳电力诉讼的主要形式

低碳电力诉讼的形式主要包括民事诉讼、行政诉讼和刑事诉讼等。

（一）低碳电力的民事诉讼

这是指侵犯低碳电力发展权或高碳电力超高排放温室气体侵犯公民清洁空气权以及温室效应引致生态环境损害的受害者，为保护自己的人身和财产权益，依照民事诉讼程序向司法机关提起的诉讼。实践中这种诉讼包括两大类。一类是空气污染和破坏以及温室效应引致生态环境损害引起的诉讼，如火电企业向空气中超高排放温室气体和其他污染物，致使人民的生命财产或生态环境遭受损害事件。此类诉讼是一种环境公益诉讼，属于环境民事公益诉讼。另一类是侵犯低碳电力发展权引起的诉讼。例如，高碳火电企业挤占低碳能源发电厂的发用电计划；电网企业不能有效保障低碳能源发电厂的公平上网，造成大量的弃水、弃风和弃光现象；电网企业不按公平和优先原则进行调度，损害低碳能源发电厂的利益等。

（二）低碳电力的行政诉讼

这是指公民、法人或其他组织因行政机关的具体行政行为侵害其低碳电力发展权、公民清洁空气权以及温室效应引致生态环境损害而依法向人民法院提起的诉讼。这类诉讼的主体（原告）是具体行政行为的相对人，被告是做出具体行政行为的行政机关或经授权的组织，诉讼标的是行政机关做出的具体行政行为。

低碳电力行政诉讼包括以下三种。

一是司法审查，请求人民法院审查行政机关的行为，确认其不合法。例如，认为新建、改建和扩建火电企业的项目审批、规划环评等不合法或违反

---

① 蔡守秋认为："环境权建立在人们共享环境条件这个基础上，强调公益性，具有公权之性质。"

② 吕忠梅认为："环境权同时涵盖公权与私权的属性。"

法定程序；对高碳火电企业违规发放行政许可；没有合法理由限制或者禁止低碳能源发电厂的新建、改建和扩建等。

二是请求履行职责，请求人民法院判决行政机关履行应当履行而不履行的法定职责。例如，对高碳火电企业违法设置排放口的行为不予制止，应当对低碳能源发电厂颁发许可证而不予颁发许可证等。

三是请求行政侵权赔偿，请求人民法院判决行政机关及其工作人员对其侵犯公民、法人或其他组织的低碳电力发展权或清洁空气权以及温室效应引致生态环境损害的行为造成的损害承担赔偿责任。例如，拒绝为低碳电力生产者颁发许可证给申请者造成损失的行为，非法强制低碳电力生产者停产停业造成损失的行为等。低碳电力行政诉讼中也包含着环境行政公益诉讼。

（三）低碳电力的刑事诉讼

这是指司法机关依法追究侵犯低碳电力发展权、公民清洁空气权以及温室效应引致生态环境损害等严重违法行为的刑事责任的诉讼。此类诉讼中，因低碳电力发展权、公民清洁空气权以及温室效应引致生态环境损害犯罪行为主体、情节等不同，提起的方式也不同，包括公民自诉、人民检察院公诉等。

对犯罪行为危害较轻、情节简单不需要侦查的案件，可由受害人自行向人民法院提起自诉；对国家机关工作人员因贪污受贿、玩忽职守、滥用职权等造成重大损失的行为，由人民检察院直接立案侦查，并向人民法院提起公诉；对人民检察院或人民法院直接受理的案件以外的普通犯罪案件，由公安机关立案侦查，并移送人民检察院，由人民检察院向人民法院提起公诉。此类犯罪的犯罪主体既包括自然人，也包括单位。其中，自然人的刑事责任由其本人承担，单位的刑事责任实行双罚制，既对单位实施经济处罚，又对单位领导和直接责任人员实施处罚。低碳电力刑事诉讼是保护低碳电力最严厉的手段。低碳电力刑事诉讼中也包含着环境刑事公益诉讼。

第二节　美国低碳电力诉讼法律制度——以美国环境公益诉讼为例

一、美国环境公益诉讼

美国是世界上环境法最发达的国家之一，也是现代公益诉讼制度的创始国，环境公益诉讼作为一种新的诉讼形态也发端于美国。作为一种公民执法，环境公益诉讼旨在调动公民和社会组织监督环境法的遵守和执行。① 美国的环境公益诉讼表现为环境公民诉讼，低碳电力诉讼也体现在环境公民诉讼上。

美国的环境公民诉讼规定了原告资格、被告、起诉条件和程序、救济手段以及诉讼费用等。其中，原告资格和诉讼费用的相关规定是美国环境公民诉讼的亮点。

20 世纪 60 年代以前，美国法律规定，只有在法律上与案件有利害关系的人，才能成为案件的原告。但是，随着环境问题的严重化以及公害事件的频繁发生，20 世纪 60 年代到 70 年代，美国民众掀起了大规模的环境保护运动的浪潮，民众强烈要求扩大环境诉讼的起诉资格，要求国家制定强有力的环保法律法规，保护日趋恶化的生态环境。为了与全国的环境运动相适应，美国国会在联邦立法层面创建了环境公益诉讼制度。

1970 年的联邦《清洁空气法》（*Clean Air Act*）中特别加入公民诉讼条款，首开联邦环境立法对环境公益诉讼进行规定之先河。公民诉讼条款主要规定了关于原告资格、被告与诉讼范围方面的事项，该法在第 304 条 a 款中规定：任何人可代表自己，提起一项民事诉讼或行政诉讼，起诉任何人。在其后美国联邦环境公益诉讼的立法浪潮之中，几乎所有主要的联邦环境法律及部分州的环境法律中都出现了规定环境公益诉讼的资格。《密歇根州环境保护法》也确认任何人都有向法院提出保护环境的诉讼权利。

1973 年的联邦《清洁水法》（*Clean Water Act*）第 505 条授权任何人当自己利益受到有害影响时，有权根据民事诉讼，控告排污者违反法律规定的标准，或者控告环保局没有采取有效措施执行法律规定。②

美国的环境公民诉讼很少是以公民个人名义提起的，绝大多数环境公民诉讼是通过公民团体即环境保护团体进行的，即使没有现成的团体，他们也会临时成立团体或者协会来代表公共利益提起诉讼。典型的如借助 ENGO（环境保护非政府组织）提起环境公益诉讼。

美国环境公民诉讼是依据"私人检察总长"理论建立起来的。根据"私人检察总长"理论，公民个人或者法人团体因为获得了国家或法律的特别授权而成为公共权利的代表，在公共利益受到损害的情况下，可以代表公共利益提起诉讼，从而具有原告资格。即每一个公民都能行使检察总长之职，为环境公益代言。"私人检察总长"理论的实质在于，私人可以基于公共利益的维护而享有法律授权的类似于检察总长的起诉资格。

---

① 曹明德. 中美环境公益诉讼比较研究 [J]. 比较法研究, 2015（7）: 67-77.

② *Clean Water Act*（1973）, Section 505（a）. Citizen Suits.

美国环境公民诉讼的被告包括污染者和怠于履行法定非裁量义务的联邦环保署长。为了防止公民滥用起诉权，美国法律对环境公民诉讼做出了一定的限制。主要包括：设置提起公民之诉的前提，即公民在起诉前应告知环保行政机关；诉前 60 天通知的宽泛期等。在救济手段的规定上，美国早期环境公民诉讼以禁止令为主要救济方式，后来规定了罚金等救济手段。

美国一些州的法律中规定了环境公益诉讼制度，在举证责任的分配上，《密歇根州环境保护法》在第 3 条规定中减轻了原告的举证负担，只要求原告提出"初步表面证明"，把实质性的举证负担转移到被告一方。在诉讼费用的承担上，美国法律明确规定法院可以判决原告的律师费和专家作证费等由败诉一方承担。

二、经验借鉴

美国将公益诉讼制度引入环境侵权，创设了环境公民之诉，其成熟的经验具有一定的借鉴意义。

第一，被诉对象的扩大。为了更好地保护环境，美国环境民事诉讼扩大了被诉对象，将依照传统法律规定不可诉的事项也纳入受诉范围，该做法值得中国借鉴。按照美国《清洁空气法》第 304 条的规定，任何人都可依照该法提起环境侵权诉讼，以空气污染源为被告（在电力能源中，即为高碳排放的火电企业），不管是已经产生行为后果还是正在实施或即将实施的行为，只要法院认为有可能对环境造成污染，均可以对该行为提起诉讼，对国家也不例外，此即把不能作为被诉对象的国家等列入被诉对象范畴。

第二，原告资格的扩张。放宽诉讼中原告的资格，是构建环境公益诉讼的前提。[①] 在英美法系国家中，环境原告资格的范围较为宽泛。美国环境公益诉讼中的创举正是对原告资格的放宽，构建了公民诉讼制度。[②] 该制度赋予公民或团体对环境违法者（违背法定义务的污染者或怠于履行环保职责的行政机关）提起诉讼的权利，使公民或团体得以借助法院司法权，扮演"私人检察总长"角色，对环境公益损害行为提起"公"诉。美国宪法亦不禁止国会授权任何人提起公益诉讼，任何公民或团体，只要认为侵害行为与自身有关系，均可以提起诉讼，哪怕该诉讼的唯一目的只是主张公共利益。

第三，超级基金的引入。在涉及诉讼费用问题上，美国环境公益诉讼中规定，如果不能确定污染者或确定的污染者不承担或不能承担赔偿责任时，

---

① 帕蒂·戈德蔓. 美国法院逐渐向环境公益诉讼敞开大门 [J]. 吴宇，译. 世界环境，2006 (6).

② AYRES, MILLER. Citizen suits under the clean air [N].

可由超级基金先行垫付，待能确定污染者时再行追索。

第三节 中国低碳电力诉讼法律制度评析

法谚云："无救济则无权利"。建构具有实效的救济制度，对于权利乃至利益的实现至关重要。司法救济以其法定性、强制性和终局性等特点，成为现代社会最重要、最正式的权利救济方式。目前，随着经济的快速发展，中国环境污染、生态破坏等带来的环境公益损害问题非常严重，而现行环境公益损害法律救济制度还很粗陋，特别是专门针对低碳电力的诉讼法律制度还几乎是空白，只能沿用环境公益损害救济法律制度的相关规定，从司法实践来看，还存在窘境，这一状况亟须改进和完善。

一、立法现状与司法实践

（一）立法现状

1. 法律

在中国环境公益诉讼制度建立之前，针对环境污染、生态破坏等带来的环境公益损害事件，救济的法律依据尚不充分，只能依附于环境侵权民事救济制度与环境行政处罚制度进行救济，严重的触犯《刑法》的犯罪行为依据《刑法》给予刑事制裁，缺乏针对性和有效性。

针对近年来环境污染事件频繁发生的现状，2012年8月，《民事诉讼法》进行了第二次修订，明确了公益诉讼制度，该法第55条对环境公益诉讼进行了明确规定：法律规定的机关和有关组织可以针对污染环境的行为提起诉讼，[①] 从而为建立环境公益诉讼制度奠定了基础，为低碳电力诉讼提供了法律依据。

中国《行政诉讼法》明确规定了原告的起诉条件，[②] 即认为行政机关或行政机关工作人员的行政行为侵犯其合法权益的，行政行为的相对人以及其他与行政行为有利害关系的公民、法人或者其他组织都有权起诉。该规定扩大了起诉的范围，体现了一定的进步性。但是，《行政诉讼法》没有设立以保

---

① 详见新《中华人民共和国民事诉讼法》第55条：对污染环境、侵害众多消费者合法权益等损害社会公共利益的行为，法律规定的机关和有关组织可以向人民法院提起诉讼。

② 详见《中华人民共和国行政诉讼法》第2条：公民、法人或者其他组织认为行政机关或行政机关工作人员的行政行为侵犯其合法权益，有权依照本法向人民法院提起诉讼。第25条第1款：行政行为的相对人以及其他与行政行为有利害关系的公民、法人或者其他组织，有权提起诉讼。第49条：提起诉讼应当符合下列条件：（一）原告是符合本法第二十五条规定的公民、法人或者其他组织。

护公共利益为出发点的独立的诉讼种类，缺失了行政公益诉讼制度，对环境公共利益损害的救济法律依据不足。

2014 年修订、2015 年 1 月实施的新《环境保护法》回应社会诉求，制度更加完善。第一，强化了政府责任，使环保行政执法受到法律的约束，避免行政侵权；第二，扩大了环境公益诉讼的主体范围，规定了民间环保组织的公益诉讼人资格①。此外，《环境保护法》还规定了损害赔偿提起诉讼的时效期间为 3 年②。

刑罚虽然不是私法意义上的环境损害救济手段，但是从公共利益救济的角度来说，刑罚是国家公权力代表公众对损害者追究责任的重要方式之一。1997 年修订的《刑法》分则第六章第六节规定了"破坏环境资源保护罪"，保护的客体范围仍限于公私财产权和人身权（生命权和健康权），未囊括生态利益。但从 2011 年《刑法修正案（八）》将"重大环境污染事故罪"变更为"污染环境罪"的动向看，《刑法》有将生态利益纳入其保护的法益范围之趋势。

《电力法》作为低碳电力的基本法，对低碳电力公益诉讼没有做出任何规定。

2. 司法解释

2015 年 1 月 7 日，《最高人民法院关于审理环境民事公益诉讼案件适用法律若干问题的解释》施行，设立专章对环境民事公益诉讼进行规定，详细规定了环境民事公益诉讼的起诉条件、原告范围、管辖、责任类型和诉讼费用承担等问题。

3. 部门规章文件

面对日益严峻的大气污染，2014 年 7 月，原环境保护部发布了新《火电厂大气污染物排放标准》，明确规定了老机组二氧化硫、二氧化氮、烟尘等的新排放标准以及重点地区的特别排放限值，③ 该标准自 2014 年 7 月 1 日实施，新标准比旧标准更严格、标准更高，被誉为"史上最严"火电排放标准。

为了确保完成"十二五"污染减排目标，原环境保护部发布了《"十二

---

① 新《中华人民共和国环境保护法》第 58 条：对污染环境、破坏生态，损害社会公共利益的行为，符合下列条件的社会组织可以向人民法院提起诉讼：（一）依法在设区的市级以上人民政府民政部门登记；（二）专门从事环境保护公益活动连续五年以上且无违法记录。符合前款规定的社会组织向人民法院提起诉讼，人民法院应当依法受理。

② 新《中华人民共和国环境保护法》第 66 条：提起环境损害赔偿诉讼的时效期间为三年，从当事人知道或者应当知道受到损害起时计算。

③ 7 月 1 日："史上最严"火电排放标准执行期限如约而至［N］. 新华日报，2014-07-01.

五"主要污染物总量减排目标责任书》，主要内容包括各地区和重点企业减排目标、主要任务、重点项目和保障措施等。其中，列入目标责任书的主体包括火电企业。

2015 年，原环境保护部起草完成《"十三五"主要污染物总量减排方案》，提出了以环境质量改善为主线，加强污染物排放浓度、速率、总量的时空精细化减排管理的总体思路。

4. 地方性文件

2007 年，贵阳市中级人民法院制定了《贵阳市中级人民法院关于设立环境保护法庭的实施方案》，明确规定环境诉讼的原告是公检法机关和特设的职能组织。2008 年，无锡市中级人民法院和市人民检察院联合出台了《关于办理环境民事公益诉讼案件的试行规定》，该规定是中国第一个关于环境民事公益诉讼制度的地方性规定，引入了众多创新的制度设计。同年，昆明市中级人民法院联合检察院、公安局和环保局共同制定了《设立环境保护执法协调制度的施行建议》，就昆明市处理环境公益诉讼案件进行解释说明。

(二) 司法实践

近年来，中国在环境公益诉讼领域开始了广泛的实践。在机构建制上，全国各地基层法院和中级人民法院成立了 100 多家环保审判机构。[①] 2004 年，河北省晋州市人民法院设立了专职的环保庭。2007 年 11 月，贵阳市中级人民法院成立了环保审判庭，该庭实行刑事、民事和行政案件"三审合一"的审判模式，[②] 从成立至今已审理了众多环境公益诉讼案件。此后，全国各地纷纷效仿，环境审判庭如雨后春笋般兴起。

中国以煤炭为主的能源结构使得环境污染问题日益严重。中国碳排放已位居世界第一，主要大气污染物二氧化硫、氮氧化物排放量也跃居世界第一，不仅带来了气候变化问题和空气污染问题，也对公众健康构成了严重的威胁。特别是 2013 年 1 月发生的重大雾霾污染事件，危害范围之广、影响人群之多，在全世界也属罕见。

实践中，因气候变化和环境污染问题带来的环境公益诉讼屡次发生，并且实践往往走在立法的前面。在起诉主体上，已经突破了相关法律的限制，不仅出现了人民检察院、环保行政机关直接起诉和民间环保团体联合起诉的案例，还出现了自然人单独提起环境公益诉讼的案例。

---

① 中国多地试点环保法庭大部分陷"无案可审"窘境 [N]. 瞭望新闻周刊，2014-09-15.
② 金晶. 环境公益诉讼的贵阳模式 [N]. 人民法院报，2011-04-10.

由自然人单独提起环境公益诉讼的典型案件如：2014 年，在雾霾持续升温的敏感时期，河北省石家庄市市民李贵欣为捍卫"清洁空气权"，一纸诉状将河北省石家庄市环境保护局告上法庭，要求环保局依法履行治理大气污染的职责，并索赔 1 万元，此案被誉为"全国首例公民因空气污染向政府机关提起损害赔偿请求的环境公益诉讼案"。① 李贵欣称，产能巨大的污染企业是污染石家庄大气环境的罪魁祸首，但因污染企业为数众多，难以确认责任主体，只好起诉其监管部门——环保局。高碳火电企业是排放温室气体和污染物的大户，可见，石家庄市相关燃煤火电企业难逃其责，而对石家庄市相关燃煤火电企业负有监管职责的石家庄市环境保护局则难辞其咎。

由环保组织提起环境公益诉讼的典型案件如：2016 年 8 月，由中国政法大学环境资源法研究和服务中心支持的环保组织自然之友诉国网宁夏电力公司弃风弃光环境民事公益诉讼案，该案于 2018 年 1 月被银川市中级人民法院立案受理。② 该案直指国网宁夏电力公司因弃风弃光导致环境污染，索赔 3.1 亿元。

该案诉由为：自 2015 年 1 月至 2016 年 6 月，国网宁夏电力公司没有按照《可再生能源法》规定全额收购其电网覆盖范围内可再生能源并网发电项目上网电量，即宁夏电网没有对其省内的风电和光伏发电进行全额收购，反而以燃煤发电来替代，对生态环境造成影响。国家能源局发布的数据显示，2015 年 1 月至 2016 年 6 月期间，宁夏电网合计弃风电量 27.9 亿千瓦时，合计弃光电量 5.7 亿千瓦时。而"弃风弃光"损失的电量却由燃煤发电补偿，导致了二氧化碳等温室气体排放污染，带来生态环境损害。基于同样的理由，环保组织自然之友也将国网甘肃电力公司诉到法院。③

二、存在问题与不足

（一）立法不足

比较美国环境公益诉讼制度的相关规定，从规范角度对中国现行法律制度进行考察，不难发现，中国环境公益诉讼的相关立法比较滞后。主要表现

---

① 杨春桃. 论自然人提起环境公益诉讼 [J]. 北京航空航天大学学报：社会科学版，2014（6）：50-55.

② 李远方. 市场难消纳可再生能源发展遇瓶颈 [N]. 中国商报，2018-04-20.

③ 刁凡超. "弃风弃光"被环保组织索赔 3 亿，宁夏电网：做不到全额收购 [EB/OL]. [2018-04-11]. https：//www.thepaper.cn/newsDetail_ forward_ 2069105.

在以下几点。

1. 行政公益诉讼制度缺失

如前所述，由于中国《行政诉讼法》没有对公益诉讼做出规定，当行政机关的行政行为导致环境公共利益受损时，法律依据不足。举例来说，一家火电企业经过勘测选择了城市上风口新建工厂，得到了相关行政机关的行政许可。此颁发行政许可的行政行为使行政相对人（火电企业）受益，却使利害关系人（城市居民）深受大气污染和温室效应之害，可见，该行政许可侵犯了不特定多数人（城市居民）的利益，具有公益性，根据《行政诉讼法》的相关规定，其他与行政行为有利害关系的公民有权起诉，但该诉讼为普通行政诉讼，而非为了公益之目的的环境行政公益诉讼。

2. 原告诉讼主体资格受限

修订后的《民事诉讼法》存在一定的局限性，其最明显的局限性在于诉讼原告资格上。该法第 55 条规定检察机关、环保组织可以提起环境公益诉讼，却将自然人等主体排除在诉讼原告资格之外，没有真正回应社会各界的期望，全面开放环境公益诉讼原告资格。修订后的《环境保护法》虽然明确规定了民间环保组织的原告资格，但依然沿袭《民事诉讼法》的规定，将自然人等主体排除在诉讼原告资格之外。

3. 诉讼时效期间受限

环境公益损害的后果具有潜伏性、缓释性和持续性等特点。例如，因火电厂超高排放温室气体和大气污染物带来的雾霾天气给人体带来的身体损害（如癌症）短时间内不会显现，据测算，其潜伏期为 5~10 年。中国《环境保护法》规定了 3 年的损害赔偿诉讼时效期间。可见，该法没有放宽环境损害主张权利的救济时效，不符合生态环境效应的隐蔽性、迟延性和不确定性导致的长期污染损害救济的需要。

4. 诉讼受案范围受限

公益诉讼的受案范围是指究竟哪些类型的公益受侵害的案件可以进入公益诉讼程序。公共利益概念本身的不确定性和扩展性，使得很难通过明确的法律规定界定公益诉讼的受案范围。在经济飞速发展的今天，以公益诉讼为代表的大量新类型纠纷不断出现，这些纠纷或侵害的事实往往不能完全纳入现行法律所承认的权利体制或框架中，而事实上又必须及时解决这些纠纷和侵权行为，维护当事人的合法权益。但是，关于低碳电力的公益诉讼，法律并没有明确的规定，只能沿用《民事诉讼法》关于环境公益诉讼的相关规定。

5. 举证责任分配受限

中国立法上对证明责任的分配遵循的一般原则是：法律或司法解释有直

接规定的，以该规定为准；在法律或司法解释没有明确规定的情况下，按照"谁主张，谁举证"的原则进行证明责任的分配。

鉴于环境公益诉讼的特殊性，《最高人民法院关于审理环境民事公益诉讼案件适用法律若干问题的解释》确立了举证责任倒置原则。[①] 但对于环境行政公益诉讼或环境刑事公益诉讼，则没有关于举证责任倒置的相关法律规范和司法解释；同样，对于低碳电力行政公益诉讼或刑事公益诉讼也缺乏举证责任倒置的相关规范。

（二）实践窘境

在实践中，较少有专门针对高碳火电企业超高排放温室气体或温室效应引致生态环境损害而提起的环境公益诉讼案例。这主要是因为环境诉讼是一个交叉学科，提起诉讼的原告既要拥有高碳电力环境损害事件中所涉及的各种技术性标准和技术指标等环境专业技能，又要具备调查取证、举证质证、勘验现场、固定证据和损害鉴定等诉讼法专业技能，而事实上很少有原告能同时具备这两项技能，从而导致高碳电力环境公益损害案例少之又少。

第四节 中国低碳电力诉讼法律制度完善思路

相对于"私力救济"而言，司法救济作为"公力救济"，具有中立、消极、公开等特性，能够使纠纷的解决在一种有序、安全及相对文明的氛围中展开，适宜引入低碳电力保障措施之中。本书认为，主要可以从以下几方面对低碳电力诉讼法律制度进行建构和完善。

一、扩大低碳电力原告诉讼主体资格

对于环境公共利益遭受的损害，中国法律尚未赋予公民个人（自然人）权利对其加以防范与制止。例如，修订后的《民事诉讼法》对公益诉讼原告资格采取了保守的态度，仅规定法律规定的机关和有关组织可以向人民法院提起公益诉讼，排除了公民个人（自然人）提起环境公益诉讼的资格。

本书认为，根据环境权理论，环境权是一种公益性显著的发展权，从动

---

① 《最高人民法院关于审理环境民事公益诉讼案件适用法律若干问题的解释》第13条：原告请求被告提供其排放的主要污染物名称、排放方式、排放浓度和总量、超标排放情况以及防治污染设施的建设和运行情况等环境信息，法律、法规、规章规定被告应当持有或者有证据证明被告持有而拒不提供，如果原告主张相关事实不利于被告的，人民法院可以推定该主张成立。

态上为公民权利的保障提供支持。因此，对于环境侵权行为，应突破传统意义上仅让受害主体独享起诉权的瓶颈，规定人人都有起诉权。只要为了公序良俗，只要针对的对象是侵害环境公共利益的行为，那么，为了环境公共利益，不论是检察机关、环保组织还是公民个人（自然人），都有维护公共环境的诉讼权利，都可以对违法行为提起诉讼。此乃公益诉讼制度的核心所在，它使环境侵权诉讼原告资格得以扩张到公民个人（自然人）。对于低碳电力公益诉讼亦是如此。如前所述，美国对此采取多元化的模式，允许不同的主体成为环境公益诉讼的原告，这一做法值得中国借鉴。

某些学者质疑公民诉权扩张可能导致滥诉，加重法院负担等，因而不赞成公民个人（自然人）成为环境公益诉讼的原告。本书认为，中国完全可以借鉴美国设置公民起诉的限制[①]等立法技术来解决这一问题；也不必强求非得以公民个人名义提起诉讼，可以借助公民团体即环境保护团体来进行公民诉讼，即使没有现成的团体，公民个人也可以临时成立团体或协会来代表公共利益提起诉讼。

从世界范围看，为了使环境公益保护获得可诉性，环境公益诉讼原告资格的扩张已成为现代法治国家诉讼法和环境法发展的必然趋势，逐渐放开中国公民个人（自然人）提起环境公益诉讼应该是大势所趋。

二、拓展低碳电力诉讼的受案范围

环境公益诉讼的受案范围，是指究竟哪些类型的环境公益损害案件可以进入环境公益诉讼程序。中国学者在环境公益诉讼受案范围上没有统一的认识。有的学者认为，环境公益诉讼应以"处于继续或者连续状态的环境污染或者生态破坏行为为对象"；[②] 还有的学者认为，"无论是环境民事公益诉讼，还是环境行政公益诉讼，都必须具有保护环境公益的目的，被诉行为人的行为危害或可能危害环境公益"。[③]

由于环境公共利益概念具有不确定性，环境公共利益本身具有扩展性，因此，中国在环境公益诉讼的受案范围上应该采取积极的态度，较为宽松地确定环境公益诉讼的受案范围。

对侵犯低碳电力发展权或高碳电力超高排放温室气体侵犯清洁空气权以

---

①　这些限制包括：诉前 60 天通知的宽泛期、在环保行政机关已起诉的情况下公民不得起诉等。

②　别涛. 环境公益诉讼 [M]. 北京：法律出版社，2007.

③　刘卫先. 对我国环境公益诉讼可诉范围的立法构想 [J]. 黑龙江政法管理干部学院学报，2009（2）.

及温室效应引致生态环境损害的行为应纳入环境公益诉讼的受案范围。例如，相关行政机关在审批燃煤机组新建、改建、扩建项目时，不严格按照火电企业排放标准进行审批的，应纳入环境行政公益诉讼受案范围。

三、转移低碳电力诉讼的举证责任分配

就举证责任分配来说，无论是环境民事公益诉讼，还是环境行政公益诉讼或者环境刑事公益诉讼，都应奉行举证责任倒置原则。针对环境公益诉讼保障客体的公益性，在证据制度上，应明确规定环境公益诉讼实行过错和因果关系证明责任倒置制度，以降低受害人因举证不能而败诉的风险。

鉴于环境公益损害具有高度的科学技术性、损害后果的复合性和持续性及影响的广泛性等特点，且专业化程度很高，原告知识水平有限，很难收集到证据，如果改由被告承担举证责任，则问题迎刃而解。

美国环境公益诉讼中原告举证责任减轻的相关规定值得中国借鉴。对中国低碳电力公益诉讼而言，原告在提起诉讼时，只要有"初始证据"即可立案，然后把举证责任转移给实施侵权行为的被告方。

四、放宽低碳电力诉讼的诉讼时效

中国现行诉讼法及《环境保护法》对诉讼时效均有规定，要求出现纠纷必须在一定的期限内提起诉讼，否则将丧失胜诉权。环境公益诉讼是保护环境公共利益的救济方式，由于环境公益损害的后果具有潜伏性、缓释性和持续性等特点，因此，应放宽对其的诉讼时效限制，这样才能使得侵犯环境公共利益的违法行为在任何时候均能受到法律追究。同样，对低碳电力诉讼时效也应放宽。

本章小结

"无救济则无权利"。司法救济是现代社会最重要、最正式的权利救济方式。本章从程序法的角度论述了低碳电力诉讼法律制度，通过借鉴美国环境公益诉讼相关立法经验，阐述了中国低碳电力诉讼法律制度的理论依据，分析了中国立法现状、司法实践以及制度缺陷，提出了中国低碳电力诉讼法律制度的完善思路。

本章指出：应从扩大原告诉讼主体资格、拓展诉讼受案范围、转移诉讼举证责任分配以及放宽诉讼时效等方面来完善低碳电力诉讼法律制度。

结　　论

低碳电力制度，是以实现低碳电力的使用与普及为目的，促使电力的生产、供应与使用从目前的高碳化向低碳化转型的规则的总称，该制度以可持续发展理论、外部性理论与能源安全理论为理论基础。在中国，从节能减排、应对全球气候变化、能源结构转型、保障能源安全角度出发，论述低碳电力制度的必要性；同时，从中国低碳能源的自然禀赋、利用技术、政策法规体系等角度考虑，提出低碳电力制度的可行性。但是，中国目前的低碳电力立法还存在着诸多问题，致使低碳产业发展面临诸多困境，因而构建完善的低碳电力制度仍是值得研究的议题。

构建完善的低碳电力制度，应从实体法和程序法双重角度进行制度建构，搭建起一个全方位保障低碳电力的完整制度体系。从实体法来看，首先，须建构低碳电力立法保障制度，应通过制定、修订和完善相关法律法规，形成以"能源法"为统领，以《电力法》为核心，以《可再生能源法》为支撑，以各层次低碳电力相关法律法规为补充的低碳电力法律制度体系。其次，从具体制度而言，应从发电侧健全高碳规制法律制度和低碳激励法律制度，从输配侧健全低碳电力科技创新法律制度和低碳激励法律制度，从需求侧健全需求侧管理法律制度和低碳激励法律制度。

（1）在发电侧方面，应健全高碳电力规制法律制度和低碳激励法律制度。其一，对于高碳电力规制制度，应从发电市场准入和退出制度、电量市场交易制度、碳排放权交易制度、碳税制度、碳排放计量监测与低碳标准制度等方面着手完善。其二，对于低碳电力激励制度，应从低碳电力税收、补贴和金融激励三方面着手完善。

（2）在输配侧方面，应健全低碳电力科技创新法律制度和低碳激励法律制度。其一，完善输配侧低碳电力科技创新法律制度，包括：建立健全智能电网法律制度、建立健全低碳电网法律制度、完善可再生能源并网技术创新法律制度等。其二，完善低碳激励法律制度，包括：实行低碳电力固定电价与补贴制度、高碳电力电价规制制度、输配电价监管制度。落实可再生能源发电全额保障性收购，明确可再生能源发电的入网优先权，健全可再生能源优先发电制度等。

（3）在需求侧方面，应健全需求侧管理法律制度和低碳激励法律制度。

其一，中国应从实施主体、管理制度和激励制度等角度完善电力需求侧低碳电力法律制度，应明确电力需求侧管理的实施主体；健全电力规划制度、政府监管制度、需求侧电价响应制度、有序用电制度、节约用电制度和节能标准标识与认证制度等电力需求侧管理制度。

其二，完善税收激励制度、金融激励制度、财政补贴制度、差别电价制度和合同能源管理制度等低碳激励法律制度。

从程序法来看，须从扩大原告诉讼主体资格、拓展诉讼受案范围、转移诉讼举证责任分配以及放宽诉讼时效等方面来完善低碳电力诉讼法律制度。

本书的创新点在于以下几点。

第一，选题具有新颖性。从低碳电力制度内涵出发，选取制度建构视角来研究低碳电力，使低碳电力制度的理论和体系框架得到较为完整的展现，最终探索出一条低碳能源逐步替补化石能源的可持续发展之路。本书经过研究发现，改变现有能源结构和消费方式，开发清洁能源和可再生能源，降低化石能源消耗，减少温室气体排放是解决全球环境和气候变化问题的根本途径。在此背景下，当前中国电力行业发展的基本方向和主要任务是，降低化石等常规能源的消耗，减少二氧化碳等温室气体和其他污染物的排放，以污染物排放较低的低碳能源作为电力能源的主要来源，此乃解决电力行业环境问题的治本之策。

第二，研究思路具有创新性。本书有两条理论路线，第一条路线是：什么是低碳电力制度——为何要构建低碳电力制度——如何构建低碳电力制度。沿此路径从法律体系上对低碳电力实现与发展的困境与出路进行了分析和研究。第二条路线是：低碳电力实现与发展的发达国家或地区的经验——在中国本土化环境下的借鉴和适用。沿此路径对中国低碳电力立法历程进行了研究分析，提出中国低碳电力法律制度的健全建议，探寻低碳电力法律制度的可行之策。

第三，见解具有独到性。通过比较英国、美国、德国、日本、澳大利亚和欧盟等发达国家或地区相关低碳电力制度，对中国低碳电力制度缺陷以及完善进行了思考，结合中国电力体制改革实践，提出了构建和完善中国低碳电力制度体系框架的基本思路：在立法模式上，中国低碳电力适宜采取分散立法的立法模式；在立法体系上，采用"立""改""废"相结合的方式，合理设计中国低碳电力法律制度体系，形成以能源基本法——"能源法"为统

结　　论

领，以能源单行法——《电力法》为核心，以综合性低碳能源法——《可再生能源法》为支撑，其他配套法规为补充的低碳电力能源法律制度体系；在制度构建上，提出了建构和完善"能源法"、《电力法》和《可再生能源法》等基本法律制度以及电力系统发输配用等环节的具体法律制度。

由于低碳电力制度的构建是一个复杂的系统，涉及社会多方因素，加上笔者才疏学浅、学术阅历有限，本书还存在一定的局限与不足。

第一，研究深度还可进一步提升。例如，本书对低碳电力的激励制度研究没有穷尽，对财政激励、金融激励等制度的研究还可更加深入、具体地展开。又如，对低碳电力的立法问题，还可从路径依赖、行为选择、制度安排、规则变化等角度进一步深入研究。

第二，对低碳电力实证分析的广度和深度不够。对低碳电力现实困境缺乏深入细致的调查研究，仅限于表面现象的分析，还有待进一步加强建立在深入调查研究基础上的理论研究。

从这个意义上来说，本书尚待拓展的空间还很大。学术探索永无止境，本书仅是笔者对低碳电力制度研究的一个阶段性成果，相关研究仍将持续深入下去。

261

附录一 低碳电力相关政策法律

[1]《财政部 国家税务总局关于中国清洁发展机制基金及清洁发展机制项目实施企业有关企业所得税政策问题的通知》（财税〔2009〕30 号）

[2]《产业结构调整指导目录（2015 年本）》

[3]《大气污染防治行动计划》（2013 年）

[4]《当前国家重点鼓励发展的产业、产品和技术目录》（2000 年修订）

[5]《电力并网互联争议处理规定》（国家电力监管委员会令第 21 号）（2007 年）

[6]《电力监管信息公开办法》（2005 年制定，2006 年实施）

[7]《电力市场监管办法》（2005 年实施）

[8]《电力网电能损耗管理规定》（能源节能〔1990〕1149 号）（1990年）

[9]《电力需求侧管理办法》（发改运行〔2010〕2643 号）（2010 年制定，2011 年实施，2017 年 9 月废止）

[10]《电力需求侧管理城市综合试点工作中央财政奖励资金管理暂行办法》（财建〔2012〕367 号）（2012 年）

[11]《电网企业全额收购可再生能源电量监管办法》（国家电力监管委员会令 第 25 号）（2007 年）

[12]《电网企业实施电力需求侧管理目标责任考核方案（试行）》（发改运行〔2011〕2407 号）（2011 年）

[13]《电网运行规则（试行）》（国家电力监管委员会令第 22 号）（2007 年）

[14]《发电机组并网安全性评价管理办法》（电监安全〔2007〕45 号）（2007 年 11 月发布，2014 年 2 月废止）

[15]《发电机组并网安全性评价管理办法》（国能安全〔2014〕62 号）（2014 年）

[16]《风力发电科技发展"十二五"专项规划》（国科发计〔2012〕197号）（2012 年）

[17]《风力发电设备产业化专项资金管理暂行办法》(财建〔2008〕476号)

[18]《工业企业温室气体排放核算和报告通则》等 11 项国家标准(中华人民共和国国家标准公告 2015 年第 36 号)(2015 年)

[19]《公共机构节能条例》(国务院令第 531 号)(2008 年通过,2017年修订)

[20]《关于 2006 年度可再生能源电价补贴和配额交易方案的通知》(发改价格〔2007〕2446 号)

[21]《关于促进储能技术与产业发展的指导意见》(发改能源〔2017〕1701 号)(2017 年)

[22]《关于对电池、涂料征收消费税的通知》(财税〔2015〕16 号)(2015 年)

[23]《关于改善电力运行 调节促进清洁能源多发满发的指导意见》(发改运行〔2015〕518 号)(2015 年)

[24]《关于贯彻中发〔2015〕9 号文件精神 加快推进输配电价改革的通知》(发改价格〔2015〕742 号)(2015 年)

[25]《关于合同能源管理财政奖励资金需求及节能服务公司审核备案有关事项的通知》(财办建〔2010〕60 号)(2010 年)

[26]《关于继续提高成品油消费税的通知》(财税〔2015〕11 号)(2015 年)

[27]《关于加快关停小火电机组若干意见》(国发〔2007〕2 号)(2007年)

[28]《关于加快燃煤电厂脱硝设施验收及落实脱硝电价政策有关工作的通知》(环办〔2013〕21 号)(2013 年)

[29]《关于加强和规范燃煤自备电厂监督管理的指导意见》(2015 年)

[30]《关于建立可再生能源开发利用目标引导制度的指导意见》(国能新能〔2016〕54 号)(2016 年)

[31]《关于进一步贯彻落实差别电价政策有关问题的通知》(发改价格〔2007〕2655 号)(2007 年)

[32]《关于可再生能源电价补贴和配额交易方案(2010 年 10 月—2011年 4 月)的通知》(发改价格〔2012〕3762 号)

[33]《关于清理对高耗能企业优惠电价等问题的通知》(发改价格〔2010〕978 号)(2010 年)

[34]《关于取消电解铝等高耗能行业电价优惠有关问题的通知》（发改价格〔2007〕3550号）（2007年）

[35]《关于深入推进供给侧结构性改革 做好新形势下电力需求侧管理工作的通知》（发改运行规〔2017〕1690号）（2017年）

[36]《关于实施煤炭资源税改革的通知》（财税〔2014〕72号）（2014年）

[37]《关于试行可再生能源绿色电力证书核发及自愿认购交易制度的通知》（发改能源〔2017〕132号）（2017年）

[38]《关于提高可再生能源发展基金征收标准等有关问题的通知》（财税〔2016〕4号）（2016年）

[39]《关于推进"互联网+"智慧能源发展的指导意见》（发改能源〔2016〕392号）（2016年）

[40]《关于推进电力市场建设的实施意见》（2015年）

[41]《关于完善电力应急机制 做好电力需求侧管理城市综合试点工作的通知》（发改运行〔2015〕703号）（2015年）

[42]《关于完善风力发电上网电价政策的通知》（发改价格〔2009〕1906号）（2009年）

[43]《关于完善跨省跨区电能交易价格形成机制有关问题的通知》（发改价格〔2015〕962号）（2015年）

[44]《关于印发"十三五"控制温室气体排放工作方案的通知》（国发〔2016〕61号）（2016年）

[45]《关于印发〈风力发电设备产业化专项资金管理暂行办法〉的通知》（2008年）

[46]《关于印发电价改革实施办法的通知》（发改价格〔2005〕514号）（2005年）

[47]《关于印发海洋可再生能源发展"十三五"规划的通知》（国海发〔2016〕26号）（2016年）

[48]《关于印发能源发展"十二五"规划的通知》（国发〔2013〕2号）（2013年）

[49]《关于印发能源发展"十三五"规划的通知》（发改能源〔2016〕2744号）（2016年）

[50]《关于印发能源生产和消费革命战略（2016—2030）的通知》（发改基础〔2016〕2795号）（2016年）

[51]《关于有序放开发用电计划的实施意见》（2015年）

[52]《关于执行外商投资产业指导目录（2015年修订）的公告》（海关总署公告2015年第29号）（2015年）

[53]《关于中央财政补贴增值税有关问题的公告》（国家税务总局公告2013年第3号）（2013年）

[54]《关于资源综合利用及其他产品增值税政策的通知》（财税〔2008〕156号）（2008年12月发布，2015年7月废止）

[55]《关于组织申报工业领域合同能源管理项目案例的通知》（工信厅节函〔2010〕492号）（2010年）

[56]《国家发改委关于太阳能热发电标杆上网电价政策的通知》（发改价格〔2016〕1881号）（2016年）

[57]《国家发改委关于调整光伏发电 陆上风电标杆上网电价的通知》（发改价格〔2016〕2729号）（2016年）

[58]《国家发展改革委 环境保护部 国家能源局关于实行燃煤电厂超低排放电价支持政策有关问题的通知》（发改价格〔2015〕2835号）（2015年）

[59]《国家发展改革委、国家电监会、国家能源局关于清理优惠电价有关问题的通知》（发改价格〔2009〕555号）（2009年）

[60]《国家发展改革委、国家电监会关于对贯彻落实差别电价政策及禁止自行出台优惠电价等情况进行督查的通知》（发改电〔2007〕129号）（2007年）

[61]《国家发展改革委、国家电监会关于坚决贯彻执行差别电价政策禁止自行出台优惠电价的通知》（发改价格〔2007〕773号）（2007年）

[62]《国家发展改革委、国家电监会关于进一步落实差别电价及自备电厂收费政策有关问题的通知》（发改电〔2004〕159号）（2004年）

[63]《国家发展改革委办公厅、财政部办公厅关于财政奖励合同能源管理项目有关事项的补充通知》（发改办环资〔2010〕2528号）（2010年）

[64]《国家发展改革委办公厅、财政部办公厅关于进一步加强合同能源管理项目监督检查工作的通知》（发改办环资〔2011〕1755号）（2011年）

[65]《国家发展改革委关于继续实行差别电价政策有关问题的通知》（发改价格〔2005〕2254号）（2005年）

[66]《国家发展改革委关于降低燃煤发电上网电价和一般工商业用电价格的通知》（发改价格〔2015〕3105号）（2015年）

[67]《国家发展改革委关于进一步疏导环保电价矛盾的通知》（发改价

格〔2014〕1908 号）（2014 年）

　　[68]《国家发展改革委关于扩大脱硝电价政策试点范围有关问题的通知》（发改价格〔2012〕4095 号）（2012 年）

　　[69]《国家发展改革委关于全面深化价格机制改革的意见》（发改价格〔2017〕1941 号）（2017 年）

　　[70]《国家发展改革委关于调整可再生能源电价附加标准与环保电价有关事项的通知》（发改价格〔2013〕1651 号）（2013 年）

　　[71]《国家核电中长期发展规划（2005—2020 年）》获批，来源：中央政府门户网站，网址：http：//www. gov. cn/gzdt/2007 - 11/02/content_793797. htm，2007-11-02.

　　[72]《国家级能源科技进步奖励管理办法（试行）》（国能科技〔2009〕341 号）（2009 年）

　　[73]《国家能源局关于推进新能源微电网示范项目建设的指导意见》（国能新能〔2015〕265 号）（2015 年）

　　[74]《国家能源研发（实验）中心管理办法》（国能科技〔2010〕198 号）（2010 年）

　　[75]《国家税务总局 国家发展改革委关于落实节能服务企业合同能源管理项目企业所得税优惠政策有关征收管理问题的公告》（国家税务总局 国家发展改革委公告 2013 年第 77 号）（2013 年）

　　[76]《国务院办公厅转发发展改革委等部门关于加快推行合同能源管理促进节能服务产业发展意见的通知》（国办发〔2010〕25 号）（2010 年）

　　[77]《国务院办公厅转发发展改革委关于完善差别电价政策意见的通知》（国办发〔2006〕77 号）（2006 年）

　　[78]《国务院关于废止 2000 年底以前发布的部分行政法规的决定》（2001 年）

　　[79]《合同能源管理项目财政奖励资金管理暂行办法》（财建〔2010〕249 号）（2010 年）

　　[80]《加强大型燃煤锅炉燃烧管理的若干规定》（电安生〔1993〕540 号）（1993 年）

　　[81]《节能低碳产品认证管理办法》（国家质监总局令第 168 号）（2015 年）

　　[82]《节约能源管理暂行条例》（1986 年实施，1997 年失效）

　　[83]《节约用电管理办法》（国经贸资源〔2000〕1256 号）（2000 年）

［84］《可持续发展问题世界首脑会议实施计划》，联合国教科文组织中国可持续发展教育（ESD）项目全国工作委员会网站，网址：http：//www. esdinchina. org/_ d270971433. htm，2015-06-18.

［85］《可再生能源产业发展指导目录》（发改能源〔2005〕2517号）（2005年）

［86］《可再生能源电价附加补助资金管理暂行办法》（财建〔2012〕102号）（2012年）

［87］《可再生能源电价附加收入调配暂行办法》（发改价格〔2007〕44号）（2007年）

［88］《可再生能源发电价格和费用分摊管理试行办法》（发改价格〔2006〕7号）（2006年）

［89］《可再生能源发电全额保障性收购管理办法》（发改能源〔2016〕625号）（2016年）

［90］《可再生能源发电有关管理规定》（发改能源〔2006〕13号）（2006年）

［91］《可再生能源发展基金征收使用管理暂行办法》（财综〔2011〕115号）（2011年）

［92］《可再生能源发展专项资金管理暂行办法》（财建〔2015〕87号）（2015年）

［93］《可再生能源调峰机组优先发电试行办法》（发改运行〔2016〕1558号）（2016年）

［94］《联合国人类环境宣言》（1972年通过）

［95］《煤电节能减排升级与改造行动计划（2014—2020年）》（发改能源〔2014〕2093号）（2014年）

［96］《能源部关于电力行业标准编号及出版等有关事项的通知》（能源技〔1991〕1182号）（1991年）

［97］《能源领域行业标准化管理办法（试行）》及实施细则（国能局科技〔2009〕52号）（2009年）

［98］《清洁发展机制项目运行管理办法》（国家发改委、科技部、外交部、财政部令，第11号）（2011年）

［99］《全国碳排放权交易市场建设方案（发电行业）》（发改气候规〔2017〕2191号）（2017年）

［100］《燃煤发电机组环保电价及环保设施运行监管办法》（发改价格

〔2014〕536 号）（2014 年）

　　[101]《燃煤发电机组脱硫电价及脱硫设施运行管理办法》（试行）（发改价格〔2007〕1176 号）（2007 年发布，2014 年废止）

　　[102]《省级电网输配电价定价办法（试行）》（发改价格〔2016〕2711号）（2016 年）

　　[103]《外商投资产业指导目录》（2017 年修订）（中华人民共和国国家发展和改革委员会 中华人民共和国商务部令第 4 号）（2017 年）

　　[104]《有序用电管理办法》（发改运行〔2011〕832 号）（2011 年）

　　[105]《中共中央国务院关于进一步深化电力体制改革的若干意见》（中发〔2015〕9 号）（2015 年）

　　[106]《中华人民共和国电力法》（1995 年制定，1996 年实施，2009 年、2015 年、2018 年三次修订）

　　[107]《中华人民共和国放射性污染防治法》（2003 年实施）

　　[108]《中华人民共和国个人所得税法》（2011 年修订）

　　[109]《中华人民共和国海关法》（1987 年实施，2017 年第四次修订）

　　[110]《中华人民共和国行政诉讼法》（2017 年修订）

　　[111]《中华人民共和国环境保护法》（2014 年修订，2015 年实施）

　　[112]《中华人民共和国环境保护税法》（2016 年制定，2018 年实施）

　　[113]《中华人民共和国价格法》（1997 年制定，1998 年实施）

　　[114]　《中华人民共和国节约能源法》（1997 年制定，2007 年修订，2008 年实施）

　　[115]《中华人民共和国进出口关税条例》（2004 年实施）

　　[116]《中华人民共和国可再生能源法》（2006 年实施）

　　[117]《中华人民共和国立法法》（2015 年修订）

　　[118]《中华人民共和国煤炭法》（1996 年制定，2016 年修订）

　　[119]《中华人民共和国民事诉讼法》（2012 年第二次修订，2013 年实施，2017 年第三次修订）

　　[120]《中华人民共和国企业所得税法》（2008 年实施）

　　[121]《中华人民共和国企业所得税法实施条例》（2008 年实施）

　　[122]《中华人民共和国清洁生产促进法》（2002 年通过，2003 年实施，2012 年修订并实施）

　　[123]《中华人民共和国税收征收管理法》（2001 年实施，2015 年修订）

　　[124]《中华人民共和国消费税暂行条例》（2008 年修订）

［125］《中华人民共和国循环经济促进法》（2008 年通过，2009 年实施）

［126］《中华人民共和国资源税暂行条例》（2011 年修订）

［127］《资源综合利用产品和劳务增值税优惠目录》（财税〔2015〕78 号）（2015 年）

［128］《最高人民法院关于审理环境民事公益诉讼案件适用法律若干问题的解释》（2014 年通过，2015 年实施）

［129］联合国 *The United Nations Framework Convention on Climate Change* （1992 年）

［130］美国 *Clean Water Act* （1973 年）

［131］欧盟 *Directive 2003/87/EC of the European Parliament and of the Council establishing a scheme for greenhouse gas emission allowance trading within the Community and amending Council Directive 96/61/EC* （2003 年）

［132］欧盟 *Preface of Directive 2003/87/EC of the European Parliament and of the Council of 13 October 2003* （2003 年）.

［133］日本《エネルギー政策基本法》（平成十四年六月十四日法律第七十一号）（2002 年）

［134］英国 *Climate Change Act 2008* （2008 年）

［135］英国 *Electricity Act 1989* （1989 年，2003 年修订）

［136］英国 *The Renewables Obligation（Amendment）Order 2010* （2010 年）

附录二 发电集团低碳发展的法律对策调查问卷

尊敬的电厂职工：

您好！

我是北京青年政治学院"低碳电力法律制度研究"课题组的老师，正在做一份关于"发电集团低碳发展的法律对策"的调查。希望占用您一点宝贵时间来填写这份问卷，对您的配合和支持表示衷心感谢！本调查包括 12 个问题。

北京青年政治学院"低碳电力法律制度研究"课题组

1. 贵单位的名称是：

_____

2. 贵单位的发电类别有：（　　　）

A. 火力发电　　　　　　B. 水力发电　　　　　　C. 风力发电

D. 太阳能发电　　　　　E. 核能发电　　　　　　F. 其他_____

3. 贵单位目前制定或实施了哪些电力法律制度?（　　　）

A. "十三五"发展规划　　B. 新能源和可再生能源发展规划

C. 电源结构调整计划　　　D. 电力投资、项目建设和市场准入计划

E. 电价管理制度　　　　　F. 低碳电力科技创新制度

G. 节约用电制度　　　　　H. 其他_____

4. 贵单位促进低碳发展的法律对策有哪些?（　　　）

A. 调整电源结构，加大新能源和可再生能源发电比重

B. 严格市场准入和退出标准，限制火力发电，鼓励新能源和可再生能源发电

C. 将环保成本加入电价，实行绿色电价

D. 采取措施鼓励低碳电力优先上网

E. 加大低碳电力的科技投入

F. 采取措施节约用电

G. 其他_____

5. 针对火电高碳排放，贵单位制定或实施了哪些制度和对策？（　　）

A. 发电市场准入和退出制度

B. 电量市场交易制度

C. 参与碳排放权交易

D. 碳排放计量、监测与低碳标准制度

E. 科技创新制度

F. 其他_____

6. 针对火电高碳排放，贵单位专门采取了哪些科技创新制度和对策？
（　　）

A. 脱硫、脱硝技术　　　　　B. 高效清洁的发电技术

C. 可再生能源发电技术　　　D. 碳捕获与封存技术

E. 特高压输电技术　　　　　F. 智能电网技术

G. 高效储能技术　　　　　　H. 高效用能技术

I. 其他_____

7. 贵单位目前享受或采取了哪些低碳激励制度和政策？（　　）

A. 资源税、所得税、增值税、消费税、关税等能源税收激励

B. 国家财政补贴

C. 国家财政投资

D. 贷款、证券和投资基金等多元化金融激励

E. 其他_____

8. （针对水电厂）贵单位出现过因水电消纳难而导致的弃水现象吗？

（针对风电厂）贵单位出现过因风电消纳难而导致的弃风现象吗？

（针对太阳能发电厂）贵单位出现过因光伏发电消纳难而导致的弃光现象
吗？（　　）（回答"是"则请继续回答第9题）

A. 是　　　　　　　　B. 否　　　　　　　　C. 不清楚

9. 贵单位发出的电力入电网时有没有受到歧视/不被接受的情况？（　　）

A. 是　　　　　　　　B. 否　　　　　　　　C. 不清楚

10. 贵单位发电不被电网接受的主要原因是什么？（　　）

A. 电压等技术参数不符合电网要求

B. 电网输配电技术与建设滞后

C. 电网人为因素阻拦，不优先收购

D. 电价太贵

E. 电力过剩

F. 其他_____

11. 配合电力需求侧管理，贵单位目前享受或采取了哪些制度和对策？
（　　）

A. 电价政策，如峰谷分时电价、季节电价、差别电价等

B. 国家适度补贴

C. 国家税收优惠，如税前还贷等

D. 其他_____

12. 为确保绿色低碳能源的最大利用，贵单位采取了哪些制度措施？

_____

_____

_____

参考文献

一、中文文献

1. 毕业论文

[1]盖兆军.基于低碳经济的我国电力行业可持续发展研究[D].长春:吉林大学,2015.

[2]呼楠楠.从欧盟碳排放权交易法律制度探析我国碳排放权交易法律制度之完善[D].北京:北京交通大学,2015.

[3]霍杏芝.论我国《电力法》的修改[D].重庆:重庆大学,2012.

[4]李颖.德国低碳经济研究[D].上海:华东师范大学,2013.

[5]林成.从市场失灵到政府失灵:外部性理论及其政策的演进[D].沈阳:辽宁大学,2007.

[6]刘练军.我国能源安全法律保障研究[D].长沙:湖南大学,2009.

[7]王梅霖.电力需求侧管理研究[D].北京:北京交通大学,2011.

[8]夏梓耀.碳排放权研究[D].北京:北京航空航天大学,2014.

[9]肖依虎.经济全球化下的中国能源安全战略研究[D].武汉:武汉大学,2010.

[10]徐文文.绿色电力发展的法律机制[D].上海:华东政法大学,2011.

[11]许恒.我国能源安全法律体系构建研究[D].兰州:西北民族大学,2009.

[12]张剑波.低碳经济法律制度研究[D].重庆:重庆大学,2012.

[13]周彬.我国能源安全保障法律机制研究[D].昆明:昆明理工大学,2014.

2. 新闻

[14]常纪文.《能源法》不应是以往相关法律的简单叠加[N].科学时报,2009-03-13.

[15]曾鸣.节能减排须走中国特色低碳电力之路[N].中国电力报,2010-06-07.

[16]金晶.环境公益诉讼的贵阳模式[N].人民法院报,2011-04-10.

[17]上网电价政策激励了新能源发展[N].中国经济导报,2011-12-08.

[18]武建东.拆分国家电网启动新一轮电力体制改革[N].中国经营报,2013-01-14.

[19]中国地热能资源[N].中国能源报,2013-02-15.

[20]赵汀,杨章锁.我国地热资源分布及开发现状探析[N].中国电力报,2014-04-02.

[21]曾鸣.差价合约激励制度:FiTCfD机制英国新一轮低碳电力市场改革及其对我国的启示(二)[N].中国电力报,2014-07-14.

[22]中国能源革命不能没有"一片"[N].中国科学报,2014-09-10.

[23]宋阳.北京国际风能大会盛装待发[N].中国经济导报,2014-10-21.

[24]电网企业按政府核定输配电价收取过网费[N].常州日报,2014-11-05.

[25]2014年水电装机容量历史性突破3亿千瓦[N].中国电力报,2015-02-13.

[26]朱怡.新电改第二个配套文件直指电力需求侧管理[N].中国电力报,2015-04-27.

[27]沈慧.我国海洋能产业发展方兴未艾[N].经济日报,2015-06-15.

[28]贡晓丽.风光电的成本"逆袭"[N].中国科学报,2015-11-03.

[29]赵展慧.我国发布11项温室气体管理国家标准[N].人民日报,2015-11-20.

[30]应对气候变化报告:产业结构调整贡献越来越大[N].中国环境报,2015-11-21.

[31]王轶辰.盘点"十二五"清洁能源成绩单:我国风电装机占全球四分之一[N].经济日报,2016-02-24.

[32]国家统计局.2017年全国发电量6.5万亿千瓦时[N].中国电力报,2018-03-22.

[33]"十三五"末我国垃圾焚烧发电装机容量约达750万千瓦[N].上海证券报,2017-01-05.

[34]鑫华.我国非化石能源占一次能源消费13.3%[N].中国石化报,2017-09-11.

[35]张洪,张粒子.英国可再生能源补贴政策是什么样的?[N].中国能源报,2017-12-11.

[36]张栋钧.风电迎来新一轮调整期[N].中国电力报,2018-02-03.

[37]杨鲲鹏.光热发展三大瓶颈待解[N].中国电力报,2018-03-03.

[38]李远方.市场难消纳 可再生能源发展遇瓶颈[N].中国商报,2018-04-20.

[39]7月1日:"史上最严"火电排放标准执行期限如约而至[N].新华日报,2014-07-01.

[40]王丽丽.国际能源署预测2020年中国煤炭需求将达顶峰[N].中国煤炭报,2012-11-26.

[41]我国地热能利用量2030年将达亿吨标煤[N].经济参考报,2014-11-26.

3.著作

[42]奥平康宏,杉原泰雄.宪法学:人权的基本问题[M].1977.

[43]巴里,玛莎.环境经济学[M].原毅军,陈艳莹,译.北京:中国财政经济出版社,2006.

[44]别涛.环境公益诉讼[M].北京:法律出版社,2007.

[45]崔民选,王军生,陈义和.能源蓝皮书:中国能源发展报告[M].北京:社会科学文献出版社,2012.

[46]萨缪尔森,诺德豪斯.经济学[M].北京:华夏出版社,1999.

[47]奥基夫,奥布赖恩,皮尔索尔.能源的未来:低碳转型路线图[M].阎志敏,王建军,译.北京:石油工业出版社,2012.

[48]宫本宪一.环境经济学[M].林玉,译.北京:生活·读书·新知三联书店,2004.

[49]郭晓红.国家税收[M].厦门:厦门大学出版社,2008.

[50]郝艳红.火电厂环境保护[M].北京:中国电力出版社,2008.

[51]黄进.中国能源安全问题研究:法律与政策分析[M].武汉:武汉大学出版社,2008.

[52]李曙光.经济法学[M].北京:中国政法大学出版社,2007.

[53]李挚萍.环境法的新发展:管制与民主之互动[M].北京:人民法院出版社,2006.

[54]刘振亚.中国电力与能源[M].北京:中国电力出版社,2012.

[55]罗尔斯.正义论[M].北京:中国社会科学出版社,2001.

[56]时璟丽.可再生能源电力价格形成机制研究[M].北京:化学工业出版社,2008.

[57]史玉成,郭武.环境法的理念更新与制度重构[M].北京:高等教育出版社,2010.

[58]孙佑海,张蕾.中国循环经济法论[M].北京:科学出版社,2008.

[59]王伟男.应对气候变化:欧盟的经验[M].北京:中国环境科学出版社,2011.

[60]魏一鸣,刘兰翠,范英,等.中国能源报告(2008):碳排放研究[M].北京:科学出版社,2008.

[61]魏一鸣.中国能源报告战略与政策研究[M].北京:科学出版社,2006.

[62]温慧卿.中国可再生能源补贴制度研究[M].北京:中国法制出版社,2012.

[63]吴姜宏,周凤翱,曹治国.电力行业低碳发展政策与法律问题研究[M].北京:中国电力出版社,2013.

[64]肖国兴,叶荣泗.中国能源法报告(2009)[M].北京:法律出版社,2010.

[65]许勤华.低碳时代发展清洁能源国际比较研究[M].北京:中国出版集团,世界图书出版公司,2013.

[66]庇古.福利经济学[M].何玉长,丁晓钦,译.上海:上海财经大学出版社,2009.

[67]杨泽伟.中国能源安全法律保障研究[M].北京:中国政法大学出版社,2009.

[68]张坤民,潘家华,崔大鹏.低碳发展论(上)[M].北京:中国环境科学出版社,2008.

[69]中国节能环保集团公司,中国工业节能与清洁生产协会.2010年中国节能减排产业发展报告:探索低碳经济之路[M].北京:中国水利水电出版社,2011.

[70]中国人民大学气候变化与低碳经济研究所.低碳经济:中国用行动告诉哥本哈根[M].北京:石油工业出版社,2010.

[71]周凤翱,谭忠富.电力行业低碳发展政策与法律问题研究[M].北京:中国电力出版社,2013.

[72]周永坤.法理学:全球视野[M].北京:法律出版社,2010.

4. 期刊论文

[73]汤姆,哲伦.英国的《气候变化法》[J].资源与人居环境,2011(5):54-56.

[74]安昊.政府与市场关系的理论演变及启示[J].北方经贸,2013(7):26-27.

[75]别涛.环境公益诉讼的立法构想[J].环境保护,2006(12):23-37.

[76]曹明德.中国参与国际气候治理的法律立场和策略:以气候正义为视角[J].中国法学,2016(2):9-48.

[77]曹明德.中美环境公益诉讼比较研究[J].比较法研究,2015(7):67-77.

[78]曾鸣,马军杰,许文秀,等.智能电网背景下我国电网侧低碳化发展路

径研究[J].华东电力,2011(1):32-35.

[79]曾鸣,张徐东,田廓,等.低碳电力市场设计与政策分析[J].电力系统自动化,2011(24):7-11.

[80]曾鸣.英国新一轮低碳电力市场改革及启示(上)[J].中国科技投资,2015(7):55-59.

[81]曾鸣.英国新一轮低碳电力市场改革及启示(下)[J].中国科技投资,2015(19):73-79.

[82]陈海君.德国的可再生能源法及其借鉴意义[J].环境科学与管理,2006(1):32-34.

[83]陈海嵩.日本能源法律制度及其对我国的启示[J].金陵科技学院学报:社会科学版,2009(1):49-53.

[84]陈惠珍.减排目标与总量设定:欧盟碳排放交易体系的经验及启示[J].江苏大学学报:社会科学版,2013(4):14-23.

[85]陈柳钦.低碳经济:一种新的经济发展模式[J].中南林业科技大学学报:社会科学版,2010(1):80-85.

[86]陈启鑫,康重庆,夏清,等.低碳电力调度方式及其决策模型[J].电力系统自动化,2010(12):18-23.

[87]陈茜.论环境法的价值理念:环境安全[J].环境法治与建设和谐社会,2007(8):536-538.

[88]戴维.国外电力需求侧管理机制对我国的启示[J].科技经济市场,2007(10):53-54.

[89]丁纯,赵成国,肖斌卿.完善我国绿色电力价格补偿机制研究[J].价格理论与实践,2012(10):28-29.

[90]杜洪林.促进经济增长低碳化的碳税改革建议[J].中国财政,2010(20):47-48.

[91]杜群,廖建凯.德国与英国可再生产能源法之比较及对我国的启示[J].法学评论,2011(6):75-81.

[92]付永.低碳经济的发展模式研究[J].中国人口·资源与环境,2008(18):14-19.

[93]高铭志,陈建璋,黄筱苹.日本、韩国与中国台湾地区气候变化及能源相关基本法与草案之研究[J].清华法律评论,2012(1):98-126.

[94]国家发改委美国电力需求侧管理培训团.美国电力需求侧管理培训报告[J].电力需求侧管理,2008(4):1-5.

[95]国家能源局.2014年风电产业监测情况[J].中国能源,2015(3):4.

[96]国家能源局.2014年光伏发电统计信息[J].中国能源,2015(3):4.

[97]郝海青,毛建民.欧盟碳排放权交易法律制度的变革及对我国的启示[J].中国海洋大学学报:社会科学版,2015(6):82-87.

[98]郝洁.日本的能源对外直接投资及对我国的启示[J].中国经贸导刊,2009(14):27-28.

[99]胡德胜.关于拟制定《能源法》的定性定位问题[J].江西理工大学学报,2015(6):11-13.

[100]胡江溢,王鹤,周昭茂.电力需求侧管理的国际经验及对我国的启示[J].电网技术,2007(18):10-14.

[101]胡天羽.浅析智能电网现状及发展趋势[J].集成电路应用,2018(4):82-84.

[102]胡兆光.中国特色的低碳经济、能源、电力之路初探[J].中国能源,2009(11):16-19.

[103]华贲.区域分布式能源改变中国电力低碳发展格局[J].沈阳工程学院学报:自然科学版,2011(7):193-198.

[104]黄亮.碳捕获与封存(CCS)技术的法律制度构建探析[J].政法学刊,2014(4):10-19.

[105]黄锡生,史玉成.中国环境法律体系的架构与完善[J].当代法学,2014(1):11-14.

[106]黄锡生,张真源.基于能源结构调整的能源税收制度研究[J].福建师范大学学报:哲学社会科学版,2018(5):22-24.

[107]黄夏楠,马世英,屈高强,等.适应我国可再生能源发展的西部电网模式构想和关键技术[J].电力建设,2018(2):85-91.

[108]康重庆,陈启鑫,夏清.低碳电力技术的研究展望[J].电网技术,2009(2):1-7.

[109]孔令珍.中国地热能发展趋势[J].煤炭技术,2006(7):107-108.

[110]兰花.2008年英国气候变化法评介[J].山东科技大学学报:社会科学版,2010(3):69-76.

[111]李斌.发展低碳经济中的政府角色定位[J].辽宁行政学院学报,2010(12):5-6.

[112]李海东.从边缘到中心:美国气候变化政策的演变[J].美国研究,2009(2):20-35.

[113]李化.澳大利亚的可再生能源发展与可再生能源证书制度[J].华中农业大学学报,2011(6):83-89.

[114]李俊峰,马玲娟.低碳经济是规制世界发展格局的新规则[J].世界环境,2008(2):17-20.

[115]李俊峰.可再生能源电价体系和费用分摊机制研究报告[J].中国能源,2005(12).

[116]李庆保.电力法的绿化研究:兼论美国清洁电力立法对我国的启示[J].法制与社会,2010(12):13.

[117]李晓静.我国发电设备制造业现状、面临形势及对策建议[J].电器工业,2007(9):12-14.

[118]李艳芳.论我国《能源法》的制定:兼评《中华人民共和国能源法》(征求意见稿)[J].法学家,2008(2):92-100.

[119]李艳芳.气候变化背景下的中国可再生能源法制[J].政治与法律,2010(3):11-21.

[120]李艳芳.我国可再生能源管理体制研究[J].法商研究,2008(6):91-98.

[121]梁慧刚,汪华方.全球绿色经济发展现状和启示[J].新材料产业,2010(12):27-31.

[122]林伯强,姚昕,刘希颖.节能和碳排放约束下的中国能源结构战略调整[J].中国社会科学,2010(1):58-72.

[123]刘宝华,王冬容,曾鸣.从需求侧管理到需求侧响应[J].电力需求侧管理,2005(5):10-13.

[124]刘俊.可再生能源发电并网关键技术的研究现状与趋势分析[J].陕西电力,2013(4):47-52.

[125]刘立涛,沈镭,刘晓洁.能源安全研究的理论与方法及其主要进展[J].地理科学进展,2012(4):404-405.

[126]刘万福,高巍,贾俊国,等.我国实施电力需求侧管理配套制度法规、标准及激励政策研究[J].电网技术,2006(2):636-641.

[127]刘卫先.对我国环境公益诉讼可诉范围的立法构想[J].黑龙江政法管理干部学院学报,2009(2):110-112.

[128]刘莹.德国的温室气体减排法律制度[J].世界环境,2012(5):52-54.

[129]路石俊,杨淑霞,杨艳婷.低碳经济下电力行业发展研究[J].国家行政学院学报,2010(2):82-86.

[130]罗丽.日本《全球气候变暖对策基本法》(法案)立法与启示[J].上海

大学学报:社会科学版,2011(11):58-68.

[131]罗涛.美国新能源和可再生能源立法模式[J].中外能源,2009(7):19-25.

[132]吕嗣孝,李庆.澳大利亚可再生能源电力配额制政策及其对我国的启示[J].价格理论与实践,2015(3):66-68.

[133]马晓微.我国未来能源融资环境展望与融资模式设计[J].中外能源,2010(8):40-44.

[134]孟懿.太阳能光伏发电的发展[J].东北电力技术,2010(11):19-21.

[135]戈德曼.美国法院逐渐向环境公益诉讼敞开大门[J].吴宇,译.世界环境,2006(6):15-17.

[136]庞鹏.电力市场化改革背景下电力需求响应机制与支撑技术[J].广东电力,2016(1):70-75.

[137]彭峰,陈力.欧盟可再生能源立法的新发展[J].环境保护,2012(5):69-71.

[138]祁和生,沈德昌.我国大型风力发电产业发展现状[J].电气时代,2010(2):29-31.

[139]綦树利.深化电力体制改革的几个问题[J].宏观经济管理,2012(7):21-23.

[140]钱君.澳大利亚计划实施燃煤电厂CCS[J].中外能源,2011(3):51-53.

[141]慎先进,王海琴.澳大利亚可再生能源法律制度及其对我国的启示[J].湖北经济学院学报:人文社会科学版,2012(12):96-97.

[142]石少华.法治何以推动能源革命[J].能源评论,2015(4):62-63.

[143]时璟丽.可再生能源电力定价机制和价格政策研究[J].中国电力,2008(4):6-9.

[144]时璟丽.可再生能源电力费用分摊政策研究[J].中国能源,2010(2):15-21.

[145]史丹.中国电力体制改革的目标选择[J].中国能源,2014(8):6-9.

[146]史玉成.环境保护公众参与的理念更新与制度重构[J].甘肃社会科学,2008(2):151-154.

[147]苏晓.欧洲风能协会2011年欧洲风电装机统计[J].风能,2012(6):38-46.

[148]苏晓.英国可再生能源鼓励政策与电力体制改革[J].风能,2014(2):56-59.

[149]孙李平,李琼慧,黄碧斌.德国热电联产法分析及启示[J].供热制冷,2013(8):34-35.

[150]孙萌.资源税"量"改"价"分析[J].现代经济信息,2010(19):145-146.

[151]谭忠富.基于三角模糊数的清洁能源电价补偿机制[J].水电能源科学,2013(3):251-255.

[152]王慧,魏圣香.国外陆上碳捕获和封存的立法及其启示[J].气候变化研究进展,2012(1):68-73.

[153]王淼.中国低碳补贴的法学理论与制度建设[J].学理论,2013(21):134-135.

[154]王明远.我国能源法实施中的问题及解决方案:以《节约能源法》和《可再生能源法》为例[J].法学,2007(2):122-129.

[155]王研,李京文.我国煤炭消费现状与未来煤炭需求预测[J].中国人口·资源与环境,2008(3):152-155.

[156]魏楠.论火电厂废水的主要污染因子及处理措施[J].北方环境,2011(1):53-55.

[157]吴明.低碳电力技术的研究现状及展望[J].电子测试,2017(1):161-162.

[158]吴明明.我国能源消费结构调整的问题与对策[J].当代经济,2011(9):84-85.

[159]吴忠奇,徐前权.日本能源政策立法及对我国的启示[J].长江大学学报:社科版,2017(5):81-85.

[160]肖国兴.节能与能源立法研究:我国《能源法》起草中应考虑的几个问题[J].法学,2007(2):111-115.

[161]肖金明.为全面法治重构政策与法律关系[J].中国行政管理,2013(5):36-40.

[162]肖勇,肖刚.从电业权法律制度看我国的电力体制改革[J].华北电力大学学报:社会科学版,2004(2):11-14.

[163]谢进.探索具有中国特色的低碳电力之路[J].广西城镇建设,2010(11):30-31.

[164]徐南.低碳经济内涵、特征及其宏观背景[J].地方财政研究,2010(8):28-29.

[165]杨春桃.论自然人提起环境公益诉讼[J].北京航空航天大学学报:社会科学版,2014(6):50-55.

[166]杨圣坤.政府立法的成本与效益分析[J].法治论丛,2010(4):131-133.

[167]杨杨,杜剑.低碳经济背景下欧盟碳税制度对我国的启示[J].煤炭技术,2010(3):12-14.

[168]杨志,郭兆晖.低碳经济的由来、现状与运行机制[J].学习与探索,2010(2):124-127.

[169]姚佳.可再生能源政府补贴政策之法治化思路[J].理论月刊,2009(12):24-26.

[170]姚兴佳,刘颖明,宋筱文.回顾中国风电技术40年进展及趋势[J].太阳能,2018(2):18-22.

[171]叶荣泗.回顾与展望改革开放以来的我国能源法制建设[J].郑州大学学报:哲学社会科学版,2009(3):61-64.

[172]于欢.英国出台革命性能源改革法案[J].上海电力,2012(3):125-126.

[173]于文轩.美国能源安全立法及其对我国的借鉴意义[J].中国政法大学学报,2011(6):119-129.

[174]俞金香.碳捕获与封存法律问题研究[J].甘肃政法学院学报,2015(7):72-78.

[175]袁男优.低碳经济的概念内涵[J].城市环境与城市生态,2010(2):19-20.

[176]张斌.德国《可再生能源法》2014年最新改革解析及启示[J].中外能源,2014(9):34-39.

[177]张璐.论我国能源法律体系的应然构建与完善发展[J].北京理工大学学报:社会科学版,2011(5):107-111.

[178]张省.国外电力需求侧管理经验[J].农电管理,2008(3):36-37.

[179]张小锋,张斌.德国最新《可再生能源法》及其对我国的启示[J].中国能源,2014(3):35-39.

[180]赵细康.碳排放权交易制度设计的若干问题[J].南方农村,2013(3):11-14..

[181]郑爽,刘海燕,王际杰.全国七省市碳交易试点进展总结[J].中国能源,2015(9):11-14.

[182]周凤翱,曹治国.我国电力行业低碳发展的政策与法制保障[J].华北电力大学学报:社会科学版,2013(1):1-7.

[183]周凤翱,陈子楠.国外智能电网立法与我国《电力法》修订[J].华北电力大学学报:社会科学版,2012(4):60-65.

[184]周新军.国内外碳排放约束机制及减排政策[J].当代经济管理,2013

(5):35-39.

[185]朱成章.我国新电力体制改革酝酿过程的回顾[J].中外能源,2013 (2):17-22.

[186]朱光华.风电项目投资及等效满负荷小时与上网电价的关系[J].上海电力,2010(2):104-107.

[187]朱有志.低碳经济:"两型社会"建设的切入点[J].新湘评论,2010 (3):35-36.

[188]朱泽磊,周京阳.基于多阶段不同政策机制的低碳电力调度模型[J].电网技术,2013(2):287-294.

[189]庄贵阳.能源补贴政策及其改革:为减排提供经济激励[J].气候变化研究进展,2006(2):78-81.

[190]庄贵阳.中国低碳经济发展的途径与潜力分析[J].太平洋学报,2005 (11):79-87.

[191]庄贵阳.中国发展低碳经济的困难与障碍分析[J].江西社会科学, 2009(7):21-23.

5.电子文献

[192]"华龙一号"全球首堆压力容器成功吊入反应堆[EB/OL].(2018-01-28) [2018-04-05].http://news.cctv.com/2018/01/28/ARTItGQcDNSS5GkCwpiT1q-Af180128.shtml.

[193]《能源法》十年坎坷再起航[EB/OL].(2017-12-29)[2018-03-10]. http://www.suinikan.com/show-13-19723-1.html.

[194]2014年我国全社会用电量将达5.7万亿千瓦时[EB/OL].(2013-12-03)[2017-09-10].http://www.cableabc.com/news/20131203031813.html.

[195]2017年全国电力版图[EB/OL].(2018-01-29)[2018-04-22]. http://news.bjx.com.cn/html/20180129/877503.shtml.

[196]2017年全国电力工业统计数据[EB/OL].(2018-01-22)[2018-04-10].http://www.nea.gov.cn/2018-01/22/c_136914154.htm.

[197]2017年中国电力行业现状及未来发展趋势分析[EB/OL].(2017-04-24)[2018-01-08].http://www.chyxx.com/industry/201704/516644.html.

[198]2018年中国核电发展现状分析及未来发展预测[EB/OL].(2018-04-12)[2018-05-15].http://news.bjx.com.cn/html/20180412/891379-3.shtml.

[199]财政部、国家发展改革委、海关总署、国家税务总局联合发布《国内投资项目不予免税的进口商品目录(2008年调整)》[EB/OL].(2011-01-16)

[2016-12-13]. http://www.dyedz.gov.cn/quneidaohang/caizhengju/xinxigong-gao/2011-01-16/5399.html.

[200]陈卫东.伟大的英国能源转型[EB/OL].(2016-01-20)[2016-12-20].http://www.cwestc.com/newshtml/2016-1-17/398338.shtml.

[201]从技术路线看核电行业[EB/OL].(2015-11-10)[2017-04-15].http://news.bjx.com.cn/html/20151110/679827.shtml.

[202]电力改革:网售分开[EB/OL].(2015-01-15)[2016-12-20].http://money.163.com/special/electricityreform/.

[203]刁凡超."弃风弃光"被环保组织索赔3亿,宁夏电网:做不到全额收购[EB/OL].(2018-04-11)[2018-05-28].https://www.thepaper.cn/newsDetail_forward_2069105.

[204]杜艳飞.张国宝:中国已成世界第一大能源生产国和消费国[EB/OL].(2014-03-24)[2016-11-10].http://energy.people.com.cn/n/2014/0324/c71661-24719492.html.

[205]国家能源局.吴新雄在全国"十三五"能源规划工作会议上的讲话[EB/OL].(2014-08-21)[2017-01-13].http://www.nea.gov.cn/2014-08/21/c_133571995.htm.

[206]国家能源局新闻发布会介绍2017年度相关能源情况等[EB/OL].(2018-01-24)[2018-03-17].http://www.nea.gov.cn/2018-01/24/c_136921015.htm.

[207]核电大发展 铀资源如何保障?[EB/OL].(2016-12-07)[2017-12-16].http://www.sohu.com/a/120898835_131990.

[208]经济复苏法案:通过创新变革美国经济[EB/OL].(2010-08-24)[2016-11-22].https://www.docin.com/p-1116391112.html.

[209]莱州华电打造全国首座智能化生态电厂[EB/OL].(2013-06-20)[2017-03-10].http://news.bjx.com.cn/html/20130620/440880.shtml.

[210]罗天雨.国外风电产业主要支持政策与措施[EB/OL].(2012-12-27)[2017-01-25].http://www.istis.sh.cn/list/list.asp?id=7694.

[211]马运涛.太阳能热发电发展前景分析[EB/OL].(2016-11-24)[2017-05-20].http://guangfu.bjx.com.cn/news/20161124/791475.shtml.

[212]美国可再生能源配额制 哪些经验可以被借鉴?[EB/OL].(2017-03-25)[2017-10-15].http://news.bjx.com.cn/html/20170325/816515-2.shtml.

[213]能源局正编制光伏行业发展"十三五"规划[EB/OL].(2015-08-

19)［2017－04－15］. http：//www. ocn. com. cn/chanye/201508/daklf19090337. shtml.

［214］欧阳凯. 原子能法等提上日程 核电明年不再裸奔？［EB/OL］.（2015－04-28）［2016－11－03］. http：//finance. sina. com. cn/roll/20150428/01042-2057033. shtml.

［215］强化应对气候变化行动：中国国家自主贡献［EB/OL］.（2015－06－30）［2017－06－20］. http：//www. scio. gov. cn/xwfbh/xwbfbh/wqfbh/2015/20151119/xgbd33811/Document/1455864/1455864. htm.

［216］秦海岩. 全面解读《可再生能源发电全额保障性收购管理办法（征求意见稿）》［EB/OL］.（2015－12－30）［2017－09－13］. http：//news. bjx. com. cn/html/20151230/696709-3. shtml.

［217］上网电价调整吹响号角：风电消纳难题成时下难关［EB/OL］.（2015－11-02）［2017－09－13］. http：//www. hbzhan. com/news/detail/101521. html.

［218］深入解读：现代海洋能发电技术［EB/OL］.（2012-08-29）［2016-11-20］. http：//gongkong. ofweek. com/2012-08/ART-310045-11001-28637953. html.

［219］太阳能利用技术创新路线图出炉 重点提及光热发电［EB/OL］.（2016-06-02）［2016－12－13］. http：//solar. ofweek. com/2016－06/ART－260009－8420－29103464. html.

［220］陶元. 2020 年生物质固化成型燃料产量约达 5000 万吨［EB/OL］.（2013－08－01）［2017－03－13］. http：//www. cpnn. com. cn/zdyw/201308/t20130801_597862. html.

［221］我国地热资源丰富 开发利用潜力巨大［EB/OL］.（2014－04－29）［2016-12-25］. http：//www. mlr. gov. cn/xwdt/mtsy/difang/201404/t20140422_1313558. htm.

［222］我国风能资源储量及分布区域［EB/OL］.（2014-08-13）［2016-11-18］. http：//news. bjx. com. cn/html/20140813/536516. shtml.

［223］我国太阳能热发电产业链基本形成［EB/OL］.（2018-04-11）［2018-06-12］. http：//ex. bjx. com. cn/html/20180412/26723. shtml.

［224］我国已成为世界水电生产第一大国［EB/OL］.（2013-11-06）［2016-09-15］. http：//www. chinairr. org/view/V02/201311/06-143665. html.

［225］习近平在沙特吉达举行的国际能源会议上的讲话［EB/OL］.（2008-06-23）［2016-10-26］. http：//politics. people. com. cn/GB/1024/7411044. html.

[226]杨迪.生物质发电的优点和将要面临的问题[EB/OL].(2017-06-12)[2017-11-10]http://www.nengyuanlin.com/sf_E7B8773259AA4C91A964-A709CBE98457_244_C26DACB6163.html.

[227]原金.能源局拟"十三五"规划 解决弃风限电难题[EB/OL].(2014-08-06)[2016-10-30].http://news.bjx.com.cn/html/20140806/534304.shtml.

[228]智研数据中心.2013年我国水能资源储量及分布特点[EB/OL].(2015-08-20)[2017-03-25].http://www.chinairr.org/view/V02/201310/31-143355.html.

[229]中电联发布《2017—2018年度全国电力供需形势分析预测报告》[EB/OL].(2018-02-01)[2018-04-05].http://www.in-en.com/article/html/energy-2265338.shtml.

[230]中电联公布2016年全国电力工程建设规模[EB/OL].(2017-03-27)[2018-04-10].http://www.ocn.com.cn/chanjing/201703/ggytr27114440.shtml.

二、英文文献

1.著作

[231]AUSTRALIAN GOVERNMENT. Securing Australia's energy future[M]. Canberra:Goanna Print,2004.

[232]DEESE D A,NYE J S. Energy and security[M]. Cambridge:Ballinger Pub Co.,1981.

[233]MARSHALL A. Principles of economics[M]. London:Macmillan,1920.

[234]ROSTOW W W. The stages of economic growth[M]. Cambridge:Cambridge University Press,1960.

[235]UNITED NATIONS ENVIRONMENT PROGRAMME. Caring for the earth:a strategy for sustainable living[M]. London:Earth Scan Press,2009.

[236]WORLD COMMISSION ON ENVIRONMENT AND DEVELOPMENT. Our common future[M]. Oxford:Oxford University Press,1987.

2.期刊论文

[237]AUSTRALIAN GOVERNMENT. Carbon pollution reduction scheme:Australia's low pollution future[J]. White Paper Volume 1, Commonwealth of Australia 2008,2008:Px1.

[238]CAMERON F,STEVEN F. Past is prologue:recent carbon regulation

disputes in europe shape the U. S. carbon future[J]. Missouri Environmental Law and Policy Review,2009(16):11-13.

[239]CHRISTINA K,HARPER. Climate change and tax policy[J]. Boston College International and Comparative Law Review,2007(30):45-46.

[240] JOHN M. Recognition of property rights in carbon credits under California's new greenhouse gas cap and trade program[J]. Sustainable Development Law & Policy,2012(12):35-36.

[241]JONATHAN B,WIENER. Climate change policy and policy change in China[J]. UCLA Law Review,2008(55):22-23.

[242]KOJI S,YOSHITAKA T,KEI G. Developing a long-term local society design methodology towards a low-carbon economy:an application to shiga prefecture in Japan [J]. Energy Policy,2007(35):4688-4703.

[243]PENNI T. California's precarious path to climate change mitigation[J]. Ecology Law Currents,2013(40):44-46.

[244]RONALD H R. Harmonious federalism in support of national energy goals: increased wind renewable energy[J]. North Dakota Law Review,2009,85:780-823.

[245]STEVEN F. Auctioning the building blocks of life:carbon auction,the law and global warming[J]. Notre Dame Journal of Law,Ethics & Public Policy,2009 (23):45-46.

3. 电子文献

[246] Colorado incentives/policies for renewables & efficiency, local option – property tax exemption for renewable energy systems[EB/OL]. (2014-03-27)[2017-06-24]. http://www. dsireusa. org/incentives/incentive. cfm? Incentive _ Code = CO49F&re=1&ee=1.

[247]DECC. Planning our electric future: a white paper for secure, affordable and low carbon electricity[EB/OL]. (2011-7-12)[2016-09-25]. http:www. gov. uk/government/publications/planning our electric future: a white paper for secure, affordable and low carbon energy.

[248]DECC. The UK low carbon transition plan(july 2009)[EB/OL]. (2011-10-12)[2016-10-18]. available on the DECC website.

[249] DEPARTMENT FOR TRADE AND INDUSTRY (DTI). Our energy future: creating a low-carbon economy[EB/OL]. (2011-10-12)[2016-10-18]. available on the DTI website.

[250] FEDERAL MINISTRY OF THE ENVIRONMENT, NATURE CONSERV-ATION AND NUCLEAR SAFETY. Climate protection and growth:germany's path into the renewable energy age[EB/OL]. (2011-12-01)[2017-09-25]. https://ci. nii. ac. jp/naid/20000848018#cit.

[251] IUCN/UNEP/WWF. The world conservation strategy: living resource conservation for sustainable development[EB/OL]. (1980-01-15)[2016-10-23]. https://www. researchgate. net/publication/37883719 _ The _ World _ Conservation_Strategy_Living_Resource_Conservation_for_Sustainable_Development.

[252]Key world energy statistics 2014[EB/OL]. (2014-08-25)[2017-11-22]. https://www. oecd-ilibrary. org/energy/key-world-energy-statistics-2014_key_energ_stat-2014-en.

[253]MARK DETSKY. The global light:an analysis of international and local developments in the solar electric industry and their lesson for United States Energy Policy[EB/OL]. (2003-12-20)[2016-12-20]. https://heinonline. org/HOL/LandingPage? handle=hein. journals/colenvlp14&div=16&id=&page=.

[254] RAFAL N, MONIKA B. Mapping of subsidy systems and future consumption of biomass[EB/OL]. (2010-12-28)[2016-11-30]. http://xueshu. baidu. com/usercenter/paper/show? paperid = 596a1d5b52325e31457-6cade2520a2f4&site=xueshu_se.

[255]Private property[EB/OL]. (2018-07-12)[2018-09-17]. http://www. dsireusa. org/documents/Incentives/NY07F. htm.

[256]PANDA STANDARD WEBSITE. The panda standard[EB/OL]. (2013-05-16)[2016-09-27]. http:www. pandastandard. org/standard/standard. html.

[257] STEVEN F, CHAD L, CAMERON F. World renewable energy and carbon countrol mechanisms confront constitutional barries [EB/OL]. Duke Environment Law & Policy Forum,2010.

[258]The future starts here:the route to a low-carbon economy[EB/OL]. (2006-12-30)[2016-10-15]. https://friendsoftheearth. uk/brexit/no-deal-brexit-environmental-impact.

[259]UNDP. World energy assessment:energy and the challenge of sustainability [EB/OL]. (2000-12-01)[2016-09-27]. http://www. undp. org/content/undp/en/home/librarypage/environment-energy/sustainable _ energy/world _ energy _ assessmen-tenergyandthechallengeofsustainability. html.

[260] UNITED NATIONS ENVIRONMENT PROGRAMME. Global trends in sustainable energy investment 2010[EB/OL]. (2010 - 12 - 15)[2016 - 11 - 20]. https://www. mendeley. com/catalogue/global - trends - sustainable - energy - investment-2010.

后　记

近百年来全球正经历着气候变暖过程。为了应对气候变化，国际社会做出了积极应对。1992 年，联合国大会通过《联合国气候变化框架公约》，达成了第一份全球减排协定；1997 年，在《联合国气候变化框架公约》下制定了第一个具有法律约束力的温室气体减排全球性制度框架——《京都议定书》；2007 年，联合国气候变化大会通过了《巴厘路线图》；2009 年，联合国气候变化大会达成《哥本哈根协议》。这些国际性公约和文件，推动了全球应对气候变化的进程。2015 年年底，巴黎气候大会通过的《巴黎协定》开启了新的气候变化治理新时代，确立了 2020 年后全球气候治理新机制，是全面实施《联合国气候变化框架公约》、适用于所有国家并具有法律约束力的文件。

中国作为负责任的大国，于 2016 年 9 月加入《巴黎协定》，践行全球气候治理的大国责任，成为《巴黎协定》履约的领军者。为履行《巴黎协定》的责任，中国实施应对气候变化战略，制定了积极的有力度的自主贡献减排目标：2030 年 GDP 的二氧化碳强度比 2005 年下降 60% ~ 65%，非化石能源在一次能源消费中的比例提升到 20% 左右。

2016 年 12 月，国家发改委、国家能源局印发《能源发展“十三五”规划》，制定了能源消费总量控制目标——到 2020 年把能源消费总量控制在 50 亿吨标准煤以内；确定了能源结构调整目标——“十三五”时期非化石能源消费比重提高到 15% 以上，天然气消费比重力争达到 10%，煤炭消费比重降低到 58% 以下。

2017 年 10 月，党的十九大胜利召开。十九大报告明确提出从 2020 年到 2035 年，“基本实现社会主义现代化”，强调“生态环境根本好转，美丽中国目标基本实现”；从 2035 年到 21 世纪中叶，努力把我国建成富强、民主、文明、和谐、美丽的社会主义现代化强国，要求“推进能源生产和消费革命，构建清洁低碳、安全高效的能源体系”。因此，研究低碳电力法律制度具有非常重要的理论和实践意义。

十年磨一剑。本书不仅是北京市社会科学基金项目“低碳电力法律制度研究”的一个阶段性总结，更是一个全新的起点。在此，感谢北京市哲学社会科学规划办和北京青年政治学院为我的研究创造了各种便利条件。

感谢项目组成员为出色完成项目付出的艰辛努力！

感谢为本书提供前期研究成果的国内外学者，感谢导师黄锡生教授为本书作序，感谢一切给予我帮助的人！

感谢我年迈的父母亲对我精神上无私的支持，感谢我的丈夫对我的鼓励和鞭策，感谢我的儿子带给我的欢乐。你们的爱让我战胜自己，不断前行。

本书完稿之际，我的父亲因病重医治无效不幸辞世，给我带来无尽的悲痛。谨以此书纪念我的父亲，告慰他的在天之灵。

杨春桃

2018 年 8 月